KLAUS MÜLLER

Gottes A B C

Gedanken und Texte zum Lesejahr B

KLAUS MÜLLER

Gottes ABc

Gedanken und Texte zum Lesejahr B

Aschendorff
Verlag

Zum Gedenken an
Stefan (1966–1988)
Max (1918–2005)
Josefa (1924–2013)
Brunnbauer

Inhaltsverzeichnis

ADVENTS- UND WEIHNACHTSZEIT

Fasten- und Osterzeit

HERRENFESTE

SONNTAGE IM JAHRESKREIS

AUSGEWÄHLTE FESTE

Vorwort

Der zweite Band der – gemäß den Lesejahren der katholischen Liturgie angelegten – dreiteiligen Reihe *Gottes ABC* bietet theologische Texte zu allen Sonn- und Feiertagen sowie zu ausgewählten Festen und Heiligengedenken für das Lesejahr B. Entstanden sind die Texte aus jahrelanger Verkündigungsarbeit in ganz verschiedenen Kontexten. Sie folgen unerachtet ihrer Verschiedenheit einem einzigen Leitmotiv: der Absicht aus 1 Petr 3,15, jeder und jedem Rechenschaft zu geben über den Grund der Hoffnung, die diejenigen, die an Jesus Christus glauben, trägt.

Die Einlösung solcher Rechenschaftsgabe kann im Kontext des Multiversums post- und spätmoderner Sinnangebote nur unter dem Horizont einer Verschränkung von Vernunft und Glaube erfolgen. Das ist der erste und unmittelbare Grund, warum ich mich als akademischer Lehrer für Philosophische Grundfragen der Theologie intensiv mit dem Genre der Verkündigung befasse. Ein zweiter – systematischer – Grund tritt hinzu: Es fällt auf, dass von Anfang der Geschichte der Christentümer an bis in die unmittelbare Gegenwart nicht selten Philosophen bemerkenswerte Prediger waren oder Predigende sich intensiv mit Philosophie beschäftigten: Bei Origenes und Augustinus war das so, bei Anselm von Canterbury, Bernhard von Clairvaux und Thomas von Aquin. Singulär herausragend: der Fall Meister Eckharts. Die ersten denkerischen Spuren eines Fichte und Hegel, die sich bis in die reifen Spätphasen ihres Denkens durchhielten, finden sich in Probepredigten der ursprünglichen Theologiestudenten. Bei einem Schleiermacher besteht ein gutes Drittel des Gesamtœuvres aus – philosophisch hoch aufgeladenen – Predigten. Dietrich Bonhoeffer, Alfred Delp und Karl Rahner stehen auch in dieser Reihe. Nicht selten kommt es bei all den Genannten gerade in Predigten zu philosophischen Durchbruchsgedanken. Das hat m. E. damit zu tun, dass das Genre der Predigt durch die ihm eigene Form, den Umfang und die Sprache nachgerade dazu zwingt, mit offenem Visier zu sprechen und in größtmöglicher Klarheit die Sache, um die es geht, auf den Punkt zu bringen. Kurz: Der Zusammenhang von Predigt und Philosophie ist kein Zufall, sondern der Paradefall der praktisch gewordenen Vernunft-

Glaube-Beziehung. In diesem Sinn verstehen sich die nachfolgenden Texte als eine Einladung zur denkerischen Verschränkung von Leben und Glauben.

Allen, die zur Realisierung dieses Bandes beigetragen haben, gilt mein herzlicher Dank: Meiner Sekretärin Monika Epping für die typographische Aufbereitung, meinen Mitarbeiterinnen Rahel Steinmetz und Annette Wiesmann sowie den Schwestern vom Klarissenkonvent am Dom zu Münster für die Korrekturlektüren. Und dem Verlag Aschendorff namentlich in Gestalt von Herrn Dr. Bernward Kröger für das ungebrochene Interesse, gegen den Mainstream ein solches Projekt mit langem Atem zu realisieren.

Münster, am 8. August 2014,
dem Fest des Hl. Dominikus

Klaus Müller

Advents- und Weihnachtszeit

Transformationen

— Neubeginn mit Markus —

Der erste Advent, Beginn des Kirchenjahres, geht immer auch mit einem Neuanfang bei der Lesung der Heiligen Schriften im Gottesdienst einher. Unser hauptsächlicher Begleiter in diesem Kirchenjahr wird der Evangelist Markus sein. Er ist der Erfinder der literarischen Gattung „Evangelium". Was ist ein Evangelium eigentlich? Auch wer nicht Griechisch kann, übersetzt routiniert mit „Gute Nachricht" oder „Frohe Botschaft" – aber damit ist über das, was ein Evangelium will, noch nicht viel gesagt. Man muss darauf achten, warum und wie diese Schriften, die ja so etwas wie Gründungsurkunden unseres Glaubens sind, zustande kommen.

— Rettende Verwandlung —

Um das leichter zu verstehen, kann ein Seitenblick auf das Judentum ebenjener Zeit helfen, in der auch das erste, also das Markus-Evangelium entstand. Der Talmud erzählt von dem großen Gelehrten Jochanan ben Sakkai, der in der zweiten Hälfte des ersten Jahrhunderts unserer Zeitrechnung im belagerten Jerusalem lebte, kurz vor dessen Zerstörung im Jahr 70 durch die Römer. Er erkannte, dass Jerusalem und der Tempel dem Untergang geweiht waren. Darum bat er die Römer, außerhalb Jerusalems lernen und lehren zu dürfen. Das gestattete man ihm nicht. Doch seine Schüler schmuggelten ihn in einem Sarg – als angeblich Verstorbenen – aus dem belagerten Jerusalem hinaus. Sie taten das nicht, um die Römer zu täuschen – denen waren die Religionssachen dieses Provinzvolkes ziemlich egal. Der Sargtrick diente vielmehr dazu, den Zeloten, den jüdischen Revolutionären, zu entgehen, diesen Heißspornen, die die Stadt bewachten und jeden töteten, der nicht bereit war, zusammen mit der Stadt zu sterben. Draußen angelangt, ließ sich Jochanan in Jawne nieder, gründete eine blühende Schule des Studiums der Schrift und half somit, über das in Feuer und Blut getauchte Ende des Tempels hinweg den Glauben der Väter zu bewahren. In dem, was wie ein Sterben aussah, vollzog sich eine Verwandlung zu neuem Leben.

— *Für diejenigen, die „draußen" sind* —

Genau so einem Prozess entspringen auch die Evangelien, vor allem dasjenige des Markus. Es war ein solcher Transformationsprozess sozusagen im Innern der jüdischen Glaubensgemeinschaft selbst, der aber engstens mit deren eben erzählter Bedrängnis durch die Römer zusammenhängt. Und der Auslöser dieses Prozesses war Jesus selbst gewesen – mit etwas, das auch uns heute noch auf existenzielle Weise angeht. Jesus war Jude und er blieb es. Er ist nie aus dem Judentum ausgetreten, hat nie eine Kirche gegründet. Er hatte ja eine – die Gemeinde der von Gott Erwählten, als die sich das Volk verstand, in das er hineingeboren war, also die Synagoge. Er hat auch keine Religion gestiftet, denn für ihn war Gottes Bund mit Israel, geschlossen auf dem Sinai, gültig, und er blieb es, weil Gottes Ja unwiderruflich ist. Das verrät jede Zeile dessen, was von und über ihn überliefert ist. Und selbst der Konflikt, der ihn schließlich ans Kreuz brachte, wurde nicht dadurch ausgelöst, dass er in Konfrontation zu den Überzeugungen seiner Glaubensgemeinschaft ging, indem er dieser etwa einen Gesetzesrigorismus und ein Leistungsdenken in Sachen Frömmigkeit vorwarf oder Ähnliches, wie christlich oft gedacht wurde und wird. Im Gegenteil begegnen uns in den Evangelien mehr als genug Jesus-Worte, die das konsequente Einhalten der Tora und ihre Erfüllung bis zum kleinsten Jota einfordern.

Der Konflikt entzündete sich vielmehr daran, dass Jesus einen Grundzug des Glaubens seiner Väter besonders konsequent und radikal ernst nahm: Für Israel gehört nämlich von Anfang an zum Gedanken seiner Erwählung durch Gott die Überzeugung, diese Erwählung nicht einfach für sich erhalten zu haben, sondern für die Heiden und letztlich für die ganze Schöpfung: Es gibt nur einen Gott. „Mein ist die ganze Erde", sagt dieser Gott von sich. Und gerade in Zeiten größter Bedrängnis, etwa dem babylonischen Exil und der Zeit danach reifte Israels Erwählungs- und Sendungsglaube gleichsam zu seiner Vollgestalt in Gedanken wie etwa: Wenn an diesem Gott und seiner Geschichte etwas dran sein soll, dann ist er auch jetzt nicht fern. Dann kann er nicht nur der Gott unseres kleinen Volkes sein, sondern ist auch der Gott derer, die uns jetzt unterdrücken, und schließlich der Gott, also Souverän, der ganzen Welt. Israel weiß sich also, gerade weil es sich Gott so in die Hand geschrieben glaubt, auf die anderen, die Heiden, auf die, die „draußen" sind, hingeordnet – zu deren Segen. Den sollen und dürfen sie alle sich abholen bei Israel. So ist es schon vom Urvater Abraham gesagt: Durch deine Nachkommen sollen alle Völker der Erde gesegnet sein, weil Du auf meine Stimme gehört hast, heißt der Schlusssatz der berühmten Szene von der Opferung Isaaks, dieser aufwühlenden Bundesgeschichte.

Und genau mit dieser urjüdischen Glaubensüberzeugung hat Jesus ernstgemacht in seiner Hinwendung zu denen, die als „draußen" galten und die „draußen" waren. So ernst gemacht, dass seine Liebe zu den Fremden in den Augen der theologisch Führenden das labile Gleichgewicht zwischen Innen und Außen, zwischen Erwähltsein und Sendung nicht mehr respektierte. Sie haben ihre realpolitische Erfahrung mit der römischen Besatzung und seine Glaubensradikalisierung, die ihn gar von vorbildlichen Heiden und bekehrunsgbedürftigen Juden sprechen ließ, nicht mehr ausgehalten. Darum ließen sie ihn beseitigen. Und er ließ das zu, weil ihm jene Überzeugung, als Jude zum Segen für alle berufen zu sein, auf so einmalige Weise Herzensgewissheit geworden war, dass er dafür sich selbst darangab. Wieder eine Transformation. Er, der einst von sich sagte, er sei nicht zu den Heiden, sondern nur zu den verlorenen Schafen des Hauses gesandt, stirbt wegen seiner Zuwendung zu den Fremden, den Heiden und Feinden und löst damit eine Sendungsbewegung seiner Freunde aus, die immer weniger Halt macht an der völkischen Grenze des Judeseins, immer mehr gottesfürchtige Heiden einbezieht – bis schließlich dahin, dass die jüdischen Jesusanhänger mit den aus dem Heidentum Kommenden unter Hintanstellung alles Trennenden wie der Beschneidung und den Speisevorschriften Gemeinschaft halten – Transformation. Was wie ein Ende aussieht, ist Aufbruch zu und Anbruch von Neuem.

Und wieder – natürlich – geht das mit Konflikten einher. Konflikten, die nicht selten so enden wie Jesu eigener Konflikt am Karfreitag. Wir brauchen nur an den Stephanus aus der Apostelgeschichte zu denken. Und daran, dass die Jesusgefolgschaft selbst Familien zerreißen kann bis hin zum Hass und zur Exkommunikation. Und in der Zeit der Zerstörung des Tempels, der Zeit Rabbi Jochanans, da dieser Konflikt zwischen Drinnen und Draußen sich bis zum Letzten zuspitzt, da nehmen ein paar griechisch sprechende Juden, deren Herz an diesem Jesus hängt, ihren Mut zusammen, und schreiben in Form einer theologisch-geistlichen Biografie Jesu dessen Herzensanliegen für die Heiden und Fremden nieder, also die, denen es von Wesen galt. Damit es nicht verloren geht, weil es „drinnen" keinen Platz mehr hat und nicht mehr wirken kann. Der Erste von ihnen, der das tut: unser Markus. Wieder also: Transformation in einer Preisgabe des Eigenen zum Segen für die anderen. Zum Segen auch für uns. Ohne die so entstandene Heidenkirche gäbe es uns hier nicht als Christinnen und Christen.

— *Nach vorne offen* —

Warum erzähle ich von diesen Transformationsprozessen aus der Frühzeit unseres Glaubens, heute am ersten Advent? Nicht einfach nur deshalb, weil wir ihnen die Evangelien verdanken, durch die wir von Jesus wissen. Sondern weil die Kette dieser Transformationen nach vorne offen ist, bis heute und über unser Heute hinweg noch in die Zukunft hinein. Die Evangelien sind darum Krisenschriften. Am meisten das Markus-Evangelium als das älteste von ihnen. Und dort wiederum am allermeisten das Kapitel 13, aus dem das Evangelium von heute genommen ist. „Apokalyptisches Flugblatt" nannten die Exegeten früher diese Passage, weil sie von Drangsal und Verfolgung redet. Auch deren Grund gibt sie an: Verfolgung durch die Gerichte und Hass seitens der eigenen Familie erfahren die Jesusfreunde, weil das Evangelium an alle Heidenvölker verkündet werden muss. So steht es in Jesu Testament, das Markus ihn am dritten Tag der Karwoche sprechen lässt, auf dem Ölberg stehend, den Blick auf den Tempel gerichtet, von dem Markus und seine Adressaten, 40 Jahre nach Jesus, schon wissen, dass er zerstört ist.

Aber zu diesem Testament gehören auch die Worte des Trostes und der Ermutigung. Sonne und Mond hören zu scheinen auf, die Sterne fallen herab, der Himmel fällt einem auf den Kopf und der Boden wankt unter den Füßen. Doch was sich wie ein völliger Zusammenbruch ausnimmt, bekommt durch die Erinnerung an den Feigenbaum eine überraschende Wendung zu aufbrechendem Neubeginn: Sobald seine Zweige saftig werden und Blätter treiben, wisst ihr, dass der Sommer nahe ist. Untergehendes ist Zeichen des Neuen, Segensvollen, das kommt. Wie Jochanan im Sarg. Wie die schmerzhaften Wege der jungen Kirche. Und all das unterfassend für uns: Jesus selbst, der gekreuzigte Auferstandene. Sein Geschick hat etwas zutiefst Adventliches, weil es bestätigt und beglaubigt: Wo menschlich das Ende kommt, ist Gott noch nicht fertig. Noch lange nicht.

— Mut zur adventlichen Transformation —

Wenn uns die Liturgie diese Botschaft vom Verwandeltwerden zum Segen für alle durch das Zerbrechen des Bestehenden hindurch gerade heute am ersten Advent zu Ohren bringt, dann natürlich deshalb, weil dieses Testament des Herrn an dem Tag, da wir in unserer Glaubensgeschichte einen kleinen Neuanfang machen dürfen, der Kirche, der Gemeinde von heute gesagt sein will. Wie sehr täte der Kirche der Mut zum Sich-verwandeln-Lassen Not, zur adventlichen Transformation, heute, da sie manchmal unter der Last ihrer Herkömmlichkeiten zusammenzubrechen droht. Und sie muss doch auch keine Angst davor haben. Kennt sie doch sehr genau das Kriterium für die Richtung aller Verwandlung: Es muss Segen daraus kommen, Segen für die anderen, die „draußen", die Fremden. Für alle. Weniger wäre zu wenig. Und wir tun gut daran, wenn wir diese Sendung einüben, indem wir suchen, einander Segen zu werden.

Wo das Evangelium anfängt

— Das Innerste der Schrift —

Als Rabbi Zwi Hirsch von Rymanow auf dem Sterbebett lag, wiederholte er Mal um Mal aus dem Buch Mose die Worte: Ein Gott der Treue und ohne Falsch. – Ein Gott der Treue und ohne Falsch. – Ein Gott der Treue und ohne Falsch. – Als ihn die Umstehenden fragten, warum er denn diese Worte so oft wiederhole, gab er zur Antwort: Das ist das Innerste an der heiligen Tora, der Schrift: zu wissen, dass er ein Gott der Treue ist und dass also kein Trug geschieht. Jetzt mögt ihr fragen: Wenn dem so ist, wozu dann die ganze Tora, die Gebote und Satzungen? Es würde doch genügen, Gott hätte am Sinai den einen Vers gesagt! Die Antwort ist: Kein Mensch kann dies Eine erfassen, ehe er die ganze Tora gelernt und geübt hat.

— Die Mitte entdecken —

Nur wer die Gebote, die Einladungen, die Weisheiten, die Mahnworte der Schrift kennengelernt, wer sie für wahr genommen und ernst genommen hat, wird durch ihre Vielfalt hindurch jene eine Mitte von allem entdecken, die sich so einfach ausdrücken lässt, wie Zwi Hirsch sagt: dass Gott treu ist und nichts Falsches an ihm. Einer, dem man trauen darf.

— Was man mithören muss —

Wer das heutige Evangelium verstehen will, muss einen ähnlichen Weg gehen. Es ist der Anfang des ältesten, des Markus-Evangeliums. Es nennt sich Evangelium, also gute Nachricht, von Jesus Christus, dem Sohn Gottes. Mit diesen Worten verhält es sich genauso wie mit dem Vers, den Rabbi Zwi auf dem Sterbebett rezitierte: Sie sagen das Innerste, das Wesentliche. Als solche verstehen aber kann sie nur, wer mithört, was hinter ihnen alles steht, wo einer schon überall durchgegangen sein muss, damit er begreift, warum die Geschichte dieses Jesus von Nazaret zurecht gute Nachricht heißt.

Was man dazu mithören muss, sagt Markus selbst hinzu: Anfang des Evangeliums Jesu Christi…, wie geschrieben steht – und dann zitiert er aus dem Alten Testament. Diejenigen, für die das Evangelium ursprünglich verfasst war, verstanden sehr gut, auf was alles der Evangelist anspielte, indem er so schrieb, weil sie das Alte Testament kannten. Wir Christen heute kennen es in der Regel so gut wie nicht. Verstehen aber werden wir das, was uns das Evangelium an guter Nachricht zu überbringen hat, erst, wenn wir uns vertraut gemacht haben mit dem, worauf es als seinem Anfang, seinem Fundament steht.

Ich möchte Sie jetzt zu einem kleinen Stück Weges dorthin einladen. Es ist der Weg, wie die ersten Christen die heilige Schrift gelesen haben und wie sie unsere älteren, die jüdischen Glaubensgeschwister bis heute lesen. Und ineins damit ist es der Weg, der unmittelbar zu Jesus Christus führt. Wir tun also etwas ganz und gar Adventliches: Wir gehen dem Herrn entgegen, der uns entgegenkommt. Und nur wer ihn in der Schrift findet, kann ihm dann auch im Leben begegnen.

— *Weiträumige Erinnerungen* —

Anfang, also Fundament des Evangeliums von Jesus Christus, dem Sohn Gottes, wie geschrieben steht im Propheten Jesaja – und dann zitiert Markus aus dem Alten Testament die Verse:

> *Ich sende meinen Boten vor dir her;*
> *Er soll den Weg für mich bahnen.*
> *Eine Stimme ruft in der Wüste:*
> *Bereitet dem Herrn den Weg!*
> *Ebnet ihm die Straßen! (Mk 1,2–3)*

Wörtlich steht das bei Jesaja so gar nicht. Das kommt aber nicht daher, dass Markus schlampig gewesen wäre, sondern hat damit zu tun, dass es den jüdischen Gläubigen bis heute, wenn sie aus der Bibel zitieren, nicht um genau und nur die zitierten Worte geht, sondern: Sie wollen damit den größeren Zusammenhang vergegenwärtigen, aus dem die wenigen Worte des Zitats stammen, und dieser Zusammenhang wiederum ruft all die anderen Geschichten der Bibel in Erinnerung, die ihrerseits mit ihm in Zusammenhang stehen.

Die Verse nun, die Markus den Anfang, also Ausgangspunkt des Evangeliums nennt, stehen zum Teil tatsächlich im Jesajabuch, zum Teil stammen sie aus dem Buch des Propheten Maleachi. Jesaja steht am Anfang, Maleachi steht am Ende des Gesamts der Prophetenbücher im Alten Testament. Indem Markus am Anfang seines Evangeliums auf beide anspielt, will er sagen: Alles, was alle Propheten je gesagt, was sie verheißen haben, steht hinter Jesus. Also ganz viel Hoffnung, Trost, Verheißung.

Das ist noch nicht alles: Die Worte aus dem Maleachi-Buch, die Markus anklingen lässt, stehen ganz am Ende dieses Prophetenbuches, und dieses Buch wiederum bildet in der christlichen Bibel das Ende des Alten Testaments. Dort heißt es: Bevor aber der Tag des Herrn kommt, der große und furchtbare Tag, seht, da sende ich zu euch den Propheten Elija. Er wird das Herz der Väter wieder den Söhnen zuwenden und das Herz der Söhne ihren Vätern, damit ich nicht kommen und das Land dem Untergang weihen muss. Mit diesem Versprechen Gottes, er selber werde einen senden, der Menschen untereinander wieder versöhnt, dass sie es aushalten mit sich und die Welt darob vor Gott Bestand haben kann, endet das Alte Testament – ganz offen also, solange, bis dieses Versprechen ganz erfüllt ist.

In Markus' Anspielung auf diese Maleachi-Stelle steckt freilich noch eine andere Geschichte, auf die dieses Prophetenwort seinerseits anspielt: Ein Vers aus dem Buch Exodus, der Geschichte vom Auszug aus dem Sklavenhaus Ägypten hinüber in das gelobte Land. Da wird dem Volk Israel am Sinai von Gott gesagt: Ich werde dir einen Engel schicken, der dir vorausgeht. Er soll dich auf dem Weg schützen und dich an den Ort bringen, den ich bestimmt habe. – Ich selbst begleite und behüte dich durch meinen Boten auf dem Weg in die Freiheit, heißt das. Und: Was Gott damals versprach, gilt noch immer, deshalb erinnern die Schlussworte des Alten Testaments daran. Denn er ist treu – sich und uns.

Ein Viertes kommt hinzu – durch Markus' Worte aus dem Jesaja-Buch. Sie stehen dort am Anfang derjenigen Kapitel, die dem Volk Israel zusagen, dass mit dem babylonischen Exil nicht alles verloren und verspielt ist, sondern dass es trotz der Schuld, die dazu geführt hat, eine Heimkehr, einen neuen Anfang gibt, weil Gott sich durch nichts und niemand, nicht einmal die Ablehnung gegen ihn, aufhalten lässt, zu tun, was er mit Abraham begonnen hat: durch Israel die ganze Welt wieder für sich zu gewinnen.

— Kronsiegel „Jesus" —

Vier – nein: die ganz großen Geschichten Gottes mit seinem Volk ruft Markus also durch sein Zitat wach und nennt sie den Anfang des Evangeliums: die Geschichte vom Abenteuer des Auszugs und dass Gott die, die diesen Weg in die Freiheit gehen, begleitet; die Geschichte vom Ende des Exils und dass Gott selbst durch Versagen und Schuld hindurch einen neuen Anfang setzt; und die Geschichte davon, dass Gott unbeirrbar nicht Gericht, sondern Versöhnung will, mit der das Alte Testament endet.

Alle vier Geschichten zusammen betrachtet Markus als Vorzeichen für das, was er von Jesus erzählen wird. Wie Jesus ist, bekräftigt und besiegelt ihm, was in der Schrift steht. Bekräftigt und besiegelt es freilich auf so einmalige Weise, dass im Umkreis Jesu sich tatsächlich schon zu erfüllen beginnt, was die alten Gottesgeschichten erhoffen, was sie versprechen und so glühend ersehnen. Darum kann und wird Markus alles, was im geschichtlichen Leben Jesu geschieht, im Licht dessen erzählen, worauf er als den Anfang seines Evangeliums angespielt hat. Darum wird auch der Täufer Johannes, dieser kantige Prophet, dem Jesus so nahestand, wie von selbst zu einer Figur vom Typ des Gottesstreiters Elija, den Maleachi als unmittelbaren Vorbereiter für den großen Tag des Herrn verheißen hatte.

— Ein Gott der Treue und ohne Falsch —

Das Evangelium, das auf diesen Fundamenten ruht, lautet darum: Jesus geht und weist den Weg aus allem, was versklavt und niederdrückt – den Weg der Freiheit. Sogar dort, wo sich Schuld und Versagen hineinmischen und diesen Weg zu verbauen drohen, bahnt Gott selbst ihn neu. Und dem bleibt er treu bis zum Letzten. Bis der Letzte und die Letzte von uns diesen Weg wirklich gegangen sind oder wirklich und mit Entschiedenheit verweigert haben. Und bis zum Letzten in dem Sinn, dass Gott am Ende nichts zu viel gewesen sein wird, uns den Weg offen zu halten. Für das alles steht Jesus ein. Darum nennen ihn die Gläubigen Gottes Sohn und freuen sich über seine Geburt. Das erklärt sich aus dem Anfang, über den wir heute nachgedacht haben. Und wir warten darauf und bitten darum, dass sich Gottes Versprechen, das Jesus besiegelt, an uns erfüllt. Wer sich mit Jesus verbindet, dem wird es sich erfüllen. Das zu behaupten, ist nichts Vermessenes. Denn – Rabbi Zwi hat's gesagt: Der, dem wir trauen, ist ein Gott der Treue und ohne Falsch.

Wie einer die alten Träume neu lebendig macht

— Tragisch —

Ein Mann verlief sich in der Wüste. Tage- und nächtelang irrte er herum. Beständig dachte er daran, wie lange man wohl braucht, um zu verhungern und zu verdursten. Die unbarmherzige Sonnenglut hatte ihn schon ausgedörrt. Er fieberte. Wenn er erschöpft ein paar Stunden schlief, träumte er von Wasser, von Dattelpalmen. Aber dann erwachte er zu noch schlimmeren Qualen und taumelte weiter.

Da sah er plötzlich in der Ferne eine Oase. Eine Fata Morgana, dachte er – und seine Verzweiflung wuchs noch mehr. Er kam näher, aber die Oase verschwand nicht. Im Gegenteil: Sie wurde immer deutlicher. Er sah die Dattelpalmen, das Gras, ein paar Felsen, zwischen denen eine Quelle entsprang. Noch näher gekommen, hörte er sogar das Wasser sprudeln. Wie grausam die Natur ist, dass sie mir gerade jetzt auch das noch vorgaukelt, fluchte er noch innerlich. Dann brach er tot zusammen.

Eine Stunde später fanden ihn zwei Beduinen. Kannst du das verstehen?, fragte der eine den anderen. Die Datteln wachsen ihm beinahe in den Mund – er hätte nur die Hand auszustrecken brauchen. Und dicht neben der Quelle liegt er. Mitten in der Oase – verhungert und verdurstet. – Er war halt ein moderner Mensch, antwortete der andere. Er hat nicht daran geglaubt.

— Opfer der Erwartungslosigkeit —

Der Irrgänger in der Wüste ist nicht allein geblieben. Viele teilen mittlerweile sein Schicksal. Sie haben sich verirrt, sind in weglose Geviere geraten mit ihrem Lebensentwurf, ihrer Partnerschaft oder dem selbstgesteckten Ziel ihres Daseins. Sie spüren die Bedrängnis mehr und

mehr. Sie suchen Hilfe, eine rettende Oase, um ihre Kräfte zu erneuern. Sie entdecken tatsächlich den rettenden Ort. Sie laufen darauf zu,
stehen mitten darin. Aber gleichzeitig glauben sie einfach nicht mehr,
dass es eine Oase gibt und geben kann. Sie hören das Wasser rauschen
– und halten es für ein Hirngespinst. Für das Produkt ihrer Sehnsucht.
Und der Tod hat leichtes Spiel. Weil keiner mehr an die Erfüllung
seiner Träume glaubt. So enden die modernen Menschen, weil nicht
sein kann, was nicht sein darf. Das macht sie zu Opfern der eigenen
Erwartungslosigkeit. So und nicht anders steht es um den modernen
Menschen – also um uns, auch uns Christinnen und Christen. Denn
zumeist erwarten wir nichts mehr. Wir rechnen nicht mehr damit, dass
noch einmal Unwahrscheinliches passiert in unserem Leben. Dass sich
unsere tiefsten Träume entgegen aller Berechnung erfüllen. Wohl redet die ganze Bibel die Sprache der großen Verheißung und der noch
größeren Erfüllung. Aber wir verstehen sie nicht mehr, weil wir nichts
mehr erwarten. Die Schrift muss uns deshalb zuerst wieder die Sehnsucht lehren – und das Träumen.

— Traumlehrer Johannes —

Einer, von dem wir das lernen können, begegnet uns im heutigen Evangelium – der Täufer Johannes. Dass er uns das Träumen lehrt, mag Ih-
nen vielleicht reichlich weit hergeholt erscheinen. Und doch ist es so.
Allerdings begegnet uns da kein betulicher Guru. Da redet stattdessen
ein kantiger Typ, bizarr im Auftreten und schneidend in seiner Rede.
Nicht eingepasst war dieser Johannes in die ausgedünnte, folgenlose
Frömmigkeit seiner Zeitgenossen. Und nicht angepasst an die Atmosphäre der stillgestellten Hoffnungen, die die politischen wie religiösen
Autoritäten ihrer Ängste und Vorteile wegen durchzusetzen suchten.
Johannes stand quer zu all dem. Und er musste es, er konnte nicht anders, weil er mit seinem für Gott empfindsamen Herzen spürte, dass das
nicht alles sein konnte. Er witterte, dass sich etwas anbahnte, was über
Heil und Unheil entscheiden wird – etwas ganz Neues und Unwahrscheinliches. Das hat ihn so leidenschaftlich von Gottes Gericht reden
und zum Störenfried werden lassen. Er hat kaum selber noch richtig
gesehen, was da um ihn herum und auch mit ihm eigentlich geschieht.
Aber das Buch seines Glaubens, das Alte Testament, hat ihm gehol-

fen zu verstehen. Alle Evangelien nämlich wissen den Täufer in engster Verbindung mit dem Propheten Jesaja. Von ihm her fällt so Licht auf die Gestalt des Johannes. Und genau das macht ihn für uns zum großen Lehrer des Träumens.

Jesaja ist der Künder der wohl hochgespanntesten Verheißungen und Hoffnungen, die das Alte Testament kennt. Zuerst hat Augustinus von Jesaja gesagt, er sei eigentlich mehr Evangelist als Prophet. Er und seine Schüler verkünden nämlich gerade in den aussichtslosesten Situationen, dass Gott selber das Blatt wenden wird. Die Worte der heutigen Lesung etwa stammen aus einer Zeit, da Jerusalem zerstört war, das ganze Land darniederlag und sich bleierne Mutlosigkeit über das ganze Volk Israel breitete. Und da mitten hinein hören wir einen rettenden Boten Gottes durch Jesaja reden:

Der Herr hat mich gesandt, dass ich den Armen eine frohe Botschaft bringe und alle heile, deren Herz zerbrochen ist, damit ich den Gefangenen die Entlassung verkünde und den Gefesselten die Befreiung, damit ich ein Gnadenjahr des Herrn ausrufe (Jes 61,1–2).

Kühner geht es nicht mehr. Jesaja kennt in seiner Verheißung keine Abstraktion. Das Heil ist ihm konkret. Anschaulich, leibhaft zu erfahren. Wo Arme, die nichts mehr vom Leben zu erwarten haben – wo alle die erlösende Nachricht hören und erleben, dass ihr Schicksal nicht unentrinnbar sein muss, da ist Heil. Wo Herzen, zerbrochen und gequält von den zahllosen Schrecken und Ängsten des Lebens, beruhigt und befriedet werden. Wo Gefangenen die Ketten, die zermürbenden Ketten der Unterdrückung, abfallen. Wo die von ihren Süchten und Zwängen Gefesselten endlich erfahren dürfen, dass sie auch etwas anderes sein können als Opfer. Überall dort und genau darin ereignet sich Gottes Heil. So predigt Jesaja. Und er stiftet damit seine Hörer zur Sehnsucht an, zu einer Sehnsucht, die alles auf die Karte der Zukunft setzt, einer Zukunft von Gott her.

Gerade aber diese Verheißungen sind es, die eine Krise auslösen, denn: Gemessen an ihnen endet das Alte Testament mit einer schrillen Dissonanz. Das verheißene Heil bleibt aus. Blut und Tod und Trä-

nen scheinen das letzte Wort zu behalten mit ihrer alles erstickenden
Entmutigung. Genau an dieser Stelle aber steht der Täufer auf. Mit
der ganzen Wucht seines Daseins belebt er noch einmal die uralten
Träume des Jesaja, allerdings mit einem radikalen Unterschied: Ihm
gelten sie nicht mehr nur als verheißene Zukunft, sondern – wenn auch
noch so verdunkelt – als anbrechende Gegenwart. Und er gibt ihnen
Namen und Gesicht: Jesus von Nazaret, auf den er deutet. Verrückt
genug. Ausgerechnet in dem da scheint sich erfüllen zu wollen, was die
wachsten Geister seit Jahrhunderten ersehnen. Aber es lässt sich nicht
übersehen. So konkret, wie Jesaja Gottes Heil ankündigte, genau so
konkret geschieht mit Menschen Unwahrscheinliches, wo immer Jesus hinkommt: Menschen werden frei von den Süchten und Zwängen,
die sie damals Dämonen nannten. Andere werden unverhofft bewahrt
vor den Ketten menschlicher Aburteilungen, weil Jesus durch alle Regeln hindurch auf die Not und Erbärmlichkeit der Menschenherzen
sieht – denken Sie an die Ehebrecherin, die Jesus vor der Steinigung
bewahrt, indem er fragt, wer von den Anklägern ohne Schuld sei. Und
wie oft heilt er zerbrochene Herzen, Existenzen, die wir verkracht nennen wie den Zöllner Zachäus oder die Frau am Brunnen von Samaria.
Ganz zu schweigen von seiner Sympathie und Solidarität mit denen,
die schlichtweg nichts zu essen haben vor lauter Armut. Durch Jesus geschieht, was bisher nur Traum war. Und nicht einmal das Kreuz
konnte dem ein Ende setzen – diesen für die Etablierten so störenden
Geschehnissen. Im Gegenteil: Jesu Lebensmacht geht durch das Kreuz
über auf die, die zu ihm gehören. Und sie beginnen ihrerseits, das Unwahrscheinliche zu tun, das sie mit ihrem Herzen erlebten. So hat er
die unaufhaltsame Verwandlung der Welt in die Hände der Seinen gelegt. Ihnen – und das heißt: uns – ist anvertraut, die Träume des Jesaja
im Namen Gottes ins wache Leben zu übersetzen. Das ist der Sinn der
Kirche. Dadurch und nur dadurch sind wir Gemeinde Christi. Oder
wir sind es nicht. Denn Christsein heißt nichts weniger als: die scheinbar unerfüllten Verheißungen als realistisch zu bezeugen. Das ist es,
worauf wir uns adventlich, also hoffend und tätig ausstrecken. Und das
ist auch der Grund, weshalb wir bald Weihnachten als Fest der Freude
feiern. Es ist die Freude des Anfangs jenes unverhofft Neuen. Christus
und seine Kirche zusammen sind dieses Neue – sie sind die anbrechende Erfüllung der großen Verheißung.

— Freiheit, Mut und … —

Aber muss das nicht schlagartig Protest auf den Plan rufen? Wenn mir jemand widerspräche und entgegenhielte: Das stimmt doch gar nicht! Was hat sich denn geändert seit Jesus – und vor allem: Schau dir doch die Kirche an. Wo erscheint sie denn wirklich als die Erfüllung der alten Träume des Jesaja, wo? – Ich müsste ihr oder ihm Recht geben. Denn zu unserem Glauben und seiner Geschichte bis heute gehören nicht nur die Fülle der strahlenden Hoffnungen des Propheten und ihr wirkliches Eintreten in Jesus von Nazaret. Dazu gehört auch das Ausbleiben ihrer Durchsetzung in alle Dimensionen der Menschheit und der Geschichte hinein. Dem Protest muss stattgegeben werden. Allerdings schiene mir nötig, dass man ihm noch eine zweite Frage anfügte – die schlichte Frage, warum das so ist. Die Antwort darauf ist einfach, gleichwohl aber bestürzend. Einfach, denn der Anbruch der Erfüllung der Verheißungen geschieht dadurch, dass Jesus jemand war, der Gott vorbehaltlos in sich hat handeln lassen. Mit anderen Worten: Alles entspringt der Freiheit Jesu für Gott, seiner ureigensten Zuwendung hin zum Vater im Himmel. Das freilich ist menschlich gesehen gerade das Unwahrscheinliche, geradezu ein Wunder. Und was die Fortsetzung dieses Neuen durch die Kirche, durch uns, betrifft: Auch das muss durch lauter einzelne freie Entschlüsse für Gott von unserer Seite geschehen. Lauter kleine Wunder, geboren aus dem Wunder Jesus von Nazaret. Das Unwahrscheinliche ist ja mit ihm bereits eingetreten. Wir Christinnen und Christen haben durch unseren Glauben mitten in der Wüste die Oase mit der rettenden Quelle entdeckt und erreicht. Das Wasser ist zum Greifen nahe. Wir müssen uns nur noch entschließen, das Unwahrscheinliche für wahr zu nehmen. Oder wir werden sterben. Daher rührt der Triumph der unerfüllten Verheißungen – soweit ist die Antwort einfach. Und sie ist bestürzend, weil unser Prophet dagegen, dass die großen Träume schon erfüllt sein sollen, unversehens auf uns zurückfällt. Denn uns als Christinnen und Christen ist die Verantwortung auferlegt dafür, ob Jesaja der große Prophet des Heiles ist oder ein Spinner. So sehr sind wir in Gottes Geschichte mit der Menschlichkeit verstrickt! Das macht unsere Größe als Christen aus. Allerdings: Wir müssen uns dafür entscheiden wollen, groß zu sein. Und das meint: entscheiden wollen, dass die Träume wahr sein können.

— *... Zeugnis* —

Wie geht das? Johannes der Täufer, der letzte Träumer des Alten und der erste Träumer des Neuen Bundes, lehrt es uns. Die Träume des Jesaja werden neu lebendig, indem Johannes Zeugnis gibt, dass Jesus das ersehnte Heil bringt. Bezeugen – das ist es. Bezeugen heißt nicht: für wahr halten. Es heißt nicht: Bescheid wissen und begriffen haben. Im Gegenteil: Johannes bleibt bis zu seinem Tod der Sucher mit dem zitternden Herzen! Bezeugen heißt vielmehr: Mit dem ganzen Gewicht unseres Lebens engagiert einstehen für das menschlich gesehen Unwahrscheinliche. An die Stelle Jesu treten – das heißt: Zeugnis geben. Und wie von selbst wird unser Jesus-Zeugnis genauso real und konkret werden, wie die Träume des Jesaja real und konkret gewesen sind: Es wird darin bestehen müssen, Armen die gute Nachricht zu bringen, gebrochene Herzen zu heilen, Gefangene zu befreien, Gefesselte aus ihren Stricken zu lösen. Unser Zeugnis wird viele verschiedene Gesichter tragen können: Wenn einer ganz unspektakulär mittut bei Pax Christi oder amnesty international, wenn er die Bitten von Adveniat und Misereor ernst nimmt und solidarisch teilt mit denen, die nichts haben – dann legt er Zeugnis ab. In seinem Zeugnis nehmen die Züge Christi verborgen, aber greifbar Gestalt an. Durch sein Zeugnis zeichnen sich die ersten Konturen jener großen Verwandlung unserer Welt ab, die wir „Wiederkehr Jesu" nennen. Wenn wir so Zeugnis ablegten – wir wären Verbündete des Täufers geworden. Beseelt von der Erwartung des Kommenden und über den Täufer hinaus voller Freude, weil wir durch Jesus um die Folgen wissen, worauf es hinauswill mit uns.

Wenn wir mit dem Täufer anfingen, Jesajas Träume zu beseelen mit dem Feuer unseres Herzens – dann hätte der Advent begonnen. Wir hätten mitten in der Wüste wirklich die Quelle gefunden – und daraus getrunken.

Gottes Treue-Urkunde

— Wissen – glauben – ausprobieren —

Der Schriftsteller Peter Bichsel hat ein Buch mit Kindergeschichten geschrieben. In einer der Geschichten kommt ein alter Mann vor, der sagt: Die Erde ist rund. Das weiß ich. Aber ich glaube es nicht. Und deshalb muss ich es ausprobieren.[1]

— Unverzichtbare Erfahrung —

Dieser Unterschied, den der Alte da macht, dürfte kaum jemandem von uns fremd sein. Es gibt vieles, was wir wissen, weil wir es gesagt oder gelehrt bekommen. Aber das Wissen bleibt trocken, folgenlos, weil wir nicht glauben, was wir wissen. Das gilt gerade von Dingen, die uns sehr berühren: zum Beispiel wenn es um Liebe oder Eifersucht geht. Der Partner versichert dem andern, dass alles in Ordnung ist, dass kein Grund zur Aufregung besteht. Aber ist je ein Eifersüchtiger davon beruhigt worden? Er muss erfahren, dass wahr ist, was er weiß, weil es ihm gesagt wurde.

Mit den wichtigen Dingen des Glaubens verhält es sich nicht anders. Es reicht nicht, von ihnen zu wissen. Man muss etwas von ihnen erfahren haben, um glauben zu können. Für Weihnachten, das wir in ein paar Tagen feiern, gilt das besonders. Sonst hörten wir nur die alte Geschichte vom Krippenkind und dem Drumherum, ohne dass sie uns auch nur von fern beträfe. Interessanterweise kann uns die Lesung aus dem Samuelbuch helfen, die unmittelbare Vorgeschichte von Weihnachten, die uns im heutigen Evangelium erzählt wurde, auf andere Weise zu hören, so dass sie mit unserer Erfahrung zu tun bekommt und wir auch zu glauben wagen dürfen, was verkündet wird.

— Das große Versprechen —

Dieses alttestamentliche Buch Samuel erzählt uns vom König David. Genauer: Es zeigt ihn uns auf dem Höhepunkt seines Lebens. Er hat seine Feinde niedergeworfen, seine Herrschaft gefestigt und sich einen Palast gebaut. Und jetzt möchte er – wie alle anderen Könige seiner Zeit auch – einen Tempel für Gott errichten, sozusagen als Garantie, dass alles, was er erreicht hat, nun bestehen bleibe. Aber seltsamerweise kommt es dazu nicht. Gott kommt dem David sozusagen zuvor. Dem Propheten Natan wird aufgetragen, David zu verkünden, dass Gott ihm ein Haus bauen, das heißt seiner Familie Bestand geben werde. Für ein Familienoberhaupt damals, erst recht für einen König, konnte es Wunderbareres, Kostbareres nicht geben. Sein eigener Sohn werde ihm nachfolgen, wenn sein Leben einmal zu Ende geht, darf David hören, noch dazu einer, der mit Gott so auf Du und Du stehen wird, dass Gott für ihn Vater und er für ihn wie ein Sohn sein wird. Und auf ewig werde sein Haus Bestand haben.

Das war ein Versprechen so groß wie einst dasjenige an Abraham, dass seine Nachkommen so zahlreich sein würden wie die Sterne am Himmel. Durfte David das glauben, was ihm da durch den Propheten zu wissen gegeben war? Gott nimmt auf diese unsere menschliche Not mit den großen, wichtigen Dingen regelrecht Rücksicht. Darum erinnert er durch den Propheten den David anlässlich dieses großen Versprechens daran, was er schon alles an Wunderbarem für ihn getan hat: Ihn, den Hirtenbuben, den jüngsten, also geringsten von sieben Söhnen, von der Weide weggeholt und zum König erwählt; ihn überall begleitet, wohin er ging; ihn stark gemacht gegen alle Gefährdungen – etwa die des eifersüchtigen Königs Saul – und gegen alle Feinde, selbst wenn sie so riesig waren wie ein Goliat. Auf diese erfahrene Treue und Zuneigung darf – ja soll – David sich stützen, wenn er sich fragt, ob er glauben darf, was ihm versprochen wird. Sein eigenes Leben hat ihn schon gelehrt, dass auf Gott Verlass ist. Warum sollte es in Zukunft anders sein – auch wenn das Versprechen alles überbietet, was David bisher erlebt hat mit seinem Gott?

— Vom Überschuss der Sinnbilder —

Wenn Gott Gott ist und darum auch dieses Versprechen hält, dann wird es nicht einmal dann widerrufen sein, wenn menschlich gesehen alles dagegen spricht, dass es noch erfüllt werden könnte. Aus dieser Überzeugung blieb den gläubigen Juden die Verheißung an David auch dann noch lebendig, als der Davididen-Clan schon längst vergangene Geschichte war. Wenn und weil Gott Gott ist, weiß er zu verwirklichen und wird er verwirklichen, was er zugesagt hatte.

Als eines Tages einer auftrat, aus dessen Reden und Tun manche seiner Zeitgenossen mehr spürten als verstanden, dass er mit Gott verbunden war auf eine Weise, wie sie nicht enger sein konnte und sie sie noch nie erlebt hatten, da fiel ihnen unwillkürlich jenes alte Versprechen ein, dass David einen Nachkommen haben werde, von dem Gott selber durch den Propheten gesagt hatte, er wolle ihm Vater und dieser werde ihm Sohn sein. Und darum erzählen sie später von diesem einen, dass ein Engel – also Gottes Stimme – seine Geburt als die des Thronfolgers Davids verkündete, in dem sich die unbedingte Treue Gottes bestätigte – obwohl er aus Nazaret stammte und mit der Königsfamilie der Davididen so viel zu tun hatte, wie Sie oder ich mit dem heutigen Kaiser von Japan.

Sowenig Gott das Haus braucht, das David ihm bauen wollte, um da zu sein in der Welt, so wenig braucht er die Geschlechterreihe einer Dynastie, um jene Nähe zu schenken, die mit dem biblischen Vater-Sohn-Verhältnis gemeint ist. Natürlich versinnbildete der später von Davids Sohn Salomo tatsächlich gebaute Tempel etwas von der Gegenwart Gottes und vergegenwärtigte auch die Reihe der David-Nachkommen, angefangen von diesem Salomo, etwas von Gottes Treue – selbst dann noch, wenn sie, diese Repräsentanten durch ihre eigene Schuldgeschichte ihre geistliche Rolle verdunkelten und verrieten, wie das bereits bei diesem Traumkönig Salomo selber geschah.

Aber das Versinnbildete reichte allemal unendlich weit über seine Sinnbilder hinaus. Darum erzählten die ersten Christen den Anfang des Lebens dessen, in dem sie die Gottestreue der Davidsverheißung gemäß buchstäblich bestätigt erfuhren, als wunderbar. Jesus: von einem Engel angekündigt, von einer Jungfrau geboren, als Zimmererskind ein Davidssohn. Kein Unfug, all das. Gesagt will sein: Gott ist uns treu über alles hinweg, was dagegen stehen mag. Wir werden nicht untergehen. Jesus ist gleichsam das Kronsiegel darauf.

— Der Wahrheit auf halbem Weg entgegengehen —

Dürfen wir als denkende, aufgeklärte Zeitgenossinnen und Zeitgenossen so etwas glauben? Der amerikanische Philosoph William James hat einmal daran erinnert, dass es für uns Menschen nicht bloß Wahrheiten gibt, die man messen, wiegen, berechnen und herleiten kann, sondern auch solche Wahrheiten, denen man auf halbem Weg entgegengehen muss, um sie zu finden. Charles Taylor, ein kanadischer Philosoph unserer Tage, kommentiert diesen Gedanken von James mit Beispielen, so etwa im Blick auf die Frage von jemandem an seinen Partner, seine Partnerin: Magst du mich oder nicht? Wenn ich – so Taylor – darauf festgelegt bin, dies herauszufinden, indem ich eine Haltung einnehme, die ein Maximum an Distanz und Argwohn beinhaltet, besteht die Gefahr, dass ich die Möglichkeit einer bejahenden Antwort verwirke. Ein entsprechendes Phänomen auf der Ebene der Gesamtgesellschaft ist das soziale Vertrauen; wird man es von vornherein in Frage stellen, dann wird man es zerstören. Und genauso, scheint mir, verhält es sich auf vielfältige Weise mit dem Glauben. Er kann sich nur im bergenden Medium eines Vertrauensvorschusses bewahrheiten, wobei der Glaubende für diesen Vertrauenskredit durchaus gute Gründe haben darf und soll. So auch in den Erzählungen aus dem Samuelbuch und dem Johannes-Evangelium von vorhin:

Natan hat David an das erinnert, was Gott in seinem Leben schon getan hatte, um ihn begreifen zu lassen, dass er das Versprochene für wahr halten darf. Für uns gilt das Gleiche. Gott hat mich gewollt. Hat mich ins Herz geschlossen, selbst dann, wenn ich davon gar nichts weiß oder wissen will. Das ist wunderbar. Darum dürfen wir auch glauben, wenn uns gesagt wird: Du wirst nie verloren sein. Das ist der Schlüssel zu dem Fest, das wir in wenigen Tagen begehen.

— Arm sein dürfen —

Doch dieses Auf-halbem-Weg-Entgegengehen fällt uns nicht leicht. Gar nicht. Untrügliches Zeichen dafür ist, dass so viele gerade an diesen letzten Tagen vor Weihnachten ungeheuer geschäftig werden und Lärm machen. Das ist wie das berühmte Pfeifen im Wald nichts anderes als ein Indiz dafür, dass sie eine Beklemmung erfasst. Aber warum? Weil sie in dem für diese Tage so typischen Gemenge aus Emotionen, Erinnerung, Jahresendgedanken und der abrupten Unterbrechung des Alltags untrüglich spüren, wie wenig von all dem trägt, wofür sie sich tagein tagaus krumm gelegt haben: die kleinen Triumphe über die Konkurrenten, die so gut tun – nichts wert. Das Geleistete, das unsere Ansprüche zu verbürgen hat – unterm Strich nichts wert. Die gute Meinung, die wir von uns selber haben, weil wir doch dies und das getan und jenes gelassen haben – nichts wert. Alles Schall und Rauch. Und wer gäbe dann gern zu, dass er, dass sie nichts vorzuweisen hat und also arm ist?

Genau das aber ist die Hürde, über die wir hinweg müssen in diesem der Weihnachtswahrheit Entgegengehen auf halbem Weg. Denn die sagt doch nichts anderes als: Du brauchst gar nichts, worauf du dir etwas einbilden könntest. Du darfst arm sein. Denn Gott selbst war sich nicht zu gut dafür, auf schlichtweg alles von sich zu verzichten. Er hat gar nicht mehr Gott sein wollen. Darum ist er Mensch geworden, um dir zu sagen, worauf allein es ankommt: auf die Wahrhaftigkeit, dass wir arm sind – und arm sein dürfen: zwei Hände voll Staub, der Erde vermählt, Gott anvertraut, wie die österreichische Dichterin Christine Busta einmal formuliert hat. Und nur mit dieser Wahrheit in der Seele vermag ein Mensch menschlich zu werden, mit seiner Menschwerdung einverstanden zu sein. Dass wir in diesen letzten Tagen des Advent manchmal an das denken, was einmal für uns wichtig sein wird, indem wir uns erinnern an das, was Jesus wichtig war – daran hängt, dass wir ein frohes Weihnachten feiern können.

Weihnachten in der Nacht: Lk 2,1–14 (und Jes 9,1–6)

Suchbild Weihnachten

— Entlarvung —

Vor einiger Zeit hat ein Kabarettist in bayerischen Städten große Erfolge gefeiert. Sein Programm hieß: „Weihnachten ist Humbug". Mit böser Zunge geißelte er die festtäglichen Fressorgien, die scheinheilige Schenkerei, die öde Langeweile zwischen Heiligabend und Silvester. Weihnachten als schlechtes Bühnenstück einer verlogenen Gesellschaft. Viele haben sich gebogen vor Lachen.

— Ernste Version —

Diese Bestreitung von Weihnachten gibt es auch in einer todernsten Version. Peter Huchel hat ein Gedicht hinterlassen, das „Dezember 1942" heißt:

> *Die Wintergewitter ein rollender Hall.*
> *Zerschossen die Lehmwand von Betlehems Stall.*
> *Es liegt Maria erschlagen vorm Tor,*
> *ihr blutig Haar an die Steine fror.*
> *Drei Landser ziehen vermummt vorbei.*
> *Nicht brennt ihr Ohr von des Kindes Schrei.*
> *Im Beutel den letzten Sonnblumenkern,*
> *Sie suchen den Weg und sehn keinen Stern.*
> *Aurum, thus, myrrham offerunt....*
> *Um kahles Gehöft streicht Krähe und Hund.*
> *... quia natus est nobis Dominus.*
> *Auf kahlem Gerippe glänzt Öl und Ruß.*
> *Vor Stalingrad verweht die Chaussee.*
> *Sie führt in die Totenkammer aus Schnee.*[2]

— *Ewige Wiederkehr?* —

Stalingrad liegt Jahrzehnte zurück. Huchels Gedicht könnte genauso gut „Dezember 2012, 2013 oder 2014" heißen. Wir brauchen nur an Libyen, Syrien oder an einen anderen Kriegsort der Welt zu denken. So sehr sich der Kabarettist und der Dichter unterscheiden mögen, eines teilen sie: dass Weihnachten, wenn es Weihnachten je gab, vergeblich war. Denn viele stehen gegen viele, gegen die Schwachen zuerst. Und Gewalt, Unterdrückung, Blutvergießen gab es vor Christus, wie es sie nach ihm gibt. Ist also, anders als die Christinnen und Christen behaupten, trotz Weihnachten doch alles beim Alten geblieben?

— *Prophetisches Widerwort* —

Eine Antwort auf diese Frage gibt uns heute der Prophet Jesaja: Manchmal deutlich, manchmal rätselhaft hat das ganze Alte Testament die Hoffnung bewegt, dass Gott einmal alles zum Guten führen wird. Auf einzigartige Weise hat Jesaja dem Ausdruck verliehen. Anlass dazu gab ihm ein ganz konkretes Ereignis der Geschichte. Sein Volk hatte einen bösen Eroberungskrieg erlebt, Unterdrückung war die Folge. Mitten in diese Entmutigung hinein ruft er: Seinem Volk, mehr tot als lebendig gemacht durch die Eroberer, werde mitten aus der Dunkelheit ein tröstendes Licht aufgehen. Es werde sich wieder freuen können – wie bei der jährlichen Ernte, wenn das Darben ein Ende hat oder wie beim Verteilen der Beute nach einem Feldzug, der einzigen Entlohnung der Soldaten, weil die Gefahr vorüber ist. Sein wird's wie am Tag von Midian, sagt Jesaja. Das war, als das kleine Israel gegen alle Wahrscheinlichkeit gegen einen übermächtigen Gegner standhielt und so die Freiheit errang und das blutige Gemetzel ein Ende fand. Dass Jesaja mitten in einer Zeit der Bedrängnis so redet, dafür gibt ihm Grund, dass im Königshaus gerade ein Sohn geboren worden war. Das hieß: Die Thronfolge war gesichert. Der Prophet erblickte darin ein Zeichen der Treue Gottes. Und wo die den Lauf der Dinge bestimmt, werden Recht und Frieden und Gerechtigkeit nicht ausbleiben.

Dann kam etwas ganz Verrücktes: Als die Kronprinzen die Regierung übernahmen, die zu Jesajas Zeiten geboren wurden, erfüllten sich des Propheten Verheißungen nur zu einem geringen Teil. Und viel schlimmer: Ein paar Generationen später war das davidische Königshaus untergegangen. Trotzdem strichen die Juden Jesajas Vision nicht aus der Bibel. Sie hielten sie als eine Art Suchbild fest, als Bild dafür, wie es sein wird, wenn die Welt wieder so geworden ist, wie Gott sie gemeint hat.

Als der Evangelist Lukas seine Geschichte von der Geburt Jesu schuf, erinnerte er sich an diese Stelle im Jesaja-Buch und schrieb: Jetzt, mit diesem Kind, hat sich des Propheten Vision erfüllt. Erfüllt sein heißt für die Bibel aber nicht „erledigt sein", sondern „bestätigt werden": Jesu Kommen bekräftigt mit allem Nachdruck das Recht der Zuversicht gegen alles Dunkel, der Hoffnung auf Freiheit und Ende der Gewalt und des Bösen. „Bekräftigung" will dabei wörtlich genommen werden: Was Jesaja nur politisch meinte, weitet sich bei Jesus ins große Ganze. Schon im Mund des Propheten klingt beim Wort „Dunkel" der Gedanke an die Welt des Todes mit. Jesus verbürgt sich mit eigenem Leib und Leben, dass auch noch die Toten ins Licht, will sagen: in Gottes Gegenwart, gehören. Und dass sich befreit und befriedet findet, wer Gott traut, wie er ihm getraut hat. Nicht nur eine Generation irgendwann, sondern jeder und jede, wann und wo immer sie leben.

— Bleibendes Suchbild —

Das aber heißt: Auch noch die Jesus-Geschichte ist ein Suchbild. Sie sprengt, was der Prophet ersehnt hatte. Zugleich ist längst nicht erledigt, wovon sie redet. Wie die Völkerschaften etwa im ehemaligen Jugoslawien oder in Syrien miteinander umgehen, wie sich rechtsradikale Kreise in unserem Land gegen Fremde gebärden – das lehrt uns im Klartext, was es heißt, dass nicht erledigt ist, wofür Jesus steht. Es wird wohl bis ans Ende der Welt und ihrer Zeit so bleiben.

Ebendarum aber ist Weihnachten so wichtig. Weihnachten zeichnet ein Suchbild der Menschlichkeit. Denn Weihnachten sagt: Gott ist Mensch geworden. Und das bedeutet: Der Mensch ist seinem Wesen nach mit Gott verwandt. Deshalb wird, wer an Gott glaubt, zu seinesgleichen wie zu den nahen Verwandten sein. An uns liegt darum, dem Komiker von vorhin und dem Dichter nicht das letzte Wort zu lassen, so oft sie auch Recht behalten mögen. Wie wir zueinander sind, jetzt, heute, morgen, jeden Tag – das macht Weihnachten wahr. Das traut Gott uns zu. So steht er zu uns. Darin besteht sein Segen.

Gottes Charakter

— In der Helle des Tages —

Gerade ein paar Stunden sind´s her, daß wir Christ-Nacht gefeiert haben. Vom Heiligen Abend zu Hause sind viele von uns durch die Winternacht hierhergekommen. Sie haben gleichsam die Lichter aus unseren Häusern und Wohnungen zusammengetragen zum strahlenden Geburtsfest des Herrn. Manche haben im Morgengrauen das Hirtenamt gefeiert. Betend und hörend sind sie mit den Hirten, den ersten Adressaten der Weihnachtsbotschaft dem Wunder nachgegangen, das diese verkündet: daß Gott sich nicht zu gut ist, auf sich selbst Verzicht zu tun, um uns als einer unseresgleichen zu begegnen, damit wir uns und einander wieder als seinesgleichen sehen lernen, geschaffen nach seinem Bilde und gerufen, Gotteskinder zu sein. Und jetzt, in der Taghelle des Festes, da lassen uns Lesung und Evangelium, die Anfänge des Hebräerbriefes und der Johannesprolog, etwas erahnen von der Reichweite, ja der Wucht dessen, was uns in der Nacht die schlichten Bilder von der Krippe, den Hirten und Engeln ins Herzen legen wollten.

— Unbegriffenes Geheimnis —

Vielleicht fragen Sie jetzt: Wenn das wahr ist, wenn es im Geheimnis der Weihnacht wirklich um so ungeheuer Großes geht, dass wir vor ihm staunend wie vor einem grandiosen Bergmassiv stehen und unsere Winzigkeit zu spüren beginnen, – wenn das wahr ist, warum ist dann so vielen Menschen, so vielen Christinnen und Christen die Frohe Botschaft dieser Tage so gleichgültig geworden? Mehr noch als der Auszug aus den Kirchen legen davon die geradezu krankhafte Verdrehung und Verkitschung der weihnachtlichen Sinnbilder und Bräuche Zeugnis ab.

— Der Engel mit den aufgerissenen Augen —

Diese Frage – woher denn die Gleichgültigkeit – wiegt schwer, weil sich hinter dieser Gleichgültigkeit ganz anderes verbirgt als nur seichte Gedankenlosigkeit. Vielmehr zeigt sie eine Krise an, die an die Wurzeln des Glaubens rührt. Besser als das mit Worten ginge, hat einer der großen Visionäre unseres Jahrhunderts, der Maler Paul Klee, diese Krise schon vor Jahrzehnten ins Bild gesetzt. Das Werk heißt „Angelus Novus". Es zeigt einen Engel, der aussieht, als wäre er gerade dabei, sich von etwas zu entfernen, worauf er starrt. Seine Augen sind aufgerissen, der Mund steht offen und seine Flügel sind ausgespannt. Es ist der Engel der Geschichte. Er hat sein Antlitz der Vergangenheit zugewandt. Und er sieht dort eine einzige Katastrophe, die unablässig Trümmer auf Trümmer häuft und sie ihm vor die Füße schleudert. Der Engel möchte wohl einhalten, die Toten wecken, das Zerschlagene zusammenfügen. Aber ein Sturm weht vom Anfang der Geschichte, vom Paradies her, der sich in seinen Flügeln verfängt und so stark ist, daß der Engel sie nicht mehr schließen kann. Dieser Sturm treibt ihn unaufhaltsam in die Zukunft, der er den Rücken zukehrt, während der Trümmerhaufen vor ihm wächst und wächst und wächst. Dieses beklemmende Bild hat – seit es entstand – Jahr um Jahr mehr Bestätigung gefunden und findet sie bis in diesen Tagen: der Hitler-Wahnsinn, der Zweite Weltkrieg, die ideologischen Kämpfe der Systeme, die gnadenlose Ausbeutung des Südens durch den Norden, irrwitzige Schlächtereien in Fernost, in Afrika, vor unserer eigenen Haustür. Die Raffgier hört nicht auf, Gottes gute Erde zu zerstören um ihrer Profite willen. Und der Tanz auf dem Vulkan wird zum Gesellschaftsspiel. Kein Wunder, dass Paul Klees „Angelus Novus" entsetzt die Augen aufgerissen hat und von Angst gelähmt der Urgewalt des Chaossturmes nicht mehr zu widerstehen vermag.

— Sind Christen blind? —

Und dann feiern wir Christinnen und Christen Weihnachten und wagen Worte nachzusprechen wie die aus dem Hebräerbrief: Viele Male und auf vielerlei Weise hat Gott schon durch die Propheten gesprochen. Jetzt aber hat er gesprochen durch den Sohn, den er zum Erben des Alls eingesetzt hat... Sind die Christen blind? Nehmen sie die Botschaft des eigenen Glaubens nicht mehr ernst, wenn sie im Angesicht dessen, was Tag für Tag in der Welt geschieht, solche Worte in den Mund nehmen, als ob mit Christus etwas Neues, Besseres gekommen wäre als je vorher? – Wir sind nicht blind und reden nicht unbedacht. Es ist gut zu wissen, daß auch der Hebräerbrief selber schon in die Situation einer tiefen Glaubenskrise hinein geschrieben wurde – gerichtet an Menschen, denen die Hoffnung, die Freude an dem durch Christus grundgelegten neuen Leben zu schwinden begann. Beidem will der Verfasser dieses Schreibens wieder aufhelfen, beides stärken. Und dazu erinnert er daran, was an Weihnachten eigentlich geschah.

— Gottes Bürge und Siegelbild —

Gott ist die Welt noch niemals gleichgültig gewesen. Viele Male und auf vielerlei Weise hat er darum durch die Propheten, diese menschengestaltigen Provokationen, die schonungslos die sozialen, politischen und religiösen Lügen anprangerten, die sich unentrinnbar breitmachen, wenn Menschen Gott den Rücken kehren, die aber auch niemals aufgehört haben, die Funken der Hoffnung auf ein geglücktes Leben wachzuhalten. Gewagter werden Menschen niemals wieder von Gott und im Namen Gottes sprechen als die Propheten. Wenn es Gewagteres über ihn und in seinem Namen zu sagen gäbe, dann nur dadurch, daß er selbst das Wort ergreift. Und genau das bedeutet für den Schreiber des Hebräerbriefes Weihnachten: Gott spricht durch einen, den er nicht mehr erst berufen, nicht mehr bereiten, nicht mehr senden, nicht mehr legitimieren muss. Er spricht durch einen, der untrennbar zu ihm gehört, für immer und immer schon Teil seiner selbst ist: der Sohn. Und der muss nichts mehr machen und reden, um Gottes Wort verlauten zu lassen. Er ist Gottes Wort dadurch, dass er ist und wie er ist. Und wie ist er? Der Hebräerbrief sagt: Er ist der Abglanz von Gottes Herrlichkeit und das Abbild seines Wesens. In diesem einzigen Satz ist zusammengefasst, was die Evangelien aus dem Mund Jesu überliefern und über ihn erzählen. Im Dasein und Menschsein des Menschen Jesus, in seiner Gottverbundenheit und Sympathie für uns leuchtet auf, wie Gott ist. Jesus ist sein Gleichnis. Wie er war, so ist Gott. Gottes Siegelabdruck ist Jesus. Der seinem Wesen nach für des Menschen Sinn Unbegreifliche und unbegreiflich Bleibende prägt sich mit Jesus unsere Menschenart aus Fleisch und Blut ein und in ihm aus. Abbild heißt im griechischen Original des Herbäerbriefs „charakter". Man muss diese Stelle ganz wörtlich übersetzen. Jesus ist Gottes Charakter. Und daraus folgt: Weil es Jesus gibt, hat Gott Charakter für uns. Von einem sagen, er habe Charakter, will heißen: Ich kann mich auf ihn absolut verlassen, auch dort noch, wo ich ihn nicht verstehe; ich bin mir seiner Treue, seiner Geradheit gewiss auch dann, wenn ich sie nicht sehe. Verstehen Sie, was dieser Satz – von Gott gesprochen – bedeutet? Wer immer auf diesen Jesus schaut und ihn als das Inbild der Sympathie und Treue Gottes begreift, der kann diesem Satz die ganze Last auferlegen, die uns Menschen die Frage nach dem Sinn der Welt, nach dem Leid und dem Bösen und dem Chaos der Geschichte zumutet – all das, wovor Klees Engel in Entsetzen fällt. Welt und Geschichte, wie sie denn sind, werden den Christus-Gläubigen nicht mehr entmutigen. Denn er weiß: Schon längst gehören beide – trotz allem – diesem Jesus Christus, dem, der für Gott bürgt. Gottes Wort, das er ist, Prägemal seiner Treue, versichert uns, dass Gottes Werk, das All, und wir in ihm, gehalten bleiben und nicht mehr zurückfallen in das Chaos vor der Schöpfung. Darum ja heißt es von ihm auch, dass er das, was dessen Zerstörungsmacht immer wieder heraufbeschwört, die von Gott abkapselnde Sünde, in der Wurzel schon weggenommen hat. Ja sagen zu ihm heißt darum: versöhnt werden mit Gott: Ich traue ihm, dass er es gut meint mit mir und es darum gut wird mit mir. Diesen Schatz der Hoffnung schließt Jesus auf. Kann es dann Wichtigeres geben für uns als ihn? Das meint der Hebräerbrief, wenn er überschwänglich sagt, sogar Gottes Engel werfen sich vor ihm nieder, wenn er dieses sein Werk getan hat.

— Charakterbild Bethlehem —

Freilich: Aufgehen wird uns diese Treue Gottes, das Überwältigende an ihm erst dann, wenn wir seinen Charakter, sein Siegelbild Jesus ganz anschauen. „Ganz" heißt: von Anfang an. Der Anfang ist Weihnachten. Und wie immer bei uns Menschen ist der Anfang von etwas für das Ganze entscheidend. Das Kind von Betlehem also als Charakterbild Gottes anschauen – ein Wesen ohne Arg; ihm wie einem Kind so ganz vorbehaltlos und mit Herzlichkeit begegnen: So fängt christliche Hoffnung an. Sie weiß: Der Unendliche, der Allmächtige, der nie vergehen kann, begibt sich bis zum Grunde in die schutzlose Vergänglichkeit und Zufälligkeit unseres Daseins hinab – macht sich ihr gleich und sie darin unzerstörbar. Welt und Geschichte und wir in ihnen gehören schon ihm. Getröstet darf leben, wer Weihnachten für wahr nimmt.

Weihnachts-Märtyrer

— Neuer Ton —

Gerade eine Nacht und Tag sind es her, dass wir Gottes Kommen zu uns im Menschenkind der Krippe gefeiert haben – zuerst mit den Weihnachtsgeschichten, die an die Seele rühren, dann geleitet von dem unergründlichen Hymnus, der den Anfang des Johannes-Evangeliums bildet. Heute aber, jetzt, mischt sich ein ganz anderer Ton hinein, einer, der vom Widerspruch erzählt, vom Versuch, das Evangelium mundtot zu machen. Und Anlass dazu gibt die Erinnerung an den ersten Märtyrer der Kirche, den Diakon Stephanus. Das Fest seines Gedenkens war so alt und wichtig für die junge Kirche, dass es auch von dem allmählich aus immer tieferer geistlicher Einsicht ins Evangelium herauswachsenden Weihnachten nicht verdrängt wurde.

— Stephanus glaubte an Weihnachten —

Dazu bestand auch gar kein Anlass, denn: Genau besehen starb Stephanus, weil er an Weihnachten glaubte. Weil er glaubte, dass Himmel und Erde aufs Engste verbunden sind, dass dort von Belang ist, was hier getan und gelassen wird, und dass umgekehrt sich dieser Gott darum mitten in diesem gelebten Leben mit seinem Großen und seinen Grenzen, mit Glück und Not finden lässt – aber dass er darum natürlich auch zum Störfaktor wird, wo immer eine und einer meint, das Leben selbst allein in der Hand zu haben. Was das bedeutet, kommt wie durch einen Brennspiegel zusammengezogen in der berühmten matthäischen Bergpredigt und ihrer Parallele bei Lukas, der Feldrede, zur Sprache – und auch der Widerspruch, den die Frohbotschaft vom lebensnahen Gott provozieren kann. Das Evangelium des Stephanus-Tages ist darum auch gar keine Katastrophengeschichte, sondern lediglich eine Art praktisches Echo auf jene kleine Summe der jesuanischen Botschaft in der Bergpredigt bzw. der Feldrede.

— *Echo der Bergpredigt* —

Wir brauchen da nur einige wenige Verse lang einmal hineinzuhören: Selig ihr Armen, denn euch gehört das Reich Gottes. Selig, die ihr jetzt hungert, denn ihr werdet satt werden. Selig, die ihr jetzt weint, denn ihr werdet lachen, heißt es da etwa. – Gut. Kenn' ich, werden Sie vielleicht sagen. Aber bedenken Sie doch einmal: Was ist das eigentlich für ein seltsames Gerede? Leute seligpreisen, die Not leiden und denen es elend geht! Friedrich Nietzsche, der bissigste Philosoph der ganzen Moderne, hatte nicht viel übrig für das Christentum mit seinem Barmherzigkeitsgedusel, wie er sagte. Aber wenn ihm Verse aus dem Evangelium wie die Bergpredigt oder die Feldrede unter die Augen kamen, fing er regelrecht zu schäumen an. Er hielt sie schlichtweg für eine hintertriebene Erfindung derer, die im Leben zu kurz gekommen sind, mit den Starken nicht mithalten können und darum ihre Schwäche in einen Wert umlügen.

Kostprobe gefällig? Nietzsche schreibt:

Es giebt bei dem Menschen wie bei jeder anderen Thierart einen Überschuss von Missrathenen, Kranken, Entartenden, Gebrechlichen, nothwendig Leidenden; die gelungenen Fälle sind auch beim Menschen immer die Ausnahme und sogar in Hinsicht darauf, dass der Mensch das noch nicht festgestellte Thier ist, die spärliche Ausnahme [...]. Wie verhalten sich nun die [...] beiden grössten Religionen [nämlich Buddhismus und Christentum; K. M.] zu diesem Überschuss der misslungenen Fälle? Sie suchen zu erhalten, im Leben festzuhalten, was sich nur irgend halten lässt, ja sie nehmen grundsätzlich für sie Partei, als Religionen für Leidende, sie geben allen Denen recht, welche am Leben wie an einer Krankheit leiden, und möchten es durchsetzen, dass jede andre Empfindung des Lebens als falsch gelte und unmöglich werde. Möchte man diese schonende und erhaltende Fürsorge [...] noch so hoch anschlagen: in der Gesammt-Abrechnung gehören die [...] Religionen zu den Hauptursachen, welche den Typus „Mensch" auf einer niedrigeren Stufe festhielten, – sie erhielten zu viel von dem, was zu Grunde gehn sollte.[3]

Und diese Denkungsart gehört keineswegs der Vergangenheit an. Sie findet auch heute ihre Parteigänger, etwa in der Debatte um das, was in der Gentechnik und Medizin erlaubt ist oder nicht, weil Rücksicht auf die Schwachen und Angeschlagenen schlichtweg zu kostspielig sei. Und genauso auf Punkt und Komma findet bei nicht wenigen unserer Zeitgenossen Zustimmung, was Nietzsche über den Glauben der Christinnen und Christen sagt:

Der christliche Gottesbegriff – Gott als Krankengott, Gott als Spinne, Gott als Geist – ist einer der corruptesten Gottesbegriffe, die auf Erden erreicht worden sind; [...] Gott zum Widerspruch des Lebens abgeartet, statt dessen Verklärung und ewiges Ja zu sein! [...] Gott die Formel für jede Verleumdung des „Diesseits“, für jede Lüge vom „Jenseits“! In Gott das Nichts vergöttlicht, der Wille zum Nichts heilig gesprochen.⁴

Und der beste Beleg dafür: Das Evangelium vom Stephanus-Tag.

— Was haben wir gehört? —

Wenn man diese Wutausbrüche nicht einfach abtut – was haben wir dann eigentlich gehört vorhin in den Seligpreisungen der Armen, Hungernden, Weinenden, Gehassten? Wir hören immer das, worauf wir achten, sagt eine alte Weisheit. Was also hören wir, wenn wir auf die Bergpredigt, die Feldrede oder unser Evangelium von heute stoßen? Das, was Nietzsche hörte? Oder könnte da auch etwas ganz anderes gesagt sein? Zum Beispiel dies:

Wenn ihr überzeugt seid, dass ein Mensch mehr ist als sein Konto und seine Karriere, mehr als seine Ellenbogen, sein Cabrio und seine schnieke Wohnung; wenn ihr auch überzeugt seid, dass wenig daran hängt, wie ein anderer von außen aussieht, weil das Schöne immer von innen kommt und man nur um seinetwillen eine, einen anderen liebhaben kann; wenn ihr von alldem überzeugt seid und ihr darum an alldem, was man haben, machen und leisten kann, nicht hängt und darum frei seid: Selig seid ihr!

Wenn ihr überzeugt seid, dass man Geld nicht essen kann, ja sogar, dass es nichts auf der Welt gibt, was uns wirklich satt macht, weil die Sehnsucht von uns Menschenkindern nach einem Erfülltsein dafür viel zu groß ist; dass uns der Hunger nach Brot und erst recht der nach Angenommensein und Liebe beständig daran erinnert, dass wir nicht aus uns selbst bestehen, sondern angewiesen sind auf das, was die Erde und die anderen für uns übrig haben – und wenn ihr dann noch begreift, dass es trotzdem gut ist mit uns so, wie es ist, weil ihr euch einem verdankt, der euch Leben gönnt und es mit euch gut meint und darum euren Hunger stillen wird: Selig seid ihr, selig jetzt schon, da ihr noch den Hunger spürt, weil der euch zugleich die Verheißung gibt, einmal wirklich satt zu sein.

Wenn ihr überzeugt seid, dass es nicht nötig ist, immer gut drauf zu sein, da einem manchmal zum Heulen ist, weil ihr eine Chance vertut, einen wichtigen Wink nicht erkennt, ein anderer – gar lieber Mensch – euch hintergeht, ihr jemanden von eurer Seite auf immer verliert und untröstlich seid. Wenn ihr anerkennt, dass es all das im Leben geben kann und ihr weinen müsst – und trotzdem die Welt darüber nicht zerbricht, weil auch noch das menschlich gesehen Verfehlte und Verlorene, gerade es, in Gottes Hand geschrieben ist: Selig seid ihr.

Ja, und dann das andere auch noch: Die Seligpreisung für die, die wegen ihres Bekenntnisses zu Jesus gehasst, ausgeschlossen, geschmäht oder schließlich vernichtet werden wie Stephanus. Der war übrigens nicht zufällig Diakon, also jemand, der – modern gesprochen – mit Caritas und Sozialarbeit, also den Angeschlagenen und Übervorteilten zu tun hatte. Wer überzeugt ist, dass das mit dem Armsein, dem Hungern und Trauern stimmt und das auch noch sagt, der muss mit solchen Reaktionen rechnen. Längst ist es darum auch bei uns wieder normal, Christinnen und Christen ihres Glaubens wegen zu verhöhnen. Zumal katholische. Katholischsein sei ungefähr so, wie wenn in einem muffigen Keller ungewaschene Unterhosen verbrannt würden, meinte einmal ein bekannter Kabarettist.

— *Nicht Religion, sondern Aufklärung* —

Dass ich nicht falsch verstanden werde: Es gibt genug Dinge in unserer Kirche, die einen die Wände hochgehen lassen könnten. Über manches davon kann ich nur noch den Kopf schütteln, über anderes ärgere ich mich. Aber über all dem darf zugleich nicht aus dem Blick geraten, dass das provozierend Unzeitgemäße am Christsein daher rührt, dass unser Glaube – ich muss es so schneidend sagen – eigentlich gar nicht zuerst

Religion ist, sondern prophetische Aufklärung: ungeschminktes Hervorsagen der Wahrheit und damit Erkenntnis, wie es um uns Menschen im Letzten steht.

Ebendarum sind die Weherufe der lukanischen Feldrede, die ihren Seligpreisungen folgen, auch nicht Ausdruck der Schadenfreude derer, die ansonsten zu kurz kommen im Leben. Sie beschreiben lediglich, was denen passiert, die das Reichsein jetzt, das Sattsein jetzt, das Lachen jetzt, das schöne Gerede der anderen jetzt für das Ganze halten und sich darum an es klammern: Ihr habt weg euren Trost, wird ihnen gesagt (wenn man wörtlich übersetzt). Sie haben weg ihren Trost, weil sie vom Menschen viel zu klein gedacht haben – dass es mit ein bisschen Habe, reichlichem Essen, einer Bettaffäre und zünftiger Fröhlichkeit genug sei für ihn.

Wo doch Gott den Menschen so sehr viel größer gewollt, ihm gleichsam als persönliche Signatur die Unendlichkeit im Denken und Fühlen in die Seele geschrieben hat. Darum gibt seiner Sehnsucht Stimme, wer seinen Glauben bekennt. Stephanus war das wichtiger als alles andere. In seinem Ende spiegelt sich auf menschliche Weise der unbedingte Ernst, mit dem Gott sich von unserem Menschenleben berühren lässt. Deswegen finden wir Stephanus gleich auf den ersten Seiten jenes Bilderbuchs zum Evangelium, das die Heiligen sind. Und darum feiern wir ihn heute.

Weihnachten werktäglich

— Zwischenzeit —

Wie ein Berg mit zwei Gipfeln ist das Weihnachtsfest. In der Heiligen Nacht und im Dreikönigsfest hat es seine Höhepunkte. Die Tage dazwischen gehören auch zum Fest. An ihnen tritt das Viele in den Blick, was wir am Weihnachtsgeheimnis gar nicht auf einmal erfassen können. Wenn wir vor einem riesigen Gemälde stehen, dann wandern nach dem ersten Eindruck – und wenn wir den Mittelpunkt entdeckt haben – die Augen kreuz und quer, um den ganzen Reichtum der Gestalten und Szenen zu entdecken. So ähnlich verhält es sich auch mit dem heutigen Fest der Heiligen Familie.

— Das Schweigen der Evangelien —

Weihnachten war ja nicht mit der Heiligen Nacht abgeschlossen, es begann ja erst. Menschen, denen Weihnachten etwas bedeutet, die wirklich verstehen möchten, was da geschieht, also Glaubende, werden darum wie von selbst fragen, wie es weiterging mit dem Kind und seinen Eltern. Aber seltsamerweise schweigen die Evangelien darüber fast ganz. Matthäus erzählt nur die Sache mit der Flucht nach Ägypten, Lukas die Geschichte vom Jerusalemer Tempelbesuch des zwölfjährigen Jesus. Das ist alles, was wir von Jesu Erdenleben zwischen der Geburt und dem 30. Lebensjahr erfahren, da er anfängt, öffentlich aufzutreten.

— Wink nach innen —

Dieses Schweigen der Evangelien ist freilich kein Zufall. Es gibt uns einen Wink, worauf es eigentlich ankommt bei Weihnachten. Es sagt uns: Schau nicht auf das äußere Geschehen. Wirklich wichtig ist, was durch Weihnachten mit dir selber geschieht. Fromme Menschen haben immer schon gewusst: Es kommt einzig darauf an, dass wir durch Weihnachten anfangen, Jesus-Kinder zu werden. So Gott trauen und an die Liebe glauben wie Jesus, so beginnt es. Und das vermag, wer staunend hört, dass Gott selber ein schutzloses Kind geworden ist; dass es sich uns ganz ausliefert, um uns alle Angst zu nehmen, dass der, den wir Gott und Herr nennen, es nicht gut meinen könnte mit uns. Darum fängt, wer staunend, ja: auch liebevoll, auf das Kind von Bethlehem schaut, von selber an, Vertrauen zu schenken und der Güte zu trauen. Damit tritt der Mensch in das Leben der Christus-Welt ein. Genau diese weihnachtliche Christus-Welt hat ein Apostelschüler im Brief an die Gemeinde von Kolossae gezeichnet:

— Weihnachten im Tätigkeitswort —

Der erste Satz, also das Fundament dieser Welt lautet: Ihr seid von Gott geliebt. Das ist nur eine Übersetzung des Hauptworts „Weihnachten" in ein Verbum, also ein Tätigkeitswort, das von dem redet, was Gott da tut: Gott ist sich nicht zu gut, alles von sich – Macht und Pracht und Größe – dranzugeben, um mit uns zu sein – wie wir. So etwas tut nur, wer den, um dessentwillen er so handelt, von Herzen gern hat – ihn gleichsam einhüllt in einen Mantel aus Zuneigung. Wo immer ein Mensch dies erfährt, fängt er an, ein anderer zu werden. Er kann gar nicht anders, als das Empfangene irgendwie weiterzugeben aus Freude und Dankbarkeit über das, was er selbst empfängt. Daher rührt auch der Sinn unserer Geschenke an Weihnachten, wenn sie richtig verstanden sind. Dann stehen Geschenke ja für ein gratis, ein Nicht-verdienen-Müssen, jenes Darüberhinaus, das wir im Bayerischen mit der treffenden Wendung ausdrücken: Weils des Du bist!

Und alles, was wichtig ist unter Menschen, dass sie miteinander leben können, alles wächst für den Christen, die Christin einzig aus diesem Geschehen gratis erfahrener Liebe Gottes heraus: Weil ihr von Gott geliebt seid, darum bekleidet euch mit aufrichtigem Erbarmen, mit Güte, Demut, Milde, Geduld. Diese fünf Wesenszüge – Tugenden sagte man früher – werden in der Bibel oft von Gott ausgesagt, in den Evangelien auch von Jesus: wie Gott in Jesus zu uns Menschen ist. Hier im Kolosserbrief beschreiben sie menschliches Verhalten: Wie einer wird, wenn er Weihnachten glaubt. Und welcher Mensch – Sie und ich eingeschlossen – wüsste nicht aus wiederholter Erfahrung, was Erbarmen, was Güte, was Demut, was Milde, was Geduld bedeutet, wenn andere sie aufbringen für uns. Wir leben davon.

— *Geheimnis der Vergebung* —

Und noch etwas: Gott hat alles, hat sich für den Menschen drangegeben, obwohl der sich misstrauisch und dann gleichgültig von ihm abgewandt hatte. Gratis, umsonst ist er aufs Neue auf uns zugegangen. Er hat es ausgehalten mit uns, damit wir es miteinander aushalten können. Denn: Weil Gott uns barmherzig vergeben hat, darum können auch wir einander vergeben, wenn einer dem anderen etwas vorzuwerfen hat. Ohne Vergebung bliebe immer alles, wie es ist, bliebe es gnadenlos. Die Vergebung gibt es einzig, weil Weihnachten war. Und einander vergeben heißt: aus Weihnachten leben. So schaut das große Fest im Werktagskleide aus.

Seid dankbar, sagt der Kolosserbrief, seid dankbar, dass es all das gibt. Unser Beten und Singen jetzt folgt diesem Wort. Gottesdienst, Eucharistie ist unser Dank dafür, dass das Wunder der Heiligen Nacht weitergeht. Jeden Tag, durch unser eigenes Tun und Lassen, wenn es im Gottvertrauen und mit Güte geschieht. So wächst das neue Leben in uns, an dem Gott sein Gefallen hat. Daran ist alles gelegen.

Einladung nach innen

— Jahreszahlen – relativ —

Ein neues Kalenderjahr hat zur vergangenen Mitternacht begonnen. Wir zählen die Jahre nach der Geburt Jesu. Juden und Muslime folgen seit je ihrer eigenen Zeitrechnung. Und im Grunde tun alle gläubigen Menschen aller Religionen etwas Ähnliches, um auszudrücken, dass alle Zeit und Dauer für sie aus Gottes Hand hervorgeht oder aus jenem Urgrund, der alles trägt. Dennoch erinnert diese Relativität der Jahreszahlen daran, dass sie und ihr Kommen und Gehen eigentlich gar nicht so wichtig sind. Was aber ist dann das Wichtige für uns?

— Das Wichtige suchen —

Verblüffenderweise gibt es ein Zeugnis aus dem 14. Jahrhundert, das auch mit dieser Frage nach dem wirklich Wichtigen zu tun hat, und zugleich eine entschiedene Antwort gibt: Am Morgen des 26. April 1336 brach Francesco Petrarca, der größte Dichter der italienischen Frührenaissance, zu der Besteigung eines Berges, des knapp 2000 Meter hohen provenzalischen Mont Ventoux, auf. Den Wunsch hatte Petrarca schon lange gehegt. Der Berg stand allgemein im Ruf, zwar nur mühselig zu besteigen zu sein, aber eine schier einzigartige Sicht ringsum zu bieten. Als Petrarca und seine Begleiter endlich den Gipfel erreichen, sind sie erschöpft und zugleich hingerissen von der Welt, die ihnen da zu Füßen liegt: Auf der einen Seite sehen sie weit nach Italien hinein, daneben leuchten die schneebedeckten Alpengipfel. Auf der anderen Seite bietet sich ihnen die Provinz von Lyon, der Golf von Marseille und das Rhônetal.

Doch dieser wunderbare Anblick ist Petrarca noch nicht genug. Er möchte – wie er im Rückblick schreibt – nicht nur den Leib, sondern auch die Seele ergötzen. So greift er dort auf dem Gipfel nach dem Buch, das er immer mit sich führt. Es sind die berühmten „Bekenntnisse" des Heiligen Augustinus. Er schlägt das Buch an einer zufälligen Stelle auf. Es ist eine Seite im zehnten Kapitel, und dort fällt sein Blick auf Zeilen, in denen steht:

Und es gehen die Menschen, zu bestaunen die Gipfel der Berge und die ungeheuren Fluten des Meeres und die weit dahinfließenden Ströme und den Saum des Ozeans und die Kreisbahnen der Gestirne, und haben nicht acht ihrer selbst.[5]

Petrarca ist wie betäubt von dieser Stelle. Er fühlt sich von den Zeilen im Innersten getroffen. Fast wird er unwillig über sich, dass er seine Blicke noch immer auf die irdische Pracht des grandiosen Anblicks richtet und dass er noch nicht erkannt hat, dass allein die Seele bewundernswert und groß sei. – „Da beschied ich mich", so endet sein Bericht, „genug von dem Berge gesehen zu haben, und wandte das innere Auge auf mich selbst, und von Stund an hat niemand mich reden hören, bis wir unten ankamen."[6]

— *Fundort Seele* —

Petrarca hatte das Großartige erleben, hatte einmal buchstäblich über den Wolken sein wollen. Und als er das wirklich erlebte, da wurde er darauf gestoßen, dass das wirkliche Große und Wesentliche ganz anderswo zu finden sei: in seiner eigenen Seele. Wir heute wollen noch immer nichts anderes als Petrarca, weil das menschlich ist: das Große, Grandiose zu begehren, mit dabei sein, wenn das Überwältigende passiert. Und die Werbung verspricht uns ja auch auf allen Kanälen den ultimativen Kick, gerade auch zu Gelegenheiten wie heute Nacht, dem Jahreswechsel. Aber ist Ihnen das auch schon passiert: Da wünscht man sich etwas, strebt danach, strengt sich an, dass man es gewinnt – endlich hat man es in der Hand. Und dann dieses eigenartige Gefühl, dass man eigentlich über das Erhoffte, Begehrte schon wieder hinaus ist – dieses wie aus dem Nichts aufkommende Enttäuschtsein, das sich beinahe verschämt vor einem selbst in die Worte drängt, ob es denn das schon gewesen sei.

Verstehen Sie mich bitte nicht falsch: Um keinen Preis möchte ich den Eindruck erwecken, als gäbe es in dieser unserer Menschenwelt nichts Schönes, das unseres Bemühens wert wäre. Im Gegenteil. Aber nichts ist wohl dazu angetan, uns wirklich zu erfüllen. Dafür scheint das, was wir unsere Seele nennen, einfach zu groß. E Dio solo basta, sagte die Heilige Teresa von Avila dafür: Gott allein genügt; er nur ist groß genug, um die menschliche Seele zu befriedigen. Ich weiß: Jener Gedanke Petrarcas und diese Antwort Teresas klingen heute wie von einem anderen Stern: Gott, die Seele, das Unendliche. Und doch: Ich frage mich, frage mich gar nicht so selten, ob es nicht genau die Frage nach diesen scheinbar so vorgestrigen Dingen ist, die viele unserer Zeitgenossinnen und -genossen heimlich umtreibt, die es ansonsten weit von sich weisen würden, etwas mit Glaube, Gott oder gar der Kirche zu tun zu haben. Und ich frage mich natürlich auch, was denn an unserem christgläubigen, kirchlichen Reden von diesen großen Dingen nicht stimmt, dass so viele es oft wie einen schlechten Witz beiseite wischen.

— *Christliche Grundausstattung* —

Vielleicht liegt es einfach daran, dass die Christinnen und Christen selbst nur mehr oder weniger halbherzig mit den geistlichen Dingen umgehen. Es gehört ja in der Tat eine ganze Menge dazu, heute der Meinung zu sein, dass die wirklich wichtigen Dinge, auch die Abenteuer des Lebens, in der Seele geschehen – und nicht beim Erlebnis-Shopping, im Fitness-Center oder während der gefahrengespickten Surviving-, also Überlebenstour im Jahresurlaub. Und doch gehört genau jenes Wichtignehmen der Seele gleichsam zur Grundausstattung eines christlichen Lebens. Noli foras ire, redi in te ipsum, sagte Augustinus dafür: Geh nicht irgendwo hinaus auf der Suche nach deinem Ziel und Glück und Sinn, kehr ein in dir selbst, und dort wirst du finden, was du suchst: dich selbst und in dir als deine innerste Mitte Gott. Einer, der gut 1200 Jahre nach Augustinus geboren wurde, durchaus in dessen Geist dachte und selbst zu den so großen wie streitbaren Geistern des christlichen Denkens gehört – Blaise Pascal – meinte genau das Gleiche, als er schrieb: Das größte Unglück des Menschen bestehe darin, dass er es kaum eine Stunde mit sich allein auf seinem Zimmer aushalte.

— Nach innen unterwegs —

Vielleicht wäre es gerade das, was wir Christinnen und Christen unseren so aufgeregten und oft gleichzeitig so frustrierten Zeitgenossen zu allererst zu bieten hätten: Eine Einladung nach innen. Freilich müssten wir dazu zuerst einmal selbst mit diesem Innen ernst machen. Wir müssten uns selbst speisen aus dem Gedächtnisspeicher der Kirche bezüglich der geistlichen Dinge, diesem unendlich reichen und untrüglichen Schatz, den die Heiligen, die christlichen Dichter und Denker in den letzten knapp 2000 Jahren zusammengetragen haben. Und genau das könnte unser wichtigster Beitrag für das nach unserer christlichen Zeitrechnung nächste Jahr und das noch junge Jahrhundert sein: dass wir unbeirrt von anderen Stimmen das Innere und das Geistliche für ebenso wirklich halten wie all das, was man mit Händen greifen kann.

Mit Überheblichkeit und Elitetum hat das nicht im Geringsten zu tun. Im Gegenteil. Einer der Großen des geistlichen Lebens, der Mystiker Johannes Tauler, bringt das, was geistliches Leben meint, so auf den Punkt:

Das Pferd macht den Mist im Stalle,
und obgleich der Mist einen Unflat
und Stank an sich hat,
so zieht dasselbe Pferd
doch den Mist mit großer Mühe
auf das Feld,
und dann wächst daraus edler,
schöner Weizen
und der edle, süße Wein,
der nimmer so wüchse,
wäre der Mist nicht da.

Also trage deinen Mist –
Das sind deine eigenen Gebrechen,
die du nicht abtun
und ablegen noch überwinden kannst,
– mit Müh und mit Fleiß
auf den Acker
des liebreichen Willens Gottes
in rechter Gelassenheit deiner selbst.[7]

Prosaisch gesagt: Geistliches, das wirklich geistlich ist, ist immer geerdet. Und genau das macht es so welthaltig, so wirklich. Ein geistlicher Mensch werde ich, wenn ich meine Stärken lebe und meine Schwächen geduldig und gelassen ertrage, weil Gott selbst noch aus ihnen Gutes zu wirken weiß. Vielleicht wäre es gut, wenn wir uns für das neue Jahr nichts anderes und nicht mehr vornähmen, als auf diesem Weg des Geistlichwerdens einen kleinen Schritt nach innen zu tun.

Eine Dimension mehr

— Vertraulichkeit —

Wenn Europäer den Jemen besuchen, haben sie manchmal das Gefühl, in ein Land zu kommen, in dem die Zeit stehen geblieben ist. Neulich erzählte ein Journalist, der längere Zeit dort gewesen war, folgendes Erlebnis: Auf den Treppen vor dem Postamt in der Hauptstadt sitzen Dutzende von Männern, die ihre Dienste als Leser oder Schreiber von Briefen anbieten – die Mehrheit der Leute im Jemen kann beides nicht. Einen dieser Profi-Leser befragte der Journalist über seine Tätigkeit. Lachend erzählte der ihm dabei, was ihm ein paar Tage zuvor passiert war: Es kam ein Mann, der einen Brief in einer ganz persönlichen, vertraulichen Angelegenheit erhalten hatte. Er übergab dem Leser den Brief zum Vorlesen, befahl ihm aber, sich dabei die Ohren zuzuhalten, damit er von der vertraulichen Sache nichts mitbekomme.

— Verborgener Reichtum —

Der Mann, des Schreibens und Lesens unkundig, wusste zwar nichts davon, dass man Worte verstehen kann, die man nur gelesen, nicht aber auch gehört hat. Aber das ist genau besehen gar nicht zum Lachen. Denn er wusste sehr wohl, dass Lesen und Hören nicht dasselbe sind, sondern im Hören viele Dinge mitgeteilt werden, die beim bloßen Lesen verborgen bleiben: Das Denken dieses sogenannten Analphabeten hatte eine Dimension mehr als das unsere gewöhnlich hat. Leute beim Rundfunk zum Beispiel müssen das neu und mühevoll erlernen, damit sie eine Sprache sprechen, die die Hörerinnen und Hörer verstehen. Wer nicht lesen und schreiben kann, wird schnell als primitiv abgestempelt. Wer von uns wollte auch behaupten, dass so jemandes Denken reicher sei als unser eigenes? Und doch ist es so.

— Von der Dimension „mehr" —

Mir scheint, mit dem Glauben verhält es sich genauso. Der gläubige Christ lebt in der gleichen Welt wie der, der nichts glaubt. Er sieht und hört das Gleiche und er tut das Gleiche. Und dennoch hat für ihn alles eine Dimension mehr: Was er sieht und hört, redet ihm von Gott. Was er tut, zählt nicht nur für sich, sondern auch vor Gott. Manche tun das als altmodisch, als primitiv ab. Ihre Sache. Die Gläubigen glauben, dass sie mehr wissen vom Leben und von der Welt.

Diese „Dimension mehr" haben oder nicht haben, darüber lässt sich nicht einfach verfügen. Einer hat sie oder hat sie nicht. Welt und Leben stecken voller Einladungen zum Glauben. Annehmen muss sie jede und jeder für sich – oder nicht. Die Ablehnung ist durchaus der Normalfall. Das müssen wir heute vielleicht auch erst wieder lernen. Die Christinnen und Christen der ersten Jahrhunderte wussten das.

Als der Evangelist Johannes sein Evangelium niederschrieb, da war ihm das so wichtig, dass er gleich in den ersten Zeilen davon sprach, dort, wo er mit dichterischen Worten sagt, wie Gott in Jesus zur Welt kommt. Dabei nennt er Jesus „Wort". Ein Wort spricht aus, was einer zuinnerst denkt, was er ist. Jesus ist Gottes Wort schlechthin. In ihm wird vernehmbar, wer und wie Gott ist. Was da vernehmbar wird, nennt Johannes „Leben" und „Licht". Das meint: In Jesu Tun und Sein wird offenkundig, wie Menschsein geht. Und wie er lebt, das klärt auf, was es mit uns auf sich hat. Schon an diesem Punkt aber fügt Johannes an: Und das Licht leuchtet in der Finsternis, und die Finsternis hat es nicht erfasst. Das heißt: Menschen wollen nicht wissen, wer und was sie sind. Alles, was wir in der Sprache des Glaubens Sünde nennen, alles Unmenschliche, Gemeine, Böse, hat einzig darin seine Wurzeln: Wir verweigern dem die Anerkennung, was wir sind: Wir gebärden uns allmächtig – und sind in Wahrheit ein Staubkorn am Rand eines Universums. Wir halten uns für unvergänglich – und bleiben in Wahrheit nur ein paar Atemzüge lang.

Gott hat sich für uns zum Staubkorn, zum vergänglichen Menschen gemacht, um uns nahe zu bringen, dass das alles zu uns gehört. Mensch ist der Mensch erst, wenn er weiß, wie randständig, wie überflüssig, wie vergänglich er ist. Erst dadurch wird das Leben bedeutsam. Nur das, was es gibt, obwohl es es absolut nicht geben müsste, kann kostbar sein. Nur das, was jetzt ist, vorher aber nicht war und nachher nie mehr wieder sein wird, zählt etwas im Jetzt. Das Leben eines jeden, einer jeden von uns ist einmalig. Das bestätigt Gott, indem er selber einer von uns wird.

— *Christliches Drama* —

Nur wer sich das vergegenwärtigt, kann begreifen, wie dramatisch Johannes spricht, wenn er sagt: Er kam in sein Eigentum, aber die Seinen nahmen ihn nicht auf. Jeder Mensch ist auf seine Weise so einmalig, wie Gott auf seine Weise einmalig ist. Im Normalfall wird das bestritten, sagt das Evangelium. Menschen können sich selber um ihr Bestes bringen. Es geht um die Dimension mehr. Wer sich in ihr bewegt, weiß sich mitsamt seiner Vergänglichkeit, nein: weiß sich wegen seiner Vergänglichkeit als Gotteskind. In aller Regel denken wir zu klein von uns.

— *Selbstmitteilung* —

Aber das alles zusammen ist nur die eine Seite. Eine zweite kommt hinzu: Gott offenbart in dem, was Jesus sagt oder tut, nicht bloß unser Ureigenes. Zugleich offenbart er uns auch das Tiefste seiner selbst in dem, was Jesus noch vor all seinem Tun selber ist: nämlich Mensch. Denn: Dass Gott sich im Menschsein eines Menschen offenbart, das ist seiner Offenbarung nicht äußerlich. Es ist vielmehr der Inhalt dieser Botschaft schlechthin, die Mitte seiner Selbstmitteilung. Und das Wort ist Fleisch geworden und hat unter uns gewohnt, sagt Johannes dafür. Das ist der Gipfelpunkt seines ganzen Evangeliums. Haben wir je zu ahnen begonnen, was damit über Gott gesagt wird? Das Wort ist Fleisch geworden – der immer schon auf uns hin geöffnete Gott wird Fleisch, das heißt in der Sprache der Heiligen Schrift: Er selbst übernimmt unsere Daseinsart, unsere Endlichkeit, unsere Ohnmacht, unsere Zerbrechlichkeit. Er macht sich verletzlich. Er tut dies nicht für sich selbst, sondern um des gänzlich anderen, um des Menschen willen. So sehr sucht er uns, dass er dafür nichts scheut, nicht einmal den Verzicht auf die eigene Wesensart. Im arroganten Versuch, das eigene Leben sich selber zu garantieren, hatten die Menschen Gott verloren. Er aber wartet jetzt nicht schmollend, bis die Menschen wieder zu Kreuze kriechen. Stattdessen eilt er ihnen entgegen. Er will uns von der Last dieses Fehlschlags befreien und dem Leben wieder aufhelfen. Und um das zu tun, geht er selber ein in unsere

Lebensweise, wird einer von uns. Er will sich finden lassen von uns in dem, was uns am nächsten ist, am vertrautesten: unsere eigene Wesensart als Menschen. In ihr kann er uns auch so begegnen, dass wir keine Angst mehr vor ihm haben, nicht einmal jene, die ihrer Sünde wegen das Gericht erwartete. Deshalb wird er Fleisch, ohnmächtig, ein kleines Kind.

— *Christliche Herrlichkeit* —

Was Johannes da mit den Augen des Glaubens an der Gestalt Jesu von Gott sah, das konnte er selber nur noch „Herrlichkeit" nennen. Was er da schauen durfte, überwältigte ihn: Wir haben seine Herrlichkeit gesehen, ruft er aus, die Herrlichkeit des einzigen Sohnes vom Vater, voll Gnade und Wahrheit. Gott verausgabt sich für uns bis hin zum schieren Zerbrechen sämtlicher unserer Gottesbilder. Nicht triumphalistisches Machtgebaren und Glimmer also machen Gottes Herrlichkeit aus, sondern das, was uns im Kind von Betlehem aufleuchtet: Gnade und Wahrheit. Das sind die ganze Bibel hindurch zwei besondere Worte. Denn Gnade heißt so viel wie Liebenswürdigkeit, Zuneigung, Bezauberung. Und Wahrheit meint das, worauf ich mich ganz und gar verlassen kann, meint also so viel wie: Treue. Dass Gott uns für so liebenswert hält, dass er uns unbeschreibliche Zuneigung schenkt, die uns, die Beschenkten, eigentlich nur noch bezaubern, ja hinreißen kann – und dass er durch alles hindurch sogar noch um den Preis seiner selbst zu uns treu steht und uns niemals fallen lässt –, das geht dem gläubigen Herzen auf, wenn es immer wieder das Kind in der Krippe anschaut. So ist unser Gott.

Wer dieses Evangelium für wahr nehmen kann, die oder der wird von selbst anfangen anzubeten. Wer glaubt, dessen Herz drängt ihn oder sie niederzufallen vor Gott. Und gerade in der Bewegung des Niederkniens wird einer, wird eine Gott noch näher kommen, weil Gott selber ja nicht weit oben steht, sondern unten auf uns wartet, klein, als Kind. So unendlich weit geht er uns entgegen. So behutsam ist er. Das ist unser Gott. Und ich wage es zu sagen: Es ist für einen Christen, eine Christin nicht schwer, Gott zu lieben. Wir brauchen ihn zuvor nur geduldig anschauen mit den Augen des Herzens. Dazu sind wir jetzt hier versammelt.

Dem Geheimnis am nächsten

— Schräges Update —

Vor Jahren hat ein Ortsverein der Partei der Republikaner in einer An-
zeige seinen Weihnachts- und Neujahrswünschen folgende Parodie eines
berühmten Gedichtes von Theodor Storm beigefügt:

> *Draußen vom Aldi komm' ich her,*
> *ich muss euch sagen, die Regale sind leer.*
> *Überall auf den Stufen und Kanten*
> *sitzen Polen und Asylanten.*
> *Und draußen vor dem Eingangstor*
> *schaut verschüchtert ein Deutscher hervor,*
> *und fragt mit ganz leiser Stimm':*
> *„Ist für mich auch noch was drin?"*[8]

— Vor-Sicht —

Ich will gar nicht weiterzitieren, um nicht noch mehr von diesem wider-
lichen Gestammel in den Mund nehmen zu müssen. Das Produkt hat
ob seiner Schäbigkeit bald darauf auch die Gerichte beschäftigt. Einfach vergessen dürfen solche Ausfälle trotzdem nicht werden. Gerade
die jüngste Vergangenheit hat mehr als deutlich gezeigt, wie schnell Ver-
achtung und verhöhnende Worte umschlagen in Gewalt, die vor nichts
mehr Halt macht.

— Christlicher Grundauftrag —

Neben dem, was wir einander einfach menschlich schuldig sind, kommt
für Christinnen und Christen noch ein zweiter Grund hinzu, solchem
Fremdenhass schon im Ansatz zu widerstehen. Und dieser zweite Grund

wurzelt in dem Bild, das die Bibel von den Fremden und vom Fremdsein überhaupt zeichnet.

Schon im Alten Testament wird den Israeliten als Gottes Gebot aufgetragen, Fremde aufzunehmen, sie mit dem Nötigsten zum Leben zu versorgen, ihnen weiterzuhelfen. Begründet wird dieses Gebot dadurch, dass Israel an seine eigene Vergangenheit erinnert wird. Denkt daran: Ihr selber seid Fremde gewesen in Ägypten. Ihr wisst doch, wie das ist, wenn man fliehen muss vor Verfolgern, wenn man nichts mehr hat und angewiesen ist, dass andere einen nicht verhungern lassen und einem einen Platz zum Ausruhen gönnen. Die Erinnerung an die eigene Geschichte und Erfahrung belehrt, wie allein ich jetzt richtig handle dem gegenüber, dem es jetzt genauso geht, wie es mir selber schon einmal ging. Irgendwie weckte solche Erinnerung bei den Israeliten das Gespür, dass der Fremde auf besondere Weise Gott nahe ist.

Er hat nichts, worauf er sich stützen könnte, ist ungeschützt, nimmt nichts als selbstverständlich, befindet sich auf der Suche. Da lenkt nichts mehr ab. Vielleicht muss man zumindest ein Stück weit Fremder sein, um überhaupt wahrzunehmen, wie es in Wahrheit steht um das Leben. Hat einer ein Dach über dem Kopf, ein schönes vielleicht dazu, hat er genug zum Essen und Anziehen, verfügt er über Einkommen und eine gewisse Stellung in der Gesellschaft – wie leicht vergisst der, dass nichts von dem selbstverständlich ist; dass das, was er ist und isst, nicht einmal von ferne sein wirkliches Leben ausmacht; dass er einmal gekommen ist und eines Tages wieder gehen muss, also nichts besitzt, was bleibt, sondern dass er – trotz allem, was er sein Eigen nennen mag – zutiefst ein Fremder ist in der Welt. Wer das nicht vergisst, weiß mehr davon, wie es ist, ein Mensch zu sein.

Das aber ist noch nicht alles, was die Bibel über einen Fremden und das Fremdsein sagt. Etwas Verblüffendes kommt hinzu, es steht im heutigen Evangelium: Die Ersten, die nach den Hirten von Bethlehem das Jesus-Kind finden und etwas von seinem Geheimnis erahnen, sind auch Fremde. Wild-Fremde im buchstäblichen Sinn. Der König, die Hohenpriester und Schriftgelehrten, vor deren Haustür sozusagen Jesus geboren wurde, die ahnen nicht einmal von ferne etwas davon. Und die Fremden, die sie nach dem neugeborenen König fragen, versetzen sie in panischen Schrecken – so stellt das Evangelium die ganze Sache dar. Es will damit sagen:

Die Fachleute, die, die daheim sind in den religiösen Dingen und sogar Einfluss ausüben darauf, die haben keinen Vorsprung, wenn es um Jesus geht – im Gegenteil. Die, die ihn finden, sind Fremde. Sie sind Sterndeuter und kommen aus dem Osten. Darin erschöpft sich, was wir von ihnen hören. Gerade dieses wenige aber spricht für sich. Denn Osten, das ist für Matthäus dort, wo die weisen Völker wohnen. Und Sterndeuter, das sind Leute, die nach Orientierung für das Leben suchen. Wenn gerade sie Jesus finden, dann meint der Evangelist damit: Was es mit Jesus auf sich hat, entdecken nur die, für die die großen Fragen nicht erledigt sind und im Grunde nie erledigt sein werden; die, die aus ihrer Erfahrung weise geworden sind, weise in dem Sinn, dass sie erkannten, wie wenig das Glück des Lebens am Herrschen, Anschaffen und Besitzen hängt – wie bei Herodes und den Jerusalemer Honoratioren zum Beispiel.

Indem der Evangelist sie, diese weisen Sucher, das Kind in der Krippe suchen und finden lässt, will er uns sagen: Das ist es, was jeder Mensch im Grunde seines Herzens ersehnt und was ihn nie loslässt: wie ein Kind, nein wie ein Königskind zu sein, das einfach deswegen gemocht wird, weil es da ist; dem andere um seiner selbst willen gut sind und es darum beschenken mit ihren Schätzen. Das ist für jeden Menschen das heimliche Ziel allen Suchens und aller Weisheit – und in Jesus wird dieses Ziel erreicht. Denn er hat nichts anderes gepredigt und bezeugt, als dass jeder Mensch vom ersten Atemzug an ein solches Königskind, ein Kind des Himmels ist, weil Gott selbst ihn lieb hat, und hat jeden Suchenden so behandelt, wie es dieser Würde entspricht. Ebendarum erzählt uns Matthäus das Kommen Jesu auch als wunderbare Geburt eines Gotteskindes, das die Weisen suchen und voll Freude finden, um zu sagen: In Jesus selbst ist wahre Wirklichkeit, was er kündet und verheißt.

— *Fremd werden* —

Zu diesem Ziel gelangen freilich kann nur, wer das Gewohnte und Vertraute verlässt, wer sich auf die Suche macht und gegen alles Selbstverständliche wie ein Fremder wird mitten in der Welt. Wer sich nicht mehr beruhigen lässt mit den schnellen Antworten und nicht blenden von menschlicher Macht, von Rang und Stand und Besitz. Das alles nicht mitzumachen, heißt so viel wie: fremd werden in der Welt. Ohne das kann keiner finden, was er am meisten sucht. Jeder Fremde, dem wir begegnen, ist ein lebendiges Erinnerungszeichen daran. Jeder, der dem Evangelium glaubt, steht an ihrer Seite, was das Innere betrifft. Dass solche Verbundenheit dann auch das Äußere, die menschlichen Bedürfnisse umfassen wird, versteht sich eigentlich von selbst.

Schon besiegt

— *Schuld-Diskurs* —

„Wie stellst Du Dir das Ende vor?", fragte der Geistliche. „Früher dachte ich, es müsse gut enden", sagte K., „jetzt zweifle ich daran manchmal selbst. Ich weiß nicht, wie es enden wird. Weißt Du es?" „Nein", sagte der Geistliche, „aber ich fürchte, es wird schlecht enden. Man hält dich für schuldig. Dein Prozess wird vielleicht über ein niedriges Gericht gar nicht hinauskommen. Man hält wenigstens vorläufig Deine Schuld für erwiesen." „Ich bin aber nicht schuldig", sagte K., „es ist ein Irrtum. Wie kann denn ein Mensch überhaupt schuldig sein. Wir sind hier doch alle Menschen, einer wie der andere." „Das ist richtig", sagte der Geistliche, „aber so pflegen die Schuldigen zu reden."[9]

— *Verhängnis „Leben"* —

Ich muss es eigentlich nicht erst dazusagen: Ich zitierte soeben aus Kafkas „Der Prozess". Die Passage bringt auf den Punkt, was der Dichter mit dem ganzen Roman zum Ausdruck bringen wollte: Du kannst denken, was du willst. Du kannst dich entschuldigen, wie du willst, du kannst dich berufen, worauf du willst – am Ende ist alles eins: Du bist und bleibst ein Schuldiger. Das Leben – gnadenlos. Ein einziges Verhängnis. Du kannst gar nicht anders, als dich schuldig zu machen und darum beschuldigt zu sein.

Franz Rosenzweig, einer der großen jüdischen Denker der deutschen Philosophie des 20. Jahrhunderts, sagte einmal mit Blick auf ein anderes Werk Kafkas, den Roman „Das Schloß": Ich habe noch nie ein Buch gelesen, das mich so stark an die Bibel erinnert hat. Im Grunde gilt das für alles, was der Dichter schrieb: Meist tragen seine Hauptgestalten nur Initialen – Kafka wollte sagen: Mit der Vertreibung aus dem Paradies verlor der Mensch seinen Namen und mit ihm die Sprache – es gibt keine wirkliche Verständigung mehr – und auch die Liebe, von der nur noch das Geschlechtliche bleibt.

— *Biblische Rekapitulation* —

So vom Leben zu denken, ist nicht Ausgeburt einer schwarzen Phantasie. Kafka rekapituliert auf diese Weise nur nochmals, was in den ersten elf Kapiteln der Bibel steht: Wie Gott den Menschen geschaffen und ihm voller Gunst ein Leben im Paradiesgarten geschenkt hat – mit nur einem einzigen unter den vielen Fruchtbäumen zum Genießen, der ihm vorenthalten ist als Erinnerungszeichen daran, dass er das alles nicht selbst gemacht hat, sondern einem verdankt. Wie der Mensch diesem gönnenden Gott trotz dieser Fülle misstraut, der wirklich Gute zu sein, und sich darum selbst zum unumschränkten Herrn aufzuschwingen sucht. Wie sich dadurch der wunderbare Lebensgarten ohne das Gottvertrauen in ein Jammertal verkehrt: Alles zerrissen, was von Gott verbunden war: der Mensch gegen Gott, so dass er sich vor ihm aus Angst versteckt. Der Mann gegen die Frau und die Frau gegen den Mann, da das einst vom bezauberten Jubel erfüllte Zueinander der Geschlechter der Logik von Macht und Begehren verfällt. Der Erdboden, der so Frucht-tragende, übersät mit Disteln, lässt sich nur noch mit Mühsal das tägliche Brot abringen. Neues Leben wird unter Schmerzen geboren. Einer der Nachkommen bringt den eigenen Bruder um – Kain und Abel. Gewalt und das Böse wachsen wie eine Lawine. Und dann – trotz des Ritardandos der Sintflut – am Ende der Zerfall von allem beim Turmbau von Babel, der doch als gigantische Aufrüstung das Leben sichern und die Angst vertreiben sollte, aber stattdessen dazu führt, dass einer des anderen Sprache nicht mehr versteht.

Und? Ist das nicht ziemlich genau die Welt, die wir Tag für Tag bald direkt, bald indirekt erleben? In den Fernsehbildern, was das Große betrifft. Und im Kleinen der alltäglichen Selbstbehauptungen daheim, überall. Der Himmel ist verriegelt, die Erde ein Straflager, einzig von Schuldigen bewohnt. Kafka hatte Recht. Unsere Erfahrung gibt ihm Recht.

— Evangelischer Einspruch —

Kafka hatte Recht. Aber das Evangelium redet ihm dazwischen. Es tut das mit der Geschichte von der Taufe Jesu. Damit, dass er von Johannes im Jordan die Taufe zur Vergebung der Sünden empfängt, tritt Jesus ins Licht der Öffentlichkeit. Markus erzählt von dem her, was die Jünger später mit Jesus erlebt hatten, dieses erste Auftreten Jesu so, dass daran schon sichtbar wird, wozu Jesus eigentlich kommt.

Es geht ihm um die Sünde, das Verhängnis, das wie ein Fluch über dem Leben liegt, das einen dazu verdammt, sich schuldig zu machen, und seine tiefsten Wurzeln im Getrennt-Sein von Gott hat. In dem Augenblick, da er mit dem Zeichen des Getauftwerdens zu Gott fleht, diese gnadenlose Zerrissenheit möge zu Ende kommen, da sah er – hören wir –, dass der Himmel sich öffnete und der Geist wie eine Taube auf ihn herabkam. Auf seine Vergebungsbitte hin tut sich auf, was seit Adam verschlossen war. Und er wird sich darüber klar, dass Gott ihn selbst in den Dienst dieser Versöhnung von Himmel und Erde stellt. Darum – so sieht Markus es – steht der Himmel offen, wo Jesus ist. „Wie eine Taube" nennt der Evangelist die Verbindung zwischen oben und unten, die durch Jesus geschieht. Damit spielt er natürlich auf das Hoffnungszeichen aus der Sintflutgeschichte an, die Taube, die Noach aussendet und die ihm mit dem Ölzweig den allerersten Gruß neuen Lebens bringt. Aber genauso bedeutsam: Im Alten Orient galt die Taube weit verbreitet als Hochzeitsvogel, als Sinnbild also von Lebensbund, Neubeginn und Liebe. Sie, die Liebe, die überschwängliche, die manchmal verrückte, durch nichts zu beirrende, mit nichts aufzuwiegende, sie ist es, die das Zerrissene wieder heilen, die Kluft wieder schließen kann, aus der das Böse aufsteigt.

Die Himmelsstimme, die Jesus zu dieser seiner Vision dazuhört, bestätigt ihm das: Du bist mein geliebter Sohn. Und das ist seinerseits ein Vers, in dem Kernworte aus allen drei Teilen der jüdischen Bibel, also der Bibel, wie Jesus selbst sie las, anklingen: Einer aus der Tora, nämlich der Spitzengeschichte der Abrahams-Erzählung, wo Gott selbst den Isaak als den bezeichnet, den Abraham als seinen Einziggeborenen liebhat; dann ein Vers aus den Prophetenbüchern, Jesaja 42,1, den wir auch in der ersten Lesung hörten, wo Gott seinen Knecht den nennt, an dem er Gefallen findet und auf den er seinen Geist legt; und dann spielt aus dem dritten Teil der Bibel auch der Psalm 2,7 hinein, der die Erwählung des

Königs durch Gott proklamiert: Mein Sohn bist du, heute habe ich dich gezeugt. Abrahams Verheißungssohn, der Gottesknecht und der königliche Messias zugleich, die ganze Schrift – nur wer diesem Netzwerk der Anklänge nachspürt, ahnt etwas von dem Gewicht, das auf dem Schlussvers des heutigen Evangeliums ruht. Ein Gebirge von Erwartung, das im Innern vor Hoffnung glüht.

Von daher kommt auch erst wieder die ganze Dramatik der Geschichte von Jesu Taufe in Blick, die uns ansonsten durch die Vertrautheit der Episode verdeckt ist. Ist es doch kein anderer als Gott selbst, der in seinem Liebsten, seinem Herzenskind, in dem, der untrennbar zu ihm gehört und seit je sein Innerstes ausmacht, die – ja, ich sage es so – Arbeit der Versöhnung auf sich nimmt, auf seine Kosten, für die ihm nichts zu viel ist, nicht einmal er sich selbst. Und das ja auch erst macht das wahre Wesen von Liebe aus.

Man darf sich ja all das, was eben über Gottes Handeln in menschlichen Worten zu sagen war, nicht sozusagen „mit links" gemacht vorstellen. Wenn Gott das absolute Gegenteil seiner selbst, das Böse, die Sünde, das Abgelehntwerden seiner verwindet, dann verlangt ihm das – menschlich gesagt – das Äußerste ab: dass er um unseretwillen auf sich selbst Verzicht tut und darin sozusagen das Oberste zuunterst kehrt. Das ist auch der Grund, warum manche sensible Maler unserer Tage wie der Priester-Künstler Herbert Falken, Francis Bacon oder Alfred Hrdlicka den Gekreuzigten bisweilen kopfüber darstellen. Noch feinsinniger wohl drückt das ein Relief am Nordportal der Würzburger Marienkapelle aus, das aus dem 15. Jahrhundert stammt. Es zeigt die Verkündigungsszene: Maria kniet vor dem Betrachter, ganz in ein Buch versunken, die Heilige Schrift mit ihren Verheißungen natürlich. Der Engel tritt in ihren Raum ein und hält ihr das Schriftband mit dem „Ave Maria, gratia plena" entgegen. Und darüber Gott, der Vater: Aus seinem Mund kommt Gottes Geist, dargestellt wie eine Art Bahn, die sich herabschwingt zu Maria und an ihrem Ohr in Gestalt einer Taube endet. Und auf dieser Bahn, fast einer Rutsche, gleitet das Jesus-Kind bäuchlings und kopfüber dem Ohr seiner Mutter zu. Aus eigener Erfahrung ist Ihnen wohl vertraut, wie man sich in einer solchen Körperhaltung fühlt, wie ausgesetzt und ohnmächtig. In diesem Bild mit seiner Bewegung des Hinab und Kopfüber sind der Anfang der Menschwerdung – Jesu Empfängnis – und ihre Vollendung, das Hinuntergehen bis zum Grunde in der Jordantaufe geistlich zusammengeschaut, sodass dieser Abschluss der Weihnachtsgeschichte, des Kommens Gottes zu uns, zugleich als Ouvertüre der Passionsgeschichte erscheint. Jesu Taufe ist das Bindeglied zwischen beiden.

— *Gegenprobe* —

Dass Jesus selbst diese Erfahrung, da ihm seine Sendung aufging, überwältigte und aufwühlte, kann nicht überraschen. Darum trieb es ihn in die Wüste, wie Markus erzählt, den Ort der Einsamkeit, der Bewährung auch, wie es Israel im Gang seiner Geschichte immer wieder erfahren hat. Dort stellte er sich dem, wozu er sich jetzt berufen glaubt. Er setzte sich dem Bösen aus – und hielt ihm Stand. Er musste erproben, ob die Liebe, die er empfing, und die Liebe, die er empfand, ob die tragen würde – und sie trug. Anders als bei Adam und den Seinen.

Und weil sie trug, war auch das Paradies nicht mehr verschlossen. Er lebte bei den wilden Tieren, heißt es. Die Verbundenheit der Geschöpfe untereinander wird wiederhergestellt, der messianische Friede beginnt. Nach der Abwendung von Gott hatte ein Engel mit dem Flammenschwert das Paradies verschlossen, jetzt tragen nicht nur einer, sondern viele Engel Sorge um den Menschen, den neuen. Alles Sinnbilder das, natürlich, aber Sinnbilder, die für sich sprechen. Wir verstehen sie: Nichts und niemand mehr kann uns gefährlich sein, am Ende Tod und Teufel nicht einmal. Und behütet und bewahrt sind wir – Getragene. Was bewirkt solche Wunder? Die Liebe. Die Liebe Gottes zu uns, die Jesus bezeugt, und die, die er als Antwort darauf lebt.

Christsein heißt, diesem Zeugnis zu glauben und selbst die Liebe zu riskieren. Das hat nichts Gefühlseliges an sich. Im Gegenteil: Die Liebe tun, heißt: Ohne auf den Preis zu achten, dem Verhängnis ins Wort fallen, den Teufelskreis von Schuldigmachen und Beschuldigtwerden zerbrechen. Jesus hat den Anfang gesetzt. Eine unzählbare Schar schon hat es ihm nachgetan. Sonst gäbe es die Welt gar nicht mehr.

Fasten- und Osterzeit

Erster Fastensonntag: Mk 1,12–15

Zerbrochener Teufelskreis

— *Verfolger-Song* —
Im Jahr 1961 schrieb Helmut Heißenbüttel einen Text mit dem Titel
„Politische Grammatik". Der Essay beginnt so:

*Verfolger verfolgen die Verfolgten. Verfolgte aber werden Verfolger. Und weil
verfolgte Verfolger werden werden aus Verfolgten verfolgende Verfolgte und
aus Verfolgern verfolgte Verfolger. Aus verfolgten Verfolgern aber werden wiederum Verfolger [verfolgende verfolgte Verfolger]. Und aus verfolgenden Verfolgten werden wiederum Verfolgte [verfolgte verfolgende Verfolgte]. Machen
Verfolger Verfolgte. Machen verfolgende Verfolgte verfolgte Verfolger. Machen
verfolgende verfolgte Verfolger verfolgte verfolgende Verfolgte. Und so ad infinitum.*[10]

— *Der Schoß des Bösen* —
Und so ad infinitum, immer weiter, im endlosen Teufelskreis. So erleben
wir das Mysterium des Bösen. Menschen finden in ihrem Leben das
Böse vor, einmal als Opfer, einmal als Täter. Sie tun und erleiden es. Darum entwerfen sie Programme und Strategien, Reformen und Revolutio-
nen, die die Macht des Bösen endlich brechen sollen. Die Lösung freilich
bleibt aus: Der Kampf wider das Böse gebiert nur noch Schlimmeres, bis
nicht einmal mehr klar ist, wo die Täter und wo die Opfer stehen, wenn
verfolgende verfolgte Verfolger verfolgte verfolgende Verfolgte machen.
Da bleibt eigentlich nur mehr, den Schoß des Bösen – den Menschen –
auszuradieren und so die Quelle des Unheils ein für alle Mal zu verstop-
fen.

— Gegengeschichte —

Genau mit diesem Befund aber hat im Grunde auch die Botschaft des ganzen Neuen Testaments zu tun. Es erklärt das Mysterium des Bösen nicht. Stattdessen weist es uns ein in einen Umgang mit dem Bösen, der dieses ein Ende finden lässt, das nicht mehr den Preis allen Lebens kostet. Das ist menschlich nicht vorstellbar. Doch was, wenn sich Gott selbst dieses Verhängnisses annähme, ja sich geradezu in es verstricken würde, um es sozusagen in sich zu verwinden?

Nichts Geringeres als eben das erzählt uns Markus in der dunklen Geschichte von der Versuchung Jesu. Der Evangelist greift dabei auf ein paar markante Bilder aus der Sprache des Alten Testaments zurück, um verhalten anzudeuten, was Jesus da an ganz Persönlichem widerfahren ist. Bei seiner Taufe im Jordan war Jesus endgültig aufgegangen, was die Mitte seines Lebens ausmacht: eine durch nichts verstellte, innige Nähe zu Gott, den er zärtlich Abba nennt. Und er weiß von da an: Er hat sein ganzes Leben einzig dafür einzusetzen, dass auch andere diese Nähe Gottes erfahren, dass sie sich von ihr ergreifen und heilen lassen, weil sie erst ein Leben zu dem macht, was es ist; Reich Gottes nennt Jesus das, was so zu wachsen beginnt. Geradezu zwangsläufig setzt ihn freilich dieses Klarwerden seiner Berufung sofort einer ersten Bewährung aus. Jetzt, da er regelrecht die Welt und alles in ihr mit den Augen Gottes sieht, springt ihn die Situation der vielen, ihre Gottferne und Verlassenheit, ja ihre Gottesfeindschaft und seine Stellung mitten darin, – das springt ihn überscharf an. Wen wundert es da, dass Jesus – erschreckt von seiner Einsicht und auch über sich selber – die Einsamkeit sucht. Darum heißt es: Der Geist – also Gottes Gegenwart in ihm – treibt ihn in die Wüste.

Die frühen Christinnen und Christen mit ihrer Kenntnis des Alten Testaments wussten, was das heißt. Denn die Wüste, das ist für sie der Raum der Erinnerungen, wo die Dinge sich enthüllen, wie sie wirklich sind – ihre Innenseite. Wüste ist der Raum, wo alles Beiwerk wegfällt und das Wesentliche hervorzutreten beginnt: Raum der Läuterungen, Prüfungen und der Scheidung der Geister. So ist Wüste auch der Ort der tiefen Erfahrung Gottes und seines Geheimnisses; 40 Tage bleibt Jesus dort – wie einst Mose 40 Tage bei Gott auf dem Sinai weilte und Elija 40 Tage durch die Wüste zum Horeb wanderte. In der Wüste mit ihrer nüchternen Strenge – wo es kein Auskommen gibt – da fallen alle Masken.

Jesus, allein auf sich gestellt und nur noch seinem Gott gegenüber, erfährt dort, was Menschsein alles heißt – nicht nur die Sonnenseite. Er wurde in Versuchung geführt – er lernt kennen, was alles im Herzen der Menschen wohnt: nicht nur die Liebe und die Güte, der Glauben und die Freude. In Jesus liegt – gerade weil er wirklich und ganz Mensch ist – auch das Gegenteil von all dem bereit. Zu seiner Freiheit gehört – wie zu jedes Menschen Freiheit –, Gott sein Gottsein bestreiten und selber seine Stelle einnehmen zu können. Wie aus dem Nichts – unerklärlich – steigen diese dunklen Mächte im Herzen des Menschen herauf, jederzeit bereit, von unserem Leben bestimmend Besitz zu ergreifen. Wo das aber geschieht, da ist der Mensch nicht mehr Mensch. Er übernimmt sich restlos – denn er will ja viel mehr als Mensch sein, nämlich Gott sein. Aber genau so bringt er sich um sein Eigenstes. Ihm geht es wie dem gierigen Wolf in der Fabel, der mit einem Stück Fleisch im Maul einen Fluss durchquert. Dabei sah er im Wasser sein Spiegelbild. Er hielt es für einen zweiten Wolf, der ebenfalls ein Stück Fleisch besaß. Sofort schnappt er auch noch nach dessen Stück. Sein eigenes entgleitet ihm dabei und der Fluss reißt es unwiederbringlich mit sich.

Nicht zufällig greifen die Dichter und die Religionen – auch die Bibel tut das – zum Sinnbild der wilden Tiere, wenn sie von der dunkeln Macht des Bösen zu reden versuchen. Wo Menschen andere hassen und beneiden, wo sie – von Eigensucht getrieben – nach Besitz, Macht und Geltung gieren, dort sind die animalischen Mächte in uns am Werken. Und wo sie die Oberhand gewinnen, kommt jedes Mal dasselbe heraus: Gemeinschaft unter Menschen zerbricht und jeder Einzelne fällt in zermürbenden Unfrieden mit sich selber, gerät zwischen die Mühlsteine seiner sich widerstreitenden Triebe. Tiefgründig beschreibt deshalb das Alte Testament – allen voran Jesaja – die von Gott erhoffte Erlösung als neues Paradies, wo die wilden Tiere mit den Menschen wieder in Friede und Freundschaft leben.

Und Markus behauptet, dass genau das bei Jesus schon Wirklichkeit wird: Er lebt bei den wilden Tieren, in friedlicher Gemeinschaft mit ihnen, heißt es von ihm. Er ist eins geworden mit seinen innersten Regungen und Impulsen – mit allem, was uns Menschen unumgehbar bestimmt und uns zu schaffen macht. Nichts wird verdrängt und verleugnet. Und so kann nichts mehr Unheil stiften in seinem Lebenshaus. Die Engel dienten ihm, sagt Markus dazu – das meint: Er ist ganz und gar das geworden, was Gott sich von ihm seit Ewigkeit erhofft hat – er hat die Versuchungen bestanden.

— *Beredtes Schweigen* —

Aber wie hat er das getan? Davon hören wir kein Wort, und nichts von dem, was in Jesus damals vorging. Gerade dieses Schweigen des Evangeliums aber weist uns ins Entscheidende ein. Jesus steht mit nichts als sich selber – mit seiner menschlichen Größe und seinen menschlichen Abgründen – einsam vor Gott. Er hat sich diesem Gott schweigend und betend ausgesetzt. Und so sieht er überklar die zwei Alternativen, die vor ihm liegen: entweder sich selbst vergessend Gott zu wählen oder Gott vergessend sich selber. Und aus seinem einsamen Schweigen heraus entschließt sich Jesus für Gott. Für den so nahen, doch unbegreiflichen Gott. Das ist alles. Aber es ist das Ganze. Denn in diesem Augenblick, da er sich für Gott entschließt, hat Jesus über sein ganzes Leben und Schicksal, über jedes seiner künftigen Worte und jede seiner Taten mitentschieden. Alles, was noch auf ihn zukommt bis hin zum Kreuz und zur Auferstehung, entspringt diesem stillen Augenblick vor Gott. Und erst die dramatischen Geschehnisse seines Lebens werden enthüllen, was wirklich in diesem unspektakulären Entschluss sich ereignete, nämlich: dass mit ihm Jesus den Kampf gegen das Böse aufnahm, wider alles, was sich gegen Gott auflehnt und deshalb nur Unheil und Tod hervorbringen kann. Jesu Kampf fängt nicht als Reform und Revolution an. Und auch nicht mit einem moralischen Gutseinwollen. Denn all das endet jedes Mal wieder wie der absolute Friedenswille in Kästners Versen: mit dem endgültigen Sieg des Bösen, das einer meint, aus eigener Kraft besiegen zu können. Seinen ersten und entscheidenden Kampfplatz hat der Widerstand gegen das Böse schon lange vor jeder Reform und aller Moral – nämlich dort, wo eine Menschenseele vor Gott gerät und zu wählen hat: sich oder ihn.

Wer es wagt, die Dinge zu sehen, wie sie sind, sieht sich eines Tages in eben diese Wahl gestellt. In ihr steht unser ganzes Leben auf dem Spiel. Doch muss uns diese Lebensstunde, wenn sie kommt, nicht ängstigen. Denn wir haben einen an unserer Seite, der den Entschluss für Gott zur Gänze riskierte und darum an sich erfahren durfte, dass er sich damit tatsächlich dem Bösen, dem Urverhängnis des Menschseins und seinen Folgen – nämlich dem Nicht-mehr-leben-Können – entwunden hat. Eben davon erzählt die Osterbotschaft. Im rückhaltlosen Entschluss für Gott gewinnt er ein Leben, das nicht einmal das irdische Sterben zu dementieren vermag. Christsein, Christwerden meint nichts anderes, als sich eben diesem Votum Jesu anzuvertrauen.

— *In die Wüste gehen* —

Das Erste dabei wird natürlich dies sein: dass wir überhaupt erst einmal fähig werden, unser Leben und unser Herz so zu sehen, wie sie wirklich sind: ihre Größe und Abgründigkeit. Um so klar zu sehen, müssen wir mit Jesus in die Wüste gehen. Es gilt, alles beiseite zu legen, womit wir uns vom wahren Gesicht der Dinge abzulenken pflegen: die Arbeitswut, die so viel Brüchiges in unserem Dasein übertüncht; die vielen kleinen Leckereien – die zum Essen und die für die anderen Sinne –, mit denen wir uns unseren Alltag versüßen; und auch die heimlichen oder auch nicht so heimlichen Krücken, die uns in Scheinwelten tragen und selber in Scheinexistenzen verwandeln. Wer darauf zu verzichten wagt, dessen inneres Auge klärt sich; er wird die Risse und hohlen Stellen in seinem Lebenshaus entdecken.

Die 40 Tage der Fastenzeit, in die wir eingetreten sind, wären die rechte Zeit für so eine Wahrheitstherapie, eine Zeit der Wahl, wie Ignatius von Loyola das nannte. Man kann sie verstreichen lassen. Tut man das nicht, wäre der Teufelskreis des „ad infinitum" zerbrochen.

Sternstunden

— *Momente* —

Manchmal gibt es Momente, die man nie mehr vergisst. Es müssen nicht einmal eine Begegnung oder ein Ereignis sein, die alles Bisherige auf den Kopf stellen. Die gibt es zwar auch: Wenn jemand wirklich die Frau oder den Mann fürs Leben findet, oder wenn man merkt, dass man um Haaresbreite einer tödlichen Gefahr entgangen ist. Aber unvergesslich sind auch andere, viel stillere Momente.

— *Durchbruch* —

Ich weiß es noch gut. Vor etlichen Jahren hatte ich meine Arbeit als Kaplan beendet, um in die Wissenschaft zurückzukehren. Ein ziemlich waghalsiges Projekt. Man lässt alles, was bisher selbstverständlich war, hinter sich, gräbt sich in ein Problem ein – und hofft, nach gut vier, fünf Jahren harter Arbeit zu einem Ergebnis zu kommen, das die kritischen Gutachter und Kollegen überzeugt. Ich war gerade ein paar Monate daran: uferlos die Masse der Bücher, die zu lesen, der Wenn und Aber, die zu berücksichtigen waren. Ich fuhr spät abends von der Bibliothek heim. Der Kopf schwirrte mir nach stundenlangem Lesen und Grübeln. Wie anfangen mit dem Ganzen? An einer Ampel an diesem nebligen Novemberabend musste ich halten. In diesem Augenblick geschah etwas Eigenartiges. Buchstäblich auf einen Schlag wusste ich, in welcher Reihenfolge ich vorgehen, wie ich anfangen und wohin ich gelangen würde. Fünf Jahre und 1000 Seiten später stellte sich heraus: So war es tatsächlich richtig gewesen.

— Wichtiger Moment —

Ich erzähle das, um auszudrücken: Es gibt Momente größter Wichtigkeit für jemanden, und niemand anderer ringsum merkt etwas davon. Vielleicht muss man „Sternstunden" sagen dafür. Und um genau so etwas geht es wohl auch im heutigen Evangelium. Jesus hatte drei seiner Jünger beiseite genommen. Und in diesem Zusammensein wurde ihnen unvermittelt klar, was es mit diesem Jesus wirklich auf sich hat, dem sie da gefolgt waren. Seine Art zu leben, zu reden und zu handeln, die bald so selbstverständlich, bald so verwirrend fremd war, – alles ordnete sich damals für die drei Jünger zu einem stimmigen, einem beglückenden Ganzen. Es, nein: er wurde durchsichtig wie Licht, so tief, dass sie sogar erkennen konnten, wie dieser Jesus mit den größten Gestalten ihres Glaubens zusammenhing: mit Mose, der gleichsam Gottes Gebote verkörpert, und mit Elija, dem Vertreter schlechthin aller Propheten, also all derer, durch die Gott um sein Volk ringt und Sorge trägt.

Irgendwo hatte Jesus in der Vertrautheit dieses kleinen Kreises wohl etwas gesagt oder getan, wahrscheinlich etwas ganz Beiläufiges, wodurch es den Dreien wie Schuppen von den Augen fiel, wie nahe sie in diesem Jesus dem Geheimnis Gottes gekommen waren. Der Evangelist bringt das dadurch zum Ausdruck, dass er erzählt, wie glücklich die Jünger im ersten Augenblick waren – Petrus, der handfeste Praktiker, schlägt gleich vor, kleine Hütten zum längeren Verbleiben zu bauen; er möchte das Glück gleichsam festhalten. Wie sie sich im nächsten Moment im Schatten einer Wolke wiederfinden – dem uralten biblischen Sinnbild für die Gegenwart des unbegreiflichen Gottes. Wie sie dieses ganze Geschehen in Anspruch nimmt – zum Ausdruck gebracht dadurch, dass sie aus der Wolke eine Stimme hören, die ihnen sagt, dass sie auf Jesus hören sollen. Und wie ihnen das durch und durch geht und Angst macht – wie es Menschen geht, die sich vor Gott wissen. Und wie ihnen Jesus selbst diese Angst nimmt.

— Angst —

Dieses Angsthaben trotz der Beglückung ist mehr als verständlich. Kurz bevor die drei mit Jesus auf den Berg gestiegen waren, hatte er ihnen erstmals angedeutet, dass sein Reden von Gott und sein Handeln im Namen Gottes in einem gewaltsamen Tod enden könnte, und auch, dass vom

Bemühen ums eigene Leben nur das bleibe, was einer davon herschenke. Das hatten sie nicht verstanden und eigentlich auch nicht verstehen wollen. Und jetzt, da sie in solch sonnenheller, unbedingter Weise mit Gott selbst, dem letzten Grund von allem, zu tun haben, da können sie gar nicht anders, als anzuerkennen, dass auch ebendas wahr sein muss, was sie nicht wahrhaben mochten.

— *Hineinwachsen* —

Jesus ist Schritt für Schritt in die Gewissheit hineingewachsen, dass es nichts gibt, was ihn dem lebendigen Gott entreißen könnte, nicht einmal das Sterben, erst recht nicht all das andere, was ein Leben zu bedrohen scheint. Daraus hat er seine unglaubliche Freiheit zum Leben gewonnen. Auf ihn hören heißt nichts anderes, als diesen seinen Weg auch selbst zu wagen. Leicht ist das den Jüngern nicht gefallen. Wir brauchen nur an den späteren Leugner Petrus zu denken und daran, dass die Jünger am Karfreitag in alle Himmelsrichtungen auseinanderstoben. Aber trotzdem ist ihnen das Licht, der Stern aus jener Stunde auf dem Berg nicht nur nicht erloschen. Durch das Gestrüpp ihrer Angst sogar hat er sich Bahn gebrochen, hat sie bewegt, um den Preis ihres Lebens weiter von Jesus Zeugnis zu geben und anderen die Augen zu öffnen für das, was ein Leben trägt und unvergänglich macht. So möchten sie auch uns zu Führern auf den Berg der Verklärung werden. Freilich müssen wir dort verweilen, wenn uns klar werden soll, wer Jesus ist. Im Evangelium zu lesen und für das Beten Zeit zu haben, das wäre unser Berg. Vielleicht wird eine Sternstunde daraus.

Dritter Fastensonntag: Joh 2,13–25

Von der Umkehr und der Wohnung Gottes

— Predigt ohne Worte —

Von Franziskus erzählt man folgende Geschichte: Eines Tages schlug er einem jungen Bruder vor: Wir wollen in die Stadt gehen und dort den Leuten predigen. So machten sie sich auf den Weg nach Assisi und gingen dort durch die Straßen und über den Marktplatz und unterhielten sich dabei über geistliche Dinge. Erst als sie wieder auf dem Weg nach Hause waren, rief der junge Bruder erschrocken aus: Vater Franziskus, jetzt haben wir glatt vergessen, den Leuten zu predigen! – Nein, antwortete Franziskus lächelnd, wir haben die ganze Zeit nichts anderes getan. Wir wurden beobachtet, einige Leute hörten Brocken unseres Gesprächs, unser Gestikulieren und all unser Tun wurden gesehen. So haben wir gepredigt. Denn, fügte er hinzu, merk dir, mein Sohn, es hat keinen Sinn, hinzugehen, um zu predigen, wenn man nicht durch das Gehen schon predigt.

— Heilige Naivität —

So einfach das Entscheidende zu sagen, vermag wohl nicht einmal jeder Heilige. Es bleibt dem vorbehalten, der die – ja – Naivität grenzenlosen Vertrauens in die Wahrheit des Evangeliums wagt; der mit allen Fasern seines Daseins erspürt und ins Leben übersetzt, dass mit Jesus von Nazaret etwas seltsam Neues angebrochen ist. Mit seiner Behauptung, dass es sinnlos sei, zum Predigen zu gehen, wenn man nicht durch sein Gehen selber schon predigt, – damit bringt der Poverello aus Assisi eben dieses Neue auf den Punkt. Und er spricht dabei im Grunde nur auf seine Weise aus, was das Johannes-Evangelium in der Geschichte von der Tempelreinigung programmatisch von Jesus bezeugt.

— Unheilige Parallelen —

Jesus kommt – wie viele andere fromme Juden auch – zum Paschafest nach Jerusalem. Im Mittelpunkt steht dort der Tempel. In ihm allein werden die Opfer dargebracht. Dort wird angebetet – denn der Tempel gilt als der Ort der verborgenen Gegenwart Gottes. Jesus hat diesen Tempel geehrt – er nennt ihn „Haus meines Vaters". Aber etwas anderes ist freilich, wie an diesem Ort Gottesdienst gefeiert wird. Schon vor Jesus hatten Jahrhunderte hindurch die Propheten den Finger auf diese Wunde gelegt: dass nämlich der ganze Gottesdienst zu einem lärmenden Treiben verkommen war. Geschäftsleute und Tempeldiener helfen ihnen dabei – verwalten, planen, vereinfachen, lenken, organisieren. Und dabei schaffen sie den Tempel um in einen religiös-wirtschaftlich-politischen Großbetrieb. Das Betriebspersonal – vom kleinsten Tempelwächter bis zum Hohenpriester – hält das Ganze für absolut notwendig. Und vor allem die glatte Abwicklung des Rituals garantiert in ihren Augen das Heil, das der Menschen.

Dass spätestens an dieser Stelle dem Christen, der Christin von heute seltsame Ähnlichkeiten zwischen dem Tempel in Jerusalem und den reichen Kirchen des Westens nicht mehr aus dem Kopf wollen, das dürfte kein Zufall sein. Denn was steht heute bei den verantwortlichen Kirchenmännern höher im Kurs als ein perfektes Funktionieren der Kirche: am besten reibungslos – und das heißt immer: folgenlos – eingepasst in die politische Landschaft.

Und wie viel Mühe verwendet man auf die effektive Verwaltung der Gebäude und Güter, der Posten und des Personals, der Museen und Archive, der Geschäfte und Gruften. Fragen, die schon längst konzentrierte Aufmerksamkeit erforderten – die Glaubensverkündigung an die Jungen, das menschliche Umgehen mit der Not zerbrochener Ehen, der prophetische Protest gegen naturzerstörende Wahnsinnsprojekte –, all das gerät darüber zur Nebensache, die sich ganz gut aussitzen lässt. Im Sinn der reibungslosen Abläufe fragt man auch der Kreativität der Mitarbeiter wenig nach. Und vor allem jede Kritik hat zu unterbleiben. Denn sie ist erstens überflüssig und außerdem sowieso falsch, wenn sie von unten kommt. Deshalb begeht Majestätsbeleidigung, wer wagt, die Wörter von oben nochmals einer Frage auszusetzen.

Dass sich der Tempel des Jahres 30 und die Kirchen des Jahres 2000 so haargenau gleichen wie ein Ei dem anderen, das kommt daher, dass die Menschen – allem Fortschrittsglauben zum Trotz – seit jeher die gleichen geblieben sind. In ihnen scheint etwas am Werk, was sie unausweichlich an die Oberfläche treibt, ins Äußere und in die Äußerlichkeiten; zu dem, was sich machen lässt und ins Auge sticht – und am meisten geschieht das genau dort, wo es ums Gegenteil geht: um den Kern, das Wesentliche, die Mitte unseres Lebens. Eben deshalb bleiben gerade auch alle äußeren Formen, in denen sich der Glaube ausspricht, der Gefahr ausgesetzt, sich zu entleeren. Dass wir dauernd wie von selbst auf den verkehrten Weg geraten und den Verlust unserer Mitte erleiden, das gehört zur unbestrittenen Erfahrung eines jeden, der noch halbwegs wach sich selber wahrnimmt. Dann aber das ganz äußere Getriebe auch noch als das allein Richtige zu behaupten und jede Kritik daran empört als Attentat auf Gott selber hinzustellen, wie es Jesus widerfahren ist – darin erringt die leere Oberflächlichkeit ihren endgültigen Triumph.

— *Wende, die an die Wurzel rührt* —

Dass Jesus, der so restlos auf Gott hin und deshalb ganz aus seiner innersten Mitte lebte, dass er angesichts des verlogenen Treibens so reagierte, wie das Evangelium erzählt – wen wundert das noch! In seinem radikalen Engagement für Gott, wie es sich in der Tempelreinigung bekundet, bricht in aller Schärfe durch, was er als seine ureigenste Aufgabe und Sendung erkannt hatte: die verdrehten Beziehungen zwischen Gott und den Menschen wieder ins Lot zu bringen. Alles, was in seinem Leben noch folgte – die Predigten, die Gleichnisse und Taten, alles diente im Grunde genommen allein dem: die Menschen um Gottes willen eindringlich zu bitten um die Umkehrung der verkehrten Verhältnisse, nicht nur die Beziehung zu Gott. Er bittet vielmehr um eine Umkehr des ganzen Lebens, denn Jesus weiß: Im Verfall des Gottesdienstes spiegelt sich nichts anderes als der Zerfall des Menschseins der Menschen. Das geschieht genau dort, wo einer aufgehört hat, aus seiner Mitte und der Tiefe des Herzens, wo Gott wohnt, sein Leben zu schöpfen. Die Umkehr dorthin – das ist es, was Jesus im Zeichen der Tempelreinigung ausruft und einfordert.

Seine schneidende Schärfe freilich erhält Jesu Tun noch anderswoher: Er protestiert damit nämlich nicht nur gegen die faktischen Zustände, vor allem die Verquickung von Geschäft und Religion, und er mahnt auch nicht eine Verbesserung des Betriebes an – weil er aus seiner Kenntnis der Menschenherzen weiß, dass sich über kurz oder lang das Gleiche abspielen würde wie vorher. Eben deshalb gibt er – von den Autoritäten nach dem Recht seines Tuns gefragt – eine seltsame Antwort: Er fängt an, von der Auferstehung zu reden: Reißt den Tempel nieder, und ich werde ihn in drei Tagen wieder aufrichten. Das Alte hat ausgedient, selbst wenn es verbessert würde. Gott lässt sich nur noch durch einen Neuanfang hindurch finden – einen Neuanfang, wie ihn sich Jesu Hörer noch überhaupt nicht vorstellen können, nicht einmal seine Jünger. Auch die haben erst nach Ostern zu verstehen begonnen.

— Jesuanische Provokation —

Aber obwohl Jesus noch so verschlüsselt von dem Neuen redet, begreifen es seine Widersacher sehr wohl als Provokation ersten Ranges – so sehr, dass das Wort vom Niederreißen des Tempels später der Anlass für Jesu Verhaftung werden wird. Das Skandalöse an Jesu Behauptung ist dabei dies: dass das Heil, das die Menschen suchen, mit ihren Riten und Opfern und Werken überhaupt nichts mehr zu tun hat. Heil geschieht stattdessen – so sagt er – durch die Auferstehung. Und er meint damit: Heil schenkt Gott dort, wo ein Leben so gelebt wird, dass es gültig ist vor Gott, ja nicht nur gültig, sondern endgültig – und deshalb bei Gott für immer aufbewahrt wird. Gültig aber vor Gott wird jedes Wort und jede Tat und jede Geste dann, wenn sie aus selbstvergessener Liebe hervorgehen. Denn nur solches entspricht Gott – und eben das macht unser Tun so endgültig.

Weil Jesu Leben selber ganz von der Liebe bestimmt war, eben deshalb bleibt es gültig und endgültig – auch über seinen Tod hinaus – mit allem, was zu seinem Leben gehörte. Auf neue, unvergleichliche Weise bleibt der menschliche Jesus deshalb lebendig bei Gott und für uns – „er wurde auferweckt" sagen wir dazu. Der Keim solchen neuen Lebens liegt von Anfang an in jedem Menschen bereit, sofern er Mensch ist. Und Jesus hat uns den Weg aufgetan, der diesen Keim im gelebten Leben sich entfalten lässt. Alles, was aus der Liebe kommt, trägt daher jetzt schon – im Hier und Heute – die Züge der Auferstehung. Es gehört ganz zu Gott. Und deshalb ist Gott in ihm da. Wenn Auferstehung wirklich so aus der Liebe hervorwächst, dann ereignet sich die Auferstehung in unserer Welt, wo viele dunkle Mächte das Leben niederdrücken, wesentlich als ein von der Liebe beseelter Aufstand gegen alle Entfremdung, leibliche wie seelische, die Menschen widerfährt; als Aufstand gegen alle Perversion – also Verkehrung dessen, was Gott geschaffen hat.

Gottes Gegenwart – das ist die unerhörte Botschaft des heutigen Evangeliums – hat nichts zu tun mit äußerlich bleibenden Riten. Sie ereignet sich stattdessen im Aufstand der Herzen für Gott mitten in der Welt. – Genau das hatte Franziskus begriffen. Darum kann er behaupten, dass es überhaupt nichts nützt, wenn einer hingeht um zu predigen, wenn er nicht schon durch sein Gehen selber, also durch sein ganz banales, durchschnittliches Alltagsleben predigt. Aber genau das kann er nur, wenn sein Leben kraft der Liebe schon die Spuren der Auferstehung trägt.

— *Aufständisches* —

Eben weil das Ganze so sehr an der Auferstehung hängt, ist diese uns als Gemeinde in ganz dichter, unverbrüchlicher Weise eingestiftet: im Sakrament der Eucharistie. Dadurch erleben wir in Zeichen, aber ganz und gar wirklich, Gottes neue Gegenwart, die unser Leben heilt. In jeder Messe feiern wir dieses neue Leben und deshalb geschieht auch mit jeder Eucharistiefeier ein Aufstand der Liebe gegen alles, was unmenschlich ist und unmenschlich macht. So Großes ist in unsere Hände gelegt. Aber: Die Art und Weise, wie wir heute größtenteils mit der Eucharistie umzugehen gewohnt sind, lässt das heutige Evangelium auch uns zur schneidenden Kritik geraten: Es entlarvt, dass unsere Gottesdienste heute vom Tempeltreiben damals kaum unterschieden sind. – Im Gespräch sagte mir neulich jemand aus unserer Gemeinde: Uns geben die Gottesdienste hier nicht viel. – Bei der Art, wie ihr sie mitfeiert, wundert mich das auch nicht, habe ich geantwortet. Denn nicht wenige betrachten den Gottesdienst als einen 45-Minuten-Service zur sonntäglichen Gewissensberuhigung. Eine ganze Reihe hastet eine Minute vor – und oft genug zwei Minuten nach Beginn herein, den Lärm von daheim und von draußen noch in den Ohren. Und dann wollen sie das Geheimnis des Glaubens vernehmen. Mit tut manchmal leid, wer solches unter diesen Voraussetzungen noch erwartet.

Wenn Eucharistie wirklich Feier des Glaubens sein soll, Vernehmen der Gegenwart Gottes, heilendes Ergriffenwerden unseres Lebens von der Auferstehung Christi, dann verlangt das anderes von uns. Das erste von allem ist: Zeit. Nicht nur, dass einer rechtzeitig kommt, sondern dass er auch verweilen kann, um sich zu sammeln. Dass Stille einkehrt; dass er alles in seinem Herzen wachruft, was ihn beschäftigt, beglückt und bedrückt. Das alles darf und soll im Gottesdienst ja vorkommen: Beim Schuldbekenntnis alles, was falsch gewesen ist; bei jedem „Lasst uns beten" alles, was einem am Herzen liegt; beim „Lasset uns danken dem Herrn, unserm Gott" alles, wofür einer freudig danken will. Denn nur so kommt unser Leben in die Feier der Eucharistie hinein und nur dadurch kann einem der Gottesdienst etwas geben. Und all das zusammen ist nochmals Voraussetzung dafür, dass in der Eucharistiefeier überhaupt etwas geschehen kann – das, worauf es ihr einzig ankommt: dass die Wandlung der Gaben von Brot und Wein sich fortsetzen kann in der Verwandlung unserer Herzen in Orte der Gottesgegenwart, die sich der Liebe verdanken. Aus solchen Herzen wird dann im Alltag ein Leben hervorgehen, das dem im Gottesdienst gefeierten neuen Leben entspricht – ein Leben, ganz von Gott geheilt. Würden wir beginnen, dem Evangelium Jesu ernsthaft zu vertrauen und würden wir es wirken lassen, wie es will, wir müssten nicht mehr – wie bisher – so sehr an uns und in der Kirche die Spuren der Auferstehung vermissen.

Gottes-Werbung

— Missverständnis —

Dem dänischen Philosophen Søren Kierkegaard ist einmal Folgendes passiert: Er lief in einer fremden Stadt mit einem Koffer voll getragener Wäsche durch die Straßen und suchte nach einer Wäscherei. Endlich sah er ein Schaufenster, in dem gleich mehrere Schilder hingen mit der Aufschrift: Hier wird Wäsche gewaschen. Erleichtert trat er ein und wuchtete den Wäschekoffer auf den Ladentisch. Eine Frau kam und fragte nach seinem Wunsch. Als er sagte: Ich möchte meine Wäsche abgeben, da lachte die Frau laut und rief: Mein Herr, das ist ein Irrtum! Wir sind keine Wäscherei, wir stellen nur Schilder her, auf denen steht: Hier wird Wäsche gewaschen.

— Sagen und Meinen —

Ähnliches wie diesen Irrtum kennen die meisten von uns wahrscheinlich aus eigener Erfahrung – aus der Werbung nämlich. Auf irgendeinen Slogan hereinzufallen, dazu gehört wahrlich nicht viel. Ja, mehr noch: Werbung besteht im Grunde zu einem Gutteil eben darin, anders zu meinen, als geschriebene oder gesprochene Worte sagen.

— Werbung für das Reich Gottes —

Auch die Christinnen und Christen haben seit Anbeginn Werbung gemacht; gleich zu Anfang seines öffentlichen Auftretens hat Jesus Jünger in seinen Dienst gerufen, dass sie mit ihm vom Gottesreich predigen. Das war – und ist – Werbung! Aber: bei solcher Werbung für den Glauben muss – muss! – das, was gesagt wird, mit dem, was gemeint ist, bis zum letzten Wort zusammenfallen. Wenn nicht, dann wäre das nämlich nicht zum Lachen wie bei Kierkegaard im Schildermacherladen, sondern wer mit Jesus und dem Evangelium für Gott und sein Reich wirbt, der müsste sich, sollte er anders meinen als sagen, einen üblen Betrüger schimpfen lassen, einen Lügner, der mit dem Tiefsten des Menschen, mit seiner Suche nach Heil und Leben, Schindluder treibt.

— *Evangelisches Angebot* —

Heute im Evangelium haben wir eine Werbung für den Glauben gehört, wie es sie in der frühesten Christengemeinde gab. Zwar brauchen wir nicht mehr erst geworben zu werden, weil wir schon Christinnen und Christen sind. Aber ich denke, wir tun gut daran, dieser Gottes-Werbung des Evangeliums wieder einmal nachzusinnen, was denn die Frohe Botschaft uns anbietet im eigentlichsten Sinn des Wortes.

— *Was wir Gott wert sind* —

Das Erste und Grundlegende: Gott hat die Welt so sehr geliebt, dass er seinen einzigen Sohn hingab. Gott – will das heißen – ist keine kalte Majestät in ferner Höhe, die irgendwann einmal Welt und Menschen ins Dasein geworfen hätte und nun alles ablaufen lässt wie ein Uhrwerk. Gott ist stattdessen seinem Werk mit Liebe und Sympathie zugetan – am meisten dann und dort, wo seine Absicht unterlaufen und verdreht zu werden scheint, also wo aus Misstrauen gegen ihn Menschen sich selbst und ihre Welt aus einer guten Gabe geradezu in Chaos zurückzuverwandeln drohen.

Gott setzt sich für sein Werk nicht nur ein. Dieses Werk – wir! –, wir sind ihm alles wert, mehr als alles. Das wissen wir seit Jesus. Der, der so untrennbar zu Gott gehörte, dass er zurecht Gottes Sohn genannt wurde, der ist nicht gekommen, um endlich wieder Ordnung zu schaffen und die Bösen auszutilgen. Sondern gerade denen, die sich von Gott abgewandt hatten, den Sünderinnen und Sündern, ist er regelrecht nachgelaufen, um sie mit der sanften Macht der Liebe wiederzugewinnen. Und nicht nur alles sind wir Gott wert, sondern mehr als alles – mehr als sich selbst, weil Jesus, sein Sohn, ein Stück von ihm selbst, lieber am Kreuz für seine Botschaft von Gott gestorben ist, als mit Gewalt sein Recht, also Gottes Recht und Willen durchzusetzen.

Wirklich wahr: Gott hat seinen Sohn nicht in die Welt gesandt, damit er die Welt richtet, sondern damit sie durch ihn gerettet wird. Gerettet dadurch, dass sie – die Welt, also wir – an dem, der da ohnmächtig am Kreuz stirbt, erkennt, dass Gott wirklich nicht für sich, sondern für uns da sein will, und dass sie darum diesem Gott wieder traut.

Darum auch spricht diese alte Gottes-Werbung nicht davon, dass irgendwann einmal eine Rettung sein wird für die einen und ein Gericht für die, die trotz all dem Gott immer noch nicht trauen mögen. Sondern: Wer an ihn – Jesus – jetzt glaubt, wird nicht gerichtet – der ist bereits gerettet. Jetzt schon, weil der Botschaft des Lebens und Sterbens Jesu trauen soviel ist, wie Gott trauen. Und eben damit wird ja Wirklichkeit, was Gott ersehnt von uns. Aber auch: Wer nicht glaubt, ist schon gerichtet. Auch jetzt schon. Denn in der Begegnung eines Menschen mit dem gekreuzigten Jesus Christus geschieht bereits das Jüngste Gericht: gestern für dich vielleicht, heute für mich, morgen für dich. Nicht irgendwann. In diesem Gericht tut Gott dem Menschen nichts an und verdammt ihn auch nicht. Gericht besteht stattdessen darin, dass der Mensch sich selbst unglücklich macht, indem er trotz dem, dass Gott am Kreuz sich selbst drangibt für ihn, diesem Gott immer noch nicht traut und darum weiter und weiter misstrauisch und von Angst getrieben seinem Leben nachjagen und es an sich reißen muss um jeden Preis und gegen alle und jeden. Das ist die Hölle. Der Mensch macht sie sich selbst. Gott will retten, nicht richten.

— *Wahrheitsbürge: der Gekreuzigte* —

Das ist die Botschaft, mit der unser Glaube wirbt. Sagt diese werbende Botschaft, was sie meint? Wer auf den am Kreuz hängenden Jesus schaut und an ihm erahnt, was Gott ertragen hat, um zu bezeugen, dass er unbedingt für uns ist, – der kann sich die Antwort selber geben.

Fünfter Fastensonntag: Joh 12,20–32 (und Jer 31,31–34)

Unmittelbarkeit

— Jochen Kleppers Weihnachtskyrie —
Zu den großen Dichtern des geistlichen Liedes im 20. Jahrhundert gehört der evangelische Pfarrer Jochen Klepper. Advent und Weihnachten waren ihm besonders wichtig. Aber zugleich war er überzeugt, dass man nicht zeitenthoben Gott lobsingen kann. Darum darf nicht verwundern, dass auch seinen Weihnachtstexten die Kollision zwischen Biografie und Zeitgeschichte zwischen die Zeilen geschrieben ist, die sich seit 1933 für ihn von Jahr zu Jahr verschärfte. Der Grund: Seine geliebte Frau war Jüdin. Das führte zunächst dazu, dass er aus der Reichsschrifttumskammer ausgeschlossen wurde, also Berufsverbot erhielt. Eine kleine Sondergenehmigung war ihm nur unter der Auflage verstattet, für jede literarische Arbeit, selbst die kleinste, eine Druckerlaubnis zu beantragen. Für sein Weihnachtskyrie, eine seiner bekanntesten Dichtungen, erhielt er diese nach monatelangem Warten kurz vor Silvester '37. In dem Lied heißt es unter anderem:

Die Welt ist heut voll Freudenhall.
Du aber liegst im armen Stall.
Dein Urteilsspruch ist längst gefällt,
das Kreuz ist dir schon aufgestellt.
Kyrie eleison!

Die Welt liegt heut im Freudenlicht.
Dein aber harret das Gericht.
Dein Elend wendet keiner ab.
Vor deiner Krippe gähnt das Grab.
Kyrie eleision!

Und Klepper schließt mit der Strophe:

> *Wenn wir mit dir einst auferstehn*
> *und dich von Angesichte sehn,*
> *dann erst ist ohne Bitterkeit*
> *das Herz uns zum Gesange weit!*
> *Hosianna!*[11]

— *Ringender Christus* —

Wohl passierten solche Zeilen noch eine Weile die Zensur. Dann erhöhten die Nationalsozialisten den Druck auf Klepper. Sie verlangten, er solle sich von seiner Frau scheiden lassen. Am 8. Dezember schrieb Klepper in sein Tagebuch:

Gott weiß, daß ich es nicht ertragen kann, Hanni und das Kind in diese grausamste und grausigste aller Deportationen gehen zu lassen. Er weiß, daß ich ihm dies nicht geloben kann, wie Luther es vermochte: „Nehmen sie den Leib, Gut, Ehr, Kind und Weib, laß fahren dahin –.“ Leib, Gut, Ehr – ja! Gott weiß aber auch, daß ich alles von ihm annehmen will an Prüfung und Gericht, wenn ich nur Hanni und das Kind notdürftig geborgen weiß.[12]

Als Jochen Klepper schließlich sieht, dass er seine Familie nicht bewahren kann, gehen die drei am 10. Dezember 1942 gemeinsam aus dem Leben. Die letzten Sätze im Tagebuch lauten:

Wir sterben nun – ach, auch das steht bei Gott – Wir gehen heute nacht gemeinsam in den Tod. Über uns steht in den letzten Stunden das Bild des Segnenden Christus, der um uns ringt. In dessen Anblick endet unser Leben.[13]

— *Jeremias ferner Nachkomme* —

Vielleicht kann man sagen, dass Jochen Klepper mit seiner Dichtung und seinem Geschick zu den zeitgenössischen Nachfahren des Propheten Jeremia gehört, jenes Jeremia, dem sein Prophetenamt von Anfang an mehr Last als Ehre war. Sohn einer priesterlichen Familie des Stammes Benjamin, wird er jung – zu jung nach eigener Überzeugung – zum Propheten, wörtlich genommen: zum Hervor-Sager der Wahrheit über das Verhältnis von Gott und Israel, berufen, erfährt gegen seinen Einsatz für die Treue zum Bunde Gottes erbitterten, hasserfüllten Widerstand bis zu Gewalttätigkeit und Lebensbedrohung, muss das bittere Eintreten seiner Warnung – den Verlust von Tempel und Land – erleben, wird selbst ins babylonische Exil verschleppt. Wie hätte er da nicht zum Sänger der Klagelieder werden sollen, die man ihm zuschrieb, zum Unheilspropheten:

> *Täglich tönte ich von neuen Nöten,*
> *die du, Unersättlicher, ersannst,*
> *und sie konnten mir den Mund nicht töten;*
> *sieh du zu, wie du ihn stillen kannst,*[14]

– so fasst kein Geringerer als Rainer Maria Rilke das Geschick des Exilspropheten zusammen. Trotzdem hält er fünfzig Jahre durch – und kämpft sich mitten in dieser Katastrophe zu einer Neuentdeckung durch: der geistlichen Einsicht, dass, wenn denn an Gott überhaupt etwas dran ist, auch das gegenwärtige Unglück und ihre menschlichen Verursacher nicht außerhalb, sondern in Gottes Hand stehen, stehen müssen. Und dass darum dieser Gott auch nach tausend Bundesbrüchen nicht von seinem Volk lassen, es nicht aufgeben wird. Dass Tempel, geschriebene Tora und Opfer dahin gehen mögen, weil Gott sein Gesetz den Seinen immer schon ins Herz geschrieben habe, auf Du und Du von Herz zu Herz zu ihnen stehe. Und dann brauchten sie sich nicht mehr gegenseitig zu belehren, sondern alle – groß und klein gleichermaßen – würden Gott erkennen. So mischt sich ein Hauch von Evangelium in Jeremias Klagelieder.

Diesen Neuen Bund kennzeichnet eine atemberaubende Unmittelbarkeit zwischen Gott und dem, der Einzelnen. Wer Gott ist und was es mit ihm auf sich hat, findet, wer in sein Inneres geht und dort die Gottesschrift, seine Signatur sozusagen, wahrzunehmen vermag. Das sagte Jeremia im sechsten vorchristlichen Jahrhundert. Grob gesprochen ein Jahrtausend später treibt genau dieser Gedanke den größten Theologen der frühen lateinischen Kirche um: Augustinus. Und noch einmal 1300 Jahre später bewegt er einen der größten philosophischen Geister deutscher Sprache, den Königsberger Immanuel Kant. In unserer Epoche faszinierte der Gedanke den Theologen Karl Rahner – und gegenwärtig wagen sich einige wenige, aber die umso engagierter, in die Spuren, die die soeben Genannten gelegt haben. Was sie alle so faszinierte an der Idee einer Gotteskompetenz nicht nur der Profis, die den theologischen Slang beherrschen, sondern aller, der Großen und Kleinen, biblisch gesprochen, war und ist, dass sich das, was Jesus von Nazaret sagte, tat und war, bis ins Detail als Erfüllung dessen verstehen lässt, was Jeremia in prophetischer Utopie verheißen hatte:

Es sind die Kleinen, die Armen, die Kinder, die zu allererst etwas von Gott verstehen, verkündet er. Seine Botschaft richtet er nicht in Lehrsätzen, sondern in Gleichnissen aus – in Gleichnissen geschöpft aus der Welt des familiären Haushalts, der Bauern und Fischer. Mehr noch: Um Gott zu begegnen, braucht es für ihn keine Opfer, keine Priester und Hierarchien, denn: Wo zwei oder drei in meinem Namen versammelt sind, bin ich mitten unter ihnen. Und der da in erster Person spricht und darum „ich" sagt, ist sich gewiss, dass sich in dem, was er tut, auf menschliche Weise spiegelt, wie Gott ist: dass er Hungernden zu essen gibt, Kranke gesund macht, auf die Sünder von sich aus voraussetzungslos zugeht und ihnen damit einen neuen Anfang schenkt. Ein Mensch wie wir aus Fleisch und Blut als lebendiges Gleichnis Gottes. Und er ist das dazu, dass wir werden, wie er war. Das ist der Kern des Evangeliums und genau Verwirklichung jenes Neuen Bundes, von dem Jeremia kündete.

— *Gottunmittelbarkeit* —

Diese prophetische Kunde von der Gottunmittelbarkeit ist nicht zuletzt deswegen so wichtig, weil man nur von ihr her bestimmte Passagen der Evangelien angemessen verstehen kann, gerade solche, die im Gang ihrer Wirkungsgeschichte so etwas wie Kennmelodien des christlichen Glaubens geworden sind. Zu ihnen gehört auch der Spitzenvers des heutigen Evangeliums vom Weizenkorn, das nur Frucht bringt, indem es stirbt, andernfalls allein, also unfruchtbar bliebe. Natürlich kann man mit Blick auf dieses Wort aus der letzten Rede des johanneischen Jesus vor der Passion, also aus seinem Vermächtnis, davon sprechen, dass da mit dem Prinzip „Schenken ist Beschenktwerden" ein Gesetz des Lebens formuliert werde, dem das Gesetz der Liebe entspreche. Aber was heißt das schon! Und wie groß die Gefahr ist, aus solchen Herrenworten die Grundnorm einer Opfermoral zu schmieden, – der Beleg dafür aus der Geschichte nicht nur der älteren Katechese und Verkündigung ist Legion!

Entgehen kann dem nur, wem beständig vor Augen bleibt, dass Worte wie das vom Weizenkorn – vom Leben hingeben und Leben bewahren – tief in ein intimes Du auf Du zwischen Jesus und seinem Gott eingebettet sind. Darum ist es ja auch, als antworte Jesus im heutigen Evangelium gar nicht auf die durch die Jünger an ihn herangetragene Bitte der frommen Griechen, sondern führe Zwiesprache mit dem, den er seinen Abba nennt. Erst wenn man das Weizenkornwort als Poesie eines liebenden Du-auf-Du hört, entfaltet es seine Strahlkraft.

— *Geistliche Intimität* —

Und es ist diese Intimität der Unmittelbarkeit auch das Geheimnis eines Jeremia und eines Jochen Klepper. Ohne sie ließe sich nicht mehr begreifen, wie Menschen in ihrer Situation einer Regung des Trostes und des Tröstens anderer fähig sind, ohne ihr Elend wegzulügen – es sei denn man unterstellte ihnen, sie redeten einfach zynisch oder aus dem Ressentiment der Schwachen. Wie Jeremia im versklavenden Exil von einem neuen Herzensbund künden; wie Klepper hinter der Krippe das Kreuz aufgerichtet, das Grab schon gähnen sehen und trotzdem mit Hosianna schließen; über der aus Verzweiflung selbst gesuchten Todesstunde immer noch den segnenden Christus sehen können, der um ihn und seine Lieben ringt – das vermag nur noch das Klammern an einen Gott, der so sehr schon immer da ist und für immer da bleibt, dass jeder Abgrund und jedes Dunkel, die sich zwischen ihn und sein Geschöpf drängen möchten, immer schon zu spät kommen. Jeremia und Jochen Klepper sind darum so etwas wie österliche Propheten, weil sie etwas versinnbilden von jener Innenseite des Karfreitags, die der Welt seit Golgota unauslöschlich eingestiftet ist. Nächste Woche werden wir dieses Geheimnis feiern.

Vom Jordan nach Golgota

— Zu vertraut? —

Manchmal denke ich mir: Wir, die wir uns Glaubende nennen und regelmäßig Gottesdienst feiern, – wir sind einfach zu nah dran. Zu vertraut
sind wir damit, dass wir uns noch wunderten über unseren Glauben, seine Mitte zumal, die wir in dieser Heiligen Woche begehen. Mehr als
für alles andere gilt das für heute, die Passionsgeschichte mit dem am
Kreuz verblutenden Jesus. Wie klar ist uns eigentlich, dass das Inbild und
Sinnbild unseres Glaubens ein Galgen, ein Hinrichtungsinstrument ist,
an dem ein Toter hängt?

— Der gekreuzigte Gott —

Seit einigen Jahren geschieht manchmal, dass Eltern von Schulkindern
fordern, das Kreuz im Klassenzimmer von der Wand zu nehmen, weil sie
ihren Kindern diesen scheußlichen Anblick nicht zumuten möchten. Das
ist überhaupt nichts Neues. Vielmehr kehrt da etwas aus der Frühzeit der
Kirche wieder. In der Legende der Heiligen Margareta etwa blitzt es auf:
Eines Tages sieht sie der heidnische Präfekt Olybrius. Er entbrennt in
Liebe zu dem schönen Mädchen, lässt sie zu sich führen und befragt sie
nach Herkunft, Name und Glaube: Margareta heiße sie, gibt sie zur Antwort, aus der Familie des Stadtpatriarchen stamme sie und zu Christus
bekenne sie sich. Sagt darauf Olybrius: Die beiden ersten Dinge stehen
dir wohl an: dass du edel bist und dem Steine Margarita (zu Deutsch:
der Perle) gleichest an Schönheit; das dritte aber ist nicht ziemlich, dass
eine so schöne Jungfrau einen gekreuzigten Gott habe. Doch Margareta
beharrt darauf, dass das Geschenk der Erlösung gerade an Jesu Leiden
und Kreuzestod hänge. Darauf lässt sie der Präfekt ins Gefängnis werfen
und dann ermorden.

— Ästhetischer Verstoß —

Nicht dass ein Gott zu den Menschen herabstieg, war anstößig, nicht dass man von diesem Gottessohn Jesus Wunder und Herrliches erzählte, sondern sein Ende am Kreuz. Das war schlichtweg unanständig. So dachte nicht nur Olybrius, sondern viele andere, Gebildete zumal. Ihnen war die christliche Botschaft wegen des Karfreitags ein ästhetischer Verstoß, gleichsam eine Todsünde wider den guten Geschmack.

— Skandalöser Gegenstoß —

Wir heute nach gut 1800 Jahren christlicher Bildergeschichte empfinden dieses Anstößige kaum mehr, höchstens noch bei einem genauen Blick auf Grünewalds brutales Isenheimer Altarbild oder einen gotischen Schmerzensmann. Darum braucht es manchmal so etwas wie einen Gegenstoß, um sozusagen der Gewohnheit die Augen auszustechen, damit wir aufs Neue für das Wesentliche sehend werden. Vor ein paar Jahren hat das der amerikanische Künstler Andres Serrano mit seinem Werk „Piss Christ" getan: Er versenkte ein billiges Holzkreuz mit Corpus in einem Glaszylinder, der mit Urin gefüllt war, und stellte ihn öffentlich aus. Ein Aufschrei ging durch die Staaten, Ausstellungssperren, der Ruf nach Entzug staatlicher Förderung für die moderne Kunst, wüste Beschimpfungen des Künstlers auf den Kanälen der TV-Churches mit ihren fundamentalistischen Predigern. Dabei hatte Serrano nur eine mediale Sprache für sein Werk gewählt, die nicht vernutzt war, und genau jenes Anstößige, ja Abstoßende unverbraucht zur Geltung brachte, das anfänglich von jedem Kreuzbild ausging.

— Verfremdung —

Wenn wir uns für einen Augenblick diese Verfremdung des Vertrauten und bisweilen einfach Verhübschten zumuten, müssen wir uns da nicht eingestehen, dass der Künstler die Botschaft der Passion treu und treffend übersetzt hat? Was anderes erzählen denn die Jesusportraits der Evangelien bereits mit der Geschichte von seiner Taufe(!): dass Jesus hinabsteigt in den Jordan, in dem Menschen symbolisch ihre Sünden abladen. Und er taucht ein in die Schmutzflut, begibt sich in die Abgründe und Keller und Dunkelheiten menschlichen Daseins, die hinter aller Schuld verborgen sind. Jesus ist sich nicht zu gut, dort hinunter zu gehen, wo das verborgen ist, was uns ekelt und Angst macht an anderen und an uns selbst. Gerade seine eigene Gottesnähe, seine Gewissheit um die unverbrüchliche Treue Gottes zu seinen Geschöpfen, führt ihn dort hinab, gleichsam in die Kloake der Welt, um zu bezeugen und mit Leib und Leben zu besiegeln, dass nicht einmal der bei Gott abgeschrieben ist, der sich in einem solchen Verließ des Bösen verstrickt und verfangen hat.

Das Böse ist nicht schön. Was es anrichtet, mögen wir gar nicht mehr anschauen, so entsetzt es uns – es sei denn, jemandes Seele wäre schon derart zerstört, dass ihm die Bilder des Bösen zum Kitzel der Unterhaltung würden. Gewiss: Damit wird heute bisweilen gespielt in manchen Medien. Aber vermutlich geht das nur, weil damit der Eindruck des weit Entfernten, uns nicht Betreffenden einhergeht. Anders dort, wo Menschen der Anblick des Bösen und seiner Folgen auf den Leib rückt und eine, einer spürt: Ich könnte selber die, der Nächste sein, die, den es trifft. Da schließen wir schnell die Augen, damit die Angst nicht übermächtig wird.

— *Vollendung der Jordantaufe* —

Dennoch lenken die Evangelisten unseren Blick auf den sterbenden Jesus am Kreuz. Es markiert den Tiefpunkt seines Abstiegs, der bei der Jordantaufe begann. Dort greift das Böse nach Gott selbst, wenn Hass und Gewalt sein Liebstes treffen, seinen Jesus, von dem schon zu Lebzeiten Schritt für Schritt deutlich wurde, dass er als das lebendige Gleichnis des gütigen Gottes untrennbar zu diesem Gott selbst gehört, ja geradezu dessen Herzmitte ist, die er – dieser Gott – für uns auftut bis zur schieren Verletzlichkeit. Wäre das Böse so mächtig, so unentrinnbar, wie es sich meist gibt, dann hätte darum im Augenblick des Todes Jesu die Welt wie ein vermoderter Pilz in sich zusammenfallen müssen, weil ihr mit dem vom Bösen überwundenen Gott ihr eigener Grund entzogen gewesen wäre.

Doch die Welt besteht auch nach der Golgotastunde – und das kann nur bedeuten: Das Böse hat Gott nicht überwältigt. Vielmehr hat er es durch Jesu Tod in sich hineingelassen und dort verwunden, auf dass dem Unheil und der Angst nie das letzte Wort bleiben werde. So ist das Kreuz zum Sinnbild der Verheißung geworden, so sehr, dass wir mit ihm seither die Welt und einer den andern segnen.

Gründonnerstag: Joh 13,1–15 (und 1 Kor 11,23–26)

Hineingezogen

— Zwei Bilder —

Wie oft habe ich als Kind tief beeindruckt hinauf geschaut: Die Seitenwände des Presbyteriums in der Kirche, aus deren Gemeinde ich stamme, schmücken zwei riesige Fresken – gemalt in den zwanziger Jahren des letzten Jahrhunderts. Rechts ein Ensemble alttestamentlicher Opferszenen: Abels Brandopfer mit dem missgünstigen Kain dahinter, daneben der Priesterkönig Melchisedek beim Gottesdienst vor Abraham, daneben die von Gott selbst verhinderte Opferung des Isaak.

Gegenüber auf der anderen Wand in Großformat – als Antitypos: das Letzte Abendmahl, jetzt schon für Interessierte der heute jungen Generation ein eindrückliches Zeitdokument: Jesus mit einem Messgewand bekleidet, ein Ziborium, also einen Speisekelch, in der Hand, die Jünger, ihnen voran Petrus, rings um den Tisch in Wartestellung hintereinander gereiht, um kniend mit gefalteten Händen in Mundkommunion die Hostie zu empfangen. Die reine Eucharistie sozusagen – Einsetzung des Altarsakraments und Apostelkommunion.

— Abendmahl und Verrat —

Kein Grund übrigens für uns heute, über diese Vorstellung erhaben zu lächeln. Auch die vom letzten Konzil erneuerten Gebete für den Gründonnerstagabend stehen noch in diesem Gefälle. Ein einziger Satz im heutigen Dritten Hochgebet deutet in eine andere Richtung, in eine, die für die Kunst des Mittelalters und der Renaissance zentral war und über besten biblischen Anhalt verfügt: das Ineinander von Abendmahl und Jesu Verrat durch Judas. Blendet man die schon in den Evangelien einsetzende Ausmalung der Judaslegende vom untreuen oder geldgierigen Kassenverwalter ab, der sich bald nach seiner Untat aus Reue erhängt, dann bleibt als harter Kern, dass die biblische Erzählung vom Abend des Gründonnerstags weder von der Stiftung eines neuen Kults geschweige denn etwa von der Weihe seiner Zelebranten erzählt, sondern davon, wie das brüderliche Mahl Jesu mit den Seinen durch einen erschütternden Vertrauensbruch umschlägt in den Beginn der Passion.

— Eishauch über der Abschiedsszene —

Das Johannes-Evangelium in seiner mystisch-spekulativen Höhensicht fasst diesen Zusammenhang in den Satz, der Teufel habe dem Judas schon ins Herz gegeben gehabt, Jesus zu verraten und auszuliefern. Die Kühle dieses lapidaren Diktums macht buchstäblich den Eishauch spürbar, der da in die Intimität der Abschiedsszene hineinweht. Das Gleiche hat auf nicht mehr zu überbietende Weise Leonardo da Vinci mit seinem Abendmahl im Refektorium des Dominikanerklosters S. Maria delle Grazie zu Mailand ins Bild gesetzt: Christus in der Zentralperspektive des riesigen Bildes wie der Fels in der Brandung, mit den Seinen über den gemeinsamen Tisch verbunden in den Gesten, mit denen seine Hände auf Brot und Wein weisen, und Judas, anders als auf vielen anderen Bildern, ihm ganz nah, mit einer Hand wie zurückzuckend von der Brotschale, er selbst wie von Schreck gefroren inmitten der Bewegung rings um ihn, das Gegenbild zu dem in sich ruhenden Jesus.

— Judas' Enttäuschung —

Das ist genau der Augenblick, in dem der letzte und letztmögliche Versuch einer Widerlegung und Ausschaltung Jesu – scheitert, trotz der nachfolgenden Passion. Nein: wegen ihr. Judas hatte sich ja nicht von einem Anhänger zu einem Gegner Jesu gewandelt, weil er ein niedriger Charakter oder bequemer Mitläufer gewesen wäre. Im Gegenteil: Nach dem Wenigen, das wir über ihn mutmaßen können, war es Enttäuschung über das Unerfülltbleiben messianischer Hoffnung, die er in Jesus gesetzt hatte, was ihn zu seinem Tun bewog, eine Art trotziger Schlussstrich. Judas hatte wohl gehofft, dass Jesus das Gottesreich, von dem er so bezwingend zu reden wusste, herbeiführen, ihm nötigenfalls mit Gewalt Bahn schaffen würde. Er hatte aber überhört, dass genau das mit dem Gott, von dem da in Jesu Mund die Rede war, absolut nicht zusammenging. Weil Jesus von einem Gott erzählte, der es regnen lässt über Gerechten und Ungerechten und dessen Sonne aufgeht über Gerechten und Ungerechten. Einer, der das alte Ich-bin-der-ich-bin-da-für-dich vom Dornbusch bis zur Wurzel durchbuchstabiert und deswegen sagt: Wenn du gut bist, bin ich für dich da. Und wenn du böse bist, bin ich für dich da. Dann umso mehr und erst recht. Weil ich überzeugt bin, dass du dich erst dann zum Guten ändern kannst, wenn du, statt dich in Angst zu verkrümmen, von meiner Güte überwältigt, von meiner durch nichts zu beirrenden Liebe bestürzt bist. Wenn für die Ohren deines Herzens mein Gebot nicht mehr mit „Du sollst" oder „Du sollst nicht" beginnt, sondern mit „Du wirst doch" und „Du wirst doch nicht", wenn du dich erinnerst, was du mir bedeutest und was ich für dich übrig habe. Jede Form der Gewalt zur Durchsetzung dieses Gottesbildes hätte dieses selbst – und wäre sie noch so subtil gewesen – dementieren, der Lüge überführen müssen. Daher predigte Jesus so, wie er es tat, und darum war er zur Beglaubigung seiner Predigt so, wie er war. Er konnte nicht anders sein, sonst wäre er anders gewesen als der Gott ist, für den er stand.

— *Verletzbarkeit* —

Was freilich auch heißt: Zu dem atemberaubenden jesuanischen Gottesprojekt gehört von seiner Wurzel her eine durch und durch gehende Verletzbarkeit, ein Ausgesetztsein an die Logik der Gewalt, weil es selbst von Wesen einer Logik des Gewaltverzichts folgte, folgen musste. Das Für-dich der Liebe will nie zwingen. Es kann es einfach nicht. Das ist sein Preis dafür, dass es bis in die Mitte selbst verhärtetster Herzen vordringen kann. Johann Sebastian Bach hat genau das im Blick, wenn er in seiner Matthäus-Passion auch noch dem zum Verräter Gewordenen Judas in einer Bass-Arie mit Violin-Solo nachsingen lässt:

> *Gebt mir meinen Jesum wieder!*
> *Seht, das Geld, den Mörderlohn,*
> *Wirft euch der verlorne Sohn*
> *Zu den Füßen nieder.*
> *Gebt mir meinen Jesum wieder!*[15]

Der Verlorenste der Verlorenen noch gehört zu den Heimkehrenden, wenn er sich nicht selbst aus der bedingungslosen Zugewandtheit des Vaters exkommuniziert.

Leonardo und andere haben schon richtig gesehen: In der Szene des Letzten Abendmahls geschieht tatsächlich nichts anderes als eine bis zum Letzten zugespitzte Verdichtung dieser Reich-Gottes-Botschaft Jesu, ihrer Revolution, die das Oberste zuunterst kehrt, Gott zum reinen Für-uns, zum Diener der Menschen macht – einschließlich der Verwundbarkeit, die das mit sich bringt.

— *Überliefern und ausliefern* —

Dann darf uns aber auch nicht wundern, dass diese innerste Mitte des Abendmahls zugleich die Mitte jeder seiner Vergegenwärtigungen bildet und darum jedes Mal aufklingt, wenn wir Eucharistie feiern. Wir hören es bloß meist nicht mehr, weil es so vertraut ist. Dabei hat Paulus das, worum es geht, im Ersten Korintherbrief in ein geniales Wortspiel gefasst, das in den Hochgebeten der Messe anklingt:

Ich habe vom Herrn empfangen,
was ich euch dann überliefert habe:
Jesus, der Herr, nahm in der Nacht,
in der er ausgeliefert wurde, Brot… (1 Kor 11, 23).

Im griechischen Urtext steht in beiden Sätzen an der Prädikatstelle – nur um eine Silbe anders im Deutschen – das gleiche Wort: eine Form von paradidonai – das gleiche Wort also für überliefern und für ausliefern. Auch im Lateinischen ist das so: tradere, traditio heißt es da – und das Wort steht gleichermaßen für Überliefern und für Ausliefern im Sinn von Verraten. Außer Frage steht, dass der Rhetoriker Paulus das nicht mit Absicht so gesagt hätte, dass das Überliefern der Abendmahlsszene in das Ausgeliefertwerden Jesu einschwingt und umgekehrt. Ist dieses Oszillieren einmal wahrgenommen, weitet es sich sozusagen schlagartig ins Große: Das menschliche Ausgeliefertwerden Jesu gründet darin, dass Gott selbst ihn und in ihm sich selbst ausgeliefert hat, weil er in seinem bedingungslosen Für-seine-Geschöpfe-Dasein sich so verletzlich gemacht hat. Und umgekehrt ins Kleine gewendet: Das Brotbrechen und Trinken aus dem einen Kelch ist nichts anderes als Überlieferung, traditio dessen, was in der Abendmahlsnacht zum Vermächtnis wurde: dass im Tun, wie er getan hat, die Auslieferung Jesu und in ihr wiederum das Innerste Gottes Gegenwart wird, der Reich-Gottes-Herzschlag sozusagen.

Das Dramatische an diesem Ineinander wird noch gesteigert, wenn man den größeren Zusammenhang hinzunimmt, in dem Paulus auf die zu ihm gelangte Überlieferung zu sprechen kommt: Er erinnert daran, weil er seinen Adressatinnen und Adressaten, der Gemeinde von Korinth, vorhalten muss, dass sie drauf und dran sind, das Vermächtnis Jesu, seine Herzenssache, die Reich Gottes heißt, – Achtung! – zu verraten! Kamen doch die Wohlhabenden der Gemeinde zusammen und schlugen sich den Bauch voll, ohne auf die Armen zu warten, die Tagelöhner, die bis zum Abend schuften mussten und erst dann Zeit hatten für die Gemeindeversammlung. Das symbolische Brotbrechen, in das sie dann noch einbezogen wurden, war eine Farce, hatte mit dem gelebten Leben, geschweige denn mit gelebtem Glauben im Horizont der jesuanischen Gottesrede nichts mehr zu tun. Paulus hielt das schlicht und einfach für – Achtung! – Verrat. Verrat an der Überlieferung von der Auslieferung Gottes, an seinem Für-Sein.

— *Auch wir liefern uns aus* —

Indem wir am Gründonnerstagabend begehen, was er uns überliefert hat, liefern wir uns dem aus, was sein Ein und Alles war – im Wissen darum, wie hauchdünn die Trennscheide zwischen Überlieferung und Verrat sein kann. Und wer könnte ernsthaft von sich sagen, sein Eucharistiefeiern wäre nie im Widerspruch zu dem gestanden, was er/sie getan und gelassen hat! Hoffen nur können, aber dürfen wir auch, dass wir durch das, was wir jetzt tun, im Letzten hineingezogen sind in das, was Gott selber tut – und ist. Mehr können Menschen nicht wollen.

Karfreitag: Joh 18,1–19.42

Karfreitags-Wahrheit

— Hoheitliche Passion —

Immer am Karfreitag hören wir die Passionsgeschichte, wie sie das Johannes-Evangelium erzählt. Anders als im Fall der anderen drei Evangelien eignet ihr irgendwie eine tiefe Ruhe. Etwas Hoheitliches. Bei Markus endet Jesu Leben mit einem Schrei. Bei Matthäus und Lukas mit hervorgestoßenen Gebetsrufen, Fetzen aus dem Gebetbuch seines jüdischen Glaubens, den Psalmen: Mein Gott, mein Gott, warum hast Du mich verlassen? Und: Vater, in deine Hände empfehle ich meinen Geist! Ganz anders Johannes: Für ihn hält selbst noch der Sterbende am Kreuz sozusagen die Fäden des Geschehens in der Hand: Er vertraut dem Lieblingsjünger seine Mutter Maria an. In Erfüllung dessen, was ein altes Schriftwort über das Sterben des Gerechten sagt, verlangt er danach, etwas zu trinken, neigt das Haupt und gibt den Geist auf. Wollte man es in Bilder kleiden, so illustrieren die gotischen Kruzifixe mit dem zerschundenen Leichnam, dessen Corpus ein letztes Aufbäumen verzerrt und aus dem geronnenes Blut quillt, das Markus-, Matthäus- und Lukas-Evangelium. Zu Johannes gehören die romanischen Kreuze, die den, der die Dornenkrone trägt, aufrecht am Kreuz stehend zeigen, das Kreuz beinahe zu einem Thron machen, von dem aus der Gekreuzigte letzte Weisung gibt.

— Und dennoch: Ohnmacht —

Und doch gibt es auch in der Passion nach Johannes eine Szene, die irgendwie quer steht zu diesem hoheitlichen Jesusbild. Die etwas davon verrät, wie tief dem ganzen Geschehen trotzdem das Wort „Ohnmacht" eingeschrieben ist. Es ist die scheinbar beiläufige Episode im Verlauf seines Verhörs durch Pilatus, wo Jesus sagt:

Ich bin dazu geboren und in die Welt gekommen, dass ich für die Wahrheit Zeugnis ablege. Jeder, der aus der Wahrheit ist, hört auf meine Stimme (Joh 18, 37).

Darauf Pilatus:

Was ist Wahrheit? (Joh 18, 38)

Das Interessante kommt aber erst jetzt: Unmittelbar anschließend heißt es von Pilatus, er sei nach seiner Frage hinausgegangen. Das heißt, er hat Jesu Antwort erst gar nicht abgewartet. Das gibt denen Recht, die des Pilatus Frage immer schon ironisch verstanden – also gestellt unter der Voraussetzung, dass sie sich ohnehin nicht beantworten lasse. Auf geradezu klassische Weise verleiht Voltaire dieser Lesart des Pilatus-Spruchs Ausdruck. Er schrieb:

Es ist traurig für das Menschengeschlecht, dass Pilatus wegging, ohne die Antwort abzuwarten; wir möchten doch wissen, was das ist, die Wahrheit. Pilatus war zu wenig neugierig.[16]

Und wenig später gibt Voltaire selbst die Antwort, um die er sich durch Pilatus' Weggang gebracht sieht: Wahrheit, sagt er, sei nichts anderes als ein abstraktes Wort, das die Mehrheit der Menschen ohne Unterschied in ihren Büchern und Urteilen anstelle von Irrtum und Lüge gebrauche.

— *Was ist Wahrheit* —

Voltaire wurde dieser Ansicht wegen vor zweieinhalb Jahrhunderten heftig attackiert. Heute ist im Gefolge von Nietzsche für viele mehr oder weniger selbstverständlich, dass es sich bei so etwas wie Wahrheit – wenn einer davon redet – um eine Illusion handelt, von der man vergessen hat, dass sie eine ist. Aber genau da verläuft die Grenzlinie zu dem, was den christlichen Glauben ausmacht.

    Ich bin dazu geboren und dazu in die Welt gekommen, dass ich für die Wahrheit Zeugnis ablege, sagt Jesus von sich. Er versteht also seine ganze Existenz als ein einziges Wahrheitsgeschehen, das heißt durch ihn

– durch das, was er sagt, was er tut, wie er ist – wird etwas bewahrheitet, also wahr gemacht. Und was? Oder anders gefragt: Welche Wahrheit wird da bezeugt? Man braucht nur einen kurzen Augenblick den Ursprachen der Bibel nachzulauschen, um zu entdecken, dass in dieser scheinbar beiläufigen Episode der Passionsgeschichte die Grundfrage des biblischen Glaubens ausgetragen wird:

Im Griechischen, der Sprache des Neuen Testaments, steht für Wahrheit „aletheia", meist übersetzt mit Offenbarkeit, Offenlegen – noch besser wörtlich wiederzugeben mit Un-Vergessenheit. In Jesu Geschick, seinem Leben, Wirken und Sterben wird offengelegt, wird dem Vergessen entrissen, wer Gott ist und wer der Mensch ist – und wie beide zueinander stehen. Die Geschichten von den Heilungen und den Dämonenaustreibungen, vom Brotvermehren und dem Weinwunder der Hochzeit von Kana, und allem voran die von den Begegnungen mit den Sünderinnen und Sündern – mit Zachäus, der Ehebrecherin, der Frau am Brunnen von Samaria etwa – setzen in lebendige Bilder und Szenen um, was Gott für den Menschen sein will: Quelle, aus der man leben und sogar noch die Angeschlagenheiten bestehen kann, Neuanfang, wenn sich einer verrannt und verfangen hat in den Fallstricken der Illusionen, die er sich über sich selbst und das Leben gemacht hat, und – ja, das auch – Anlass zu Fest und Überschwang aus der Entdeckung, dass da einer hinter allem steht, der für uns mehr noch übrig hat als nur das Nötige. Das ist die Wahrheit, für die Jesus mit Leib und Leben Zeugnis gibt.

Mit Leib und Leben – buchstäblich verstanden, wohlgemerkt: Jesus gibt sich selbst daran dafür, dass Gott wirklich so ist, wie er bezeugt, weil er gewiss ist, dass selbst seine Vernichtung die Wahrheit über Gott nicht dementieren kann, für die er einsteht. Genau an dem Punkt wird das, was da „Wahrheit" heißt in der johanneischen Passionsgeschichte durchsichtig auf einen noch tieferen Grund. In der aramäischen Sprache, die Jesus selbst gesprochen hat, und auch im Hebräischen des Alten Testaments, steht, wo wir griechisch „aletheia" lesen und deutsch „Wahrheit" sagen, das Wort „emuna". „Emuna" heißt wörtlich übersetzt „Treue".

Und das, wofür dieses Wort steht – Treue –, das zieht sich wie ein Glutstrom durch die ganze biblische Botschaft von Anbeginn. Es war die Treue, die den Schöpfer bewog, die, die sich aus Misstrauen von ihm abgewandt hatten, nicht einfach fallenzulassen, sondern für sie auch noch

jenseits des Paradieses Sorge zu tragen, indem er denen, die nach dem
Sündenfall erkannten, dass sie nackt, also schutzlos waren, Kleider aus
Fellen machte, wie es in der Schöpfungsgeschichte heißt. Und Noachs
Arche. Und der Neubeginn mit Abraham. Und der Auszug aus Ägypten.
Und die Errichtung des Königtums, die Israel fordert und die in David
und Salomo gipfelt. Und die Prophetinnen und Propheten, die immer
neu geschickt werden, obwohl die meisten von ihnen mit ihrer Botschaft
scheitern. Alles Treueakte eines Gottes, dem nichts zu viel ist für die
Seinen. Wird, ja kann ein Gott, der so ist, einen fallenlassen, wenn einem
alles und nicht nur alles, sondern einer sich selbst genommen wird? Jesu
Antwort kennen wir: Sie steht in den Evangelien. „Nie und nimmer"
heißt sie. Nie und nimmer wird er uns fallen lassen! Wie könnte einer,
der seine Treue immer und immer und immer wieder unter Beweis stellt,
sie genau dann aufkündigen, wenn alles auf sie ankommt? Darum kann
man auf diese Treue nicht nur leben, sondern auch sterben. Weil man
gewiss sein darf, auch und gerade in diesem Zu-nichts-Werden nicht
verlorenzugehen. Das ist die Wahrheit, für die er Zeugnis ablegt und für
die Pilatus keine Zeit mehr hatte.

— *Lebenszeugnis* —

Hat einer aber Zeit für diese Wahrheit, so erfährt er sie wie von selbst an
sich selbst. Vielleicht bleibt einem für diese Wahrheit erst dann wirklich
Zeit, wenn man sonst nichts mehr hat, das einem die Zeit nimmt. Das
Lebenszeugnis des Grafen von Moltke zum Beispiel deutet mir dahin.
Helmuth James Graf von Moltke musste sich am 10. Januar 1945 vor
dem Volksgerichtshof unter Leitung des berüchtigten Roland Freisler
verantworten. Die Anklage lautete auf Hochverrat. Von Moltke hatte ein
Widerstandsnetz gegen die Nazis mitaufgebaut. Er hatte das aus seiner
tiefsten Überzeugung als evangelischer Christ getan. Auf die Anklage-
punkte antwortete er in einer Ruhe und Bestimmtheit, dass der Vorsit-
zende Freisler Tobsuchtsanfälle bekam. In einem Brief von Moltkes, den
der Gefängnispfarrer an Moltkes Frau Freya hinausschmuggeln konnte,
schrieb er:

*Ein Orkan brach los: Er (Freisler, Anm. K.M.) hieb auf den Tisch, lief an so
rot wie seine Robe und tobte [...]. Da ich ohnehin wusste, was rauskam, war*

mir das alles ganz gleich: ich sah ihm eisig in die Augen, was er offenbar nicht schätzte, und plötzlich konnte ich nicht umhin zu lächeln.[17]

Da ist sie, die Hoheit aus der johanneischen Passionsgeschichte, die gleichwohl ihre Ohnmacht nicht unterschlägt. – „Ob ich wohl ein wenig überkandidelt bin", schreibt von Moltke weiter,

denn ich kann nicht leugnen, daß ich mich in geradezu gehobener Stimmung befinde. [...] Wie gnädig ist der Herr mit mir gewesen! Selbst auf die Gefahr hin, daß das hysterisch klingt: ich bin so voll Dank, eigentlich ist für nichts anderes Platz. Er hat mich die 2 Tage so fest und klar geführt: der ganze Saal hätte brüllen können, wie der Herr Freisler, und sämtliche Wände hätten wackeln können, und es hätte mir gar nichts gemacht; es war wahrlich so, wie es im Jesaja 43,2 heißt: Und so Du durch Wasser gehst, will ich bei dir sein, daß dich die Ströme nicht sollen ersäufen; und so du ins Feuer gehst, sollst du nicht brennen, und die Flamme soll dich nicht versengen.[18]

— *Mächtige Wahrheit der Ohnmächtigen* —

Das Lebenszeugnis eines 37-Jährigen, der glücklich verheiratet und Vater zweier kleiner Söhne ist. „Ich bin so voller Dank" – von Moltkes Lebenszeugnis wenige Tage, bevor man ihn an den Galgen hängt. In ihm spiegelt sich die Wahrheit, für die Jesus ans Kreuz ging. Die Wahrheit, die die scheinbar Mächtigen der Welt gar nicht hören wollen und die ebendarum umso mächtiger ist und buchstäblich das Oberste zuunterst kehrt.

Jeder und jedem, der glaubt, ist genau diese grundstürzende Wahrheit in die Hände gelegt. Darum ist uns dieser Tag, der Karfreitag, ein Hochfest. Im Gedächtnis des Leidens und Sterbens Jesu vergewissern wir uns dessen, was uns über die Abgründe zu tragen vermag. Allermeist sind es Dinge weit weniger tief als bei von Moltke: nicht Martyrium, sondern eine zerbrochene Beziehung, ein spaltender Dissens mit jemandem, der einem nahe ist, oder einfach das Vereinsamen, wenn die Jahre vergehen und einer nach dem anderen einem von der Seite schwindet. Und doch jedes davon ein Abgrund für sich. Wer der Karfreitagswahrheit von der Gottestreue traut, hat die Brücke, die hinüberführt, betreten.

Botschaft ohne Worte

— Urwort des Glaubens —

Vor drei Tagen haben wir das große Fest unseres Glaubens begonnen. Wir haben uns am Gründonnerstagabend an den Abschied Jesu von seinen Freunden erinnert. Am Karfreitag haben wir seines Leidens und Sterbens gedacht. Und jetzt feiern wir seine Auferstehung. Gott hat den Gekreuzigten auferweckt: Das ist das Urwort unseres Glaubens. Ohne es wüsste heute kaum mehr einer, dass es Jesus gab und wer er war. Ohne es gäbe es kein Neues Testament, keine Gemeinden, keine Kirche.

— Vom handelnden Gott —

Was bedeutet dieses Urwort – „Gott hat den gekreuzigten Jesus auferweckt"? Man muss genau hinhören, von wem darin was gesagt wird. Dieses Urwort spricht von Gott. Er ist es, von dem an erster Stelle etwas ausgesagt wird – er, Gott, ist das Subjekt des Satzes und damit der Handelnde. Und da war Jesus. Er hat von Gott erzählt, wie er in Wahrheit ist: Einer, der uns Gutes will, der uns nicht einmal abschreibt, wenn wir uns schuldig machen, der liebevoll um uns wirbt, ja ringt, um uns wieder für sich zu gewinnen. Einer, dem man darum unbedingt vertrauen darf. Das hat Jesus verkündet, und was er verkündete, hat er in menschlichen Gesten – Hunger stillen, heilen, befreien, Sünden vergeben – versinnbildet und spürbar gemacht.

Bestimmten Kreisen hat dieser Gott Jesu nicht gepasst. Er war ihnen zu nah, zu menschlich. Sie wollten ihn weiter weg, höher, unnahbar. Denn dann war mehr Platz für sie selber, für ihre Ansprüche, ihre Interessen. Darum haben sie, als es ihnen zuviel wurde, Jesus beseitigt. Er floh nicht vor diesem Ende, obwohl er es gekonnt hätte. Denn mit einer

Flucht hätte er Lügen gestraft, was er von Gott sagte: Wenn man Gott vertrauen kann, dann kann man ihm in allem vertrauen, in absolut allem, also auch dann noch, wenn mir alles aus der Hand genommen wird, ich mir selbst, wenn ich sterbe. So machte Jesus auch noch sein Ende zur Botschaft, zum Schlusswort dessen, was er während seines Lebens gepredigt hatte.

Unser Urwort „Gott hat Jesus auferweckt" ist so etwas wie das himmlische Echo auf jenes Schlusswort Jesu. Es kann darum nichts anderes heißen als: Gott selbst hat bestätigt, was Jesus während seines Lebens und dann besonders mit seinem Ende am Kreuz von ihm gesagt hat. Er hat Jesus Recht gegeben. Recht gegeben also auch seinem Vertrauen, sogar im Tod nicht verloren zu gehen, weil Gott in allem der Verlässliche, der Treue bleibt. Gegen die Macht des Todes Recht zu bekommen aber bedeutet nichts anderes, als im irdischen Sterben zu entdecken, dass das bisherige Leben schon eine verborgene Innenseite besaß, die der Tod nicht zerstören kann und die jetzt erst sichtbar wird.

— *Jesus hat Recht bekommen* —

Recht bekommen aber ist nicht etwas, das im stillen Kämmerlein geschieht. Recht bekommt einer vor den Augen der Öffentlichkeit. Doch weil es sich bei dem Recht, das der Gekreuzigte von Gott bekommt, um das Recht seines urpersönlichen Gottvertrauens, also das Recht von etwas ganz und gar Innerem zwischen Gott und Jesus geht, kann dieses Rechtbekommen – wie alles Innere – nur in Sinnbildern und Zeichen zu öffentlichem Ausdruck kommen. Wie das geschieht, hängt dabei ganz und gar davon ab, wem in welcher Situation das Bestätigtwordensein Jesu aufgeht, also offenbart wird. Daher rührt, dass es im Neuen Testament so viele verschiedene, miteinander nicht vergleichbare und aufeinander nicht rückführbare Geschichten über die Begegnung mit dem Auferstandenen gibt.

— *Markinische Sinnbilder* —

Eine der aufregendsten dieser Geschichten scheint mir die aus dem Evangelium der heutigen Nacht zu sein. Aufregend vor allem deshalb, weil sie uns durch die, die in dieser Geschichte vorkommen, sagt, auf welche Weise wir selber Zeuginnen und Zeugen dafür werden, dass Jesus von Gott Recht bekommen hat. Maria von Magdala, eine andere Maria und Salome begeben sich zum Grab, um Jesus durch eine Salbung einen letzten Liebesdienst zu erweisen. Als sie hinkommen, finden sie alles anders, als sie es erwarten. Gräber sind immer zu. Jesu Grab steht offen. In Gräber liegen Tote. Sie finden stattdessen einen weiß gekleideten jungen Mann, also einen Engel. Das sind solche Sinnbilder für das, was zuinnerst zwischen Gott und Jesus geschah.

Und was sagen diese Sinnbilder? Das Grab offen und kein Toter. Das heißt soviel wie: Hier sucht ihr an der falschen Stelle, wenn ihr nach Jesus und seinem Schicksal sucht. Das Grab ist leer, es beinhaltet keine Auskunft und keine Botschaft über ihn. Und noch deutlicher der Engel, Gottes Botschaft in Person sozusagen: Der Engel schickt die drei Frauen fort vom Grab. Aber wichtig, wohin er sie schickt! Nach Galiläa – dorthin also, wo alles begonnen hatte, wo Jesus zu predigen anfing, wo sie ihn kennengelernt hatten und ihm gefolgt waren. Er schickt sie zurück an den Anfang seines Weges und ihres Weges mit ihm. Jemand an den Anfang eines Weges zurückschicken heißt nichts anderes, als ihn aufzufordern, den Weg nochmals zu gehen. Dort werdet ihr ihn sehen, verspricht der Engel.

— *Gottvertrauen und Güte* —

Er will sagen: Das Gottvertrauen selbst zu leben, das er gelebt hat, es in die tätige Güte zu übersetzen, die er gewagt hat, heißt dorthin kommen, wo einem unzweifelhaft aufgeht, dass er Recht hatte und dass darum für immer gültig bleibt, was er sagte und wie er war – dass er also lebt. Dass Auferweckung so wenig irgendein Jenseits meint und so zuinnerst im gelebten Leben beginnt, – darauf können Menschen wahrscheinlich zunächst einmal gar nicht anders reagieren als die Frauen am Grab: in Furcht und Entsetzen davonzulaufen, weil der Himmel so unglaublich nah ist. Aber schon der nächste Satz deutet an, dass sie trotzdem verstanden haben: Denn sie erzählen nichts von dem, was ihnen widerfahren ist. So endet das Markus-Evangelium. Weil für die Osterbotschaft Wörter nicht das Erste sind. Was aber dann?

— Den Glaubensweg von vorne gehen —

Eigentlich sehr einfach: Dass es das Evangelium und an seinem Ende unsere Geschichte dennoch gibt, verrät, dass das Rechtbekommen Jesu durch Gott trotz des Schweigens der ersten Osterzeuginnen öffentlich geworden ist: Wenn aber nicht durch Worte, weil die Frauen schwiegen, dann eben dadurch, dass sie – ganz wie der Engel es ihnen aufgetragen hatte – mit dem Weg des Glaubens ganz von vorn anfingen und so durch ihr Tun und Leben Zeugnis gaben von dem, was unzerstörbar ist und trägt. Man kann dafür sagen: Sie sind Zeuginnen dafür geworden, dass Jesus lebt. Aber – wie gesagt: die Worte sind zweitrangig. Die Osterbotschaft gibt es schon vor ihnen. Den Jesus-Weg gehen macht Ostern aus. In seinem Gehen geschieht es, dass wir aus dem Todesdunkel geholt werden. Und klar natürlich, dass dieser Schluss ohne Worte auf die Leserinnen und Leser, auf die Hörerinnen und Hörer – also auch auf uns – zielt und soviel bedeutet wie: Geht doch mit! Dann werdet ihr ihn sehen.

Feuer und Wasser – Unser Ursprung

— Vom ersten Tag der Woche —

Der erste Wochentag nach dem Karfreitag ist schuld, dass wir heute versammelt sind. Er ist schuld, dass wir einen Sonntag halten. Er ist schuld, dass wir uns Christinnen und Christen nennen. Er ist schuld, dass es Kirchen gibt. Er ist schuld, dass auch heute noch Menschen ihr Leben ganz unter das Wort Jesu von Nazaret stellen; dass sie leben, wie er gelebt hat, dass sie das Gottvertrauen riskieren, in dem er Stand gefasst hatte, dass sie die Liebenswürdigkeit und Güte aufbringen, die er ausstrahlte.

— Uralte Weisheit —

Was ist es um diesen Morgen, den wir Ostern nennen? Eigentlich ganz einfach: Ostern ist die gottgeschenkte Wiederentdeckung einer uralten Weisheit, die schon am Schöpfungsmorgen galt: der Wahrheit, dass Gott der unbedingt Verlässliche, der Treue ist. Unbedingt meint: Niemanden gibt es und nichts, – Leid nicht, Versagen nicht, Schmerz nicht, und nicht einmal den Tod –, nichts gibt es, was die Zuneigung zerstören könnte, die er uns schenkt. Ostern heißt: Ich darf – wie Jesus – sogar dann noch, wenn ich einmal sterbe, absolut gewiss sein, dass Gott mich gerade in der Stunde, da ich an meine letzte Grenze komme, da ich nichts mehr machen kann, – dass er mich da – und gerade da – festhalten wird. Diese Gewissheit lässt uns gelassen sein in allem, was unsere Lebtage uns bringen mögen: Wir verlieren Menschen und Dinge, die uns am Herzen liegen; wir erleiden Rückschläge auf dem Weg, den wir uns vorgenommen haben; wir kommen mit uns nicht so zurecht, wie eigentlich geplant; ja: wir bleiben hinter all dem zurück, was wir uns selber zugedacht, was wir uns erträumt haben. Und doch ist alles, was wir tun und leiden, nicht umsonst. Gott weiß es zu schätzen. Weil er für uns ist und zu uns steht.

Immer. Und am allermeisten dort, wo wir selber nicht mehr weiterkönnen – und das anerkennen.

— Loslassen dürfen – und doch nicht fallen —

Ostern heißt: Ich kann mich buchstäblich loslassen – und doch falle ich nicht. Das gibt mir aufrechten Gang auch dort noch, wo ich mir erbärmlich vorkomme – und erbärmlich bin. In Gott gibt es ein Aufstehen sogar dort noch, wo Schuld mein Leben niederdrückt, denn: Wenn ich vertraue, dass menschliches Leben und Sterben von Gottes Hand umfangen sind, dann darf ich mich – im reuigen und hoffenden Wissen um ebendies – auch dort noch Gott angetraut wissen, wo ich für Leben und Sterben verantwortlich zeichne, das eigene sowieso und möglicherweise auch das anderer. So stellt er mich frei von allem, was über mein Vermögen geht. Deshalb beginnt des Glaubenden Auferweckung – ganz wie Paulus das sagt – zu Lebzeiten schon. Und darum singen wir heute: Halleluja – gepriesen sei Gott.

— Zwei Sinnbilder —

Ebendies drücken auch die zwei großen Sinnbilder dieses Tages aus: einmal das Licht der Osterkerze. Früher hat man das Feuer, mit dem man dieses Licht entzündet hat, aus Stein geschlagen. So ist deutlich geworden: Gerade aus dem, was kalt und hart und tot scheint, geht eine lebendige Macht hervor – eine Kraft, die reinigt und Untaugliches ausbrennt und umschmilzt und hell und warm macht. Und zweitens das Wasser: So wie Lebendiges hervorgeht, wenn Wasser auf dürren Erdboden fällt, genau so entfaltet sich unser Leben, wenn Gottes Kraft in uns eindringt durch unser Vertrauen in ihn. Wenn die Gemeinde am Ostertag das Taufbekenntnis erneuert und mit dem Osterwasser besprengt wird, darf sie daran denken: Gottes Kraft, das Leben selbst durchdringt uns. Das macht uns stark zu leben, also: Ich und wir zu sein, auch hier, wo ich jetzt sein muss und wir sein müssen. Wenn ich der Botschaft vom Auferstandenen traue, kann ich selbst aufrecht gehen auch dort, wo ich schuldig geworden bin. Denn Gott steht zu mir unbedingt und schenkt mir darum ein neues Beginnen inmitten des Weglosen, in das ich mich – menschlich gesehen – verrannt habe. Gerade so, wie Gott auch noch das Sterben Jesu zum Sinnbild und Siegel eines neuen Anfangs mit ihm – und mit uns selbst – gemacht hat. Darum ist Ostern unser aller Geburtstag als Christinnen und Christen. Und der Grund, dass wir heute froh sind.

Im Entzug erscheinen

— *Schauer des Geheimnisses* —

Wer Theologie studiert, dem begegnet irgendwann auch Rudolf Otto. Er war Ende des 19. und bis zur Mitte des 20. Jahrhunderts einer der ganz Großen seines Faches, der Religionswissenschaft. Das hatte nicht zuletzt damit zu tun, dass er das, was sich in religiösem Tun der Menschen ausdrückt, nicht einfach verallgemeinernd verglich, sondern mit tiefem Ernst sich hinter dem Sichtbaren religiöser Praktiken eines Unsichtbaren gewiss war.

Otto machte auch kein Hehl daraus, dass er für seine Arbeit nicht nur von stupender Quellenkenntnis zehrte, sondern genauso aus eigenen Erfahrungen mystischen Erlebens. Beim Besuch einer unscheinbaren Synagoge in Marokko ist ihm so einmal das Geheimnis des Heiligen widerfahren. Er selbst hielt das Geschehen in folgenden Worten fest:

Plötzlich löste sich die Stimmenverwirrung und – ein feierlicher Schreck fährt durch die Glieder – einheitlich, klar und unmißverständlich [sic!] hebt es an: Qadosch Qadosch Qadosch Elohim Adonai Zebaoth Maleʻu haschamajim wa-haʻarez kebodo (Heilig Heilig Heilig ist Gott, der Herr der Heerscharen! Himmel und Erde sind seiner Herrlichkeit voll). Ich habe das Sanctus Sanctus Sanctus von den Kardinälen in St. Peter und das Swiat Swiat Swiat in der Kathedrale des Kreml und das Hagios Hagios Hagios vom Patriarchen in Jerusalem gehört. In welcher Sprache immer sie erklingen, diese erhabensten Worte, die je von Menschenlippen gekommen sind, immer greifen sie in die tiefsten Gründe der Seele, aufregend und rührend mit mächtigem Schauer das Geheimnis des Überweltlichen, das dort unten schläft.[19]

— *Gegenwart im Sich-Entziehen* —

Das Heilige überkommt den Menschen als Fascinosum und Tremendum, war Otto überzeugt, voll bezwingender Evidenz – und doch zugleich nur andeutbar, im menschlichen Reden benennbar – und doch bleibend in Schweigen gehüllt. Da wird die eine Kennzeichnung sozusagen durch die andere gleich wieder durchgestrichen. Der Mensch ist dem Heiligen nicht gewachsen, darum muss er ihm so doppelspurig begegnen. In der Weise des Sich-Entziehens ist es gegenwärtig; in der Weise der Namenlosigkeit ist es das Angerufene; in der Weise der Unerfüllbarkeit das Fordernde.

— *Von der Strahlkraft der Ostergeschichten* —

Mich wundert schon lange, wie selten christliche Theologinnen und Theologen sowie Predigende darauf hinweisen, dass sich die besten Beispiele für Ottos Gedanken vom Heiligen nirgend anders als in Ostergeschichten finden – und umgekehrt wie diese manchmal so sperrigen Geschichten von Ottos Einsicht her geradezu so etwas wie eine natürlich-poetische Strahlkraft entfalten.

Nehmen wir etwa die Geschichte von Jesus und Maria aus Magdala mit der später von Bernini so berühmt ins Bild gebrachten Szene des „Noli me tangere", des „Halt mich nicht fest", weil sich eben für uns Menschenkinder der Heilige nur im Sich-Entziehen zeigt, uns nur seine Fußspuren gleichsam sehen lassen kann, weil unsere Augen sein reines Feuer nicht übertrügen.

Oder – anderes Beispiel – die erste Begegnung des Auferstandenen mit den verängstigten Jüngern einschließlich der Thomas-Episode, dann später die Erscheinung am See (Joh 21,1–14) und eng verbunden mit den Ostergeschichten die Szene auf dem Berg der Verklärung (Mk 9,2–10 parr.), bei der es sich ja um eine vorweggenommene Ostergeschichte handelt, sowie die dreifache Erzählung von der Bekehrung des Saul in der Apostelgeschichte 9,1–22; 22,5–16 und 26,12–18.

Und natürlich nicht zuletzt, sondern zuerst das heutige Emmaus-Evangelium. Die beiden Jünger, die sich voll Trauer und Enttäuschung auf den Heimweg machen, weg von Jerusalem. Und dann der Fremde, der sie in die Schrift, also in Gottes Geschichte mit seinem Volk hineinverstrickt – und dann im Augenblick, da er das unverwechselbarste Kennzeichen seines gelebten Lebens vollzieht, für die Augen ihres Leibes nicht mehr zu sehen ist, dafür aber mit unumstößlicher Eindrücklichkeit den Augen ihres Herzens sich zu erkennen gibt.

— Notwendige Spannungen und Brüche —

Nimmt man das alles zusammen, dann wird einem klar: Das Verschwinden im Erkanntwerden, das Sich-Entziehen im Augenblick, da eine oder einer nach dem Auferstandenen zu greifen sucht, begegnet gar nicht als Rätsel und Problem, sondern als notwendig und normal: Weil das Heilige gar nicht anders erscheinen kann als im Entzug. Was oberflächlich als Widerspruch zwischen den verschiedenen Ostergeschichten erscheint, kommt aus der Logik der Vorläufigkeit, der jede Erscheinung des Heiligen untersteht. Denn jede muss sich sozusagen selber überholen, weil das Erscheinende unendlich weit über das hinausgeht, was wir in einem solchen menschlichen Augenblick geistlichen Schauens zu fassen vermögen. Darum kann der Auferstandene in Joh 20 trotz verschlossener Tür zu den Jüngern kommen, in Lk 24 dafür ganz anders sich als mit Fleisch und Knochen ausgestattet bezeichnen und die Jünger zur Demonstration seiner Realität um etwas zu essen bitten. Es geht also beim Erschließen der Ostergeschichten gar nicht darum, die Differenzen, Spannungen und Brüche dieser Erzählungen zu glätten oder zu eliminieren. Stattdessen gehören gerade sie – diese Spannungen und Brüche – zur Botschaft selbst.

— Aufgesprengt werden für Größeres —

Diese innere Dynamik der Ostergeschichten, dieses ihnen so tief eingeschriebene Über-sich-hinaus-Drängen, weil jede Weise der Mitteilung, die uns erreicht, viel zu klein ist für das – nein: für den, der sich da mitteilt –, diese Dynamik, die ist ja darauf angelegt, uns zu treffen und verwandeln. Sie will nichts Geringeres, als unser Denken, unser Fühlen und Sprechen aufzusprengen auf das je Größere hin, von dem erzählt wird. Hans Blumenberg, einst viele Jahre in Münster Philosoph, hat das einmal so treffend auf den Punkt gebracht, als er sinngemäß schrieb: Diese Dynamik der Sprache, in unserem Fall also der Ostergeschichten, zieht die Anschauung in einen Prozess hinein, in dem sie zunächst zu folgen vermag, um aber an einem bestimmten Punkt aufgeben – und das wird verstanden als ‚sich aufgeben' – zu müssen.[20]

Wer sich auf die Sprengbilder der Ostergeschichten und ihr drängendes „Mehr" des „Deus semper maior" einlässt, sich mitnehmen lässt, dem wird sozusagen am eigenen Leib und an der eigenen Seele das Übersteigen des Irdischen erlebbar. Im Hinhören auf die Geschichten und im Wahrnehmen des ihnen eigenen Bannes vergegenwärtigt sich für uns als Wirklichkeit jene heimliche Mitte, um die sie alle kreisen.

Wenn so Wort zu Wirklichkeit wird – wie es übrigens auch in jeder Liebeserklärung geschieht –, dann haben gerade die Ostergeschichten von Wesen etwas Sakramentales an sich, ein Wirklichwerden dessen, wovon sie erzählen. Kein Wunder, dass die meisten Geschichten von der Begegnung mit dem Auferstandenen immer mit einem Mahlhalten, mit Brotbrechen zu tun haben: Es ist das Ostermahl der neuen Schöpfung, die schon angefangen hat, aber eben, weil sie wirklich Gottes Werk, das Werk des dreimal Heiligen ist, sich nur im Entzug ahnbar macht.

— *„Hinmahlzeiten" (Peter Handke)* —

Ein wunderbares Zeugnis solcher österlicher Eucharistieerfahrung stand vor einiger Zeit in dem Wochenblatt „Christ in der Gegenwart" zu lesen. Die Redaktion hatte mit Blick auf einen ökumenischen Kirchentag die Leserschaft eingeladen, in ein paar Zeilen niederzuschreiben, was ihnen denn die Eucharistie bedeute. Nicht nur, dass dieser Aufruf überwältigende Resonanz fand mit Briefen von Neun- bis Neunzigjährigen. Zu den ersten Einsendungen gehörte auch ein Brief eines der großen Schriftsteller unserer Tage: Peter Handke. Unerachtet harscher Kirchenkritik am Ende beschreibt er das Österlich-Epiphanische der Eucharistie so poetisch treffend, wie es wohl nur seinesgleichen gegeben ist:

Als ich, lange nach meiner 1. Kommunion, endlich von mir selber geschubst (oder von etwas, das mehr war als ich selber), kommunizieren ging, nach einer etwa dreißigjährigen Epoche ohne Hostie, war das eher eine Art Morgenmahl für mich – etwas wie ein Gewecktwerden, für einen anderen Tag, für eine andere Zeit. Zugleich gab es dabei die alte Scheu vor der Eucharistie – als ob ich diese nicht verdiente [...] es war eine Art erhabener [...] oder erheiterter, spielerischer Scheu. Und zu dem erhaben-heiteren Spiel gehörte eben auch, dass ich mit anderen zu jenem „Mahl der Anderen Zeit" ging, daß ich in Gemeinschaft war; daß so Gemeinschaft erst, wie flüchtig auch immer, geschaffen wurde, so flüchtig wie beständig; eine der wenigen Gemeinschaften, die mir möglich wurden. Aber immerhin. Meine Dankbarkeit bleibt, und täglich vermisse ich das „mich zu DIR hinmahlzeiten [...]".[21]

Das ist der Punkt: Jede unserer Eucharistien ist ein Hinmahlzeiten zum lebendigen Gott und darin ein kleines, aber wirkliches Ostern. Das sagt uns Lukas mit der Emmausgeschichte. Und was damals die beiden Jünger erstmals erlebten, steht uns Sonntag für Sonntag offen.

Ostergeschenk

— Wo bist Du jetzt? —

Der Rabbi Schnëur Salman war gefangen gesetzt worden wegen einer Verleumdung. Ein paar Tage vor dem Verhör kam der Oberste der Wachmannschaft zu ihm auf die Zelle. Er merkte gleich: Der Rabbi ist jemand, der einem bis in die Seele schaut. Nach einer kleinen Weile kamen beide ins Gespräch. Der Oberste brachte bald Fragen vor, die ihm beim Lesen der Heiligen Schrift gekommen waren. Zuletzt fragte er: Rabbi, Gott ist doch allwissend. Wie ist es dann zu verstehen, dass er Adam im Paradies fragt: Adam, wo bist du? – Glaubst du daran, entgegnete der Rabbi, dass die Schrift ewig ist und jede Zeit, jedes Geschlecht und jeder Mensch von ihr umfasst sind? – Ich glaube daran, sagte der Oberst. – Nun wohl, sagte der Rabbi, in jeder Zeit ruft Gott jeden Menschen an und fragt ihn: Wo bist du in deiner Welt? So viele Jahre und Tage der dir zugemessenen Zeit sind vergangen, wie weit bist du derweil in deiner Welt gekommen? So etwa spricht Gott: Sechsundvierzig Jahre hast du gelebt, wo hältst du – wo bist du jetzt? – Der Oberst war 46; als er den Rabbi sein Alter nennen hörte, raffte er sich zusammen, legt dem Frommen die Hand auf die Schulter und rief: Bravo! Aber sein Herz flatterte.[22]

— Herzflattern —

Und was sagt Gott uns, mir, Dir und Dir und Dir? 77 Jahre hast Du gelebt, 51, 32 oder 19 – und wo hältst du? Wo befindest du dich jetzt? Was ist aus dir geworden? Was hast du aus dem Leben gemacht? Wenn Sie sich jetzt auch so gefragt fühlten, jetzt oder hernach, und wenn Ihnen auch das Herz zu flattern anfinge, jetzt oder hernach, dann wären Sie in guter Gesellschaft – nicht nur in der des Oberst aus der Geschichte, sondern laut Evangelium auch in der Gesellschaft der Jünger Jesu nach dem

Karfreitag. Sie sagen sich vielleicht: Das habe ich versäumt und das war nur halbherzig und das total falsch im Leben. Was habe ich alles verspielt und verloren an Leben, das ich hätte leben können!

Kein Deut anders die Jünger damals: Warum nur haben wir uns auf das Abenteuer mit diesem Jesus eingelassen? Nicht nur, dass wir unser bisheriges Leben als Handwerker, Fischer und Familienväter drangegeben haben – für nichts. Ihnen flattert das Herz dermaßen, dass sie die Tür verrammeln und sich selber einsperren aus Angst vor der Welt und dem Leben.

— *Wenn Gott Gott ist* —

Aber mitten in diese Aussichtslosigkeit hinein kommt der Auferstandene zu ihnen, erzählt das Evangelium, – durch verschlossene Türen. Es spricht dabei natürlich in Bildern und will sagen: Du kannst so entmutigt, so eingesperrt, so schuldig, so ohnmächtig sein, wie du willst (und die Jünger waren das alles zusammen auch) – wenn Gott Gott ist, ist das für ihn kein Hindernis. Das hat Jesus durch sein Leben und Sterben sichtbar gemacht. Darum ist er es, der auch das noch von Gott weitersagen darf: Das ist der Kern aller Ostergeschichten. Jesus hatte an sich selbst erfahren: Man kann von der Welt und den Menschen, den besten Freunden sogar, verlassen sein und sich selbst von Gott verlassen fühlen. Verloren bist du trotzdem nicht. Im Gegenteil: Wenn du menschlich am Boden bist, wirst du – solange du dich an Gott klammerst – merken: Auch noch dieser Boden da unten trägt mich. Und das ist so, weil dort, gerade dort Gott mit mir ist – auch dann, wenn ich ihn oben vergeblich suche und mir der Himmel wie leer erscheint.

Darum heißt das erste Wort des Auferstandenen an seine Jünger: Der Friede sei mit euch. In Worte von heute übersetzt: Habt keine Angst! Dann sagt er das noch einmal und trägt ihnen auf, genau das weiterzusagen, was er ihnen vorgelebt und soeben gesagt hat. Und dann folgt noch etwas ganz Eigenartiges: Jesus trägt den Jüngern auf, Sünden zu vergeben. Was ist Sünde? Fluchen, Morden, Stehlen, Lügen, Ehebrechen ist nur die Außenseite. Von innen gesehen besteht Sünde darin, dass jemand sagt: Gott ist mir egal. Dann aber ist so jemand allein auf sich geworfen. Und weil das Angst macht, wird er aus lauter Angst genau all jenes tun: Fluchen, Stehlen, Lügen, Ehebrechen und Töten vielleicht sogar. Nicht mehr sündigen kann nur, wer zu glauben wagt, dass er nie und nimmer von Gott verlassen ist. Aber welcher Mensch hätte noch nie gesündigt? Darum ist das Erste, was der Auferstandene den Jüngern aufträgt, die Vergebung, als die Zusage: Gott rechnet nicht auf und rechnet nicht ab. Darum ist es nie zu spät, zu Gott zurückzukehren, sich mit Gott zu versöhnen. Das ist Jesu Ostergeschenk. Und alle, die von Jesus reden und in seinem Namen handeln, also die Kirchen, genauer die Seelsorgerinnen und Seelsorger, haben allem anderen voran ebendies zu tun – Menschen einzuladen, besser: wie der Apostel Paulus es getan hat, sie zu bitten an Christi statt: Lasst euch mit Gott versöhnen!

Die, die in der Seelsorge arbeiten, wissen fast nie, ob das, was sie sagen und tun, an sein Ziel kommt. Das meiste scheint zwecklos. Wenn ich trotzdem glaube, dass es nicht sinnlos ist, dann deswegen, weil ich darauf vertraue: Christus geht sogar durch die dicksten Türen in das verschlossenste Gefängnis, das es geben kann: die Menschenseele.

— Zweifler-Geschichte —

Kein Zufall scheint mir, dass unser Evangelium die Bildrede vom Jesus, der durch verschlossene Türen geht, engstens mit der berühmten Thomas-Episode verbindet, der großen Zweiflergeschichte. Thomas erlebt das erste Kommen des Auferstandenen zu seinen Jüngern nicht mit. Deren Nachricht davon bezweifelt er. Und er stellt Maßstäbe für Ostern auf: Wenn ich nicht die Wundmale an seinen Händen sehe, wenn ich nicht die Wunden betasten und meine Hand in seine Seite legen kann, glaube ich nicht.

Als der Auferstandene sich wieder zu erkennen gibt, ist Thomas dabei. Er wird aufgefordert, seine Beweisforderung nun einzulösen. Aber Thomas tut nicht, was er selbst verlangt hatte. Stattdessen bekennt er: Mein Herr und mein Gott! Und dann spricht Jesus einen der kritischsten Sätze des ganzen Evangeliums: Weil du mich gesehen hast, glaubst du. Selig sind, die nicht sehen und doch glauben.

Was Jesus damit sagt, heißt klipp und klar: Thomas, du hättest an meine Auferweckung auch ohne meine Erscheinung glauben können. Und das wäre auch der angemessenere Weg gewesen, der, der diejenigen, die ihn gehen, selig werden lässt. Dieses Wort des Herrn an den Thomas bringt uns vor eine aufregende Frage, die Frage nämlich: Wenn die

Erscheinung des Auferstandenen dafür gar nicht nötig, im Grunde gar nicht angemessen ist, was hätte denn dann für Thomas bereits gereicht, um an Ostern zu glauben? Diese Frage ist deswegen so aufregend, weil sie unserer eigenen Situation genau entspricht. Denn auch unser Osterglaube kann sich auf keine Erscheinungen stützen. Was also hätte nach dem Zeugnis des Evangeliums den Osterglauben des Thomas begründen können?

Eigentlich sehr einfach: Das, was Thomas von Jesus wusste und mit ihm erlebt hatte. Im Klartext: Wer lebt, wie Jesus lebte; wer tut und sagt, was er tat und sagte; wer schließlich stirbt, wie er starb – von dem darf man überzeugt sein, dass er mit allem, was zu seinem Leben gehörte, nicht verloren geht, sondern auf immer in Gottes Hand gerettet sein und bleiben wird. Sein Leben und Sterben ist das eigentlich glaubwürdige Zeichen der Auferstehung.

— *Greifbare Außenseite* —

Trotzdem ist Ostern nicht einfach ein inneres, geistiges Geschehen. Es hat vielmehr eine gleichsam greifbare Außenseite, von der unser Evangelium erzählt – und genau da schließt sich der Kreis mit dem Wort von der Sündenvergebung, der Versöhnung. Was er durch sein Tun und Leiden, durch Leben und Sterben gewirkt hat – die Versöhnung mit Gott, wird den Jüngern übertragen. Indem sie Menschen mit Gott wieder versöhnen, tun sie, was er tat. So erleben sie, dass nicht unmöglich und nicht vergeblich ist, wofür er mit Leib und Leben stand. Ist etwas nicht vergeblich, bleibt es gültig und bestehen. Wenn Menschen auf die Jesusgeschichten der Jünger, der Christen hin sich Gott wieder zuwenden, wirkt der Gekreuzigte weiter das, was er als Lebender tat. Und das heißt: Er lebt. Das Sündenvergeben macht Ostern wahr. Wo Menschen einander Böses nicht aufrechnen, sondern einen neuen Anfang gewähren, da fängt Ostern an, da geben sie Zeugnis für den gekreuzigten Auferstandenen, ob sie es wissen oder nicht. Ostern ist eben keine Idee, sondern eine Wirklichkeit, die man erfährt. Die ist den Jüngern anvertraut – also heute uns. Die Erfahrung machen und weitergeben werden wir, wenn wir uns an das halten, was der Auferstandene dem kritischen Thomas rät.

Ostern handfest

— Hunger —

Clodovis Boff, der Pfarrer einer brasilianischen Vorstadtgemeinde, erzählt, wie eines Tages eine Frau in seine Kirche kam, die er vorher noch nie gesehen hatte. Stumm saß sie während der ganzen Messe in der Bank, ging zur Kommunion, verschwand wieder. Am nächsten Tag das Gleiche. Und auch am dritten Tag. Da ging Boff am Ende der Messe auf sie zu und fragte, ob sie neu hergezogen sei in seine Gemeinde. Die Frau schüttelte den Kopf. Nein, Padre, sagte sie. Ich gehöre nicht hierher, ich weiß auch nicht viel von Gott, von der Bibel und von Jesus. Aber seit fast einer Woche hatte ich nur Wasser zu trinken und nichts zu essen. Ich halte es bald nicht mehr aus. Zufällig habe ich gesehen, wie Sie in der Kirche die Kommunion ausgeteilt haben. Da bin ich auch nach vorn gegangen, um zu essen. Sonst wäre ich verhungert.

— Würdige Kommunion —

Die Frau hat die Heilige Kommunion empfangen wie ein gewöhnliches Stück Brot. Und trotzdem – ich bin überzeugt, diese Frau hat würdiger kommuniziert als viele Katholikinnen und Katholiken bei uns und anderswo, die an den Tisch des Herrn treten mit der Überzeugung, sie seien anständig genug gewesen im werktäglichen Leben, um das tun zu dürfen. Diese Frau hat würdig kommuniziert. Sie hat gedacht: Das Brot vom Altar ist heiliges Zeichen dafür, dass Gott ganz für uns da ist, damit wir leben. Wird er da nicht am allermeisten da sein für mich gerade dann, wenn es um mein schieres Überleben geht? So ist sie zur Kommunion gegangen aus Hoffnung und Vertrauen, dadurch am Leben zu bleiben – buchstäblich. Wir gehen zur Kommunion genau aus dem gleichen Grund – aber ob wir je im Leben schon einmal so bis ins Mark hinein gespürt haben, warum wir das tun? Es gibt Augenblicke, da will unser Glaube handfest werden – und wird es auf eine Weise, die geradezu vor den Kopf stoßen mag.

— *Frieden mit Hand und Fuß* —

Wer das weiß, dem wird es nicht mehr schwer fallen, auch das heutige Evangelium recht zu verstehen – eine Geschichte, die auch Handfestes erzählt, so handfest, dass sie Anstoß zu erregen pflegt. Es ist die letzte Ostergeschichte des Lukas-Evangeliums: Mitten in ihrem Zusammensein geht den Jüngern noch einmal auf, dass Jesus mit dem, was er gelebt hat und gewesen ist, in seinem Tod nicht unterging, sondern gerade durch sein in Gottvertrauen ergebenes Sterben ganz und endgültig bezeugt hat, dass der, von dem er sich seinen Lebtag lang getragen wusste – Gott –, dass der ihn in der Stunde seines Endes erst recht nicht fallen ließ. Darum erzählt das Evangelium, dass den Jüngern in dem Augenblick, da ihnen dies aufgeht, Jesus seinen Frieden zuspricht, das heißt: dass er sie versichert, vor nichts und niemandem mehr Angst haben zu müssen.

Die Jünger aber haben dem irgendwie nicht trauen wollen. Zu unwirklich, ja zu gespenstisch wollte ihnen scheinen, dass der Mensch ja sagen kann zu seinen Grenzen und zu seinem Ende sogar, weil auch das noch in Gottes Hand liegt, also sie nicht vernichten wird. Aber der österliche Herr, von dem sie aufgrund seines Lebens und Sterbens wissen, dass er bei Gott – also lebendig – ist, er verwehrt ihnen regelrecht, das österliche Leben, die Auferstehung für etwas Jenseitiges, etwas nur Geistiges zu halten, was nur im Kopf, in Gedanken geschieht: Seht meine Hände und Füße. Ich bin es selbst. Fasst mich doch an, und begreift: Kein Geist hat Fleisch und Knochen, wie ihr es bei mir seht.

Das meint: Der Friede, also die Ruhe des Herzens, als die sich der Auferstandene offenbart – darum sagt er ja: Der Friede sei mit euch, als er erscheint –, dieses Beruhigtwerden der Seele hat Hand und Fuß; es ist so unmittelbar wirksam und spürbar, wie Fleisch und Blut wirklich und spürbar sind für uns. Wo Menschen diesem Jesus und dem, wofür er steht, trauen, verlieren sie alle Angst um sich selbst und voreinander, weil sie Gott wieder ganz trauen. Indem sie sich mit Jesus verbünden, ja eine Lebensgemeinschaft bilden, werden sie selbst in das Osterleben hineingezogen – auch wieder handfest und spürbar dadurch, wie sie aus dieser

Jesusgemeinschaft heraus miteinander umgehen können. Ebendarum erzählt das Evangelium auch die Verbundenheit mit Jesus so handfest wie
irgend möglich in dem Sinnbild, das für jeden Juden, jede Jüdin damals
und bis heute Gemeinschaft schlechthin zum Ausdruck bringt, nämlich:
miteinander zu essen. Darum hören wir, wie der Auferstandene um etwas
zu essen fragt, und die Jünger geben ihm ein Stück gebratenen Fisch.
Jesusgemeinschaft in Fleisch und Blut – das heißt im Werktag leben, wie
er gelebt hat – das macht Ostern wirklich und wirksam.

— *Was Gott für uns bereit hält* —

Das alles ist kein Mirakel und kein Spektakel, sondern: Die ganze Bibel
redet einzig davon, dass Gott für uns ein Leben bereithält, das stärker ist
als alles Tote, was es gibt: Trauer, Schuld, das Böse, Leid und auch das
Sterben noch, sagt Jesus am Ende unseres Evangeliums. Dieses Leben ist
jedem versprochen, der Gott traut. Der, der ihm als erster ganz vertraut
hat, Jesus, er in Person öffnet die heiligen Worte, dass wir sie verstehen:
verstehen als die aufregende Geschichte vom Vertrauen in den Gott, der
zum Lebendigsein weckt. Verstehen aber tut nicht der, der etwas Erzähl-
tes nachbetet, sondern der, der es sich zu eigen macht, also das Erzählte
selber tut – der Gott traut. Ihr seid meine Zeugen, sagt der Herr – auch
uns. Auferweckt leben bezeugt, dass Ostern wahr ist. Das wäre unser
Auftrag.

Was der Gute Hirte alles weiß

— Christus darstellen —

Wo immer Menschen etwas darzustellen suchen, was ihnen wichtig ist, suchen sie Bilder zu schaffen. Bilder, die Eindruck machen, die Größe und Würde ausstrahlen, Ehrfurcht und nicht selten auch Furcht wecken sollen. Bei den Christinnen und Christen war das ganz am Anfang auf seltsame Weise anders. Sie stellten Jesus nicht dar als Herrscher, Lehrer oder Richter, sondern als Hirten – meist als Hirten, der ein Schaf auf den Schultern trägt, eines wohl, das sich verlaufen hat, das nun erschöpft ist und das er, der Hirte, darum sich auflädt und heimträgt.

— Getauftes Bild —

Anlass, ihren Herrn so darzustellen, als guten Hirten, gab den frühen Christinnen und Christen das Evangelium unmittelbar selber, wie wir vorhin gehört haben. Aber von dort hätten sie auch andere Bilder schöpfen können, zum Beispiel den auf den Wolken des Himmels thronenden Richter, wie das später ja auch geschah. Aber das erste Bild war das vom guten Hirten. Das war ihnen, wie es scheint, das Erste und Wichtigste, was sie über Jesus kundtun wollten. Doch etwas anderes kommt noch hinzu: Bilder vom guten Hirten gab es schon längst, bevor Christen mit ihnen Jesus darstellten. Vorher galten sie einem anderen: Dem griechischen Gott Hermes. Hermes war so etwas wie ein Götterbote. Er hatte die Aufgabe, Nachrichten vom Himmel zur Erde zu bringen und den Menschen zu übersetzen, was die Götter ihnen mitteilen wollten. Ganz am Anfang errichtete man ihm kleine Denkmäler, die immer dort standen, wo sich Wege gabelten oder einen ungewohnten Verlauf nahmen, damit die, die unterwegs waren, sich nicht verirrten. Wegweiser also war Hermes, Wegweiser aber nicht nur vom Ort A zum Ort B, sondern Wegweiser in einem tieferen Sinn: dorthin, wohin man unbedingt kommen musste mit dem Leben, Einweiser ins Geheimnis.

— *Gottes Übersetzer* —

Wenn Christinnen und Christen auf das Hermesbild des guten Hirten zurückgriffen, um zu sagen, was ihnen Christus bedeutete, dann wollten sie damit sagen: Für uns ist Jesus Christus das, war ihr von Hermes glaubt: Er richtet uns aus, was Gott uns zu sagen hat. Er übersetzt Gottes Willen in eine Sprache, die wir verstehen. Das meint das Evangelium, wenn es Jesus die Worte in den Mund legt: Ich bin der gute Hirt; ich kenne die Meinen, und die Meinen kennen mich, wie mich der Vater kennt und ich den Vater kenne. Jesus ist damit vertraut, wie es ist, ein Mensch zu sein: Er kennt die Fragen, die Sorgen, die Versuchungen, auch die Freude, die Trauer, die Angst. Selbst das Geheimnis des Bösen ist ihm nicht fremd, gerade ihm nicht, weil er sein Leben lang nichts anderes tat, als es zu entlarven und zu besiegen. Er kennt den Menschen bis zum Grund.

Aber genauso sehr ist er mit Gott vertraut. Mit Gott vertraut sein bedeutet nicht, über ein Geheimwissen zu verfügen, das andere nicht haben, sondern: sich jeden Augenblick des Lebens Gott nahe wissen und so handeln, wie es solcher Nähe entspricht. Das war es ja, was Jesus seine durch nichts in Frage gestellte Sicherheit gab, wenn er von Gott sprach oder wenn er handelte – selbst dann, wenn er mit seinem Reden und Tun im Widerspruch stand zu dem, was Menschen sonst von Gott sagten oder wie sie sich verhielten.

Wenn er den Vater kennt, wie der Vater ihn kennt, und er zugleich uns kennt, wie wir ihn kennen, dann verwebt sich in ihm gleichsam dieses doppelte Vertrautsein. Und das bedeutet: In ihm und durch ihn können wir Menschen Gott selbst auf menschliche Weise kennen. Wie er war, so ist Gott. Was er tat, wie er lebte, was er sagte, verrät, wer Gott ist und was er will. So ist uns Jesus Bote von Gott und sein Übersetzer für uns und damit der, der Sorge trägt, dass es gut ausgeht mit uns – guter Hirt eben.

— *Kennen und lieben* —

Wenn im Evangelium viermal vom „Kennen" die Rede ist – er uns, wir ihn, der Vater ihn, er den Vater –, dann klang für alle der biblischen Sprache, also des Hebräischen, Mächtigen, aber auch noch für die frühen griechisch sprechenden Christinnen und Christen etwas mit, was wir in unserer Sprache ausdrücklich dazusagen müssen: „Kennen" hatte etwas mit „lieben" zu tun – weshalb die Bibel ja auch die Begegnung von Mann und Frau mit „Sie erkannten sich" bezeichnet. Ich kann, heißt das, etwas oder gar jemanden niemals kennen, wenn ich ihm nicht ein Stück Sympathie, ein durch nichts getrübtes Ihm-gut-Sein entgegenbringe. Dann erst kann ich wissen, wer er wirklich ist, dann erst verstehe ich ihn. Das ist auch Voraussetzung dafür, dass ich den, der der gute Hirt ist, als guten Hirten erkenne.

Freilich: Bei der Liebe muss immer einer den Anfang machen. Jesus hat ihn schon längst gemacht, auf eine Weise, die keiner, der Augen im Kopf hat, übersehen kann: Der gute Hirt gibt sein Leben hin für die Schafe. Das ist sein Erkennungszeichen. Jesus hat sein Leben gegeben. Er hat sich nicht geschont, um das, war er uns von Gott auszurichten hatte, absolut unverfälscht weiterzusagen, in eigenes Fleisch und Blut zu übersetzen. Die Botschaft von Gott, die er so weitergibt, heißt: So viel bist du mir wert! Und weil Jesus so war, wie ich bin, kannst du dem Weg trauen, den er dir weist. Je mehr du ihn kennst, kennst du mich und wirst du erkennen, dass sein Weg der wahre ist.

Der Anfang mit dem Kennen, das aus Liebe besteht, ist schon gemacht und unwiderruflich. Bekennt ein Mensch: „Ich bin Christ; ich bin Christin", dann heißt das soviel wie sagen: Diesen Anfang lasse ich nie mehr los und ich mache weiter damit.

Fünfter Ostersonntag: 1 Joh 3,18–24

Was stärker ist als die Sünde

— *Zeitschrift aus Gebeten* —

Seit vielen Jahren gibt es in Frankreich eine Zeitschrift, die heißt „Prier" – Beten. Und sie besteht ausschließlich aus Gebeten. Gebeten, die Menschen verschiedenen Alters, Berufes und Standes einsenden. Manche sind ganz einfach, eine Art Kindergebete, andere fast Gedichte, wieder andere muten den Leserinnen und Lesern dunkel und rätselhaft an, Widerschein großer Not und verborgener Kämpfe, die der Beter, die Beterin durchstehen musste.

— *Bitten für den Obstbaum* —

Vor einiger Zeit stand dort ein Gebet, das viele, die ehrlich sich selbst anschauen, mindestens einmal im Leben und meist wohl öfter mitsprechen könnten:

Ich möchte bitten, wie der Winzer den Herrn des Weinbergs bat, für den Obstbaum, der nichts bringt und nur den guten Reben ringsum aus dem guten Boden Kraft wegsaugt.
Ich möchte bitten, wie der Obstbaum bäte, wie der Nichtsnutz, ich versteh' ihn. Dass auch einer für mich eintritt, mir noch etwas zutraut, mir noch eine Chance gibt.
Jahr für Jahr, ich weiß, hab' ich versagt, tausendmal abends hab' ich gelobt, morgen aus der Dürre, aus der Trägheit aufzustehen, voll des Geistes, der mir lieb ist, in mir wohnt, doch eingesperrt im Wirrwarr. Ich bitte, wie der Obstbaum bäte, ich möchte so gerne von Früchten schwer die Zweige fühlen, voller Saft und Leuchten, wie ich gemeint war. Ich bitte, gib mir noch einmal Zeit, noch einen Aufschub. Wie viele Male schon und immer wieder? Eben drum: ich geb' nicht auf.

— Und noch einmal und noch einmal —

So beten, bitten um einen neuen Anfang nach dem Versagen, und noch einmal, und noch einmal, – so bitten kann nur, wen die Hoffnung trotz seiner Fehler nicht verlassen hat. Hoffnung aber, die sich einer selber machte nach dem Motto „Wird schon gut gehen", die hält nicht, wenn sie die Last des eigenen schlechten Gewissens tragen soll. Hoffnung gerade in solchen Situationen muss sich auf einen Grund stützen können.

— Gott – größer als unser Herz —

Den Grund dafür, dass ein Mensch nicht einmal dann verzweifeln muss, wenn ihn sein eigenes Gewissen verurteilt, – den nannte uns vorhin in der Lesung der erste Johannesbrief: Gott ist größer als unser Herz, unser Gewissen. Daher kommt, dass das Urteil des Gewissens und damit das Böse, die Sünde, die von ihm verurteilt wurden, nicht das letzte Wort sind über uns, wenn wir uns verfehlt haben.

Aber, das ist das eigentliche Aufregende daran: Dieses Darüberhinaus über Gewissen und Schuld ist nicht etwas Geheimnisvolles in Gott oder etwas, was Gott tut. Sondern dieses Mehr ist etwas ganz und gar Menschliches und liegt allein in unserer eigenen Hand. Es ist – die Liebe. Liebe meint nicht ein erhebendes Gefühl, sondern ganz und gar nüchtern einen Dienst: jemandem, der mich braucht, weiterhelfen, ein gutes Wort für ihn übrighaben, einstehen für ihn, weil er in Not ist, manchmal mit dem, was mir gehört. Vielleicht einfach aushalten bei ihm, wenn nichts mehr hilft, und ihn nicht allein lassen. Gerade so, wie Rabbi Mosche Leib es gesagt hat: Menschen lieben heißt, ihr Bedürfen zu spüren und ihr Leid zu tragen.

Wenn Menschen so zueinander sind, also nicht bloß von der Liebe reden, sondern sie tun, dann – sagt der Johannesbrief – dürfen sie für sich selbst als Erkennungszeichen dafür nehmen, dass sie aus der Wahrheit sind, das heißt soviel wie: dass sie zu Gott gehören. Das darf ihnen sogar die Angst nehmen, die sie erfasst, wenn sie daran denken, dass sie gesündigt und Böses getan haben. Liebe, die ehrlich ist, wiegt vor Gott mehr als die Sünde – und er weiß alles, kennt die Hintergründe, warum wir so oder so gehandelt haben, kennt sie besser als wir selbst. Aber darauf kommt es auch gar nicht mehr an. Die getane Liebe zählt, zählt immer noch, sogar dann, wenn sie von Sünderinnen und Sündern kommt. Darum gibt sie, die Liebe, dem einen Grund, der selbst gegen den Spruch seines eigenen Gewissens für sich zu hoffen wagt.

— *Liebesdienst* —

Man muss sich klar genug vor Augen bringen, was das bedeutet: Ein Dienst der Liebe, und sei er auch unscheinbar, hat die Macht, die Trennmauer, die die Sünde zwischen Gott und Mensch aufrichtet, zu durchbrechen. Das Unfruchtbare an einem Leben, das es gegeben haben mag und nicht zu knapp gegeben haben mag, wird durch Liebe vorläufig, überholbar gemacht. Wer die Liebe tut, dem schenkt sie die Gewissheit, Gott nicht verloren zu haben und nicht verloren zu sein. Das ist so, weil Gott so ist, wie er ist: größer als unser Herz, größer als das, was wir uns unter Schuld und Urteil, unter Gericht und Gerechtigkeit vorzustellen vermögen.

— *Grund der Zuversicht* —

Das ist der Grund der Zuversicht, mit der Christinnen und Christen leben dürfen. Sie müssen sich nie aufgeben. Sie dürfen nur die Liebe nie vergessen. Und wieviel Anlass gibt es jeden Tag, sich ihrer zu erinnern! Überall. Darum kann der Johannesbrief am Ende das, was er sagen möchte, auf einen ganz einfachen Nenner bringen. Dafür, dass es gut ausgeht mit uns, ist eines wichtig: dass wir Christus glauben. Er hat uns das Gebot der Liebe ans Herz gelegt. Wer liebt, glaubt ihm und hält sein Gebot, auch wenn er es vielleicht nicht einmal ausdrücklich weiß. Wer sein Gebot hält, bleibt in Gott und Gott in ihm. Mehr braucht es nicht, dass wir es aushalten mit uns – auch in einer Stunde noch, da wir uns als Sünder, Sünderin wissen.

Sechster Ostersonntag: Joh 15,9–17 (und 1 Joh 4,7–10)

Christliche Gleichung

— *„To god"* —

In der Bibel gibt es Stellen, die sind sperrig und spröde bis an den Rand des Erträglichen – nicht nur im Alten Testament. Auch Gerichtsworte Jesu und Passagen aus der Offenbarung des Johannes gehören dazu. Und es gibt andere Stellen, die gehen einem beim Hören oder Lesen wie Butter hinein, so sehr verstehen sie sich von selbst und passen sie zu dem, von dem man so denkt, dass es das Christliche sei.

Das heutige Evangelium, genommen aus den sogenannten johanneischen Abschiedsreden Jesu, und die Lesung aus dem ersten Johannesbrief sind Paradefälle dafür. Wer um alles in der Welt – außer einem veritablen Christenhasser – würde denn bestreiten, dass es da buchstäblich um das Mark der Jesusbotschaft geht: Das Gebot der Freundesliebe als Richtschnur wahrer Jüngerschaft, als magna charta der jungen Gemeinde der Jesusleute, die sich vom innersten Lebensgeheimnis Jesu, seinem Gottesverhältnis herleitet. Und in diesem Verhältnis zwischen dem Prediger aus Galiläa zu dem, den er Abba, lieber Vater, nennt, blitzt im Gang seines Predigens, seines Tuns und seines Sterbens etwas von der intimsten Mitte dieses Gottes selber auf, etwas, das sich ganz und gar im Einklang mit der langen Glaubensgeschichte Israels seit Abraham befindet, aber nie zuvor jemand auszusprechen gewagt hatte: dass man nur im lieben Gott erkennt und dabei erkennend auf die Liebe selber stößt, weil Gott diese selbst ist. Amerikanische Theologen haben, um das irgendwie auszudrücken, Gott in ein Zeitwort gewandelt und von „to god" gesprochen, von „gotten", um diese Identität von Gott und Liebe zum Ausdruck zu bringen. Wer liebt, gottet, erkennt darin Gott und wird mit ihm eins. Jesus hat es vorgemacht im buchstäblichen Sinn. Und darum sind die, die sich ihm anvertrauen – sein Gebot für sich in Geltung setzen – hineingenommen in dieses Gottesgeschehen, weil er ihnen als seinen Freunden Teil gibt an dem, was zwischen ihm und Gott geschieht.

— Gott in Zeitwörter des Lebens übersetzen —

Doch so – teilgeben an dem, was zwischen ihm, Jesus, und Gott geschieht – hätte ich es schon gar nicht mehr sagen dürfen. Denn streng genommen ist da gar kein Zwischen mehr möglich, wenn Gott die Liebe ist, und der, der liebt, im Tun der Liebe – nein, nicht einfach nur mit und bei Gott ist, sondern Gott selber in das Zeitwort seines Lebens übersetzt. Die Theologen und Philosophen aller Zeiten hat diese innere Bewegung des Satzes „Gott ist die Liebe" wie magisch angezogen, übrigens die modernen, sogenannten kritischen Philosophen am allermeisten, einen Fichte, Schelling, Hegel, Hölderlin, Rosmini. Geradezu peinigend übrigens auch den ersten theoretischen Atheisten des abendländischen Denkens, Ludwig Feuerbach. Er wollte das Christentum nicht zerstören, sondern aus seinen unaufgeklärten Mythen herausdrehen und zu vollendeter Klarheit bringen, indem er in diesem Satz aus dem 1. Johannesbrief Subjekt und Prädikat vertauschte: Gott ist die Liebe, wolle in Wahrheit sagen: Die Liebe ist göttlich – das, was allein die Welt wohnlich und ein Leben lebenswert mache.

Das war gar nicht falsch gedacht, aber nur die halbe Miete, um es salopp zu sagen. Denn woher soll ein Mensch gegen seine innerste Vitalität, seinen instinktiven Drang zur Selbsterhaltung und Selbstsicherung das Wagnis zu Gesten der Liebe, also des Hergebens, des Für-andere-da-Seins, ja auch des Opfers, eingehen, wenn in ihm – wie unausgesprochen vielleicht immer – nicht ein Funken der Ahnung glühte, dass er sich selber einem Akt der Liebe verdankt. Dass zu ihm – im Bild gesprochen – gesagt worden ist: Sei Du Du! Du sollst sein. Ich will, dass Du bist, unwiderruflich und unverlierbar! Und darum kannst Du selbst selbstlos lieben! In jedem Akt selbstloser Liebe klingt davon etwas an. Darum vergegenwärtigt sich in ihm jene Herkunft des Liebenden, der er sein eigenes Dasein verdankt und zu der er oder sie im Tun der selbstlosen Liebe seinerseits „ja" sagt. Das meint das Zeitwort „to god", dieses rätselhafte „gotten". Merken Sie, wie sich in dem scheinbar so unzweideutigen Leitwort der johanneischen Botschaft, im Evangelium von der Liebe, ein Kern verbirgt, so spröde, dass darüber hinaus Spröderes nicht mehr gedacht werden kann? Und wenn das an der Liebe selber läge?

— *Bildwort zum Wiederkäuen* —

Den großen Denkern sind im Gang ihres Nachsinnens über Johannes'
Liebe-Gott meist die Begriffe zerbrochen. Zufall? Kaum. Auch Johannes nähert sich ihr am Anfang des Kapitels, aus dem unser Evangelium
stammt, mit dem Rätselwort vom Weinstock und den Reben, das nicht
dazu da steht, um aufgelöst und ausgeschöpft zu werden, sondern dazu,
die Lesenden und Hörenden aus dem gewohnten Tritt zu bringen und
in ein Nachsinnen, ja Wiederkäuen hineinzuziehen, bis ihnen das Bild
sozusagen in Fleisch und Blut übergegangen ist.

Manchmal stößt man auf Dinge, die – setzt man sich ihnen aus –
einem solchen Meditieren aufhelfen, es stützen können. Am 29. August
1952 geschah etwas, wofür das zutreffen könnte: An diesem Tag spielte der Pianist David Tudor in New York die Uraufführung einer neuen
Komposition. Tudor nahm am Flügel Platz, schloss den Klavierdeckel,
blieb exakt 4 Minuten und 33 Sekunden am Instrument sitzen, öffnete
den Deckel wieder und spielte – nichts. Das Auditorium war völlig irritiert. Tuscheln, Laute der Empörung, Türenschlagen. Die meisten begriffen nicht, dass sie die Uraufführung einer Komposition gehört hatten. Es
war das Stück mit dem Titel 4'33" von John Cage.

Die Partitur des Stücks besteht aus einem Blatt Papier, auf dem dreimal – für die drei Sätze – das Wort „tacet" (es schweigt) steht. Und die
Besetzungsvorschrift lautet: Für jedes Instrument oder jede Komposition von Instrumenten. Cage wollte mit dem Stück komponierter Stille
in keiner Weise provozieren. Ihm ging es darum, zu Wahrnehmung zu
befreien: Überall, wo gehört wird, sind bereits Klänge: Geräusche aus
dem eigenen Innern, Alltagslärm, Zufallstöne harmonisch oder dissonant. Durch das Schweigen wird all das zum Komponierten. Zwei Jahre
vor 4'33" hatte Cage in einem mit „Lecture on Nothing" betitelten Vortrag gesagt: Struktur ohne Leben ist tot. Aber Leben ohne Struktur ist
nicht wahrzunehmen. Und ungefähr so, scheint mir, ist es auch mit Gott
und der Liebe. Die Liebe ist nicht einfach Gott. Aber ohne ihre Gesten und Taten, gerade die kleinen, unscheinbaren, absichtslosen, wüssten
wir nichts von ihm. Nur im Medium weltinnerster menschlicher Liebe
vernehmen wir das Echo des die Welt übersteigenden, sie aus sich entlassenden und sie darum auch in sich einbergenden Urgrunds von allem,
der deshalb, weil er selbst nichts als Hergeben, als Liebe ist, neben sich
– menschlich gesprochen – etwas sein lassen kann. Und darum ist Johan-

nes' Satz „Gott ist die Liebe" wahr und das Kühnste, was sich über Gott überhaupt sagen lässt.

— *Poröse Grenze* —

Mag mein Beispiel mit Cage ein bisschen ungewohnt sein! Das, worauf es zielt, ist theologisch gar nichts Neues. Die gleiche Spur blitzt schon bei Nikolaus Cusanus im 15. Jahrhundert auf. Ihm, auch so ein Gottesabenteurer, sind damals schon die festen Abgrenzungen zwischen Diesseits und Jenseits porös geworden. Sein heißes Gottsuchen hat sie gleichsam aufgeschmolzen, ineinander schwingen lassen – und trotzdem beides nicht verwechselt. Und auch er hantiert mit Gleichnissen, die uns aufs Erste aus dem Tritt bringen. Bereits beim einfachen Sinnesdatum der Quantität, sagt er, tritt nicht ein Maximum, sondern treten zwei Maxima auf: Das Größte von etwas ist das „am größten" Große, das Kleinste das „am größten" Kleine. Vom Sinnlichen aufs Begriffliche übertragen heißt das: Selbst das absolut Größte kennzeichnet kein anderes Großsein als das größte Kleine, nämlich der Superlativ, das Größtsein. Das kleinste Große ist das am größten Kleine. Also fallen im Unendlichen die Entgegengesetzten, klein und groß, ineinander. Und wie auch anders als mit solchen Gedanken – dialektisch sagen die Philosophen dafür –, wie denn anders als mit solchen Gedanken kann man einem Gott nachdenken, der seine größte Größe im Sich-klein-Machen bis zum Dienersein für seine Geschöpfe erweist. Und genau das ist doch der Gott, den Jesus uns in der Fußwaschung versinnbildet, der Liebe-Gott der Abschiedsreden und unserer Johannesbrief-Lesung.

Übrigens auch – und gewiss nicht zufällig – bei der Straßenmystikerin Simone Weil steht Jahrhunderte nach dem Cusaner Ähnliches zu lesen, nur viel sinnlicher, ja vielleicht auch weiblicher als bei jenem klerikalen Mathematik-Genie. An einer Stelle schreibt sie:

Gott erschöpft sich, damit er, durch die unendliche Dichte von Zeit und Raum hindurch die Seele erreiche und zu sich verführe. Läßt sie sich, und sei es nur auf eines Blitzes Dauer, eine reine und völlige Einwilligung entreißen, dann hat Gott sie erobert.
Und ist sie dann völlig ein Ding geworden, das nur ihm angehört, so verläßt er sie. Er läßt sie ganz allein. Und nun muß die Seele ihrerseits, doch in einem

blinden Tasten, die unendliche Dichte von Zeit und Raum durchmessen, auf der Suche nach dem, den sie liebt. So legt die Seele nun in umgekehrter Richtung den Reiseweg zurück, auf dem Gott zu ihr gekommen war. Und dies ist das Kreuz.[23]

— *Tonart der Mystik* —

So klingt Cage in der Tonart der Mystik. Und was für ein Unterschied zu Feuerbach und dem heute in den Kirchen so oft zu hörenden „Liebesgedusel", wie übrigens schon Friedrich Engels damals gegen Feuerbach höhnte: Im Augenblick innigsten Einsseins, im höchsten Aufschwung der Liebe, findet sich die Seele gänzlich auf sich allein geworfen, muss über Wege, Wenden und Irrgänge durch das Weltlich-Sinnliche der Liebe, das gewiss verführerisch sein kann, nach dem tasten, den sie liebt, nach der Liebe selber, die nie mit der selbst getanen Liebe zusammenfällt, immer schon weiter ist als jeder noch so große Akt der Hingabe. Bis die Seele nichts mehr für sich will und für sich sucht. Nicht sich selbst und nicht einmal ihren Gott. Denn erst, wenn sie sogar noch Gottes ledig geworden ist, wie Meister Eckhart einmal sagt, dann ist Platz in ihr genug, dass der göttliche Gott sich ihr schenken kann.

Das ist die Liebe, von der Johannes redet. Mit Wohlfühlen und Wellness hat sie nicht einmal von Ferne zu tun. Weit mehr mit einer Nüchternheit, die manchmal an die Nieren geht. Wie eben Liebe sich anfühlt, wenn sie echt ist. Sie hat etwas von einem fremden Glück. Christsein hält sich in Tuchfühlung zu ihr.

Christi Himmelfahrt: Mk 16,15–20 (und Eph 1,17–23)

Herzens-Augen

— *Theologisches Grundmaß* —

Heute feiern wir Christi Himmelfahrt. Es ist der vierzigste Tag nach dem Ostermorgen. „Vierzig" heißt in der ganzen Bibel so viel wie „vollständig", „abgeschlossen", „ganz". Nach vierzig Tagen oder vierzig Jahren immer, je nach dem, tritt vollends zutage, was ein Geschehnis eigentlich bedeutet, worauf es hinauswill. Der Tag vierzig Tage nach Ostern, Christi Himmelfahrt, heute, macht also sichtbar, was Ostern bedeutet.

— Um rechte Augen beten —

Mit dem, was es da zu sehen gibt, hat es freilich etwas Besonderes auf sich. Stellen im Neuen Testament, die von der Himmelfahrt Christi erzählen, betonen, dass menschliche Augen dieses Geschehen nicht erfassen konnten: Eine Wolke entzog Christus den Blicken der Apostel, heißt es zum Beispiel in der Apostelgeschichte. Unsere Lesung heute aus dem Epheserbrief sagt das Gleiche sozusagen positiv: Der Apostel betet für seine Gemeinde, dass Gott ihnen die Augen des Herzens erleuchte. Nur mit solchen Augen nämlich lässt sich erkennen, wer Gott ist, was mit Jesus geschah und was das für die Gläubigen bedeutet.

— „Das Eigentliche ist unsichtbar" —

Was aber sind „Augen des Herzens"? Dass es sie gibt, steht, scheint mir, außer Frage. Als der Pilot und Dichter Antoine de Saint-Exupéry seine Erzählung „Der kleine Prinz" veröffentlichte, landete er einen Welterfolg. Zahllose Leserinnen und Leser wussten irgendwie, wie wahr es ist, wenn es in der Geschichte heißt: „Das Eigentliche ist unsichtbar" für die Augen des Leibes; und „Man sieht nur mit dem Herzen gut". Trotzdem aber und ebendarum erst recht kann man fragen: Was sind diese Augen des Herzens? Wie merkt man etwas von ihnen?

— *Aus der eigenen Erfahrung lernen* —

Im Grunde lässt sich die Frage sehr einfach aus menschlicher Erfahrung beantworten. Machen wir es gleich sehr direkt: Am besten weiß Bescheid, wer jemanden hat, den er wirklich mag. Sagen wir, Sie haben etwas für Arnold Schwarzenegger oder Sylvester Stallone, für Cindy Crawford oder Claudia Schiffer übrig. Und Sie haben einen Partner, eine Partnerin, die haben mit solchen Stars so gut wie nichts gemeinsam, nicht das Aussehen, nicht das Auftreten, nicht den Ruhm. Und trotzdem lieben Sie Ihren Partner, Ihre Partnerin von Herzen, obwohl er nicht aussieht wie der Schwarzenegger und sie, was die Figur betrifft, nicht mithalten kann mit der Schiffer. Warum? Weil Ihnen an diesem Menschen im Lauf der Zeit anderes als das Äußere wichtig und wichtiger als alles andere geworden ist: Die Güte vielleicht, die Bereitschaft zum Verzeihen oder dass er oder sie einfach treu da ist in guten und in bösen Tagen. Das sind so Dinge, die man nur mit den Augen des Herzens sehen kann.

— *Oster-Sicht* —

Genau das Gleiche gilt für Ostern. Von außen gesehen schaut Ostern bestenfalls wie ein Rätsel aus, für manche wie ein Spektakel, und andere sagten schon in der Zeit der Apostel und sagen noch heute bissig „Betrug" dazu. Die Augen des Herzens sehen anderes. Sie gehen dem auf, der sich – wie in einer menschlichen Beziehung – Zeit nimmt für Jesus und das Evangelium. Wer das tut, der spürt, dass Jesus von Anfang bis Ende aus einer ganz tiefen Hoffnung lebte, einer Hoffnung, die auf Gott baute. Gott hat schon so viel getan für sein Volk. Man kann sich auf ihn verlassen. In allem, im letzten Ende sogar. Und alles Irdische wird einmünden in ein herrliches Leben bei diesem Gott. Das hat Jesus gepredigt, demgemäß hat er selbst gelebt. Und weil er das ganz tat, hat dieses Künftige einen Vorschein in sein Leben geworfen, zuerst nur in Andeutung, und manchmal so deutlich, dass die, die mit ihm waren, etwas zu ahnen begannen von seinem Geheimnis. Und dann am Ende, als er starb, so unübersehbar, dass sie absolut überzeugt waren: Der Gekreuzigte ist nicht verloren. Er lebt ganz bei Gott, für immer. Gott hat ihn zu sich erhoben, über alle Mächte und Gewalten, sagten sie dafür und meinten damit: Wie er war, das ist stärker als alles andere in der Welt, stärker als der Tod sogar. Und darum kann er uns, die wir noch gegen manche Mächte und einmal den Tod hindurch in diese Zukunft bei Gott unterwegs sind, jetzt schon Helfer sein, einer, der den rechten Weg weist, der tröstet und Mut macht.

— Gewissheit und Hoffnung —

Wie ein Partner, eine Partnerin äußerlich unscheinbar und durchschnittlich ausschauen kann und Sie da trotzdem absolut sicher sind, dass es für Sie auf der ganzen Welt keinen lieberen Menschen gibt, genau so ist es mit denen, die Jesus mit den Augen des Herzens anschauen: Sie wissen mit eben der gleichen Gewissheit, was mit ihm jetzt ist. Sie ahnen durch ihn, worauf sie selber hoffen dürfen, dass sie eine Zukunft haben, die durch nichts zerstört werden kann, und dass Gott diese Zukunft herbeiführen wird genau so, wie er über Jahrtausende sein Volk gegen alle Wahrscheinlichkeiten geführt und seinen Jesus selbst noch aus dem Abgrund des Todes gerettet hat.

— Was auch für uns gilt —

Was von Jesus gilt, wird für uns gelten. Das heißt: Wenn wir sagen: Er ist aufgefahren in den Himmel, bekennen wir, was wir für uns selbst erhoffen. Wenn unser Leben einmal auch „vierzig" ist, also ganz und vollendet, da wird das offenbar werden, wie bei Jesus mit der Himmelfahrt. Und wie bei ihm gibt es auch bei uns manchmal einen ersten Schimmer des Künftigen mitten in der Gegenwart: Augenblicke, da wir absolut gewiss sind: Trotz allem, was gewesen ist und was vielleicht noch kommen mag: Ich bin nicht verloren: Gott ist mir nahe. Wer das Leben mit den Augen des Herzens anschaut, sieht das und braucht nicht mehr verzweifelt zu sein.

Wo wir herkommen

— Der Faden von oben —

An einem schönen Sommertag machte eine jugendliche Spinne einen Spaziergang und kam schließlich von einem Baum herab in eine Hecke. Und weil ihr die so gut gefiel, baute sie sich darin ein wundervolles Netz. Die Zeiten waren gut, und es flog ihr viel kleines Getier in die feinen Maschen, und das Spinnchen wurde davon dick und behäbig.

Eines Morgens – der Tau glänzte wie Perlen im Netz – wollte die Spinne ihre Wohnung inspizieren. Sie lief auf den engen Straßen ihrer Netzfäden herum und schaute da und dort, ob alles in Ordnung sei. Da kam sie an einen Faden, der gerade in die Höhe lief und bei dem sie nicht erkennen konnte, wo er eigentlich endete. Sie schüttelte den Kopf darüber und fand den Faden einfach sinnlos. Drum biss sie ihn einfach durch – und im selben Augenblick schlug das Netz über ihr zusammen wie ein feuchter Lappen und erstickte sie. Es war der Faden von oben gewesen, an dem sie damals vom Baum in die Hecke gekommen war.

— Herkunft vergessen —

Die Spinne hatte nur noch Augen dafür, dass ihr Haus intakt und behaglich war. Und dass die Fäden funktionierten, die ihr das Futter sicherten. Sie hatte vergessen, woher sie gekommen war. Bei allem, was Menschen tun, kann es ähnlich hergehen: Sie beschränken sich allmählich auf das, was auf der Hand liegt, sie sichern und perfektionieren es – aber darüber vergessen sie, woran im Letzten alles hängt. Auch mit der Kirche ist das nicht anders – weil es eine Kirche der Menschen ist. Sie ist nicht gefeit gegen die Gefahr, vor lauter Emsigkeit und Sorge und Sicherheitssuche ihren Ursprung zu vergessen. Wäre es nicht so, dann hätte uns der Evangelist Johannes nicht das überliefert, was wir im heutigen Evangelium lesen. Er, der letzte der Evangelisten, der erst Jahrzehnte nach Ostern seine Sicht der Dinge niederschreibt, – er hat wohl jene Gefahr, die Verbindung zum Ursprung zu verlieren, deutlicher gesehen als alle anderen. Und deshalb zeichnet er uns die Kirche eindringlich von ihrem tiefsten Ursprung her nach. Dabei kommt Überraschendes zutage.

— *Vom Wesentlichen der Kirche* —

Allein schon der Zusammenhang, in dem unser Evangelium von der Kirche spricht, steht so ziemlich quer zu allem, was sich für uns zumeist mit diesem Stichwort verbindet. Da ist nämlich mit keinem Wort die Rede von den Anfängen der Kirche zu Ostern und dem, was vorausging. Es ist auch nicht die Rede von Strukturen oder von Problemen. Stattdessen lässt uns Johannes daran teilnehmen, wie Jesus zu seinem Vater im Himmel betet für alle die, die sich auf ihn eingelassen haben. Und eben dieses Gebet des Herrn – wie könnte es auch anders sein – öffnet uns die Augen dafür, was es im Letzten mit der Kirche auf sich hat.

Jesus hat den Menschen den Namen Gottes offenbart, das heißt, er hat ihnen zu verstehen gegeben und sie leibhaft erfahren lassen, wie Gott wirklich ist. Seine Wesensart hat er ihnen nahegebracht. Manche – nicht alle – haben ergriffen und sich zu Herzen genommen, was der Herr ihnen damit anbot. Für Jesus war dabei klar, dass der Glaube derer, die sich ihm anschlossen, nicht einfach die Wirkung seiner Mühen war. Er wusste, wie tief drinnen da erst einmal etwas geschehen muss, bevor einer umkehrt zu Gott hin. Das ist so unerzwingbar wie Liebe. Und deshalb betrachtet Jesus auch die Menschen, die auf ihn hören, als ein Geschenk des Vaters an ihn: Es sind die, die du mir aus der Welt gegeben hast, Vater – so betet er. Die Gründung der Gemeinde verdankt sich also keinem Zufall und zielt nicht auf ein Zweckbündnis; sie ist kein menschlich verfügter Zusammenschluss, sondern Gottes Werk. Kirche entsteht also allein dadurch, dass Jesus Menschen in ein persönliches Verhältnis zu Gott hineinzieht. Die christliche Offenbarung besteht daher auch nicht in einer Lehre, sondern geschieht als Lebensgemeinschaft mit Jesus Christus – mit dem, der Gott nahe ist wie kein anderer. So sieht das eigentliche, das geistliche Wesen der Kirche aus. Sie entstammt der Innenseite des Geheimnisses Gottes. Wo Menschen sich nicht hineinnehmen lassen in ein so persönliches Verhältnis zu Gott, da ist nicht

Kirche – auch wenn noch so viele Riten zelebriert, Sätze geglaubt, noch so viele Almosen gespendet werden.

— *Vom Beistand des Vaters leben* —

Und nicht nur gegründet ist die Kirche in Gott allein. Auch ihren Fortbestand verdankt ihm die Jüngergemeinde: Heiliger Vater, bewahre sie in deinem Namen… Die Kirche lebt bis heute vom Beistand des Vaters, den Jesus für sie erbittet. Kirche besitzt also keine autonome Existenz. Sie kann sich – nach dem Zeugnis des Evangeliums – aus sich, aus eigenem Vermögen überhaupt nicht halten. Und das heißt: dass sie ungesichert mitten in der Welt steht. Alle Sicherheitsvorkehrungen, die sie um ihrer selbst willen unternimmt, gehen deshalb ins Leere, weil sie dem Wesen nachgerade zuwiderlaufen.

Von Gott gegründet und erhalten, und deshalb unabhängig von aller Selbstsorge ist also die Kirche. Sie dient nicht der Durchsetzung von Ideen oder dem Erhalt einer Lehre. Sie besteht nicht aus moralischen Leistungen, nicht aus Gesetzen, nicht aus Über- und Unterordnung und schon gar nicht aus Ämtern und Titeln. Sie besteht einzig darin, dass Menschen lernen, mit Jesus zu Gott lieber Vater, Abba, zu sagen. Alles andere kommt wie von selber dazu – je nach dem, was die Stunde fordert. Das ist Kirche. Mehr ist sie nicht und braucht sie gar nicht zu sein. Aber das muss sie sein. Sonst ist sie nicht sie selbst.

— *Gottes Wort – der Kirche anvertraut* —

Dass Kirche ihrem geistlichen Wesen nach eben so ist, das hat auch Folgen. Denn weil sie so ganz von Gott kommt, besitzt sie Gottes Wort. Und nur dazu ist sie auch von Gott gewollt. Gottes Wort ist ein Wort dann, wenn es von dem redet, was unser Leben mit seinen tausend Fragmenten am Ende zu einem Ganzen macht. Es redet immer von dem, was unser Leben gelingen lässt. In den Geschichten der Evangelien, die uns von Jesus aus Nazaret erzählen, hat Gott dieses sein Wort für uns auf menschliche, ja sympathische, mitleidende Weise durchbuchstabiert. Und wer sich in diese Geschichten hineinverstricken lässt, sie also zu seinen eigenen macht, der kann die Wahrheit des Wortes Gottes eben daran erfahren, dass an ihm geschieht, was dieses Wort verheißt: dass er mit Gott und eben darin mit sich selber eins wird – also ein heiles Leben lebt. Die Gegenwärtigkeit dieses Heiles ist für uns durch das Wort Gottes verbürgt. Und eben dieses Wort ist der Gemeinde, der Kirche anvertraut, um es weiterzusagen, damit so viele wie nur möglich von dieser Lebenschance erfahren. Dabei wird natürlich die Kirche ihr Wort am glaubwürdigsten dann ausrichten, wenn sie seine Wahrheit durch ihre eigenen Art zu leben anschaulich macht.

— *Unvermeidliche Anfeindungen* —

Gleichzeitig wird eben dies aber der Kirche Feindschaft eintragen. Feindschaft vonseiten derer, die partout behaupten, ihr Leben habe mit Gott nichts zu tun. Es wäre allein ihre Sache, wie sie ihr Dasein lebten. Sofern aber das der Kirche anvertraute Gotteswort die Schwachstellen dieses Entwurfs, seine inneren Widersprüche und vor allem seine gnadenlosen Folgen aufdeckt,– genau deshalb ziehen die Verkünder des Gotteswortes den Hass der Welt – und das heißt in der Sprache des Johannes: den Hass der gottabgewandten Herzen – auf sich.

Jesus bittet nun aber nicht, dass der Vater deswegen die Seinen aus der Welt nehme, das heißt in eine sturmfreie Zone stelle. Der Ort der Kirche bleibt trotz aller Anfeindung die Welt. Ja, sie muss es auch bleiben, weil nur so das Werk der Rettung, das Herzensanliegen Gottes, gelingen kann, wenn sein Wort genau dort ausgesprochen wird, wo es am meisten nottut. Der Herr bittet den Vater nur darum, dass er die Kirche vor dem Bösen bewahre, also davor, sich selber von Gott abzuwenden und dem Unglauben zu verfallen. Angefeindet zu werden, das wird die Gemeinde deshalb erleben, solange sie dem Auftrag Jesu treu bleibt. Nicht mehr angefeindet zu werden, wäre geradezu ein Alarmzeichen; denn es wäre wohl die Folge davon, dass die Kirche mit ihrer provokativen Botschaft sich selber den Stachel gezogen und sich gefügt, das heißt folgenlos ihrem Umfeld angepasst hätte – und also ihren Herrn verrät. Nur solange Kirche an ihrem Ursprung festhält, sich allein und ungesichert auf Gott gegründet weiß und nicht aus Angst selbst Sicherungen einbaut, solange wird sie auch die Anfeindungen durchstehen. Denn als Kirche hat sie unmittelbar teil an dem, wozu Jesus gesandt war. Sie ist kein schlechter Ersatz für das Gottesreich, sondern dessen Bauplatz – mit all den vielen Vorläufigkeiten, die ein

Bauplatz hat. Aber als Kirche ist sie im Evangelium vorgesehen und deshalb auch notwendig.

— *Wann Kirche zur Last wird* —

Vielleicht sträubt sich in Ihnen alles gegen das, was ich gesagt habe, weil Sie an der Kirche – so wie sie ist – so wenig jenes Geistliche erblicken. Weil oft Starre, Borniertheit, Schlamperei und Inkompetenz, Machtgebaren und Dünkel das letzte Wort zu haben scheinen – und nicht die Menschlichkeit Gottes, der es allein um unser Heil zu tun ist. Weil selbst noch im Kleinen einer Gemeinde diejenigen, die am Sonntag zusammen beten, am Werktag sich gegenseitig ausrichten und runtermachen. Es ist schwer, durch all das hindurch auch noch das Geistliche der Kirche zu sehen. Und ich gestehe, dass es mir nicht leicht fällt, all das niederzuschreiben, weil ich auch nicht blind bin und als Mitarbeiter vielleicht noch unausweichlicher vor das gerate, was die Kirche entstellt – ganz gleich, ob es dabei um das trotzige Durchsetzen eines Protzbaus geht oder das jämmerliche Redeverbot, das man über manchen Theologen, manche Theologin verhängt hat, die dem Evangelium noch reale Folgen zutrauen. Kirche kann tatsächlich trotz ihrer geistlichen Tiefe und Herkunft zur Last werden. Und sie wird es genau immer dort, wo die, die Kirche sind – also die Christinnen und Christen –, den Faden nach oben kappen. Und täuschen wir uns nicht: Einer, eine allein kann das gar nicht. Da helfen immer mehrere zusammen. Jeder Christ trägt dazu bei, dem das Geistliche, das persönliche Verhältnis zu Gott egal ist; der eben bloß betet, wenn er überhaupt nicht mehr weiter weiß und ansonsten seine Bibel im Schrank verstauben lässt. Jeder, der sich für einen guten Christen hält, weil er zufällig noch keinen umgebracht und noch nichts Großes gestohlen hat, trägt dazu bei, die Kirche von ihrem Ursprung loszureißen. Und viele tun das, bis ihnen endlich die Kirche wie ein nasser Fetzen auf der Seele liegt, den sie am liebsten abschütteln möchten, weil es sie erstickt, – wie die Spinne ihr Netz.

Das Einzige, was uns davor behütet, das Werk Gottes – die Kirche – zu entstellen, ist: dass wir den Faden nach oben stärken oder ganz neu knüpfen. Wir bedürfen gerade als Christinnen und Christen der fortgesetzten Annäherung an Gott selber. Deshalb betet Jesus für uns: Vater, heilige sie in der Wahrheit – das meint: Schenke ihnen Gespür für das, was wäre, wenn sie sich aufmachten, dich zu suchen. Verwandle ihre Herzen, damit du wieder Platz darin findest. Du persönlich. Das allein bräuchten wir, um die Kirche zu sein, wie Gott sie gedacht hat. Und ich wage die Behauptung: Wenn wir als Kirche heute nicht wieder uns zurückbinden an unseren geistlichen Ursprung und den Faden des Gebetes nicht ganz fest knüpfen, dann werden wir als Kirche auf dem Müllhaufen der Geschichte landen. Ein Stück weit sind wir schon dort. Jesus betet für uns. Auch heute.

Christlicher Anti-Typ

— Lange Festzeit —

Fünfzig Tage lang haben wir jetzt Ostern gehalten. Etwas so lange feiern, das muss seinen besonderen Grund haben. Diesen besonderen Grund gibt es auch. Denn Ostern heißt: Gott steht so verlässlich, so bedingungslos zu mir, dass mir schlechthin nichts zum Verhängnis werden kann, zum Abgrund, der mich in einem Nichts verschlänge und so zu nichts machte. Denn durch das Kreuz und den Ostermorgen zusammen ist offenbar geworden: Nichts gibt es, was Macht dazu hätte, nicht einmal mein Sterben einst. Auch in diesem meinem letzten Ende falle ich nicht, weil Gott mich hält. Das macht frei von aller Sorge, die mich überfällt, wo immer im Leben ich an Grenzen rühre, die mich ans große Ende erinnern. Dieses Freiwerden richtet auf. Es weckt zum Lebendigsein – zu einem Leben vor dem Tod, weil wir durch Jesus gewiss sein dürfen, im Tode einmal nicht zu vergehen. Das meint Auferstehung.

— Ostern ist eine Antwort —

Dieses Ostern freilich ist kein Ereignis, das irgendwann halt im Lauf der Geschichte geschah. Ostern – also das, was Jesus gelebt und gelitten hat –, Ostern ist eine Antwort; Antwort auf die nach dem Zeugnis der Bibel älteste Frage der Menschheit – das heißt auf die Frage, die sich jeder Mensch einmal und unumgänglich stellt. Die Bibel selbst hat diese Frage auf ihren ersten Seiten in der Geschichte vom Paradies und vom Sündenfall zusammengefasst:

Der Mensch findet sich geborgen und umsorgt im Paradiesgarten des Schöpfers. Aber auch: Er erfährt sich begrenzt und vergänglich; das meint die Bibel, wenn sie von den Früchten des Baumes in der Mitte des Gartens erzählt, von denen zu essen dem Menschen versagt ist. Nicht,

weil Gott es ihm nicht gönnte! Den ganzen restlichen Garten, den großen, und seine Früchte darf der Mensch für sich nehmen und sich daran
freuen. Nur dieser, dieser eine, soll ihn daran erinnern, dass alles, was da
ist und ihm gehört, nicht von ihm selber kommt, sondern von einem,
der alles – auch ihn, den Menschen – ins Dasein gerufen hat und dem
er sich verdankt.

Und doch lässt diese Begegnung mit der eigenen Endlichkeit den
Menschen fragen, ob Gott – wenn er, der Mensch, selbst so zerbrechlich
ist –, ob Gott denn dann trotzdem der Gute, der Gütige, der Gönnende
sein könne. Da meldet sich Misstrauen, das Sinnbild der Schlange steht
biblisch dafür, diese Ikone dessen, was Angst macht. Wo der Mensch
diesem Misstrauen nachgibt und es übermächtig wird, da ist Sündenfall: Absonderung von Gott. Die Folgen sind katastrophal: Der Mensch
geht seinem Gott aus dem Weg; Mann und Frau leben nicht mehr Seite
an Seite, sondern der eine herrscht über den andern, Lust und Schmerz
geraten ineinander, der Paradiesgarten erscheint auf einmal als das Jammertal voller Disteln und Dornen, zwischen denen der Mensch sich ums
tägliche Brot schinden muss. Ein Bruder erschlägt den andern – Kain
und Abel. Die Völker, die von Noachs Söhnen abstammen, kennen als
Einziges, was sie noch verbindet, die Gewalt gegeneinander. Und am
Ende steht der Turmbau von Babel: das Werk, mit dem sie sich – getrieben von der Angst vor der eigenen Nichtigkeit – Ansehen verschaffen,
sich also selbst zu etwas machen wollen, – dieses Werk bringt sie so auseinander, dass einer nicht mehr des anderen Sprache versteht. Mit Gott
und mit sich selbst, mit der Natur und mit seinesgleichen restlos zerfallen
sein: Das ist das Schicksal dessen, der Gott nicht mehr trauen mag und
darum den Garanten für sein eigenes Dasein spielen muss.

— *Ostern als Widerspruch* —

Ostern ist ein einziger Widerspruch dagegen, dass es mit uns so ausgehen
muss. Es ist wahr: Es muss so ausgehen, wo das Misstrauen gegen Gott
siegt. Aber: Das Misstrauen muss nicht siegen. Denn vor dem Abgrund
der Angst gibt es auch und genauso den Weg des Vertrauens. Jesus geht
diesen Weg. Er geht ihn, und gerade durch sein Sterben noch. Er geht
ihn darum als Erster ganz. Und die österlichen Begegnungen mit dem
auferstandenen Herrn bezeugen den Jüngern von innen, vom Gespür ih-

res Herzens her, dass der, der diesen Weg gegangen ist, durch diesen Weg mitsamt seinem Ende in Gottes Hand gerettet lebt. Sie verstehen: Die menschliche Vergänglichkeit widerlegt nicht Gottes Güte. Im Gegenteil und verrückt genug: In ihr bestätigt sich vielmehr auf endgültige Weise, dass Gott der Verlässliche ist.

Dieses österliche Evangelium von der Treue Gottes, die der überwältigend erfährt, der ihr traut – diese Frohbotschaft ist darum das Gegenbild schlechthin zum Sündenfall und seinen Folgen: Der Friede beseelt die Jünger seit dem Ostermorgen – Friede, shalom, ist das biblische Gegenteil der Angst. – Ein Herz und eine Seele sind sie und teilen sogar noch ihren Besitz, dass keiner darben muss – so tun sie das Gegenteil von Kain und den Nachkommen Noachs. – Und auch der Abschluss der Schöpfungsgeschichte mit dem Sprachenwirrwarr von Babel hat sein österlich-erlösendes Gegenstück: die Pfingstgeschichte als Abschluss und Krönung der Osterbotschaft.

— Pfingstliche Gegengeschichte —

Die Jünger und Freunde Jesu sind versammelt, betend; miteinander gehen sie um im Geiste Jesu, also im Geist des Gottvertrauens. Wer Gott traut, der kann auch sich selber mögen und den andern gut sein. Dieses Gottvertrauen geht ihnen durch und durch, wie ein Sturm, dem nichts widerstehen kann; es wirkt wie ein brennendes Verlangen, miteinander verbunden zu sein und sich einander mitzuteilen: Zungen wie von Feuer erschienen ihnen, erzählt die Apostelgeschichte – Zungen, das, was uns sprechen macht, dass wir einander ermutigen und trösten. Und diese Macht des Gottvertrauens macht menschlich auf eine Weise, die über alle Barrieren hinwegreicht: Die Jünger beginnen, in fremden Sprachen zu reden, und jeder konnte sie in seiner Muttersprache verstehen. Fremde sogar finden zueinander und verständigen sich, ohne darüber das Eigene zu verlieren.

In Babel hatte das Misstrauen alle ins Durcheinander gestürzt und so auseinander getrieben. Griechisch heißt durcheinander werfen „diaballein", von dem unser „diabolisch" kommt. Das Gottvertrauen jetzt wirkt das pfingstliche Gegenteil: Es führt über alle Grenzen hinweg zusammen und lässt Gottes Werk der Schöpfung so werden, wie es gemeint ist: griechisch „symballein", das hinter unserem Wort „Symbol" steht.

Vom österlichen Pfingstgeist beseelt werden wir Gottes Symbol, lebendiges Sinnbild und Spur seiner schöpferischen Güte in der Welt. Das ist die Ernte derer, die mit Jesus den Weg des österlichen Vertrauens gehen.

Manchmal will uns wohl scheinen, unser eigenes Leben, unsere Welt gleiche immer noch mehr dem babylonischen Chaos als dem Jerusalemer Pfingsttag. Das kommt dadurch, dass auch die Christinnen und Christen, dass wir selber, viel zu wenig österlich zu leben wagen. Dann kommt es darauf an, dass wir diesem Geist, der uns in Taufe und Firmung geschenkt wurde, in uns Raum geben. Denn er, der uralte, ewig junge, der einst über den Wassern der Urflut brütete, die Väter und Mütter der Urzeit führte, den Prophetinnen und Propheten den Mund öffnete, der David musizieren ließ, Maria in Nazaret erfüllte, am Jordan auf Jesus herabkam, den Pfingstsaal erbeben ließ und in jeder Eucharistie die Gaben von Brot und Wein wandelt – dieser Geist möchte auch verwandeln, hineinziehen in jene Welt, in der Gott alles in allem sein wird. So Unbescheidenes dürfen wir für uns erhoffen. Denn unter dieser Gottesverheißung leben wir.

Gottes Entschiedenheit

— *Spitze Gegenfrage* —

Ein Bauernmädchen war auf dem Weg zu seinem Geliebten. Es kam an einem Mullah, einem Frommen, vorüber, der gerade betete. Das Mädchen ging einfach an ihm vorüber, ohne ihn, wie vorgeschrieben, ehrfürchtig zu grüßen. Der Mullah war darüber zornig. Als das Mädchen auf dem Rückweg wieder vorbeikam, schimpfte er sie für ihr Vergehen: Was hast du für eine Sünde begangen, als du, ohne mich zu beachten, an mir vorübergingst, während ich betete. – Das Mädchen antwortete: Was ist das, Beten? – Der Mullah erwiderte: Ich dachte an Allah, den Herrn des Himmels und der Erde, und hielt Zwiesprache mit ihm. – Da sagte das Mädchen: Es tut mir leid. Ich weiß kaum etwas von Allah und vom Beten. Ich war auf dem Weg zu meinem Geliebten und war ganz von dem Gedanken an ihn erfüllt. Da war kein Platz für etwas anderes. Ich sah also nicht, dass du gebetet hast. Aber wie konntest du mich sehen, wenn du nur an Allah dachtest?

— *Nicht bei der Sache* —

Ganz schön frech, diese Frage. Aber sie trifft den Nagel auf den Kopf. Der Fromme hatte beim Beten offenkundig nicht nur gebetet, sondern sich selber zugeschaut und darum auch aufgepasst, ob die Vorübergehenden ihn gebührend ehrten. Er war nicht bei der Sache, wie man so sagt. Ganz anders dagegen das Mädchen. Es war so erfüllt von dem Gedanken an den Geliebten, den es bald sehen würde, dass es nichts anders mehr geben konnte. Die Liebe der Liebenden entlarvt einfach dadurch, dass sie ist, die Frömmigkeit dieses Frommen als das, was sie ist: Heuchelei und Eitelkeit. Das vermag sie durch ihr unbedingtes Entschiedensein: Kein anderer Gedanke konnte neben demjenigen an den Geliebten Platz finden.

— Entschieden für die Welt und die Menschen —

Die frühen Christinnen und Christen mussten manchmal kurz und bündig sagen, was sie denn eigentlich glaubten. Das war wichtig, zum Beispiel wenn von ihnen Rechenschaft über ihr Verhalten gefordert wurde oder wenn sie missionarisch neue Glaubensgeschwister zu gewinnen suchten. Dann redeten sie manchmal ganz ähnlich wie unsere Geschichte von dem Mullah und dem Mädchen. Zum Beispiel im heutigen Evangelium. Da geht es auch um Entschiedenheit und was sie bewirkt.

Die Entschiedenheit freilich, um die es hier geht, ist die Entschiedenheit Gottes. Entschiedenheit wofür? Für die Welt und die Menschen. Das hatten die frühen Christinnen und Christen durch Jesus entdeckt. Schon zu seinen Lebzeiten hatten sie in dem, was er sagte und tat und wie er war, eine einmalige Verbundenheit zwischen ihm und Gott gespürt. Für sie war er schließlich auch in den Tod gegangen. Aber nicht einmal das Kreuz hatte diese Verbundenheit zerstören können, wie ihnen an Ostern aufging. Vielmehr hatte das Kreuz selber etwas über das Innerste Gottes verraten: Wenn Gott sein Liebstes, an dem sein Herz hängt, dafür darangibt, dass die Menschen wieder erkennen, wer er wirklich ist und sich ihm wieder anvertrauen, dann muss der letzte Grund von allem, was geschehen ist, Gottes Liebe, seine unbedingte Entschiedenheit für die Menschen und ihre Welt sein.

Gott hat die Welt nicht ins Dasein gestoßen und lässt sie nun wie ein Uhrwerk abschnurren, gleichgültig, was am Ende dabei herauskommt. Wie Jesus war und was mit ihm geschah, hat offenkundig gemacht, dass es Gott um einen guten Ausgang dieses Abenteuers geht. Nicht die Verwerfung, sondern die Vollendung soll das letzte Wort bekommen. Dafür tritt Gott selber ein mit buchstäblich allem, was ihm zu Gebote steht: Mit sich selbst – und für alle, weil er als Gott von allem das für alle tut.

— Jüngstes Gericht —

Weil Gott mit Jesus schon in solcher Entschiedenheit gehandelt hat, verändert sich die Situation derer, für die er das tat, grundlegend: Das sogenannte „Jüngste Gericht" geschieht nicht irgendwann, sondern bereits jetzt in dem Augenblick, da ein Mensch Stellung nimmt zu diesem Tun Gottes. Wer sich seine zuvorkommende Zuwendung in Jesus schenken lässt, indem er an diesen Jesus glaubt, für den ist das Gericht kein Thema mehr. Er hat es hinter sich, weil er sich durch den Glauben aus-„richten" lässt auf Gottes Ziel und Willen hin. Nicht glauben bedeutet demgemäß: Sich bewusst jenseits von dem stellen, wofür Jesus steht. Oder anders: Mit Gottes Entschiedenheit für den guten Ausgang nichts zu tun haben wollen.

— *Die Wahrheit ans Licht bringen* —

Auf eine solche Idee aber, so ist das Evangelium überzeugt, kann im Letzten nur kommen, wer etwas zu verbergen hat. Gottes Entschiedenheit für uns in Jesus macht offenkundig, wie er den Menschen und die Welt gemeint hat. Gleichzeitig bringt sie ans Licht, wie es in Wahrheit um die Welt und den Menschen steht. Durch sein bloßes Kommen hat Jesus entlarvt, wo überall es dem Menschen gar nicht um Gott und das von ihm gewollte Gute geht, sondern um eigene Absichten, die dazu im Widerspruch stehen. Genau so, wie die lautere, unbedingte Liebe des Mädchens in der Geschichte die Heuchelei des Beters entlarvt hatte. Darum muss, wer Böses tut, dem Licht, also Jesus, aus dem Weg gehen.

Dahinter steht nicht eine anmaßende Einteilung, die von vornherein weiß, wer gut und wer böse ist – auch wenn in der Geschichte der Kirche manchmal so dahergeredet worden ist. Vielmehr steht dahinter ein Aufruf: Die Christinnen und Christen waren von Anfang an ehrlich genug, einzugestehen, dass alle Sünder und Sünderinnen sind. Aber das hat sie nicht entmutigt, sondern angespornt, sich dem Licht Jesu auszusetzen, in diesem Licht anzuschauen, was falsch läuft, und umzukehren. Den Mut dazu machte ihnen die Gewissheit, dass Gott für sie entschieden ist; davon hatte sie Jesus überzeugt. Und weil diese Entschiedenheit unwiderruflich ist, kann sie heute noch genauso beantwortet werden wie damals am Anfang. Den ersten Schritt hat Gott schon getan. Jetzt sind wir an der Reihe. Wer sich nicht selbst betrügen will, wird nicht zögern.

Herrenfeste

Einfach Gott

— *Böse Ironie* —

Platon, der Großfürst der Philosophie, war mit einigen seiner Schüler ins Gespräch vertieft. Da fragte ihn einer: Meister, was eigentlich ist der Mensch? Platon und seine Anhänger begannen, das Problem nach den strengen Regeln der Philosophie zu behandeln, und am Ende des Disputs stand fest: Der Mensch gehört zum Tierreich; mit wenigen anderen Kreaturen teilt er die Eigenschaft, auf zwei Beinen zu gehen, und das Unterscheidende des Menschen sei, weder Fell noch Federn zu besitzen. Noch während sie disputieren, war Diogenes, der für seinen bösen Spott berüchtigte Athener, hinzugetreten. Als er hörte, der Mensch sei ein fell- und federloser Zweibeiner aus dem Tierreich, da schnappte er sich einen Gockel, der gerade vorbeistolzierte, rupfte ihm die Federn aus, stellte ihn in den Kreis der Denker und rief: Da, verehrter Platon, da hast du deinen Menschen! Der Meister und seine Schüler – erzählt man – wussten nicht, was sie darauf antworten sollten.

— *Schiffbruch des Denkens* —

Wenn sie nicht wahr wäre, diese Anekdote, dann wäre sie gut erfunden. Schonungslos stellt sie bloß, wie schnell wir mit unseren menschlichen Definitionen Schiffbruch erleiden, auch ein Meisterdenker. Nicht einmal richtig sagen können wir, wer oder was wir als Menschen sind, mit unserem so klugen Verstand. Darf es da noch wundern, dass wir uns erst recht schwertun, wenn wir versuchen, davon zu reden, woher wir kommen und wohin wir gehen, von dem, was Grund und Halt unseres Lebens sein soll – von dem also, wer oder was Gott ist? Höchste Macht, vollkommenstes Wesen, schöpferischer Urgrund, absolutes Sein, bodenloses Nichts haben die Weisen der Welt ihn schon genannt. Und ebenso viele

Weise haben hieb- und stichfest bewiesen, dass ein jeder dieser Namen meist nicht nur unbrauchbar ist, sondern auch noch das Gegenteil von dem einschließt, was er eigentlich bedeuten sollte.

— Formel für die Treue zum Ursprung —

Christinnen und Christen scheinen dem die sprichwörtliche Krone aufzusetzen, wenn sie bekennen: Gott ist dreifaltig einer, Vater, Sohn und Heiliger Geist – ein Gott in drei Personen, die doch eines Wesens sind. Verwirrend, das – nicht nur für Laien, wahrlich. Denn was plagt sich die Theologenzunft bis heute mit den frühchristlichen Konzilsentscheidungen, die überzeugt waren, mit solchen Formeln die Treue zum eigenen Ursprung zu schützen und zu stärken!

Die Not mit dem Bekenntnis zum dreifaltigen Gott, scheint mir, kommt immer dort auf, wo sich die alten Formeln gleichsam verselbstständigen. Wenn wir ehrlich sind, werden wir gestehen müssen: Auch unser christliches Reden vom dreifaltigen Gott ist so ähnlich unbeholfen wie Platons Rede vom Menschen: irgendwo logisch richtig, und doch so wenig die eigentliche Wahrheit. Aber wer sich die Mühe macht, ein wenig darauf zu achten, wie denn dieses unser Bekenntnis entstanden ist, der wird die überraschende Entdeckung machen, dass jene Formeln vom dreifaltigen Gott im Grunde so einfach und treffend sind wie einst Jesu Gleichnisse vom Gottesreich.

— Gott und die Geschichte zusammendenken —

Ich glaube, man kann so sagen: Die Rede vom dreifaltigen Gott entsteht dort, wo der Mensch – ja – gezwungen ist, Gott und die Geschichte, Gott und das Vergängliche zusammenzudenken. Haargenau dies ist jeder und jedem abverlangt, die Jesus und seine Botschaft von Gott ernst nehmen. Da redet einer von Gott in schlichten Worten der Handwerker-, Bauern- und Fischersprache. Und er sagt nichts, was Ehrfurcht einflößt oder Schauer erregt. Stattdessen sagt er Dinge von Gott, die trösten und nicht selten verblüffen, weil sie das sprengen, was man von Gott gemeinhin zu denken gewohnt ist: Der Sabbat ist für den Menschen da, und nicht der Mensch für den Sabbat, sagt er zum Beispiel – will heißen: der Mensch hat nicht Knecht und Diener einer kalten Majestät zu sein,

158

sondern Gott – ja, wirklich –, Gott ist ihm zu Diensten, dass er lebe. – Oder er, Jesus, vergleicht Gott mit einem Gutsbesitzer, einem Arbeitgeber, der – menschlich gesehen absolut verrückt – riesige, unbezahlbare Schulden erlässt, einzig geknüpft an die Bedingung, dass wir auch einander das Kleine, das wir uns höchstens schulden können, erlassen. – Und auch nennt er diesen Gott „barmherziger Vater" – also einen, der behütet und Sorge trägt und lieber buchstäblich zuvorkommend entgegengeht als sein Gegenüber antreten zu lassen, auf dass es sich in den Staub werfe.

— Jesus – charakteristisch für Gott —

Wenn das freilich wahr ist, dann kann dieser Gott niemals ein Wesen sein jenseits von all dem, was unser Menschenleben ausmacht mit seinen Wegen und Windungen. Dann muss er sozusagen mit Haut und Haar darin verstrickt sein. Und – erstaunlich –, es fällt gar nicht schwer zu sagen, wo denn das geschieht in der Welt: Der, der so von Gott redet, der war selbst durch und durch so, wie er sagte, dass Gott ist – also etwas von Gott mitten in der Welt. Die ersten Christinnen und Christen sagten dafür ziemlich kühn: Jesus von Nazaret ist Gottes Sohn; durch das, was er sagt und tut, ist er untrennbar von dem Gott, den er „lieber Vater" nennt. Jesus ist das Gleichnis, die Metapher Gottes. Gleichnisse informieren nicht über etwas, sondern sie bewirken, was sie sagen, darum treffen sie so. Und darum auch wird der Mensch Jesus Gottes Sohn genannt. Weil einem in ihm, seinem Wort, seinem Tun, seiner Gestalt, Gottes Innerstes an die Seele rührt. So einfach ist das. Mit dem Bekenntnis von der zweiten göttlichen Person drücken Christinnen und Christen eigentlich nur – „nur"! – aus, dass sie sich ohne Jesus Gott nicht mehr vorstellen können! Weil er so untrennbar zu Gott gehört, dass er gleichsam dessen Gesicht für sie ist – Prägebild seines Wesens, sagt der Hebräerbrief in seinen ersten Zeilen dafür. Griechisch: charakter tes hyostaseos autou. Etwas freier übersetzt: Jesus ist charakteristisch für Gott. Weil es Jesus gibt, ist Gott für uns unverwechselbar.

Oder – das sagen die frühen Gemeinden auch: Er, dieser Jesus, ist Gottes Wort an uns, das, worin er sich selber uns mitteilt und schenkt, aber eben sich selbst und nicht irgendetwas anderes, weshalb dieses Wort nichts Äußerliches, nachträglich Dazukommendes sein kann, sondern sozusagen ein Stück von Gott selbst, eines Wesens mit ihm, das seit je schon und für immer zu ihm gehört. In ihm legt Gott sein Innerstes offen, gibt es weg, ohne es dadurch zu verlieren. Genau so wie ein menschliches Wort, von uns ausgesprochen auf einen anderen hin, dennoch in uns, seiner Herkunft bewahrt und gegenwärtig bleibt.

— *Gott – dem Endlichen inne* —

Und es ist genau dieses geistliche Nachsinnen über Jesus als das personifizierte Wort Gottes, das wie von selber sich weitet auf das, was wir in der Sprache der Kurzformeln des Glaubens die dritte göttliche Person, den Heiligen Geist nennen. Denn das meint nichts anderes, als dass der Gott, der sich durch Jesus kenntlich macht und buchstäblich verausgabt an seine Schöpfung, nichts von seinem Weltabenteuer sozusagen zurücknimmt, sondern dem anderen seiner selbst, dem Endlichen – also uns Menschenkindern – durch unser Hinhören, seine Aufnahme in uns, einwohnt und sich bleibend zueignet.

Anselm von Canterbury, ein frommer Mönch des 11. Jahrhunderts, der zugleich zu den Koryphäen philosophischer Theologie gehört, schrieb in einem einschlägigen Kapitel seines Werkes „Monologion" unter anderem:

Denn wenn ein Weiser mich seine Weisheit, deren ich vorher nicht kundig war, lehrte, so würde man nicht unpassend sagen, das tue diese seine Weisheit. Aber obwohl meine Weisheit von seiner Weisheit ihr Sein und ihr Weisesein hätte, würde sie dennoch, wenn sie bereits da wäre, nur durch ihre Wesenheit sein und nur durch sich selbst weise sein.[24]

So wird der Gott, von Wesen jenseits von Raum und Zeit, weil er auch das aus sich entlässt, zum Gott in uns, zu dem, der uns näher ist als wir uns selbst, weil er sich in unserer eigenen innersten Mitte einschreibt so, wie ein Künstler sein Werk signiert und es damit als kostbares Original besiegelt, in dem sich verwirklicht, was ihn selbst ausmacht. Wo ein Mensch das in sich aufnimmt, was Gott ihm zusagt, also „ja" sagt zu Gottes Selbstaussprache, wird er oder sie seinerseits gerade kraft seines, ihres Selbstandes zum Bild Gottes. Dafür sagen wir unbeholfen „Heiliger Geist". Person ist dieser Gott in uns dadurch und deshalb, dass und weil er sich sozusagen durch das Nadelöhr des je einmaligen Ichseins eines und einer jeden vergegenwärtigt. Die Glaubenden erfahren dieses Von-Gott-beseelt-Sein als eine Kraft, die sie mit dem tragenden Grund, dessen gleichnishaftes Antlitz sie in Jesus erblicken, so eng verbindet wie Jesus mit ihm verbunden war.

Und weil es der eine Gott ist, der sich allen zusagt, bindet diese seine Selbstgabe auch alle untereinander zusammen zu einem Ganzen, das mehr und größer ist als die Summe seiner Teile. Oder im Bild gesagt: Was sein Wort in den einzelnen Seelen zum Tönen bringt, formt sich zur Symphonie, mit der die Schöpfung ihrem Schöpfer antwortet in der Hoffnung, dass im Überstieg aller Grenzen Gott einmal alles in allem sei. Darum auch spielen von der Zeit der Kirchenväter an bis in die Mystik von heute, wenn vom Heiligen Geist die Rede ist, personale Bilder und Namen nur eine Nebenrolle. Unvergleichlich öfter ist von „Strom", von „Sturm", von „Flut" und „Glut" die Rede, alles Sinnbilder dafür, dass das umgreifende, auch mitreißende Eins- und Eingeborgensein das erste und das letzte der Worte Gottes ist.

— Dreifaltigkeit als Erfahrungs-Ereignis —

Der eine Gott in drei Personen ist darum keine Ausgeburt von Theologenhirnen. Wir drücken mit dem Bekenntnis zum dreifaltigen Gott vielmehr eine Erfahrung aus – eine Erfahrung, die jede und jeder macht, der aufmerksam auf Gottes Wort *und* zugleich in sich selbst hineinhört. Sie alle sind durch Ihre Taufe und Firmung eingeweiht in dieses Geheimnis – und darum Fachleute dafür. Mit jedem Kreuzzeichen und „Ehre sei dem Vater" bestätigen Sie diese ihre Gotteskompetenz und machen sie kenntlich, wo Ihr Herz zuhause ist.

Fest der Güte Gottes

— *Raffaels „Disputa"* —

Selbst unter den Schätzen der Vatikanischen Museen gelten sie als Wunderwerk: Le Stanze, wie ihr schlichter Kurzname lautet – die Räume der Segnatura im Apostolischen Palast, die auf Geheiß von Papst Julius II. von Raffael ausgemalt wurden. Ein Bildprogramm, so dicht und beziehungsreich, dass man Stunden, vielleicht Tage davor verbringen kann. Die vier Wände sind vier Formen der Weisheit gewidmet: der Philosophie, der Theologie, der Jurisprudenz und – nicht wie man gemäß dem damaligen Wissenschaftskanon erwarten sollte der Medizin, sondern – der Poesie.

Am bekanntesten ist wohl die Darstellung der Philosophie. Die ganze klassische Mannschaft lässt Raffael aufmarschieren: in der Mitte Platon, nach oben deutend in die Welt der Ideen, neben ihm Aristoteles, nach unten weisend, auf das konkrete, bewegte Seiende der Welt. Der Philosophie gegenüber: die Theologie. Und nun spannend, wie der Maler sie ins Bild setzt: als ein Gemälde über die Eucharistie, das Sakrament des Altares. In ihm macht sich für Raffael, so scheint es, die Gotteswissenschaft am markantesten geltend. Das Bild ist zweigeteilt. In der unteren Hälfte steht eine Monstranz mit der Hostie auf dem Altar, rechts und links davon eine große Gruppe von Kirchenvätern, Heiligen und Theologen: neben Dominikus und Franziskus auch Thomas von Aquin und Bonaventura, Duns Scotus, Niccolo de Lira, Dante und Savonarola, der später Verurteilte sogar. Gestik und Mimik verraten, wie heftig sie disputieren. Giorgio Vasari schrieb schon 1550 in seinen bis heute gelesenen „Vite", den „Lebensbeschreibungen der berühmtesten Maler, Bildhauer und Architekten" über diese Theologendebatte, von der das Bild auch seinen Namen „Disputa" hat, – er schrieb:

In ihren (der Theologen; K.M.) Gesichtern sieht man eine gewisse Neugier und Besorgnis hinsichtlich ihres Wunsches, Gewißheit über das zu erlangen, worüber sie im Zweifel sind; und indem sie mit den Händen gestikulieren und bestimmte Körperhaltungen einnehmen, legen sie ebenso Zeugnis von ihrem Streitgespräch ab wie durch aufmerksames Lauschen, das Zusammenziehen der Augenbrauen und durch ihr ebenso mannigfaltiges wie eigentümliches und auf viele verschiedene Weisen zum Ausdruck gebrachtes Erstaunen.[25]

— *Himmlische Sphäre* —

Das aber ist nur ein Teil des Bildes, seine unter Hälfte. Über ihr, abgetrennt von einem schmalen Wolkenband, hat Raffael die Welt des Himmels gemalt: In der Mitte der erhöhte, verklärte Christus, in einem Strahlenkranz wie in einer großen Monstranz. Ihm zur Seite der Täufer Johannes, die Apostel und Evangelisten und eine Gruppe von Märtyrern. Hoch über allen thront Gott, der Vater, und er sendet den Geist aus, der wie ein Bindeglied zwischen Erde und Himmel im Sinnbild der Taube in das Wolkenband zwischen oben und unten taucht.

— *Im Antlitz Christi enthüllt sich das Geheimnis* —

Klar, dass es Raffael um die Parallele der beiden Bildhälften zu tun war. Was in der Monstranz unten zu sehen ist, wird in seiner Wahrheit oben sichtbar. Und umgekehrt: Was oben geschieht, wird unten enthüllt, aber so, dass das Geheimnis, das alles durchwaltet, zugleich mit zum Ausdruck kommt. Schon Vasari bemerkt, wie sich die Gesichtszüge der himmlischen Akteure oben von denen der theologischen Disputanten unten unterscheiden. Nicht mehr Neugier, Besorgnis und Stirnrunzeln entdeckt er dort, sondern im Antlitz Christi Züge, „die solche Milde und Barmherzigkeit zeigen, daß sie dem Sterblichen eine gemalte Göttlichkeit vor Augen führen können"[26], wie er schreibt. Und ähnlich bei der Madonna, die – so nochmals Vasari – „[…] mit zur Brust geführten Händen ihren Sohn betrachtet und sinnend beschaut, so daß es scheint, als wäre es ihr unmöglich, Gnade zu verweigern."[27]

Was Raffael malt und Vasari ins Wort bringt, möchte sagen: Erst im Himmel, dort wo die Innenseite von allem offenbar wird, erst dort lichtet sich auch das Geheimnis der Eucharistie. Auf Erden wird es immer von

Staunen und Stirnrunzeln zugleich begleitet sein. Aber beide, der Maler und der Schriftsteller, geben uns einen Wink, wo das irdische Zeichen seine tiefste Wurzel hat: Das Antlitz Christi verrät es und es spiegelt sich von ihm her wider auf den Gesichtern der Heiligen, die auf ihn schauen: die Milde und Barmherzigkeit. Fast unwillkürlich lässt einen Vasaris Beschreibung an das Jesuswort aus dem Matthäus-Evangelium denken, wo er seinem Jubelruf über den Vater die Einladung anfügt: Kommt alle zu mir, die ihr mühselig und beladen seid, ich will euch erquicken. Das ist es ja, was man Jesu Herzenssache nennen kann: Gottes Reich ankündigen als etwas, das unmittelbar nahe gekommen ist, gleichsam vor der Tür steht, und glaubhaft machen, dass es diesem Gott um das Leben seiner Geschöpfe geht. Dass wahr ist, was schon Mose am Dornbusch als Gottes Name hören durfte: Ich-bin-der-ich-bin-da-für-euch, war es immer gewesen, werde es immer sein. Nicht zu fassen in Namen und Begriffen, aber so treu da, dass du Mensch davon leben kannst im Auf und Ab Deiner Tage. Und dass das denen, denen das Nötigste fehlt oder denen es vorenthalten wird, zu allererst gesagt ist.

Dafür steht die Eucharistie, dieses Andenken Jesu an die Fußwaschungsstunde, dass vor dem Gott, für den er einsteht mit Leib und Leben, der so ist, wie Jesus war, keiner vergessen ist, nicht der Geringste, weil sich dieser Gott nicht zu gut ist, sich selbst gleichsam niederzubeugen zu seinem Geschöpf und ihm zu dienen. Und dass darum niemand mehr fürchten muss, irgendwo und irgendwann von diesem Gott verlassen zu sein, wenn der sich denn geradezu definiert hat als der, der seine Wirklichkeit im Dasein-für erweist. Das mag manchmal so unbegreiflich, ja anstößig sein wie, dass ein Stück einfaches Brot sich, in der Sprache des Glaubens gesagt, wandelt in den Leib des österlichen Herrn. Und trotzdem muss an diesem Ich-bin-der-ich-bin-da-für-dich etwas daran sein. Sonst wüssten wir nichts vom Glauben und der Gottesgeschichte Israels, gäbe es kein Evangelium, keine Kirche. Und wenn das wahr wäre, das mit dem Dasein Gottes für den Menschen, so sehr, dass ihm nicht zu viel ist, sich klein zu machen bis herab auf unsere Augenhöhe, wenn das wahr wäre, dann ist der Rest: all das mit der Gnade, der Auferstehung und Ewigkeit, und auch das mit der Wandlung, etwas schnoddrig gesagt, geschenkt. Kann's denn wirklich überraschen, wenn auch Gottes Tun und Sein zu den Wahrheiten gehörten, die sich nur erschließen, wenn man ihnen auf halbem Weg entgegenkommt, wie William James einmal formulierte? Schon für jede Liebe zwischen Menschen gilt das: Nur die Zuneigung, das Vertrauen, die der eine vorschießt, öffnet dem anderen den Raum für das Erfinderische und Schöpferische, von dem alle Liebe lebt. Das, scheint mir, macht auch die Atmosphäre aus, in der so etwas wie das Geheimnis der Eucharistie überhaupt erst zur Entfaltung kommen kann. In etwa so, wie Raffael es andeutet in dem Blick, den er uns in den Himmel tun lässt.

— Wahrheit – Gerechtigkeit – Poesie —

Vielleicht aber müssen wir den Künstler noch ganz anders, viel ausgreifender bei dem nehmen, was er uns vor Augen gestellt hat. Es ist ja nicht nur nicht alltäglich, sondern einzigartig, dass er zum einen die Gotteswissenschaft sozusagen in der Eucharistie kondensiert und sie zum anderen ins Gegenüber und damit ins Verhältnis zur Philosophie, zur Rechtswissenschaft und zur Dichtkunst setzt. Raffael wäre nicht Raffael, wenn nicht auch darin eine Botschaft beschlossen läge. Sie scheint mir auch gar nicht so schwer zu entziffern. Denn sie lautet: In der Orthodoxie, im rechten Glaube, geht es nicht um Rechthaben, sondern um Wahrheit. Daran erinnert das Gegenüber zum Bild der Philosophenschule und in seiner Mitte das Ineinander von geistiger und irdischer Welt. Diese Wahrheit des rechten Glaubens kann aber nicht gehabt werden ohne das rechte Tun, die Orthopraxie, die ihre Mitte in der Gerechtigkeit hat – daher das andere Bild mit den Szenen aus der Welt des Rechts. Und ihren rechten Ausdruck findet diese so kontemplative wie praktische Wahrheit des rechten Glaubens nur in der Sprache der Poesie, daher das vierte Bild mit dem Parnass, dem Sitz der Dichterinnen und Dichter. Philosophie, Politik und Poesie zusammen sind die Quellen, aus denen sich das Verstehen des Glaubens speist.

— Dichterische Einladung an die Welt —

Was da aus Raffaels Komposition spricht, ist im Kern nichts anderes als das, was eine Theologie von heute mit dem Fest Fronleichnam verbindet: Wir verlassen an diesem Tag zeichenhaft die Mauern unserer Kirchen und zeigen der ganzen Welt die Mitte unseres Glaubens, Gottes Urtat der Liebe, und sagen seine Einladung weiter. Wir wissen dabei, dass dieser Glaube nur wahr sein kann, wenn ihm das rechte Handeln nicht fehlt. Darum erbitten wir für Stadt und Land und Welt Gerechtigkeit und Frieden und verpflichten uns damit vor Gottes Angesicht, mit seiner Hilfe auf das hinzuwirken, was an dem Erbetenen noch fehlt. Und wir sprechen über das Zeichen der Gottesliebe in poetischen Bildern und Liedern, weil nur deren Überschwang dem entsprechen kann, was Gottes Güte im heiligen Zeichen zu schenken hat. Wie wohl kein anderer hat der Heilige Thomas von Aquin in den Hymnen, die er für das Fronleichnamsfest geschrieben hat, Orthodoxie und Orthopraxie, Wahrheit und Dichtung ineins gewoben, das „Pange lingua", das „Lauda Sion" und das „Adoro te devote" zeugen bis heute davon.

Wer Thomas' Hymnen nachlauscht oder Raffaels Bilder betrachtend mit den Augen erwandert, mag den Gedanken wagen, es sei Gottes Güte, die alles trägt und birgt, was wirklich ist, und niemals trügen wird. Fronleichnam ist der Dank dafür, dass die Welt im Sakrament schon begonnen hat, auf ihre Mitte hin durchsichtig zu werden, transparent wie ein Vorhang aus Licht. Silja Walter, die Poetin aus dem Kloster, hat das in einer ihrer biblischen Nachdichtungen so gesagt:

> *Du hast in Brot und Wein*
> *ein neues Bundeszeichen*
> *in die Welt gestellt.*
> *Gott bleibt uns ewig gut.*
> *Wir tragen deinen Regenbogen mit uns heim*
> *in unserm Geist und Blut.*
> *O wunderbares Gastmahl deiner Liebe.*[28]

Das Geschenk ist da. Auf das Mitheimnehmen kommt es jetzt an.

Sonntage im Jahreskreis

Erster Sonntag im Jahreskreis: [siehe Fest der Taufe Jesu]

Zweiter Sonntag im Jahreskreis: Joh 1,35–42

Logbuch der Seele

— Einfach schauen —

Schaut euch nicht suchend um nach Gott, sagte einmal ein Meister des geistlichen Lebens zu seinen Schülern. Schaut einfach, und alles wird sich zeigen. – Aber wie sollen wir denn schauen, fragten sie zurück? Jedes Mal, wenn du etwas ansiehst, sieh' nur das, was da ist und nichts sonst, gab er zurück. – Die Schüler waren verwundert, also sagte der Meister es einfacher: Wenn ihr zum Beispiel den Mond betrachtet, dann seht nur den Mond, und nichts sonst. – Die Schüler fragten wieder: Was könnte man denn sonst sehen außer dem Mond, wenn man den Mond betrachtet? Der Meister antwortete: Jemand, der Hunger hat, könnte einen Käselaib sehen, und ein Liebender das Gesicht seiner Geliebten.

— Das Einfachste ist manchmal das Schwerste —

Schon immer haben die, die etwas verstehen von der Menschenseele, darum gewusst, wie schwer es ist, die Welt, alles in ihr, ja sich selbst einfach wahrzunehmen so, wie es ist, und nicht wie man es erhofft oder braucht. Das Einfachste kann manchmal das Schwerste sein. Aber zugleich ist es notwendig, notwendig nicht nur, um böse Irrtümer zu meiden, sondern ebenso notwendig ist das einfache Schauen, um Gott zu finden, wie unsere Geschichte sagt, das heißt um ein geistlicher Mensch zu werden.

— Der Weg des Christwerdens —

Das Evangelium sieht das genauso. Darum beschreibt uns der Evangelist Johannes am Beispiel der allerersten Jünger das Christwerden als einen Weg, der dieses einfache Schauen zu seiner Mitte hat. Alles beginnt mit einem Wort aus dem Mund des Täufers, also einem Prophetenspruch:

Als Jesus vorübergeht, sagt Johannes zu zweien seiner eigenen Jünger über ihn: Seht, das Lamm Gottes! Ein für jeden gläubigen Juden geradezu elektrisierendes Stichwort gibt der Täufer damit. „Lamm Gottes", das ist seit der Zeit des babylonischen Exils das Sinnbild dafür, dass einer kommen wird, der endlich die Sünde, also die Ursache aller Vertreibungen und Gefangenschaften fortschaffen wird aus der Welt, – einer, der die Dinge wieder ins Lot zu bringen vermag zwischen Gott und Mensch, indem er Oben und Unten miteinander versöhnt auf eine Weise, die total verschieden sein wird – und sein muss – von allem, was Menschen sich unter Versöhnung vorstellen können.

Als die beiden Jünger den Täufer das sagen hören über Jesus – Lamm Gottes –, da folgen sie ihm. Das ist absolut nicht selbstverständlich. Denn das setzt ja voraus, dass sie getroffen wurden von dem, wofür „Lamm Gottes" steht. Getroffen werden aber von dieser prophetischen Verheißung kann nur, wem bewusst ist, wie sehr die Welt und die Menschen in ihr und auch er selbst dieser die Sünde aufhebenden Versöhnung bedarf. Wer also weiß, wie die Eigensucht alles Menschliche, gerade das Gute und Empfindsame der Seele anfrisst, wie sie zerreißt, was doch eigentlich zusammen gehört, wie sie blind macht für die Wahrheit. Und nicht nur wissen um all das wird, wem das Täufer-Wort Verheißung gibt, sondern daran leiden muss er, leiden allem anderen vorweg daran, dass er selbst – manchmal sogar gegen den eigenen guten Willen – die Sünde, die misstrauische Eigensucht vermehrt.

Bei Andreas und dem anderen Jünger muss es so gewesen sein. Darum gehen sie Jesus nach. Sie wissen noch gar nichts von ihm und auch er selbst hat durch nichts ein Zeichen gegeben dafür, dass sie – ausgerechnet – in ihm finden könnten, was sie so sehr suchen. Allein das für sie im Grunde rätselhafte Täuferwort lässt sie diesem Jesus nachgehen. Wie groß muss darum ihre Sehnsucht gewesen sein, mit Gott wieder ganz eins zu sein!

Als Jesus merkt, wie sie ihm folgen, fragt er sie, was sie denn wollten von ihm. Sie wissen das genau, aber sie können es nicht – jetzt noch nicht – sagen, einem Fremden vertraut man nicht sein Innerstes an, noch dazu, wenn es ihn selber betrifft. Darum ihre verlegene Gegenfrage: Wo wohnst du, Meister? Will natürlich heißen: Wer bist du? Begegnen wir wirklich dem, was der Täufer gesagt hat? Und er darauf: Kommt und seht! Nicht: Glaubt!; nicht: Hört!; nicht: Bekehrt euch!, sondern: Kommt und seht! Da ist es: das einfache Schauen. Da gingen sie mit ihm und sahen und blieben diesen Tag bei ihm. – Wir hören nichts von dem Ort, wohin sie gingen, nichts von dem, was sie gesprochen oder getan haben. Das alles ist nicht wichtig. Einfach mit ihm sein und schauen, das genügt. Es genügt, um Jünger, um Glaubender zu werden – so überzeugt, dass Andreas dem Erstbesten, den er dann traf, seinem Bruder Kephas, weitersagte, weitersagen musste, was er gefunden hatte.

— Grundlinien —

Dass der Evangelist die Begegnung zwischen Jesus und seinen ersten Jüngern so auf das Wesentliche beschränkt erzählt, das gibt uns einen Wink, worum es ihm mit dieser Geschichte geht: Er zeichnet uns mit ihr die Grundlinie des Christwerdens vor: anerkennen, wie es um mich steht; wissen, was mir fehlt, suchen nach dem, was Hilfe wäre; kommen und schauen, wenn ich gefunden habe, was solche Hilfe sein will; und aus dem Schauen – und nur aus ihm – gewiss werden, dass wirkliche Hilfe ist, was so heißt – will sagen: dass Jesus der ist, den jedes Menschen Seele sucht, wenn sie ehrlich ist. Das ist der Weg des Christwerdens. Keiner wird Christ, weil er andozierte Sätze für wahr hält. Christ ist der, und nur der, der den Weg selber geht, das heißt der aus eigener Erfahrung mit sich und mit Jesus zum Glauben kommt an diesen Jesus als Gotteslamm.

— Wider die Tragödie der Anständigkeit —

Dramatisch wohl muss man lernen, dass – heute noch mehr als in früheren Zeiten – auch Christinnen und Christen, die sich viel zugute halten auf ihren Glauben und ihre Lebensführung, gerade die zwei wichtigsten Schritte dieses Weges regelrecht zu überspringen suchen. Einmal den ersten: die Anerkenntnis, trotz manch schöner Fassade so ins Sündige verstrickt zu sein, dass sie von selber nicht mehr freikommen daraus. Der französische Schriftsteller Charles Peguy hielt für eine schreckliche Gefahr, dass die anständigen Leute, besser: die, die man so nennt und die sich selber so bezeichnen, – dass die keine schwache Stelle in der Rüstung haben. Ihre beständig heile moralische Haut schafft ihnen ein undurchdringliches Fell und einen Panzer ohne Lücke. Sie besitzen nicht jene offene Stelle, wie sie durch eine unvergessliche Gram entsteht, eine unbesiegbare Reue, eine bohrende Sorge, eine würgende Angst oder eine heimliche Bitterkeit. Weil sie unverletzt sind, sind sie unverwundbar. Weil ihnen nichts mangelt, wird ihnen nichts gebracht. Weil ihnen nichts mangelt, wird ihnen nicht gebracht, was alles ist. Selbst die Liebe Gottes verbindet den nicht, der keine Wunden hat. Wer nicht gefallen ist, der wird niemals aufgehoben. Doch es gibt keinen, der nicht irgendwann gefallen wäre. Aber wehe, einer bildet sich ein: Ich nicht! Das ist dann die Tragödie der Anständigkeit. Sie geschieht viel öfter, als wir denken. Und jeden Seelsorger kann ja nur noch entmutigen, wenn ein Christ ihm allen Ernstes vorsagt, er habe sich nichts vorzuwerfen. Ich frage mich dann immer: Was hat dieser Mensch vom Christusgeheimnis, vom Gotteslamm begriffen? Hat er je wirklich auf ihn geschaut?

— *Wider die Hektik* —

Und das ist auch schon der zweite Schritt des Glaubensweges, der so gern abgekürzt wird: das Schauen. Wir sind Menschen aus Fleisch und Blut und darum braucht alles, was wir tun und wahrnehmen, seine Zeit. Schon dafür brauchen wir genug Zeit, einem anderen Menschen zu begegnen und ihn kennenzulernen. Wie viel mehr erst wird das nötig sein, wenn es um den Herrn geht. Kommt und seht – und sie blieben diesen Tag. Wie lange bleiben wir, wenn wir denn einmal bei ihm sind, um zu schauen, wer er ist? Schon längst hat die Mehrheit der Christinnen und Christen – unter ihnen auch viele Priester – den Glauben selbst der Hektik und Oberflächlichkeit des Alltags ausgeliefert. Wie aber soll er dann noch die Kraft haben, eben diesen Alltag zu unterbrechen, auf dass das Wesentliche nicht aus den Augen gerät? Ein untrügliches Symptom für den Umgang mit dem für das geistliche Leben so entscheidenden Schauen ist, wie es ein Priester, wie es eine Gemeinde mit der Predigt hält. Gewiss gibt es Predigten, die daneben gehen, auch jeder Prediger ist ein Mensch. Und auch gibt es – schlimm genug – Verkünder, die schlicht und einfach in der Ausübung ihres Dienstes schlampen. Aber die allfälligen Sprüche von der Würze der Kürze und Ähnliches, was unumgänglich laut wird, wenn eine Predigt länger ausfällt als ein besserer Werbespot im Fernsehen, das ist weder lustig noch kritisch, es ist nicht einmal – obwohl auch das – nur dumm. Es ist letztendlich Indiz dafür, dass eine Gottesdienstgemeinde die Mühe des Glaubensweges nicht eigentlich mehr auf sich nehmen mag und darum sich ihrer sogenannten Sonntagspflicht zu nachgelassenen Preisen zu entledigen trachtet. Es gibt Situationen, in denen Menschen ganz von selbst darauf kommen, was daran hängt, beim Herrn und seinem Wort zu bleiben – und zu schauen. Manchmal will mir scheinen, das Notwendige ist in vielen Gemeinden schon zum Sonderfall geworden.

Das Evangelische des Evangeliums

— *Sich nicht schämen müssen* —

Es war kurz vor der Karwoche im Kloster des Heiligen Franz in Assisi. Die Brüder hielten strenges Fasten. Eines Nachts, während alle schliefen, schrie plötzlich einer um Mitternacht: Ich sterbe, ich sterbe! Alle wachten erschreckt auf und waren verwundert. Da erhob sich Franz und sagte: Steht auf und macht Licht! Als es geschehen war, fragte er: Wer hat da geschrien, dass er sterbe? Der Betreffende meldete sich. Franz fragte: Was hast du, Bruder, dass du meinst, du stürbest? Der darauf: Vater, ich dachte, ich sterbe vor Hunger. – Da ließ Franz sogleich den Tisch herrichten, und klug und liebevoll, wie er war, aß er selbst mit jenem Bruder und auf sein Wort aßen auch alle anderen mit ihm, damit jener, der geschrien hatte, sich nicht zu schämen brauchte, allein zu essen. Und jener Bruder, so heißt es, soll den anderen ein Vorbild im geistlichen Leben geworden sein.

— *An den Ort des Schwachen gehen* —

Gewöhnlich geht es ganz anders, wenn einer sich eine Schwäche gibt. Da wird gemahnt und bloßgestellt – und für den Spott braucht er auch nicht mehr zu sorgen, der Schwache. Auch unter Christinnen und Christen und in der Kirche ist das so. Der Heilige Franz hat es anders gehalten. Er hat den schwachen Mitbruder, der so schlecht fasten konnte, nicht durch Tadel und Urteil gebrandmarkt und so in seine Schwäche eingesperrt. Sondern: Er hat sich und die anderen ihm, dem Schwachen, gemein gemacht. Er hat sich dorthin begeben, wo der Schwache war; so hat er ihm die Last seines Versagens leicht gemacht und ihm geholfen, seine Schwäche anzunehmen und mit ihr menschlich zu leben. Wie kam der Heilige Franziskus dazu? Ganz einfach: Er hatte sich das Evangelium zu Herzen genommen. Franz ist genau so gewesen, wie Gott nach Jesu Zeugnis seit je und für immer zu uns ist. Und wie Gott ist, davon redet uns das heutige Evangelium.

— *Umkehr als Antwort* —

In wenigen Sätzen überliefert uns Markus da programmatisch die Mitte der ganzen Botschaft Jesu und lässt uns die Konsequenzen dieser Botschaft schauen. Jesus war nach den 30 Jahren seines verborgenen Lebens in Nazaret mit seiner Taufe im Jordan ins Licht der Öffentlichkeit getreten. Er hatte den Bußruf des Täufers bejaht und mit seinem Wunsch, auch sich selbst der Jordantaufe zu unterziehen, die Bewegung der Umkehr zu dem erklärt, was nottut vor Gott für alle. Aber jetzt, da man den Täufer, diesen eindringlichen Boten Gottes, eben ob seiner Botschaft von Gott einsperrt und wenig später beseitigt, da bricht in Jesu Herz, auf dem Wurzelboden seiner Gottesliebe etwas durch, was vorher so noch nie ein Gottesgläubiger zu sagen gewagt hatte. Denn Jesus sieht: Wegen der Abgestumpftheit der Menschenherzen läuft im Letzten auch noch der eindringliche Bußruf – wie der des Täufers – ins Leere. Was immer der Mensch an Umkehr vollbringen mag, er bleibt Gott immer noch etwas schuldig. Sein Gespür für die Halbheit allen menschlichen Tuns und zugleich sein Wissen um die bangende Liebe Gottes, die um jeden Einzelnen zittert – beides zusammen lässt Jesus die Bußpredigt des Täufers auf den Kopf stellen. Nicht mehr: Kehrt um, dann wird Gott sich auch euch zukehren und nahe sein, predigt er, sondern: Die Zeit ist erfüllt und das Reich Gottes ist nahe. Darum kehrt um! Umkehr nicht mehr als Voraussetzung dafür, dass der Mensch seinem Gott wieder unter die Augen treten kann, sondern: Umkehr als Antwort darauf, dass Gott vorweg schon auf uns schaut und uns als den Schuldigen die Hand der Versöhnung entgegenstreckt – umsonst, gratis – aus Gnade. Die Zuvorkommenheit Gottes uns Menschen gegenüber, das ist das Evangelische, das Frohmachende am Evangelium. Die Zeit ist erfüllt. Das Reich Gottes ist unmittelbar nahegekommen, also: mitsamt unserer Schwäche und Sünde sagt Gott Ja zu uns. Er macht – nicht dann, wenn wir uns gebessert haben, sondern jetzt macht er –, dass es wieder stimmt zwischen ihm und uns; dass wir Gott wieder Gott sein lassen und selbst bereit sind, Menschen zu sein, darin besteht das nahekommende Gottesreich. Und diese Voraussetzungslosigkeit seiner Zuneigung riskiert Gott in der Hoffnung auf die Logik des Herzens: Wenn uns einer so weitherzig, so absolut liebevoll entgegenkommt, wer könnte da, wenn er sich noch ein menschliches Herz bewahrt hat, anders antworten als damit, dass er sich dieser grenzenlosen Güte anvertraut – also umkehrt zu diesem Gott? Sich auf dieses Evangelium Gottes, also auf die Botschaft Jesu von diesem Gott einzulassen, sie anzunehmen, das ist der erste Schritt solcher Umkehr, die darin besteht, Gott schier alles zuzutrauen, sogar, dass er mich auch noch als Sünder lieb hat.

Allerdings: Wo immer Menschen dieses Evangelium für wahr nehmen, da löst diese Botschaft Folgen aus, die vorher nicht zu kalkulieren waren. Markus macht uns das deutlich an der Berufung der ersten beiden Jüngerpaare Simon und Andreas und der beiden Zebedäussöhne Jakobus und Johannes. Im Grunde geschieht in dieser Szene schon lange vor der ersten Heilung, die Jesus wirkt, das erste Wunder des Evangeliums. Mag der Entschluss zur Nachfolge bei den vier Männern durchaus komplizierter, langwieriger vonstatten gegangen sein, als die dürftigen Worte des Markus andeuten – nichtsdestotrotz widerfährt den Fischern da etwas, was sie kurz vorher noch weit von sich gewiesen hätten. Sein Wort, also das, was ihnen an diesem Jesus aufgeht, bringt Simon und Andreas dazu, ihre berufliche Existenz an den Nagel zu hängen. Und von Jakobus und Johannes wird uns erzählt, dass sie ihren Vater zurücklassen, also mit der Familie und der Tradition brechen. Am Beispiel dieser ersten Berufungen macht uns Markus klar, welch radikale Umorientierung dem widerfährt, der Jesu Botschaft von Gott und ihn selbst wirklich einmal herangelassen hat an sich. Denn diese Männer tun da ja nichts weniger, als die Gewissheit ihres täglichen Brots und die Geborgenheit und Beheimatung ihres ganzen Daseins aufzugeben. Die Begegnung mit Jesus provoziert sie zu einem Neubeginn, der Außenstehende nicht anders als verrückt anmuten kann. Jesu Evangelium schenkt ihnen den Geschmack einer Freiheit, die sie unabhängig sein lässt auch noch von den menschlich scheinbar unentrinnbarsten Bindungen der Existenzsicherung und der Herkunft.

Damit sagt uns Markus: Das erste Indiz dafür, dass einer Jesu Evangelium Gottes ernst nimmt, ist eine im wörtlichen Sinn radikale, also an die Wurzeln gehende Erfahrung von Freiheit. Wer aber das Glück der

Freiheit erfahren hat, will nichts sehnlicher, als dass auch andere frei seien. Deshalb kann der vom Evangelium mit der Freiheit eines neuen Lebens Beschenkte nicht anders als diese Erfahrung so weiterzuerzählen, dass sie auf andere überspringt. Die beglückende Widerfahrnis des aus Gnade und Liebe vergebenden Gottes drängt – wie eine Liebesgeschichte – darauf, weitergesagt zu werden, also an ihrem Glück Anteil zu geben. Die Verheißung Jesu an seinen ersten Jünger: Folgt mir nach! Ich werde euch zu Menschenfischern machen! – diese Verheißung ist deshalb keine willkürliche Funktionszuweisung, sondern nichts anderes als das Wirklichkeitwerden des innersten Kerns, dessen, was die Begegnung eines Menschen mit dem Evangelium auslöst. Im Reden und Handeln die liebende Zuvorkommenheit Gottes freimütig und freudig weitersagen, darin besteht Nachfolge – also auch die Nachfolge, die wir mit unserer Taufe angetreten haben. Wenn sich trotzdem auch in der Kirche oft so arge Freudlosigkeit breitmacht und nicht wenige Formen von Unfreiheit das Klima bestimmen, was kann das anderes heißen, als dass Christinnen und Christen – einschließlich rotgewandeter Würdenträger – Jesu befreiende Botschaft von Gott nicht ernst genug nehmen?

— Gewissenserforschung einmal anders —

In aller Regel wird Nachfolge für uns deshalb zuerst einmal darin bestehen, uns Jesu Botschaft vom gratis vergebenden Gott anzuvertrauen. Solche nachgehende Umkehr finge vielleicht damit an, dass wir einmal eine ganz gewohnte Form der Gewissenserforschung versuchten. Die französische Dichterin Marie Noël hat sie in ihrem Tagebuch sinngemäß so beschrieben: In der Zeit, da ich schwarz sah, rackerte ich mich nach jedem Tag ab, mein mit Sünden belastetes Gewissen zu durchwühlen und zu scheuern. Jetzt mache ich meine Abrechnungen anders: Ich suche nicht mehr nach meinen Unvollkommenheiten, sondern nach meinen Schulden. Ich sehe in meinem Herzen alles durch, was ich im Laufe dieses Tages von anderen empfangen habe, diese kleinen und großen Beweise der Güte des Menschen, der mir unterwegs Almosen gegeben hat, alle meine Wohltäter rufe ich mir zurück in meinem Gebet vor dem Einschlafen: die alte Nachbarin, die am Abend meine Fensterläden schließt, die andere, die sieht, wie mich etwas bedrückt und die mir auf der Türschwelle guten Rat schenkt.

Wie viele Leute sind heute gutherzig meiner Armseligkeiten zu Hilfe gekommen, meiner Ungerechtigkeit, meiner Ohnmacht, etwas Gutes zu tun... Für sie alle singe ich meine Litanei des Dankes am Abend. – Gerade von ihren Fehlern und Versagen hat Marie Noël sich die Augen öffnen lassen für die Gesten der Güte und der Sympathie. Das hat sie menschlich gemacht und frei – wie den Klosterbruder die Liebenswürdigkeit des Heiligen Franz. Und so ist Gott zu jedem von uns – immer. So erlösend könnte das Evangelium uns begegnen. Wer sehnte sich – wenigstens im Stillen – nicht eben danach? Das Reich Gottes ist nahe!

Vierter Sonntag im Jahreskreis: Mk 1,21–28 (und Dtn 18,15–20)

Ein Gott, den man aushält

— Tora – dem Feuer gleich —

Eine jüdische Überlieferung sagt: Die Tora wurde aus dem Feuer gegeben und ist dem Feuer gleich. Wie ein Feuerweg ist sie, denn wenn ein Mensch ihr zu nahe kommt, so wird er verbrannt. Hält er sich aber fern von ihr, so wird ihm kalt. Es gibt für den Menschen nichts anderes, als sich in ihrem Licht zu wärmen.

— Zwischen Nähe und Ferne —

Diese Worte müssen aus langer, auch schmerzlicher Lebenserfahrung kommen. Wenn ein Mensch der Tora, also dem Gebot Gottes zu nahe kommt, wird er verbrannt; hält er sich fern, erkaltet er. Dem Gebot zu nahe tritt, wer sich gleichsam seiner bemächtigt, zum Beispiel mit der hochmütigen Einbildung, sich nichts vorwerfen lassen zu müssen im Leben und darum so etwas wie einen Anspruch auf Belohnung durch Gott erworben zu haben. Am Ende wird sich, gemessen an dem, wer Gott ist und was er gewollt hat, herausstellen, dass die Anständigkeit, die sich eine oder einer zugute hält, nur leeres Stroh war, das in einem Funkenregen vergeht, wenn es auch nur in das Kraftfeld der Gegenwart Gottes gerät. Doch in der Ferne von Gott kann es erst recht keiner aushalten mit sich. Was also tun?

— Israels Erfahrung und Gottes Versprechen —

Im Grunde wissen ausnahmslos alle Religionen darum, dass der Mensch die Nähe Gottes nicht aushalten kann – dass er sich vor dem, der „ist" im strengen Sinn des Wortes, als Nichts erfährt. Das Geheimnis überwältigt alles, was ihm nahe kommt. Das Volk Israel hatte das gerade auch an den großen Wendepunkten seiner Geschichte erfahren, am intensivsten wohl damals, als Gott ihm am Sinai den Bund mit sich geschenkt hat. Israel hat diese Erfahrung in Hör-Bildern wie dem in der heutigen Lesung festgehalten: Ich kann die donnernde Stimme des Herrn, meines Gottes, nicht noch einmal hören und dieses große Feuer nicht noch einmal sehen, ohne dass ich sterbe.

Aber gleichzeitig steht und fällt Israel damit, seinem Gott nahe zu sein und zu bleiben. Und darum schafft Gott selbst so etwas wie ein Bindeglied zwischen sich und seinem Volk, etwas, was diese Nähe verbürgt und zugleich erträglich macht. Dieses etwas ist ein jemand, ein Mensch: Mose. Mose war und ist für die Juden der Prophet schlechthin. Ein Prophet sagt nicht vorher, sondern übersetzt, was von Gott kommt, ins Menschliche. So enthüllt er das Geheimnis Gottes, indem er es verhüllt, beziehungsweise verhüllt es, indem er es enthüllt – je nachdem, wie man es sagen will.

Zu dem, was Mose prophetisch im Namen Gottes auszurichten hatte, gehörte auch das Versprechen, Gott werde, wenn Mose einmal nicht mehr ist, einen Propheten wie ihn erwecken, der Gottes Wort weitersagen wird. Oder anders: Gott verspricht, Israel werde nie ohne Prophet sein, was soviel heißt wie: Er werde seinem Volk niemals seine Nähe entziehen.

— *Ein Schreiner aus Nazaret* —

An dieses Versprechen haben fromme Juden wohl unwillkürlich denken müssen, als eines Tages in Kafarnaum einer in die Synagoge zum Gottesdienst kam und – wie es jedem erwachsenen jüdischen Mann erlaubt war – zu predigen anfing. Er war doch nur ein Schreiner aus Nazaret. Aber redete in einer Art, wie sie es seit Menschengedenken nicht mehr gehört hatten. Redete von Gott in einfachsten Worten und Sinnbildern, aber so, dass es die Zuhörer berührte, manche traf, einige zutiefst erschütterte. Und das war deswegen so, weil in seinen Worten so etwas wie Gottes unmittelbare Nähe spürbar wurde – genau das, was ihnen in den Worten so vieler sogenannter Gottesmänner, zumal der Fachleute fürs Fromme, fehlte, ohne dass sie recht hätten sagen können, was ihnen eigentlich abging.

— *Nicht mehr „ich" sagen können* —

Unter Jesu Zuhörern saß auch ein Mann, der von einem unreinen Geist besessen war, wie das Evangelium sagt. Was es meint, verstehen wir ganz leicht, wenn wir das Wort „besessen" einfach ganz wörtlich nehmen: Der Mann war ganz in Besitz genommen, mit Beschlag von irgendetwas – von schrecklichen Erinnerungen, von Ängsten, von einem Zwang vielleicht, kurz: von etwas, was ihn einfach nicht mehr ihn selber sein ließ. Solche Besessenheit gibt es bis heute in allen möglichen Formen: Alkohol, Medikamente, Drogen, Arbeit, Sex, Macht, Besitz können Sucht sein, eine Sucht, hinter der sich immer eine Not verbirgt und die sich als der Zwang meldet, oft gerade das zu tun, was eine oder einer nicht tun möchte – so als ob in ihm ein anderer steckte, der aus ihm redet oder sie zu seinem Werkzeug macht. Darum schreit der Mann in der Synagoge auch: Was haben *wir* mit dir zu tun, Jesus? Bist du gekommen, *uns* ins Verderben zu stürzen? Der Mann ist nicht Herr im eigenen Haus, er kann nicht einmal mehr „ich" sagen. Das meint das Evangelium mit „Besessenheit".

Die Art, wie Jesus sprach, wie er auftrat und war, – die muss den Mann ungeheuer erregt, ja provoziert haben. So sehr, dass er vor allen Anwesenden herausschreit, was mit ihm los ist. In dem Augenblick aber, da er das tut, beginnt seine Heilung schon. Als er Jesus, diese Herausforderung in Person, dieses Inbild dessen, was er nicht ist und doch auch so sehr sein möchte, – als er Jesus abwehrend beschwört, weil der ihn gleichsam bis ins Mark erschüttert, und schreit: Du bist der Heilige Gottes!, da kann er schon „ich" sagen: Ich weiß, wer du bist! – Jesus hat keine Zauberformel geflüstert, ja im Grunde überhaupt nichts gemacht. Seine bloße Gegenwart deckte dieses Menschen Seele bis zum Grunde auf. Und so konnte sie anfangen, heil zu werden.

Schöner hätte der Evangelist auch gar nicht zum Ausdruck bringen können, was eigentlich ein Wunder ist. Es verhält sich so ähnlich wie mit einem Bild in den Uffizien in Florenz: Zwischen all diesen Kostbarkeiten hängen da und dort auch ein paar kleinere Werke, die kaum einer der Besucher beachtet. Eines davon – man weiß nicht einmal, wer es geschaffen hat – zeigt eine Szene aus dem Leben des Heiligen Benedikt. Der Heilige ist noch ein Kind, neben ihm steht eine Frauengestalt, seine Amme; ihr ist gerade eine kleine, alltägliche Schüssel hinuntergefallen und zerbrochen. Der kleine Benedikt hockt sich auf den Boden, fügt die

Scherben zusammen und macht die Schüssel wieder ganz. Dieses kleine Bild wirkt nicht sonderlich wertvoll, eher wie eine Votivtafel, wie man sie von ländlichen Wallfahrtsorten kennt, Telgte oder Altötting etwa. Und doch sagt dieses unscheinbare Bild mehr als manch unbezahlbares Meisterwerk neben ihm. Denn der unbekannte Maler hat da in der Sprache einer Heiligenlegende ohne aufsehenerregendes Spektakel – aber ebendarum so treffend – ins Bild gesetzt, was ein Wunder ist, nämlich: nicht eine Zauberei oder der Erweis von Macht, die alles durchbricht, was sonst gilt. Sondern: Wunder ist, wenn etwas wieder ganz, wieder heil wird – so, wie es eigentlich gemeint ist. In dem Wunder des Heiligen Benedikt mit der kleinen Schüssel lässt der Maler im Grunde auf liebevolle Weise sich eben das spiegeln, was uns das heutige Evangelium erzählt.

Dass Jesus ausgerechnet mit diesem Wunder sein öffentliches Wirken beginnt, deutet uns an: Jesus ist gekommen, buchstäblich in Kampf zu treten gegen alles, was einen Menschen nicht mehr ihn selber sein lässt. Das Reich Gottes, das er verkündet und bringt, – dieses Reich wird konkret und wirklich in der Befreiung des Menschen von allem, was ihn knechtet und seiner entfremdet.

— Freiheit zum Leben —

Wo einer oder eine sich ansprechen lässt von dem, was Jesus über Gott und über den Menschen zu sagen hat, da merkt er oft schnell, wie viel ihm fehlt, was alles seine Seele unterjocht. Und alles Böse, das es in einem Leben geben kann, hat darin seinen Grund. Solche Not mit mir selber zu erkennen, ist oft mit einer Krise verbunden, die einem sozusagen den Boden unter den Füßen schwanken lässt – darum sagt das Evangelium, der Mann wurde vom unreinen Geist hin- und hergerissen. Aber das Hören auf Jesus findet in ihm Kraft genug, das durchzustehen. Selbstständig zu sein im wahrsten Sinn des Wortes ist der Lohn dafür. Freiheit zum Leben, das ist das Vorzeichen dessen, was Jesus jedem und jeder von uns bedeuten will.

— Gottes Nähe in Person —

Einen Propheten wie mich wird dir der Herr, dein Gott, erstehen lassen, hatte Mose verheißen. Gott erfüllt seine Versprechen immer im Über-maß. Darum kam einer, der hat die Nähe Gottes nicht nur ins Menschliche übersetzt und erträglich gemacht. Er war diese Nähe in Person. Das aber ist noch wunderbarer als die Donnerstimme und das große Feuer am Sinai: Gottes Nähe in Menschengestalt auf Du und Du – und so, dass ich sie nicht mehr fürchten muss, sondern dass sie mir gut tut durch und durch. Daher rührt, dass Christinnen und Christen diesem Menschen Jesus mit Erfurcht begegnen und ihn Gottes Sohn nennen, weil er für sie untrennbar für immer ins Geheimnis Gottes selbst hineingehört.

In einem Evangelium, das sich nicht im Neuen Testament findet, aber wahrscheinlich trotzdem echte Jesus-Worte überliefert, sagt Jesus einmal: Wer nahe bei mir ist, ist nahe beim Feuer. Es ist ein Feuer, das nicht verbrennt, aber die Seele erleuchtet und wärmt.

Gottesreich auch im Kleinen

— Maschinengewehr Gottes —

Vor einigen Jahrzehnten war vielen, auch Nicht-Katholikinnen und Katholiken, der Name Pater Leppich ein Begriff. Pater Leppich, ein Jesuit, in Berlin geboren und mit entsprechendem Mundwerk ausgestattet, wurde nach dem Krieg berühmt, weil er kreuz und quer durch Deutschland zog und predigte – und zwar so predigte, dass die Leute in Scharen kamen. „Maschinengewehr Gottes" lautete sein Spitzname wegen seiner Redegeschwindigkeit und seiner impulsiven Gestik. Nicht nur in Kirchen sprach er, sondern genauso auf Marktplätzen, einmal sogar in Hamburg auf St. Pauli, Polizisten und Zuhälter standen dort nebeneinander und hörten verblüfft, wie der kleine Mann mit der großen Klappe ihr Werktagsleben mit dem Evangelium zusammenbrachte.

— Kleine Theologie der Schwiegermutter —

Ich selbst habe Pater Leppich zweimal in Kirchen meiner Heimatstadt Regensburg gehört. Das muss um 1970 herum gewesen sein. Dieses zweite Mal ist mir unvergesslich. Leppich sprach davon, wie wichtig es sei, nicht nur am Sonntag fromm in die Kirche zu gehen, sondern auch und gerade in der Familie daheim jene Güte und Nachsicht miteinander aufzubringen, die die Christinnen und Christen doch eigentlich kennzeichnen sollten. Er verschwieg dabei nicht, wie schwer das manchmal sein kann. In diesem Zusammenhang streifte er auch unser heutiges Evangelium. Meine Herren, rief er den Männern zu, wenn daheim der Haussegen schief hängt, weil eine bestimmte Person wieder mal ihre Nase zu tief in Ihre Sachen steckt, dann denken Sie daran: auch der Fürst der Apostel, der Heilige Petrus, hatte eine Schwiegermutter! Nach

Sekunden der Verblüffung füllte schallendes Gelächter die Kirche. Und Leppich grinste verschmitzt von der Kanzel.

— *Reich Gottes im Werktag* —

Auch wenn es zunächst so aussehen mag – das war kein billiger Gag. Leppich brauchte in seiner schnoddrigen Art gar nicht mehr zu sagen, und doch hatten die Leute begriffen, was er meinte. Und was meinte er? Genau das, wovon auch das heutige Evangelium redet. – Es ist ja noch nicht lange, dass Jesus angefangen hat, das Reich Gottes zu verkünden. Und ein erstes Mal schon ist auch öffentlich sichtbar geworden, was Reich Gottes meint – dadurch nämlich, dass er in der Synagoge einen Mann befreit hatte von den Zwängen, die ihn nicht mehr ihn selber sein ließen. Jetzt nun im Haus des Petrus, da Jesus erstmals eine Krankheit heilt, geht es mit dieser gleichsam familiären, ja scheinbar bedeutungslosen Szene wieder um das Gottesreich – darum, dass ein Mensch wieder so wird, wie Gott ihn eigentlich gemeint hat. Wir brauchen dabei nur jedes einzelne Wort der Geschichte aufmerksam wahrnehmen – und schon verstehen wir die Botschaft.

— *Krankheit der Seele* —

Die Schwiegermutter des Petrus lag mit Fieber im Bett. Fieber galt der damaligen Zeit als gefährliche Krankheit, als widernatürliche Hitze, die ihren Ausgangspunkt im Herzen hat. Fieber hatte darum für die Alten mit dem Inneren, mit der Seele als der Mitte des Menschen zu tun. Um es etwas drastisch zu sagen: Die Frau hat gekocht. Sie lag danieder, das heißt, sie konnte im Haus nichts mehr tun und für niemand mehr sorgen, weil sie durch irgendetwas in einem Aufruhr war, der ihre ganze Kraft auffraß. Ich glaube, wir brauchen nicht lange zu suchen, was dahinter steckt – wird da doch nicht von irgendjemand Beliebigem erzählt, sondern von der Schwiegermutter des Petrus: Die Frau glüht vor Zorn und Entrüstung über ihren Schwiegersohn – eigentlich ganz verständlich, denn: Ein paar Tage erst ist es her, da hat Jesus ihn zusammen mit anderen zu sich gerufen, und sie ließen alles stehen und liegen und gingen mit ihm. Um Haus und Hof kümmerten sie sich nicht mehr, die Arbeit als Fischer hatten sie aufgegeben. Wer wird jetzt für die Familie, für Frau und vermutlich auch Kinder sorgen? Das mach' ich nicht mit, sagt sich die Schwiegermutter, und wird krank vor Ärger, heiß aus lauter Zorn.

Petrus ist sich gewiss, dass er recht getan hat, sich Jesus anzuschließen. Aber gleichgültig lässt ihn nicht, was deswegen daheim geschieht. Darum spricht er mit Jesus über die Sache. Jesus kommt ins Haus zu der Frau. Er beschwichtigt sie nicht, er mahnt auch nicht oder macht mit drastischen Worten ihr klar, wie wichtig sein Anliegen ist, für das er den Petrus in Anspruch nimmt. Jesus wendet sich der Frau eigentlich nur zu, auf Du und Du. Aber schon allein aus dieser Begegnung muss die Frau gespürt haben, dass sie keinen Grund hat, im Feuer zu sein. Jesus fasst sie bei der Hand – eine Geste, die unheimlich beruhigt, wenn einer außer sich ist – und richtet die Frau auf. Im Gegenüber mit ihm fällt die Last von ihr, die sie aufs Bett niedergeworfen hatte. Und das Fieber weicht von ihr, die Aufregung, die sie so in Wallung versetzt, ja irgendwie verbrannt hatte. Und – so schließt die kleine Geschichte – sie bediente sie: mit Jesus von Angesicht zu Angesicht, und sie wird wieder fähig und frei, den anderen – auch dem Petrus – gut zu sein.

— *Wachstum von innen her* —

Reich Gottes – das ist nicht etwas, was über unsere Köpfe hinweg geschieht oder uns übergestülpt wird. Reich Gottes wächst nur im Kleinen, von innen, von den Wurzeln unseres Lebens her – vom Herzen und dem, was es empfindet. Jeder, der sich wie die Schwiegermutter des Petrus von Jesus er-greifen lässt im buchstäblichen Sinn, wird aufgerichtet und befreit von dem, was in ihm wühlt und ihn geradezu verbrennen möchte. Das ist noch längst nicht alles, was Jesus uns bedeutet. Aber es lässt uns am eigenen Leben ein wenig erspüren, was Reich Gottes meint.

Sechster Sonntag im Jahreskreis: Mk 1,40–45

Wie Jesus seine Rolle findet

— Irriger Blick —

Wenn die Anekdote nicht wahr ist, wäre sie gut erfunden. Sie handelt von dem Kölner Domkapitular Alexander Schnütgen, einem Kunstexperten bis in die Haarspitzen, dessen Name bis heute durch das nach ihm benannte Museum lebendig geblieben ist. Schnütgen lag auf dem Sterbebett. Es ging dem Ende zu. Da hielten ihm die Angehörigen, wie in katholischen Familien damals üblich, ein Kruzifix ins Blickfeld. Da öffnete der Kunstliebhaber noch einmal die Augen, sagte: „Ah, 14. Jahrhundert", schloss die Augen und verschied.

— Mehr als Historie und Texte —

Ich will jetzt nicht Kollegenschelte treiben (oder wenigstens nicht zu viel) – aber manchmal kommt mir vor, einige Exegetinnen und Exegeten gehen mit der Bibel nicht unähnlich um. Und zwar besonders auffällig dort, wo es darum geht, sich über das Auftreten Jesu zu äußern. Sie schauen gleichsam durch das, was die Evangelisten sagen, hindurch, reden von Historie und von Texten, deren Formen und Strukturen. Das ist natürlich legitim, manchmal auch interessant. Aber geht es nur um Historisches und Texte?

— Jesus widerfährt ein Wunder —

Liest man die Verse des heutigen Evangeliums und ihr Umfeld mit dieser Brille, dann bleibt nicht viel. Darum sind die meisten Kommentatoren der Ansicht, da, in diesem ersten Markus-Kapitel, seien halt ein paar Notizen über das anfängliche Wirken zusammengestellt, eher unbeholfen, ohne größere literarische oder gar theologische Ambition des Evangelisten. Anders freilich, wenn man stattdessen davon ausgeht, dass uns Markus ein Leben Jesu so erzählen will, wie es der Frage von jemand entspräche, der noch nicht allzu viel oder gar nichts von diesem Jesus weiß – und also erst herangeführt werden muss an das, worum es da eigentlich geht.

Fängt man ein kleines Stück vor unserem Evangelium mit solchem Hinhören an, dann erfährt man zuerst, dass Jesus zunächst weder in der Art seines Auftretens noch mit dem Inhalt seiner Predigt besonders auffällt. Seine Botschaft unterscheidet sich im Grunde nicht von der des Täufers Johannes. Was ihn von diesem und den Schriftgelehrten unterscheidet, ist, dass ihm bei seinem ersten Auftritt in der Synagoge von Kafarnaum etwas passiert, was er nicht vorgesehen, geschweige denn geplant hatte: Er kommt, ergreift das Wort zum Lehren wie das jeder erwachsene Jude tun durfte. Aber wie er lehrt, das macht die Menschen betroffen. Und dann schreit einer auf, weil Jesu Predigt sein Innerstes offenkundig dermaßen erschüttert hatte, dass alles, was ihm sein Leben zusammenhielt, zerbarst. Das Evangelium spricht von „unreinem Geist", von „Besessenheit" und meint damit: Da ist ein Mensch derart seiner selbst entfremdet, steht einer derart unter dem Diktat von Zwängen und Ängsten, dass er gar nicht mehr er selbst ist. Aber in der Begegnung mit Jesus und seiner Predigt vom Gottesreich fühlt sich diese innere Sklavenmacht so provoziert und in die Enge getrieben, dass sie sich selber verrät.

Das ist das erste Wunder Jesu. Eigentlich hat gar nicht er gewirkt. Es passierte ihm geradezu, widerfuhr ihm. Aber zugleich bestimmt es alles weitere unmittelbar: Sein Ruf verbreitet sich wie ein Lauffeuer, etwas Ähnliches wiederholt sich bald im Haus des Petrus mit dessen kranker Schwiegermutter – und schon stehen Kranke und Besessene in Scharen an, um durch ihn befreit zu werden von ihrer Not und ihren Gebrechen. Alle suchen dich, heißt es bei Markus. Aber natürlich: Sie suchen den Wunderheiler. Man merkt förmlich, wie Jesus damit fertig werden muss. Er sucht die Einsamkeit des Gebetes. Und dort fällt die Entscheidung für etwas, woran er so zuvor wohl gar nicht gedacht hatte: Er verlässt seine angestammte Heimat und wird Wanderprediger. Auf Feinheiten bedacht, bezeichnet Markus darum auch erst ab jetzt die Begleiter Jesu, die er zuvor nur mit Namen erwähnt hatte, als Jünger.

Unter diesem Vorzeichen kommt es zu der Begebenheit, die uns das heutige Evangelium vor Augen stellt: die Begegnung mit dem Aussätzigen. Allein die Art des Leids, das da vor Jesu Augen kommt, ruft für den Schriftkundigen schon ein ganzes Netzwerk von Anspielungen auf, die so etwas wie die Grundierung der Szene bilden: Ist doch Aussatz im Alten Testament Symptom höchster Bedrohung für die menschliche Gemeinschaft des Volkes, für die Zusage des Fortbestands, der zur Mitte der Gottesverheißungen an Israel gehört. Und noch gewichtiger: „Reinigung" ist das Leitmotiv der Liturgie des großen Versöhnungstages, die im Kapitel 16 des Buches Levitikus beschrieben wird. Dieses Kapitel steht genau in der Mitte des Levitikusbuches und dies wiederum in der Mitte des Pentateuch, also der ersten fünf Bücher der Bibel – was zusammengenommen so viel heißt wie: Das ist das Zentrum, darum geht es in schlichtweg allem, was von Gott erzählt wird – die große Versöhnung zwischen ihm und Israel, Himmel und Erde.

Und genau das intoniert Markus hier in seiner Erzählung des Lebens Jesu und sagt damit: Was da mit Jesus geschah und geschieht seit dem Wunder in der Synagoge von Kafarnaum, stellt ihn ins Kraftfeld der innersten Mitte des jüdischen Glaubens. Umso schärfer ist damit natürlich zugleich die Frage nach Jesus selbst, nach seiner Rolle und – modern gesprochen – nach seinem Selbstverständnis aufgeworfen: ob es um ihn als Wunderheiler oder als Gottesboten und damit um ihn oder um Gott geht.

Die Antwort, die Jesus selbst gibt, lässt nichts im Unklaren: Er schickt den Geheilten weg zu tun, was gemäß Gesetz und Tradition vorgeschrieben ist, das heißt, er hält das Wunder flach, macht so wenig wie möglich um es her, damit die Aufmerksamkeit nicht auf ihn gelenkt werde. Nur von daher versteht sich, warum von Jesus gesagt wird, er habe den vom Aussatz Gereinigten weggeschickt und ihm eingeschärft, niemand etwas von dem Geschehen zu erzählen. Übersetzte man sehr buchstäblich, müsste es sogar heißen: Jesus habe den Geheilten angeschnaubt und hinausgeworfen. Doch der hält sich nicht an den Schweigebefehl. Im Gegenteil tratscht er geradezu – menschlich verständlich – überall herum, was passiert ist und dass das mit Jesus zu tun hat. Nur von Gott und seinem Reich, von dem, worum es Jesus geht, sagt er nichts. Darum muss Jesus selbst eingreifen: Der weitere Fortgang des Evangeliums wird uns Jesus beim Zeugnis für sich selbst zeigen: Wie er prophetischen Anspruch erhebt und das wunderbar Heilende, das zugleich von ihm ausgeht, in den Dienst der Beglaubigung dieses Anspruchs stellt. Oder anders gewendet: Wir werden sehen, wie er lernt, dass er die Botschaft vom Gottesreich, von der großen Versöhnung, nicht ausrichten kann, ohne dass auch von ihm in Person die Rede ist.

— Armut der theologischen Formeln —

Genau das ist der urbiblische Anfang dessen, was die Theologen später Christologie nennen und worum alle einschlägigen Konzilsentscheidungen in ihrer manchmal für uns so schwierigen Sprache der Metaphysik und auch der mehr dem Schweigen als dem Reden verpflichteten negativen Theologie gerungen haben. Ohne Zögern würde ich behaupten, dass auch die großen christologischen Dogmen eher unbeholfene, von der Armut unserer Sprache gezeichnete Versuche sind, das geschichtlich Unableitbare, das von anderswo Kommende des Auftretens Jesu ein wenig zu erhellen. Also das, was hinter dem steckt, das Jesus selbst widerfuhr in den ersten Wundern. Und warum sollte uns das leicht fallen, wenn er selbst nach Überzeugung des Evangelisten Markus eben dieses Andere an sich, das dennoch zugleich seine innerste Mitte ausmacht, lernen musste?!

— Jesu Gratwanderung —

Mir scheint alles andere als beiläufig, dass Markus am Ende dieser Begebenheit mit dem Aussätzigen von Jesus sagt, ab jetzt habe er sich nur noch außerhalb der Städte an einsamen Orten aufgehalten. Das war vielmehr der einzig mögliche Lernort für die Einübung jener Gratwanderung, bei der Gottesreichpredigt und Prediger ineinsfallen, ohne sich gegenseitig überblenden zu dürfen. Vielleicht braucht es eine theologische Grenzgängerin wie Madeleine Debrêl, jene Mystikerin der Straße, um das zu verstehen. Sie schrieb einmal:

> *Die Einsamkeit, o mein Gott,*
> *besteht nicht darin, daß wir allein sind,*
> *sondern darin, daß du da bist,*
> *denn vor der sinkt alles in Tod,*
> *oder alles wird du.*

[...]

Allein sein
heißt nicht, die Menschen hinter sich gelassen oder
sie verlassen zu haben;
allein sein heißt wissen, daß du groß bist, Gott,
daß einzig du es bist,
und daß kein merklicher Unterschied besteht
zwischen der Unabsehbarkeit von Sandkörnern und
der Unabsehbarkeit versammelter menschlicher
Leben.

[...]

Das Holz, das im Feuer brennt, kümmert sich nicht um
die Landschaft.
Wir wohnen in einem riesigen Scheiterhaufen.
Sengt er uns nicht, so weil unsere Füße daneben
sind,
die Schuld trägt nicht die Umgebung.

Was verschlägt unser Ort in der Welt,
ob er bevölkert ist oder öde,
wo immer wir sind, „Gott ist mit uns",
Jeder von uns ein Emmanuel.[29]

Hat Gott eine Seele völlig für sich gewonnen, dann ist sie so verwandelt, dass er sie völlig frei und allein lässt, das Ihre zu tun. Aber was sie dann tut, ist schlichtweg Gottes. Das ist das Geheimnis, das die Menschen von Kafarnaum spürten, als sie sich fragten, was das zu bedeuten habe, dieses Vollmächtige, betroffen Machende an seiner Rede.

Der einzige Weg, dem wirklich zu nahe zu kommen und den Jesus des Evangeliums zu verstehen, wie Delbrêl und andere hinter ihm her wenigstens manche kleine Weile in die Glut dieser Einsamkeit Gottes einzutauchen. Unsere Art, das Leben zu führen, macht das nicht leicht. Umso nötiger ist es.

Jesus und die Sünde

— *Gegen-Gesang* —

Im Jahr 1966 feierte das Bistum Meißen sein tausendjähriges Bestehen. Zu diesem Anlass erhielt der Komponist Wolfgang Hufschmidt den Auftrag, ein Tedeum, also den großen liturgischen Lobgesang, zu komponieren. Nach alter Tradition wird das Tedeum von zwei Chören im Wechsel gesungen, wobei jeweils das, was der eine Chor singt, vom zweiten wiederholend bestätigt wird. Da hatte Hufschmidt die Idee, den Text dieses Gesangs nicht selbst zu schreiben, sondern von einem anderen formulieren zu lassen. Und er bat dazu seinen alten Freund Günter Grass. Tatsächlich schrieb Grass den Text – und nahm dabei den Namen Gegen-Gesang buchstäblich. Hören Sie selbst:

> *HERR GOTT: DICH LOBEN WIR*
> *[…]*
> *Wen soll ich loben?*
> *Danken wem?*
> *Soll ich das Chaos loben? Wen?*
> *Den parzellierten Unsinn? Wen?*
> *[…]*
>
> *SEI UNS GNÄDIG, O HERRE GOTT*
> *SEI UNS GNÄDIG, IN ALLER NOT*
> *[…]*
> *Kein Dank. Kein Lob.*
> *Alleine mit den Taten,*
> *klein und beschränkt im Vakuum,*
> *nicht zu verstoßen, zu erlösen,*
> *nur irdisch mündig will ich sein.*

DICH, Zweifel, will ich kettenrauchend rühmen,
DICH, eingekellert und verlacht,
DICH, ohne Paß, des Thomas standhaft Finger
und DICH, Vernunft in deiner Ecke,
die Eckensteherin Vernunft
Will ich laut rühmen; –

– NEMA! – gegen Wind,
will, – NEMA! – ich laut rühmen gegen Wind,
will ich laut rühmen gegen Wind. –
Nema![30]

— *Nema – Amen* —

Das mehrfache „Nema" da am Ende ist natürlich nichts anderes als ein seitenverkehrt geschriebenes Amen und fasst Grass' Verhältnis zu seiner katholischen Herkunft zusammen: Alles ins Gegenteil verkehrt, ohne davon loszukommen, wie er selbst einmal schrieb: Unerklärlicherweise fessle ihn der ganze Katholizismus heute noch wie ein rothaariges Mädchen, obgleich er rote Haare umfärben möchte und ihm dem Katholizismus Lästerungen eingebe, die verraten, dass er, wenn auch vergeblich, unabänderlich katholisch getauft sei. Daher das Loblied auf den Zweifel und die Eckensteherin Vernunft – gegen Wind.

— *Hilfreiche Provokation* —

Ich denke, bisweilen brauchen die, die glauben, die Provokation solcher Gegengesänge, damit sie feinfühlig bleiben für das Provokante der eigenen Überzeugung und damit auch des heutigen Evangeliums. Denn diese paar Verse gehören zum Provokantesten, das das Neue Testament zu bieten hat. Man muss sich nur einmal wirklich klarmachen, was da erzählt wird.

Da kommt der mittlerweile schon als Wundertäter auffällig gewordene Nazarener wieder nach Kafarnaum. Die Leute laufen zusammen, um ihn zu hören – und manche wohl auch in der Hoffnung, selber Zeuginnen und Zeugen dessen zu werden, was über ihn schon so umging. Dann die Begegnung mit dem Gelähmten. Mehr als ungewöhnlich, wie es zu dieser kommt: Seine Gefährten, die ihn herbeitragen, finden den Weg zu Jesus durch die versammelte Menschenmenge versperrt, graben darum das Dach auf – wie es wörtlich übersetzt und konform zur Bauweise aramäischer Häuser mit ihren aus Geäst und Lehm bestehenden Dächern heißen muss –, sie graben das Dach auf, um die Bahre mit dem Gelähmten vor Jesus hinabzulassen.

Ungewöhnlich war schon dieses Vorgehen – Sie brauchen sich ja nur einmal in die Rolle des betroffenen Hausbesitzers oder der -besitzerin zu versetzen. Aber das alles wird in den Schatten gestellt von dem, was dann folgt. Jesus heilt nämlich den Gelähmten nicht, wie zweifellos von ihm selbst, seinen Gefährten erhofft – und von der Leserschaft des Evangeliums erwartet. Stattdessen sagt er dem Mann auf der Bahre ungebeten die Vergebung der Sünden zu. Dass den anwesenden Schriftgelehrten – um es salopp zu sagen – die Ohren wegflogen, muss nicht erstaunen: Sünden zu vergeben ist nach der gesamten jüdischen Tradition vorher Gott allein vorbehalten, was natürlich heißt, dass ein solcher Anspruch, wie der soeben von Jesus erhobene, unmittelbar die Einzigkeit Gottes tangiert. Die Macht zur Sündenvergebung ist auch nie in der Überlieferung dem Messias oder dem Menschensohn zugeschrieben worden. Jesu Zuspruch an den Gelähmten ist singulär. Völlig konsequent attestieren die Schriftgelehrten Jesus darum schon an dieser Stelle – auch wenn sie es noch nicht aussprechen – das Vergehen der Gotteslästerung. Also genau das, was am Ende in der Passionsgeschichte die Verhängung der Todesstrafe über ihn legitimieren wird.

Markus, dem man in der Exegese bisweilen nachsagt, ein bisschen hektisch und auf Kosten sprachlicher Eleganz sein Jesus-Portrait verfasst zu haben, hat insofern äußerst genau geschrieben: Schon im Anfang Jesu öffentlichen Auftretens bricht sich Bahn, was das Innerste seines Wirkens ausmacht: die Konfrontation mit der Sünde. In unserem Evangelium geschieht das aufs Äußerste zugespitzt durch die Art, wie dieses Thema mit der Heilungsgeschichte verknüpft wird: Da nimmt sich das Gesundwerden des Gelähmten nachgerade als Bagatelle aus im Vergleich zu dem, was es heißt, seine Sünden erlassen zu bekommen. Ist es leichter, zu dem Gelähmten zu sagen: Deine Sünden sind dir vergeben!, oder zu sagen: Steh auf, nimm deine Bahre und geh umher? Ein voller Schlag ins Kontor nicht nur damals, sondern vielleicht mehr noch heute, da das Gesundsein oder -werden zu den höchsten Werten gehört und so etwas wie Sünde allenfalls unter der Rubrik Kavaliersdelikt fungiert: Wir sind ja alle kleine Sünderlein etc. Dass das Sündenvergeben das Schwere im Vergleich zur Wunderheilung sein soll, darin besteht die Provokation dieses Evangeliums. Und erst natürlich darin, dass das Eintreten des Leichteren zum Beleg für das Geschehen des Schwereren wird.

— Verrückte Maßstäbe —

Aber genau dem muss sich stellen, wer dieses Evangelium ernsthaft an sich heran lässt. Denn es besagt im Kern: Wichtiger als gesund sein und gerade Glieder zu haben ist, dass nichts Störendes zwischen dir und Gott steht. Da werden zum einen Maßstäbe verrückt. Damals nicht anders als heute. Und dann überhaupt die doppelte Zumutung, dass wir der Sündenvergebung bedürfen und dass diese in der Begegnung mit diesem Jesus geschehen soll. Über dieses Thema zu sprechen ist unendlich schwer, weil es in der Geschichte der Kirche mit Dingen belastet wurde, die bis ins Absurde reichen. Im Gegenzug tauchte nicht erst bei Sigmund Freud, sondern schon Jahrhunderte vorher, im Spätmittelalter, und natürlich in bestimmten Formen der Aufklärung, die Priesterbetrugshypothese auf: dass die Pfaffen den Leuten Schuldgefühle einreden, um sich als Entschuldigungsinstanz eine Daseinsberechtigung und entsprechendes Einkommen zu verschaffen.

Und doch wird solches und Ähnliches als banal empfinden, wer sein eigenes Leben nüchtern anschaut. Als ob es das nicht gäbe: dass wie aus dem Nichts die Versuchung aufkommt, Unrecht zu tun, sehenden Auges sich dem Trug hinzugeben, weil das eben bequemer ist; die Treue sich selbst oder einem anderen gegenüber aufs Spiel zu setzen; es sich leicht zu machen in komplizierten Situationen. Und dann dieser ganz eigenartige Hang, nicht einmal für andere, sondern für sich selbst das Leben irgendwie aufzupeppen: „Ich lüg' gans gern, wenn ich Zeit hab': die Wahrheit iss so was Gewöhnliches, nich?"[31], sagte Arno Schmidt einmal. Alles Indizien für eine Art Angeschlagensein, eine Wunde. Es ist die Wunde, die dann aufbricht, wenn wir unsere innere Unendlichkeit – das ins Unendliche reichende Sehnen und auch Erkennen – nicht mit unserer Endlichkeit, unserer Marginalität zusammenbringen. Mit beidem zugleich zu Rande kommen kann nur, wer das Vertrauen wagt, dass es gut so ist mit ihr oder ihm, wie es ist, weil sich beides einem verdankt, der es gut meint, und ihm darum auch noch das Verfehlte im Umgang mit sich selbst und dem Leben überhaupt anvertrauen kann, auf dass es geheilt werde.

— *Confessio* —

Kann oder will jemand dieses Vertrauen nicht aufbringen, dann muss sie oder er so ehrlich sein wie Grass:

> *Kein Dank. Kein Lob.*
> *Alleine mit den Taten,*

sagt er und bekennt sich dazu in seinem Protest gegen das Christliche. Mag sein, es wurde ihm auf eine Weise nahe gebracht, dass er nicht anders kann. Und trotzdem spiegelt auch dieses Gegenwort aufs Eigentümlichste etwas vom Kern unseres Glaubens wider: dass das dankbare Gotteslob der christlich Glaubenden aufs Engste damit zusammenhängt, dass sie mit ihren Taten, gerade auch den schlimmen, nicht allein gelassen sind, weil sie dort, wo sie in Ehrlichkeit vor Gott treten, alles, was immer geschehen ist, der Barmherzigkeit dieses Gottes anvertrauen können. Der altkirchliche Name für Buße hieß „confessio". Man muss das Wort zweifach übersetzen: Mit „Bekenntnis" und mit „Lobpreis". Klar auch: Sogar noch das Eingestehen und Aussprechen einer Verfehlung ist nur sinnvoll im Vertrauen darauf, dass da einer ist, der das Verfehlte im Letzten zu richten vermag. Und wenn ich dieses Vertrauen wage, habe ich Grund, dankbar zu sein. Das Aufdecken meines Inneren vor dem, dem solches Richten, solches Rechtmachen möglich ist, schenkt mir meine Bewegungsfreiheit zurück. Kein Zufall darum, denke ich, dass Markus seine erste Einsicht in das Geheimnis Jesu so eng mit der Heilung eines Gelähmten verknüpft hat, für die man ein Dach abdecken musste. Was dabei geschieht, ist so aufregend und befreiend, dass es mir gegen das „Nema" des Dichters noch immer eines „Amen" wert ist. Amen heißt zu Deutsch: Ja, so soll es sein.

Achter Sonntag im Jahreskreis: Mk 2,18–22 (und Jona 3,1–5.10 [zugewählt vom dritten Sonntag im Jahreskreis])

Über die Sünde lachen

— Bei der Beichte lachen? —
Eine alte chassidische Geschichte erzählt, wie ein Mann zum Rabbi seines Dorfes ging, um ihn in einer schwerwiegenden Sache zu konsultieren. Die Frau des Rabbis sagt ihm, er müsse warten, jemand anderer sei gerade bei ihrem Mann zur Beichte. Das Warten zieht sich. Ab und an hört der Mann durch die Wände ein Lachen. Aus dem Lachen werden Lachsalven. Und als der Besucher gerade wütend gehen will, des ewigen Wartens leid, da geht die Tür des Nebenzimmers auf und der Besucher und der Rabbi kommen heraus, schlagen sich auf die Schenkel und sie lachen Tränen. – Ob das eine Art für Gottes Dinge und zumal die Beichte sei, fragt der Gast erbost. Bruder, antwortet ihm der Rabbi, Bruder, sei getrost und freu' dich mit, unser Bruder hat seine Sünden begriffen und verstanden, dass sie so dumm waren, dass er nur noch lachen kann über sich.

— Biblischer Comic-Strip —
Kann man wirklich über Sünden lachen? Immer wieder berührt mich, dem Geheimnis der Umkehr ausgerechnet auf den Seiten der Bibel besonders überraschend zu begegnen, die man als eine Art geistlichen Comic-Strip lesen kann, weil sie das doch so ernste Geschehen der Umkehr so in Humor einbetten, dass die Innenseite dessen sichtbar wird, was Umkehr zutiefst meint. Ich meine das kleine Jona-Büchlein. Man kommt dem wohl am nächsten, wenn man versucht, sich in den Propheten Jona hineinzuversetzen, von dem die heutige Lesung handelte. Als alles vorbei war, könnte er – sagen wir – einem Kollegen Folgendes erzählt haben:

— Was Jona erzählt haben könnte —

Nach Ninive solle ich gehen, hatte ER (gelobt sei er) mir gesagt, nach Ninive, ausgerechnet nach Ninive. Sagen solle ich ihnen, dass es so nicht geht, wie sie es treiben. Ich nach Ninive! Und predigen! Von IHM (gelobt usw.) reden dort, wo es um cash und shareholder value geht – und um ganz viel fun, damit sie den Irrsinn aushalten. „Zeitansage" hatte ich machen sollen, haben sie später über mich geschrieben. Das trifft die Sache ganz gut: Nur eine Zeit lang kann man so leben, dann geht es in den Graben, unausweichlich. Das hatte ich ihnen sagen sollen.

Aber ich hatte keine Lust, mir das anzutun. Ich wusste ja von vornherein: Ich würde der Gelackmeierte sein. Denn entweder würden die in Ninive sich biegen vor Lachen über das, was ich vorbringe, und wahrscheinlich nicht mal das: Sie würden mich einfach überhören nach dem Motto: Den ignorieren wir nicht einmal. Oder aber die in Ninive würden ernstnehmen, was ich sage, würden sich bekehren – mit der Folge, dass ER (gelobt sei er) nichts von dem wahrmachte, was er angedroht hatte.

Drum tauchte ich ab. Besser: Ich versuchte es. Heute muss ich darüber lachen. Vor IHM (gelobt usw.) fliehen! Ziemlich naiv für einen, den die Profis später Propheten nennen. Aber damals dachte ich, das sei die Lösung. Auf SEIN „Mach dich auf den Weg" machte ich mich wirklich auf den Weg – aber nicht nach Ninive, sondern nach Tarschisch, weit weg – wollte ich jedenfalls. Aber da kam die Sache mit dem Sturm. Das war brutal. Die anderen waren irgendwann überzeugt, ich sei der Schuldige – wegen meiner Flucht vor IHM (gelobt sei er). Weil's eh schon egal war, ließ ich mich in die Wogen werfen. Wo dann der Fisch kam, der mich schluckte und in die Tiefe riss. Jedenfalls empfand ich es so. Andere damals nannten das Vieh Behemot oder Leviatan. Die blauäugig-blonden-weißhäutigen Germanen sagen Midgardschlange dafür. Ein Untier, das Angst macht, weil es die Angst selber ist. „Angst essen Seele auf" hieß später einmal ein Film, und genauso empfand ich es. Aufgefressen wurde ich von der Angst (später kalauerten manche, die sich „Exegeten" nennen, der Fisch hätte mich nur schlucken können, weil ich zu den „Kleinen Propheten" gehöre).

Als ich nichts mehr dagegen machen konnte und mich einfach fallen ließ, fühlte ich mich in dem Fisch auf einmal wie geborgen, wie ein Ungeborenes im Mutterleib. Und nicht lange, da hatte ich wieder Boden unter den Füßen. Doch schon ging es von vorne los. ER! ER mit seinem:

„Geh nach Ninive!" Jetzt ging ich gleich. Entkommen gab es ja eh keines. Ich, nach Ninive, predigen. Folge: Genau das, was ich vorausgesagt hatte. Riesenerfolg, wenn ich es nach den dortigen Maßstäben betrachte. Die bekehren sich. Was heißt bekehren: Sie setzen ein paar Zeichen. Gewiss, beeindruckende darunter auch: Sogar die Tiere müssen Buße tun und sich in Bußkleider hüllen, Rinder, Schafe und Ziegen. Herrlich: Sogar die Rindviecher in Bußgewändern! Das muss man gesehen haben.

Und trotzdem: Ich habe mich geärgert. Was ich anzukündigen hatte, blieb aus, logisch. Nur wegen der paar Bußübungen! Genau genommen kehrte ER (gelobt usw.) um, ER (gelobt sei er)! Welche Zuvorkommenheit! Und wofür braucht er dann mich eigentlich noch?

Genau das aber war das eigentliche Problem, und es war meines. Wenn ich so zurückdenke, kommt es mir vor, Er (gelobt usw.) habe mit mir, seinem Propheten, mehr Plage gehabt als mit denen in Ninive. Ich hatte damals noch nicht begriffen, wer ER (gelobt sei er) wirklich ist: Der Barmherzige, dem schon ein kleines Zeichen der Reue reicht, um von sich aus, gratis, alles wieder ins Lot zu bringen. Das habe ich erst lernen müssen, und ER (gelobt usw.) lehrte es mich auf SEINE Weise: In meinem Groll hatte ich mich draußen vor der Stadt hingesetzt, eine Bullenhitze war da, die Sonne brannte mir aufs Hirn. Auf einmal war mir, als säße ich im Schatten, einem, wie ihn die großen Blätter von einem Rizinusstrauch werfen. Aber kaum war mir ein bisschen besser, war es auch schon wieder vorbei. Das, was geschehen war, nagte in mir wie ein Wurm, und jetzt war alles noch viel schlimmer. Mir tat es leid um das bisschen Schatten, das ich verspürt hatte, und im gleichen Augenblick kam mir ein ganz seltsamer Gedanke: Wenn's mir schon um einen Schatten leid tut, ein solches Nichts, muss es IHM (gelobt sei er) dann nicht genauso und erst recht um etwas, das er geschaffen hat, leid tun, wenn es nicht mehr wäre, also zum Beispiel um Ninive? Was heißt „zum Beispiel"?! Um Hundertzwanzigtausend ging es, so gut wie alle von ihnen keine Ahnung von Tuten und Blasen – wie man halt so lebt. Und an die Tiere dachte ER (gelobt usw.) auch noch. Heute versteh' ich IHN besser: ER wollte einfach nicht, dass das, was da war, nicht war. ER mag nicht, dass etwas, das sein könnte, nicht ist. ER ist gegen das Nichts. Darüber haben sich später die den Kopf zerbrochen, die „Philosophen" heißen. Dabei ist es eigentlich ganz einfach: ER (gelobt sei er) IST einfach (was denn auch anders; sonst wäre ja überhaupt nichts). Und dem Mose

gesagt hat er es ja auch: „Ich bin, der ich bin" oder „Ich bin der ‚Ich bin'"
oder wie man sonst übersetzt, was Mose am brennenden Dornbusch hörte. Jedenfalls: ER (gelobt usw.) mag das Nichts nicht, weil es das totale
Gegenteil von ihm selbst ist. Darum ist IHM das, was ist, selbst dann
noch lieber als nichts, wenn es angeschlagen ist (ein Gedanke, den viel
später einer aufgegriffen hat, der Thomas hieß und aus dem Kaff Aquino
stammte). Daher kommt sein Barmherzigsein mit allem, auch den Sünderinnen und Sündern noch. Es hat mit SEINEM Innersten zu tun. Das
alles musste ich erst kapieren. Ganz einfach ist das nicht, weil sich all die
Sachen auch nicht einfach sagen lassen. Drum gibt es ja auch eine ganze
Truppe von Leuten, die sich damit befassen. „Theologen, Theologinnen"
heißen sie, ein ziemlicher Knochenjob, wenn sie ihn (den Job) und damit
IHN (gelobt usw.) denn ernstnehmen.

Was mich betrifft (denn ich gehöre ja dazu): Ich hatte mich selbst,
mein Amt zu wichtig genommen. Natürlich: Es war auch wichtig, ich
habe die in Ninive aufgerüttelt. Aber das, was dann geschah – von IHM
her (gelobt sei er) – war unvergleichlich anders als das, was ich hatte sagen können. Ich war wütend gewesen, dass SEINE Güte wieder einmal
über die Sünden gesiegt hatte. Heute muss ich über mich selber lachen –
und bin froh, damals SEIN Werkzeug gewesen zu sein. Gut, dass sie
später meine Story, das mit dem Fisch und das andere mit dem Wurm
und den Rest, so erzählt haben, dass man darüber schmunzeln muss. Auf
die Tour verkraftet man auch am besten, dass es heilige Ämter gibt: Rie-
sendinger, für die ER (gelobt sei er) dennoch ein Menschlein brauchen
kann. Vielleicht bin ich ein gutes Lehrstück dafür.

— *Rizinus-Seelsorge* —

Das könnte gut sein, lieber Jona! Wer im Namen Gottes zu handeln
wagt, muss gleichsam durch das pastoraltheologische Seminar im Rizinusstrauch gegangen sein, in dem es zu lernen gibt, dass sich alles, was
überhaupt ist, Gottes Barmherzigkeit verdankt und darum selbst das
Umkehren vor diesem Gott nichts Bedrückendes, sondern etwas Befrei-
endes ist, für das es zu danken gilt. Sünde so ernst nehmen, dass man
von Gottes Zuvorkommenheit bestürzt nur noch über sich selber lachen
kann, das ist der Wein, für den es neue Schläuche braucht.

Vom Grund der Freiheit

— Theologie des Dame-Spiels —

Ein galizischer Rabbi saß mit den Männern seines Dorfes zusammen. Ob denn möglich sei, dass Gott zu den Menschen spreche, fragte einer ihn. In allen Dingen redet Gott zu uns, antwortete der Rabbi. – Ein Jünger, der gerade ein Brett für ein Damespiel vor sich hatte, hakte mit spöttischem Unterton nach, was denn dann Gott durch das Damespiel zu sagen habe, wenn er in allen Dingen spreche. – Nun, ganz einfach, darauf der Rabbi, dass wir zuerst kreuz und quer ziehen müssen auf fest vorgeschriebenen Linien Schritt für Schritt; dann aber, am oberen Rand angelangt, wenn die Umwandlung des Spielsteins in eine Dame geschieht, dann sind wir frei und können ziehen, wohin wir wollen und soweit wir können.

— Gebot und Freiheit —

Indem einer Regeln folgt, wird er frei, das zu tun oder zu lassen, was für ihn gut und richtig ist. Schöner hätte dieser jüdische Pfarrer nicht sagen können, worin der Sinn von Geboten besteht: Nicht einengen wollen sie, sondern Freiheit erschließen. Unser Rabbi hätte genauso gut Christ sein können, weil er mit seinem Gleichnis vom Damespiel haargenau ausspricht, wovon auch das heutige Evangelium redet.

— Sabbat – Krone der Schöpfung —

Eine scheinbar ganz unbedeutende Episode aus dem Alltag Jesu und seiner Jünger macht uns da wie in einem Brennspiegel deutlich, was Evangelium meint. An einem Sabbat gehen Jesus und die Seinen durch Kornfelder. Der Sabbat ist ein schlechthin zentrales Sinnbild und darum

Gebot für jeden gläubigen Juden bis heute. Er erinnert nämlich daran, dass das ganze Schöpfungswerk Gottes, wie es die Bibel in der Geschichte von Gottes sechstägigem Schaffen erzählt, – dass dieses Werk seinen krönenden Abschluss im siebenten Tag findet, also im Tag der Ruhe, des Festes und des Freiseins von allem, was Arbeit ist und Mühe und Pflicht. Du, Mensch, – will das heißen – bist auf die Freiheit hin geschaffen, und die zweite große Geschichte in der Bibel, die vom Auszug aus Ägypten, bestätigt das. Jeder Sabbat bleibt darum frei von Arbeit und erinnert damit daran, wie Gott unser Leben gewollt hat.

— *Auch Gebote bezeugen das „Für-uns" Gottes* —

An einem solchen Sabbat nun sind Jesus und die Jünger unterwegs. Die Jünger rupfen auf dem Weg durch Kornfelder Ähren ab, weil sie Hunger haben. Ährenrupfen aber galt als Erntearbeit, war also am Sabbat untersagt. Prompt protestieren die Pharisäer, diejenigen aus der jüdischen Glaubensgemeinschaft, die besonders darauf bedacht waren, dass die Gebote in Geltung blieben. Das war nichts Scheinheiliges. Ihr Anliegen war berechtigt. Die Pharisäer wissen einfach aus nüchterner Lebenserfahrung, wie schnell der Mensch kurzsichtig Gebote über Bord wirft für einen momentanen, scheinbaren Vorteil, aber gleichzeitig das viel Größere verspielt, um dessentwegen es dieses oder jenes Gebot überhaupt nur gibt. Und doch ging der Protest der Pharisäer gegen das Tun der Jünger voll daneben. Jesus beantwortet ihren Vorwurf, dass er den Verstoß gegen ein Gebot dulde, mit der Erinnerung an eine Geschichte, die das Alte Testament erzählt. König David und seine Begleiter waren auf einem Feldzug völlig erschöpft und ausgehungert zum Heiligtum gekommen. Dort waren auf einem Tisch – jede Woche neu – Brote ausgestellt als heilige Zeichen für den Segen Gottes. Nur die Priester durften nach einiger Zeit diese Brote essen. Trotzdem nimmt David einfach davon und isst und gibt auch seinen Gefährten. Warum tut er das gegen das offizielle Gebot? Weil er weiß: Gott ist für uns. Immer und mit allem geht es ihm um uns. Kann dann in einer Situation, da Menschen umfallen vor Hunger, obwohl Brot zum Greifen nahe daliegt, – kann dann das Gesetz Gottes noch verbieten, davon zu essen? Wenn Gott für uns ist, dann kann auch kein Gebot Gottes anderes wollen, als eben dieses Für-uns-Sein Gottes spürbar zu machen. Und dann ist in dieser Situation das, was äußerlich gesehen Verstoß gegen das Gebot ist, in Wirklichkeit die Erfüllung dessen, was das Gebot eigentlich will: dem Menschen Gottes gütige Nähe vergegenwärtigen.

— *Gott – nicht Last, sondern Leben* —

In genau diesem Geist spricht Jesus dann den Satz, der absolut einmalig ist in der Geschichte der Religionen: Der Sabbat ist für den Menschen da, nicht der Mensch für den Sabbat. Will sagen: Es gibt kein wirkliches Gebot Gottes, das darauf aus wäre, dem Menschen das Leben schwerer zu machen, als es ohnehin schon ist. Dass ein Gebot gottgegeben ist, wird geradezu erkennbar daran, dass es für den Menschen ist dadurch, dass es ihm leben hilft.

Dass Jesus so etwas sagen kann: Der Sabbat ist für den Menschen da, nicht der Mensch für den Sabbat, – dahinter steht ein wunderbares Bild von Gott: Gott ist nicht Last, sondern Leben. Der Sabbat ist heilig, weil er mich eben daran mit allen Sinnen erinnert. Wie aber könnte dann das Sabbat-Gebot wollen, dass mir das Leben zur Plage wird – und sei es auch nur durch schlichten Hunger? Wie von selber wird da klar, was das Gebot von uns verlangt und was nicht. Der Maßstab ist absolut eindeutig. Jesus hat ihn gegeben: Der Sabbat ist für den Menschen da. Und das heißt nichts Geringeres als: Gott ist für dich da, damit du bist. Wer Jesu Bild von Gott traut, der wird den Sabbat, der wird jedes Gebot, das es im Namen dieses Gottes gibt, gern halten, weil er gewiss ist: Es ist gegeben um meinetwillen. Indem ich es halte, macht es mich frei – so frei, dass ich sogar dort noch das Rechte tue, wo ich es äußerlich gesehen nicht halten kann. Oft spüren wir nur so wenig von dieser befreienden Kraft der Gebote, nicht weil wir sie zu sehr, sondern weil wir sie zu wenig ernst nehmen.

Den fremden Jesus verstehen

— Fataler Irrtum —

Am Rande eines dänischen Dorfes hatte sich ein Wanderzirkus niedergelassen. Eines Tages brach er in Flammen aus. Die Darsteller waren schon für ihre Nummern hergerichtet, aber alle versuchten, irgendwie zu helfen. So eilte der Clown ins Dorf, um Hilfe zu holen, weil das Feuer nicht nur den Zirkus zerstören, sondern über die ausgetrockneten Felder rasen und auch den nahen Ort vernichten konnte.

Der angemalte Clown rannte Hals über Kopf auf den Markplatz und rief allen zu, sie sollten zum Zirkus kommen und das Feuer löschen helfen. Doch die Dorfbewohner lachten und applaudierten diesem Trick, der sie – wie sie meinten – in die Vorstellung locken sollte. Der Clown weinte und bettelte, er versicherte ihnen immer wieder, dass es jetzt keine Vorstellung gäbe. Doch je lauter er flehte, desto mehr johlten die Dörfler. Und als ihnen sein Betteln zu dumm wurde, jagten sie ihn auf der anderen Seite zum Dorf hinaus. Doch ehe sie sich's versahen, war das Feuer über die Felder gesprungen und hatte ihre Häuser in Brand gesteckt.

— Festgelegte Erwartung —

Die Bewohner des Dorfes waren sich fraglos sicher, dass ein Clown nur Spaß machen könne. Je ernster und eindringlicher er redete, desto mehr dachten sie an Mache, der sie applaudierten. Am Ende, als er ihnen zu lästig wurde, weil er ernst blieb, da jagten sie ihn fort. Sie hatten vom Clown nur ganz Bestimmtes erwartet. Anderes haben sie ihm nicht zugestanden. Und das hat sie unfähig gemacht, ihn wirklich zu verstehen. – Aber ist eben dies nicht seit jeher das Schicksal derer, denen aufgegeben ist, das Nicht-Erwartete, das Ungemächliche auszurichten?

— *Komischer Heiliger* —

Das heutige Evangelium weiß von einem Bruder des Clowns zu erzählen, dass Jesus in dieser Hinsicht mit dem Clown verwandt ist. Seine Botschaft vom Gottesreich bürdete ihm das gleiche Schicksal auf – nicht verstanden zu werden, weil die, mit denen er sein Leben teilte, ganz anderes von ihm erwarteten. Markus überliefert uns dabei keineswegs eine Randepisode. Vielmehr lässt er uns aus seinem ungeschminkten Bericht etwas ahnen, wie tief die Auseinandersetzungen reichten, unter denen unser Glaube überhaupt geboren wurde.

Jesus – so hören wir – hatte noch nicht lange begonnen, umherzuziehen und das Reich Gottes zu predigen. Gott will, dass euer Leben ganz gelingt. Er schenkt euch einen neuen Anfang, wenn ihr euch verrannt habt. Er nimmt die Last der Sorge, der Angst und des Unfriedens von euch – wenn ihr euch ihm wieder zuwendet und wenn ihr ihm dies alles zutraut. Das war seine Botschaft. Diese Predigt vom geheilten Leben hat er handgreiflich beglaubigt dadurch, dass er Kranke heilte und Besessene aus den Ketten ihrer Entfremdung befreite. Und dies alles war begleitet von Stunden innigster Gebetsgemeinschaft mit seinem Vater im Himmel, von denen sogar die Jünger nur von Ferne etwas mitbekommen.

Von Anfang an – also schon in Nazaret – war Jesus freilich nicht irgendwer gewesen. Vermutlich galt er schon vor seiner ersten Predigt – dreißig Jahre alt und noch immer nicht verheiratet – als Außenseiter und Kauz. Hätte Jesus nicht in Israel gelebt, sondern in Italien, so hätten ihn die Leute im Dorf mitleidig-spöttisch „il santo" genannt. Sie haben ihn ein wenig bewundert und vor allem beargwöhnt als komischen Heiligen. Weil er im Grunde so wenig zu ihnen passte. Durch sein öffentliches Auftreten freilich steigert sich diese Fremdheit schnell zum Ärgernis. Und eben deshalb machen sich seine Angehörigen auf den Weg, um ihn zurückzuholen. Mit Gewalt – wie Markus eigens betont –, weil Jesus sich gutem Zureden anscheinend nicht beugte. Sie wollten ihn aus dem Verkehr ziehen, um der Familie größere Schande zu ersparen: Der ist ja verrückt, so begründen sie ihr Tun. Das war die Reaktion auf die ersten Anfänge des Evangeliums vonseiten derer, die Jesus am nächsten standen. Restloses Unverständnis, nur ein wenig abgemildert vom Mitleid, das im Letzten ein Stück Selbstmitleid mit der in Verruf kommenden Familie war.

Und genau das Gleiche, das ihm von den Seinen geschah, das widerfährt ihm seitens der Fachleute in Sachen Gottes – von den Schriftgelehrten in Jerusalem. Die reichen da der Familie Jesu in seltsamem Einverständnis die Hand – nur formulieren sie ihre Einwände zugespitzter, sachlicher – und daher brutaler. Offen angreifend bezichtigen sie Jesus der Besessenheit. In einer Wendung von 180 Grad, einer Pervertierung des Evangeliums, sagen sie Jesus nach, dass das, was er sagt und tut, unter dem Einfluss jener Mächte stehe, von denen er die Menschen zu befreien behauptet. Sie werfen ihm vor, dass gerade er unter dem Zwang der Unfreiheit stehe und sich selber verloren habe. Sein Lebensstil und – vor allem – seine Kritik an der öffentlich praktizierten Moral und Frömmigkeit liefern ja den besten Beweis dafür.

Seltsam unpolemisch und verhalten antwortet Jesus den Schriftgelehrten auf ihre vernichtenden Vorwürfe mit ein paar Gleichnissen. Könnten denn jene Mächte etwas ausrichten, so fragte er, wenn sie mit sich zerstritten sind: Wenn ich unter ihrem Einfluss stünde, wie kann ich dann gegen sie angehen? Könnte ich denn in ihr Haus eindringen und ihnen die geknebelten Menschen wieder entreißen, wenn ich sie nicht vorher bezwinge, also stärker bin als sie?

Mehr als diese paar Fragen erwidert Jesus den Schriftgelehrten gar nicht. Weil er an der Art ihrer Vorwürfe schon gespürt hat, dass seine Worte ihre Einsicht gar nicht erreichten. Denn sie können ihn nicht nur nicht verstehen. Sie wollen ihn auch gar nicht verstehen. Weil es von Gott nicht mehr und nicht anderes zu sagen gibt, als sie ohnehin schon wissen und besitzen. Und das, was er sagte, halten sie obendrein nicht nur für überflüssig. Es ist vor allem gefährlich, weil er mit seinem Reden und Tun die festgefügten Wahrheitssysteme in Frage stellt, mit denen die Tonangeber so gut ihre Macht sichern und sich zugleich Gott vom Leib halten können. Diese radikale Ablehnung dessen, was Jesus den Menschen im Auftrag und Namen Gottes anbietet, das ist jene Sünde wider den Heiligen Geist, von der das Evangelium sagt, dass sie nicht vergeben werde. Denn sie kann gar nicht vergeben werden, weil sie ja darin besteht, die Vergebung Gottes als Ganze, die Versöhnung auszuschlagen.

Das ist die Wirklichkeit, in die Jesus von Anfang an sein Evangelium hineinspricht. Er gerät mit ihm zwischen alle Stühle, in der Öffentlichkeit und im Kreis seiner Familie. Was in der bodenlosen Verlassenheit auf Golgota später sichtbar werden wird, das fängt schon bei den ersten Predigten in Galiläa an – das sind die Folgen der Fremdheit Jesu unter den Menschen. Und wenn er wirklich jener einzigartige Bote des Vaters im Himmel ist – wie wir glauben –, dann spiegelt sich in jener Fremdheit letztlich nichts anderes als die Entfremdung der Menschen von ihrem Gott.

So menschlich die Botschaft Jesu und so menschennah der in ihr verkündete Gott auch sind – sie erreichen uns niemals auf geradem Weg. Gott und sein Evangelium sind uns in einem letzten, menschlich nicht mehr aufhebbaren Sinne fremd. Wäre es anders, so hätten sie damals Jesus nicht umgebracht; die Märtyrer von Stephanus in Jerusalem bis Oscar Romero in San Salvador hätte es nie gegeben. Und Gleichgültigkeit dem Evangelium gegenüber müsste ein Fremdwort sein. Die Erfahrung Jesu ist radikal anders gewesen. Und sie ist noch heute so. Und auch in der Kirche noch bleibt Jesus fremd, weil sie ihrem Herrn in so vielem nicht entspricht.

Bilden wir uns nicht ein, unser Wille zum Gutsein und die Erfahrung, dass uns manches Opfer im Leben abgerungen wird, das stelle uns schon an die Seite Jesu. Dies – also ein Christ, eine Christin zu sein – reicht viel tiefer als all jenes zusammen. Wir nehmen es nicht beiläufig mit, so als wüssten wir Bescheid darüber, was uns nottut, und als könnten wir auch das Evangelium noch einmal als Hilfsmittel zum Gelingen unseres eigenen Lebensentwurfs mit einkalkulieren. Wer sich dem Herrn nur so nähert, dem wird er fremd und verschlossen bleiben.

— *Fremdheit und Nähe* —

Welcher Weg aber führt dann wirklich zu ihm hin? Auch danach fragt das heutige Evangelium. Noch einmal lenkt Markus den Blick auf die Verwandten Jesu, seine Mutter und seine Brüder. Sie stehen vor dem Haus. Die, die sich ihm natürlicherweise nah fühlen – und meinen: Sie sind draußen. Ein hartes Wort des Evangelisten, der sich so nur zu reden traut, weil Jesus selbst noch härter fragt: Wer ist meine Mutter und wer ist mein Bruder? Man hört unter dem Laut dieser Worte förmlich die Fremdheit Jesu nachhallen. Und mitten aus dieser einsamen Ferne heraus fällt sein Blick auf die, die rings um ihn sitzen. Das sind die, die ihm Zeit schenken. Die ihm zuhören, bevor sie eine Meinung hinweg wagen, sich dem fremden Klang seiner doch so nahen Worte aussetzen. Und eben diese alle erklärt Jesus zu seiner Familie: zu denen, bei denen er sich geborgen weiß, denen er sich überlässt und denen er sein innerstes Erleben anvertraut. Gewiss: Auch denen mutet er seine Fremdheit zu. Aber sie nehmen diese Fremdheit nicht als Vorwand gegen ihn, wie die Verwandten und die Schriftgelehrten. Diese ergreifen sie vielmehr als Anruf Gottes, der sie über die selbstverfassten Lebensprogramme hinausführen will. Weil nur dort, wo ich über mich selbst hinaustrete und hinauswage, mein Menschsein zu dem heranreift, was es wirklich sein kann.

Zur Schwester oder zum Bruder Jesu, mit ihm verwandt werden, wird deshalb notwendig ein Zweifaches einschließen: dass ich auf ihn warte: Jesu Fremdheit lässt sich nicht von uns aus meistern. Ich muss sie zunächst einmal anerkennen. Jedes vorschnelle Fertig-werden-Wollen deckt auf, dass ich auch ihm gegenüber noch Herrschaftsansprüche geltend mache. Zu unserem Glauben gehört wesentlich auch, dass wir einen fremden Zug an der Gestalt Jesu nicht einfach für bedeutungslos erklären, sondern dass wir warten, bis er sich für uns aufhellt und verwandelt in einen Wegweiser in das Geheimnis Gottes hinein. Was ein theologisches Lehrbuch – durchaus richtig – auf einer halben Seite hersagt, das mit dem Herzen zu ergreifen, das kann manchmal 15 Jahre oder länger dauern.

Und das Zweite: Schwester oder Bruder Jesu werde ich nur, wenn ich noch staunen kann über ihn. Im Staunen nur sind wir ganz unvoreingenommen bei der Sache; lassen wir uns beeindrucken, ohne dass unsere Erwartungen schon wieder Zensur ausüben. Solches Staunen geschieht besonders in stillen Augenblicken der Anbetung; wo einer in letzter Einsamkeit mit dem Herrn Zwiesprache hält – staunend, was Gott für uns tut und mit uns vorhat. Die Fremdheit Jesu bewahrt uns davor, ihn zum Kumpel zu machen. Und sie hilft uns, wirklich seine Schwester, sein Bruder zu werden. Deshalb gehört diese Fremdheit notwendig zum Jesus der Evangelien. Unsere Antwort darauf wäre das Warten und das Anbeten. Beides fällt uns schwer. Aber beides würde uns reich beschenken.

Elfter Sonntag im Jahreskreis: Mk 4,26–34

Selbstverständlichkeit

— Wegzehrung aus Papier —

Es war in den letzten Tagen der Schlacht um Stalingrad. Eine Gruppe junger deutscher Soldaten war in einen Hinterhalt geraten und sah ihr Ende kommen. Der evangelische Feldgeistliche, der bei ihnen war, nahm sein Neues Testament aus der Tasche, riss den Einband weg und gab jedem der Soldaten ein Blatt des Evangeliums.

— Geistlicher Passierschein —

Und wozu das? Was hilft das Stück Papier mit ein paar frommen Worten drauf, wenn's zu Ende geht? Nichts natürlich. Und doch: Was der Feldgeistliche tat, war ein Gleichnis. Er hat den Soldaten in ihrer letzten Stunde ein paar Zeilen Evangelium in die Hand gedrückt – wie einen Passierschein, eine Eigentumsurkunde oder ein Testament sozusagen. Er wollte damit ausdrücken: Was der gesagt hat, von dem diese Seiten stammen, das gilt, auch jetzt. Lasst euch von nichts und niemand beirren, nicht einmal von dem, was bald mit uns passieren wird. Denn sein Wort bleibt.

— Das Gottesreich kommt von selbst —

Im Grunde hat dieser Militärpfarrer mit den herausgerissenen Evangeliums-Seiten nichts anderes gemacht, als die beiden kleinen Gleichnisse nachzuerzählen, die wir eben gehört haben. Gleichnisse, die vom Gottesreich und seinem Kommen handeln. Gottesreich – das ist, wenn es wieder stimmt zwischen Gott und den Menschen und darum auch wieder zwischen den Menschen untereinander und dem Einzelnen im Verhältnis zu sich. Wer wünschte sich das alles nicht! Und zugleich: Wer von uns wüsste nicht, dass sich diese Stimmigkeit von allem nicht einmal durch unseren guten Willen und unsere besten Mühen herbeiführen lässt.

Verblüffenderweise sagt uns Jesus im ersten der beiden Gleichnisse, dass das – dieses Mühen – auch gar nicht nötig ist. Denn: Das Reich Gottes kommt. So selbstverständlich und sicher, wie nach dem Ausstreuen von Samenkörnern auf einem Feld nach gewisser Zeit die Saat aufgeht, die Ähren wachsen und schließlich Korn tragen, das geerntet wird, so selbstverständlich und sicher kommt das Gottesreich. Der Sämann schläft und steht wieder auf, lebt also sein Leben, und der Same keimt und wächst derweil, der Bauer weiß nicht einmal, wie. Genauso ist es mit dem Reich Gottes. Ist es ausgesät, also angefangen – und mit dem Kommen Jesu hat es angefangen –, dann wächst es. Selbst die Gläubigen wissen nicht, wie. Oft und über lange Zeit sehen sie überhaupt nichts davon. Das Feld scheint brach zu liegen, gar unfruchtbar zu sein. Sie leben derweil ihr Leben, wie sie es leben müssen, manchmal sogar bis in ein Ende hinein, das so fürchterlich ist, wie das der jungen Soldaten von Stalingrad. Und trotzdem bleibt unwiderruflich: Das Reich wächst. Der Herr hat es gesagt. Wem wäre zu trauen, wenn nicht ihm? Die Erde bringt von selbst ihre Frucht, und genauso ist es mit dem Gottesreich.

In diesem Satz des Gleichnisses steht ein scheinbar ganz modernes Wort: Für das „von selbst" steht im Griechischen „ap' automatou" – einmal in Gang gekommen, setzt sich das Gottesreich automatisch, also von sich selbst her unaufhaltsam durch. Nichts muss ihm mehr auf die Sprünge helfen. Es gibt darum ein christliches Grundrecht auf Hoffnung: Gott wird das letzte Wort haben, nicht Menschen, nicht das sogenannte Schicksal, nicht die Geschichte, nicht einmal der Tod. Und dieses Wort wird Segen sein und Leben heißen: sein Reich.

— *Unscheinbarer Anfang – überwältigendes Ende* —

Das zweite kleine Gleichnis unseres Evangeliums will nichts anderes, als zu ermutigen, dass wir nicht erst irgendwann, sondern jetzt schon zu hoffen wagen, dass es gut ausgeht mit uns. Mit dem Gottesreich, sagt Jesus, ist es wie mit einem Senfkorn. Ein Senfkorn ist winzig klein, das kleinste aller Samenkörner. Aber die Senfstaude, die daraus hervorwächst, wird größer als alle anderen Gartengewächse. Der Anfang ist unbedeutend, leicht zu übersehen. Und so war es ja auch: Kommt ein Zimmermann aus dem Kaff Nazaret, fängt von Gott und seinem Reich zu erzählen an – die eigene Verwandtschaft beargwöhnt ihn –, sammelt ein paar Leute um sich, kommt in Konflikte mit der Obrigkeit, wird hingerichtet. Aber dieser Anfang hatte es in sich. Alles, was er sagte, tat und lebte, sagte, tat und lebte er so, dass Gott selbst darin gegenwärtig und zugänglich wurde – dafür steht der Ostermorgen. Gott so nahe sein aber und ihn erkennen, also ihm verbunden sein, ist nichts anderes als „Gottesreich". Und das lässt sich durch nichts mehr aufhalten. Im Vergleich zu seinem unscheinbaren Anfang wird es am Ende von überwältigender Größe sein. Aber schon im Anfang ist alles da.

— *Recht der Sorglosigkeit* —

Darum gehört, wer sich jetzt mit diesem Anfang in Person verbindet, also den Glauben wagt, schon dazu. Wie am Ende alles sein wird, braucht uns jetzt nicht zu bekümmern. Wie der Sämann aus dem ersten Gleichnis sich keine Sorge um das Wachsen und Reifen der Saat mehr macht, so darf der Glaubende in einer Sorglosigkeit um sein letztes Wohin leben, weil er gewiss sein darf: Gott hat es zum Guten entschieden. Es wird wie ein Wunder sein. Und zugleich ist es schon jetzt ganz selbstverständlich, weil Gott Gott ist.

Was Gott mit dem Schlafen zu tun hat

— *Hier bin ich* —

Genau besehen gibt es eine einzige Frage nur, die jede und jeden von uns umtreibt. Sie heißt: Wie komme ich klar mit mir? Getragener gesagt: Wie kann ich mein Leben bestehen? Bestehen zumal dann, wenn Not oder Leid oder Schuld mich bedrängen? Dschalaludin Rumi, der wohl größte Dichter Persiens – er lebte in der Zeit, die wir Abendländer „Mittelalter" nennen –, Rumi hat sich dieser Frage in einem Zwiegespräch mit Gott gestellt. Er schrieb:

> *„Oh Gott!" rief einer viele Nächte lang,*
> *und süß ward ihm sein Mund von diesem Klang.*
> *„Viel rufst du wohl", sprach Satan voller Spott.*
> *„Wo bleibt die Antwort ‚Hier bin ich' von Gott?*
> *Nein, keine Antwort kommt vom Thron herab!*
> *Wie lange schreist du noch ‚O Gott!' Lass ab!"*

> *Als er betrübt, gesenkten Hauptes, schwieg,*
> *sah er im Traum, wie Chidr niederstieg*
> *und sprach:*
> *„Warum nennst du Ihn denn nicht mehr?*
> *Was du ersehnst – bereust du es so sehr?"*
> *Er sprach: „Nie kommt die Antwort: ‚Ich bin hier'*
> *So fürchte ich, Er weist die Türe mir!"*

> *Dein Ruf „O Gott" ist Mein Ruf: „Ich bin hier!"*
> *Dein Schmerz und Flehn ist Botschaft doch von Mir,*
> *und all dein Streben, um mich zu erreichen –*

Daß ich zu Mir dich ziehe, ist's ein Zeichen!
Dein Liebesschmerz ist Meine Huld für dich –
Im Ruf „O Gott!" sind hundert „Hier bin Ich!"[32]

— *Trostvolle Wahrheit* —

Man muss wohl eine Weile bei dieser Gottesantwort verweilen, um zu begreifen, dass in ihr eine ungeheuer nüchterne, aber gleichzeitig ebenso trostvolle Wahrheit lebt. Haargenau das Gleiche gilt vom heutigen Evangelium. Auch die Geschichte von der Sturmstillung redet davon, wie unser Leben zu bestehen ist. Und auch sie gibt eine nüchterne Antwort, die trotzdem die Kraft hat, jedem in der Seele Frieden zu geben, der sie vernimmt. Wir brauchen sie nur zu hören und uns dabei gegenwärtig zu halten, dass auch die äußeren Ereignisse, die das Evangelium erzählt, immer Inneres versinnbilden – das, was in der Seele zwischen Gott und uns vorgeht.

— *Unterwegs über Abgründen* —

Es wird Nacht, so hören wir. Jesus und die Jünger fahren in einem Boot über den See Gennesaret ans andere Ufer hinüber. Markus erzählt davon auf eine Weise, die uns Winke gibt, worum es ihm eigentlich geht: Nicht vom See Gennesaret spricht er, sondern vom „Meer", und nicht von dem Ziel, zu dem Jesus und die Jünger unterwegs sind, sondern bloß vom jenseitigen Ufer, wörtlich von der „Jenseite". Die kleine Szene – das will Markus damit andeuten – ist ein Sinnbild für unser menschliches Dasein.

Unterwegs sind wir zum jenseitigen Ufer, unterwegs auf dem Meer, über Abgründen und Unwägbarem, wo kein Mensch Fuß fassen und was keiner mit eigener Kraft beherrschen kann; wo wir uns ausgeliefert erfahren. Ein kleines Boot nur, eine Nussschale trägt uns auf diesem Meer: Nussschale – das ist die Gemeinschaft, in der wir uns geborgen fühlen; die Menschen, die zu uns stehen; auch die eigenen Kräfte, die kleinen, die wir aufbringen manchmal. So ist das Leben.

Es wird Nacht, die Ruhe kehrt ein. Aber: Gerade dann, wenn rings um uns der Lärm schwindet, wenn es still wird und einsam, dann bricht gar nicht selten in uns drinnen der Sturm los: Was wir falsch gemacht haben, quält uns; uns reut, einen Menschen getäuscht, verletzt, hintergangen zu haben; den Chancen, die wir selbst mitverschuldet verschenkt haben, trauern wir nach; Sorgen macht uns, wie es weitergehen soll mit der Last einer Krankheit, dem Einsamsein, dem Versagen, einer Schuld, die auf uns liegt. Da wird die kleine Nussschale des Lebens nicht nur hin und her gerissen – da schwappt das Meer, dieses unwägbar Gefährliche und Bedrohende, ins Boot hinein. So erfahren wir leibhaft – auf dem Meer der Angst –, wie wenig es braucht, dass wir untergehen. Buchstäblich! Wahrscheinlich kennen das etliche von uns, mehr als man wohl denken möchte. Die Stunden früh zwischen zwei und vier können quälend sein.

— *Angst und Glaube* —

Jesus schläft, erzählt Markus. Trotz des tobenden Sturmes ringsum liegt er auf einem Kissen in tiefem Frieden. Anders die Jünger: Sie geraten in Panik und wecken Jesus auf, dass er sie rette vor dem Untergang. Er tut das – wie beiläufig beruhigt er Meer und Wind. Und dabei tadelt er die Jünger: Warum habt ihr solche Angst? Habt ihr noch keinen Glauben? Eben damit spricht Jesus sein eigenes Geheimnis aus – das Geheimnis, wer er ist und warum er Macht über Meer und Wind sogar hat, dass sie ihm gehorchen. Mit der Frage an die Jünger sagt Jesus nämlich: Das tobende Meer und den Sturm, also das Auf und Ab und die Gegenkräfte im Leben erlebt nur der und die als gefährlich und als Bedrohung, der und die Angst hat. Angst ist das Gegenteil von Glaube. Glauben heißt: Ich traue Gott. Auch dem Glaubenden begegnet Gefahr und manche Widerwärtigkeit. Und immer wieder wird er darauf gestoßen werden, wie schwach und klein er in Wahrheit ist. Aber: Wer Gott traut – und so traut wie Jesus –, dem rauben auch der Sturm und das aufgewühlte Meer nicht den Schlaf. Versagen nicht; Schwäche nicht; Not nicht; nicht einmal Schuld. Weil er sich in allem und über alle Abgründe hinweg immer schon und für immer gehalten weiß. Wer glaubt, ist so stark, dass sich Sturm und Wogen der Angst vor ihm legen. Wie vor Jesus, weil er Gott ganz traute. Sein Wort, die Frohe Botschaft vom Gott, der uns trägt, wirkt das Wunder, dass der Sturm in uns still wird.

— *Ruhe nach dem Sturm* —

Sprichwörtlich nachgerade ist die Ruhe vor dem Sturm. So müssen Menschen reden, die auf dem Sprung sind, weil sie sich ängstigen, was denn nun noch oder schon wieder kommen wird. Wer sich zu eigen macht, was Jesus kündet, der wird erfahren, dass es auch Ruhe nach dem Sturm gibt. Das erst ist Ruhe, die diesen Namen verdient.

Zum Leben umgesprochen

— Allahs Bote —

Eine alte arabische Sage erzählt von einem Scheich, den man den „Großen" nannte. Eines Tages stand ein junger Mann in seinem Zelt und grüßte ihn. Wer bist du?, fragte der Scheich. Ich bin Allahs Bote und werde Engel des Todes genannt. Der Scheich wurde bleich vor Schrecken. Was willst du von mir? Ich soll dir sagen, dass dein letzter Tag gekommen ist. Mach dich bereit. Wenn morgen Abend die Sonne untergeht, komme ich, um dich zu holen. Der Bote ging. Das Zelt war leer. Der Scheich überlegte einen Augenblick, dann klatschte er in die Hände und befahl einem Diener, das schnellste und beste Kamel zu satteln. Er lächelte, wenn er an den Boten dachte, der morgen Abend das Zelt leer finden würde.

Bald war der Scheich weit draußen in der Wüste. Er ritt die ganze Nacht und den ganzen Tag trotz der brennenden Sonne. Er gönnte sich keine Ruhe. Je weiter er kam, desto leichter wurde ihm ums Herz. Die Sonne war nicht mehr weit vom Rand der Wüste entfernt. Er sah die Oase, zu der er wollte. Als die Sonne unterging, erreichte er die ersten Palmen. Jetzt war er weit, weit weg von seinem Zelt. Müde stieg er ab, lächelte und streichelte den Hals seines Kamels. Gut gemacht, mein Freund. Er führte das müde Tier zum Brunnen. Am Brunnen saß ruhig der Bote, der sich Engel des Todes genannt hatte, und sagte: Gut, dass du da bist. Ich habe mich gewundert, dass ich dich hier, so weit entfernt von deinem Zelt, abholen sollte. Ich habe mit Sorge an den weiten Weg und an die brennende Sonne und an dein hohes Alter gedacht. Du musst sehr schnell geritten sein…

— Sehnsucht nach Leben —

Besorgt, ja behutsam lässt das Märchen den Todesengel auftreten – gerade wie wenn er die Bitterkeit seiner eigenen Botschaft ein wenig abmildern wollte. Denn was hat er anderes zu sagen, als dass weder Größe noch Leistung noch List etwas nützen gegen das Sterben! Mit ihm kommt das Ende für jeden und jedes – unerbittlich und unausweichlich. Nicht nur das unbekannte Danach freilich beunruhigt die Menschen seit jeher. Etwas anderes tut dies im Grunde viel mehr: Wenn nämlich das Sterben das Sicherste ist, was sich von uns Menschen sagen lässt, was ist es dann um die grenzenlos tiefe Sehnsucht nach Leben, die einen jeden alle Tage seines Daseins beseelt, sein Tun und Treiben bestimmt? Selbst wenn wir diese Sehnsucht durch Leid und Krankheit gefährdet und gebrochen erfahren – aufgeben tut sie keiner. Wird gerade sie aber nicht von der Gewissheit unseres Todes als Traumgespinst entlarvt, weil uns der Tod unfehlbar erwartet, ganz gleich, welche Wege wir beschreiten – wie der Scheich? Ist sie einfach ein Trick der vernunftlosen Natur, der uns möglichst lange bei der Stange halten soll? Oder ein Schutz, der das Zusammenleben mit anderen erleichtert? Oder aber einfach ein erbärmlicher Selbstbetrug, der uns bestenfalls hilft, dem absurden Eiertanz des grauen Alltags noch ein bisschen selbsterdachten Sinn anzudichten?

— Geschichten von menschlichen Urnöten —

Auf diese schonungslosen Fragen spitzt sich unsere ganze menschliche Lebenserfahrung letztendlich zu, die sich zwischen der Lust am Leben einerseits und dem Dementi des Lebens durch Leid und Tod andererseits verspannt findet. Wie aber umgehen mit diesem erdrückenden Fragezeichen? Das heutige Evangelium wendet sich genau dieser Not zu – freilich auf die ihm eigene Weise. Markus will uns ja mit seinem Evangelium wenigstens das Allerwichtigste von Jesus mitteilen. Und erstaunlicherweise überliefert er kaum Lehren und Weisungen. Stattdessen erzählt er Geschichten von Heilungen, die Jesus gewirkt hat – eine nach der anderen: von Besessenen, Lahmen, Aussätzigen, Kranken, die auf Jesu Wort hin wieder gesund werden. Und alle diese Geschichten kreisen nicht um irgendwelche Sensationen, sondern reden von den Urnöten des Lebens – und: dass Jesus diese Nöte heilt. Ebendarum geht es auch im heutigen Evangelium mit seiner Geschichte von der blutflüssigen Frau und der von der Tochter des Jairus. Und weil der Tod letztlich so etwas wie der Knoten ist, in dem alle Linien von Elend und Leid zusammenlaufen, wird das, was das heutige Evangelium zu sagen weiß, eine Art erster Höhepunkt des Markus-Evangeliums.

Jairus kommt, so hören wir, zu Jesus. Er weiß sich nicht mehr zu helfen. Seine kleine Tochter stirbt ihm unter den Händen weg. Er, der Vorsteher, die geistliche Autorität wirft sich nieder vor Jesus. Manches hat er schon gehört, und so klammert er sich in seiner Verzweiflung an ihn. Und Jesus geht mit. Er geht dem Elend, der Sinnlosigkeit, die Leid und Tod in Menschenaugen ereignet, nicht aus dem Weg. Er stiehlt sich nicht peinlich berührt davon, wenn einer klagt. Er geht stattdessen geradewegs zu auf die Not im Haus des Jairus.

Unterwegs kommt es zu der Begegnung mit der blutflüssigen Frau. Markus schiebt diese Geschichte hier ein, um drastisch herauszustellen, was allein schon das Mitgehen Jesu mit Jairus bedeutet: dass er nämlich nicht auf Distanz achtet. Mitten im Gedränge ist sein Platz – im Gedränge, in dem sich nichts anderes spiegelt als die Bedrängnis der Menschen. Er hat keine Berührungsangst, auch nicht vor dem, was – wie die Blutflüssige – einen Menschen isoliert, weil andere sich davor ekeln. Und unüberhörbar schwingt dabei zwischen den Zeilen mit, um was allein es Markus mit diesen Geschichten zu tun ist: nämlich uns zu sagen: So wie er, so wie dieser Jesus, genau so ist Gott. So nah; er lässt sich berühren von eurer Not und dem Elend. Er nimmt sich uns zu Herzen – wenn Menschen diese Nähe Gottes für möglich halten und auf sie setzen. Denn das Geschick der blutflüssigen Frau zeigt: Nichts anderes als allein schon der Mut, mit seiner drückenden Last auf den Herrn zuzugehen, dieser Mut beginnt die Wende einzuleiten – selbst dann noch, wenn er aus schierer Verzweiflung geboren ist wie bei der Frau. Wir nennen diesen Mut mit einem anderen Wort: Glauben. Er heilt. Deshalb trägt Jesus auch keinen Augenblick die Züge eines Wundertäters, sondern die Züge dessen, der zum Glauben befreit, ja geradezu hinreißt. Zum Glauben, der auf ihn gerichtet doch einzig den Vater im Himmel meint: Dein Glaube hat dir geholfen – geh hin in Frieden. Wo ein Mensch glaubt, also Gott den gebührenden Platz einräumt in seinem Lebenshaus, wendet sich sein Dasein ins Ganzwerden, werden seine Ränder gleichsam vom Morgenrot dessen gesäumt, was Jesus das Gottesreich nennt.

— Tot sein in Gottes Augen —

Was aber ist es mit der Nähe Gottes dort, wo es nichts mehr zu heilen gibt, weil der Tod ein Leben schon durchgestrichen hat? Ist vor ihm – dem großen Vernichter – das ganze Heilwerden nicht doch bloß ein Aufschub, eine Vertagung jener Stunde, die endgültig den ganzen Trug der Lebenssehnsucht aufdeckt? Noch während Jesus mit der geheilten Frau redet, kommen Boten aus dem Haus des Jairus, um den Tod des Mädchens zu melden – gerade so, als wollten sie kundtun, dass selbst so einer wie Jesus nichts ausrichten kann gegen das Schicksal. Jairus wird in sich zusammengefallen sein bei dieser Nachricht. Doch Jesus überhört sie geradezu. Und zu Jairus sagt er: Fürchte dich nicht, glaube nur! Bleib bei dem, was du mit deiner Bitte an mich begonnen hast. Lass nicht die Angst eindringen in dein Herz. Und dann geht er hin und setzt dem Lamento der Klageweiber, die mit ihrem Jammern nur das Machtwort des Todes bestätigen – diesem Machtwort setzt er sein Wort entgegen. Ein Wort, über das Anwesende nur lachen können: Das Kind ist nicht gestorben – es schläft nur. Ohnmächtig scheint dieses Wort. Und doch sagt er mit ihm aus, was das Totsein eines Menschen, dieser für uns so bittere Abbruch eines Lebens – was das in den Augen Gottes bedeutet: soviel wie Schlafen. Du brauchst den Tod deines Töchterchens – und überhaupt keinen Tod zu fürchten, Jairus, denn er hat vor Gott nicht nur nicht das letzte Wort. Für Gott gibt es ihn überhaupt nicht, weil nicht vergehen kann, was je in seine Hand geschrieben, weil von ihm gewollt war. Und weil Jesus vollmächtig im Namen dieses Gottes redet und handelt, weil Gott selbst in ihm gekommen ist – der, für den es keinen Tod gibt –, deshalb ist die lebendig, die gestorben war – lebendig auf seinen Ruf hin, ist sie gleichsam in sein Wort hinein auferweckt. Sie hat damit kein ewiges Leben auf Erden gewonnen. Auch sie wird einmal sterben wie jede andere auch. Aber anders als viele andere: ohne Todesfurcht, weil sie weiß, dass Sterben nicht Absturz ins Nichts, sondern Erwachen zu neuer Gemeinschaft mit Gott bedeutet. Damit, dass der Herr das Mädchen bei der Hand fasst und zu ihr sagt: talita kum – steh auf –, damit bejaht er unsere Sehnsucht nach Leben als etwas, das recht hat und nicht ziellos ist, weil ihm von Gott her Recht gegeben ist. Sich von Jesus an der Hand nehmen und eben dazu führen lassen, das meint Glaube. Er steht im Mittelpunkt des Evangeliums. Mit den beiden Wundergeschichten gibt es uns dazu bedeutsam anschauliche Vorzeichen dessen, was solchem Glauben geschenkt wird.

— Gott – hineingezogen in unsere Wirklichkeit —

Gott hält sich nicht distanziert jenseits von Leid und Tod. Er lässt sich vom Glauben hineinziehen in diese unsere Wirklichkeit, wo gelitten und gestorben wird. Er lässt uns nicht allein damit. Und deshalb begegnet uns beides von Gott her in einem radikal anderen Licht. Leid und Tod werden für den, der glaubt, regelrecht umdefiniert dadurch, dass er auch noch in den dunkelsten Stunden seines Lebens annehmen darf, dass Gott bei ihm ist. Das ist die Antwort des Evangeliums auf jene lastende Frage nach Leid und Tod, die ausgesprochen oder unausgesprochen auf jeder und jedem von uns liegt. Sie schafft beides nicht ab – weil zumindest das Sterben natürlicherweise zu unserem Leben gehört. Aber: Diese Antwort ermutigt und ermächtigt, grundsätzlich anders umzugehen mit beidem. Wir können das Sterben und auch das Leiden annehmen in der Gewissheit, dass nicht einmal dies uns fortreißt aus der Hand Gottes. Für den, der glaubt, verliert eben dadurch das Leid den Zug des unerbittlichen Verhängnisses, vor dem auch die ausgeklügelste Flucht nicht bewahrt – wie in der Geschichte vom Scheich. Wo der Glaube uns von der Angst vor beidem erlöst, dort werden – freilich verborgen vor jedem neugierigen, spekulierenden Zugriff – Leid und Tod selbst noch einmal, ja, so etwas wie gültige Gestalten von Leben. Manchmal so sehr, dass ein Leiden in der Atmosphäre gläubiger Annahme wie von selber zu heilen beginnt. Und dass Menschen am offenen Grab ihrer Lieben ein Halleluja über die Lippen kommt. Nichts davon lässt sich erzwingen. Nichts ist so sehr den Augen anderer entzogen und in die Einsamkeit eines Herzens vor seinem Gott verfügt wie der erlöste Umgang mit dem eigenen Leiden und dem eigenen Sterben. Der lässt sich nur erbeten. Und dann erfahren. Und vielleicht erzählen. So wäre ein Leben zum Bilderbuch des Evangeliums geworden.

Vierzehnter Sonntag im Jahreskreis: Mk 6,1–6a

Scandalum christianum

— Enthauptete Könige —

Wer ins Museum von Cluny geht – meist wegen der berühmten Einhorn-Tapisserien – gerät dabei in einen Raum, der irritiert. Da stehen auf nüchternen Betonstelen überlebensgroße Köpfe, frühgotisch, höchst beeindruckend. Und man hat spontan den Eindruck: Die Köpfe sind von Skulpturen abgeschlagen. So ist es auch. Es sind die Köpfe der alttestamentlichen Könige, die über dem Königsportal von Notre-Dame in Paris angebracht sind. Im Verlauf der Französischen Revolution hatte man den Beschluss gefasst, auch diese Könige zu enthaupten. Es sollte nur gleiche Bürger geben dürfen. Auch über den Kirchenportalen. Die Köpfe waren vergraben worden und wurden erst vor wenigen Jahrzehnten wiedergefunden.

— Dialektik der Aufklärung —

Damit Sie mich nicht falsch verstehen: Der Aufklärung sind viele höchst nötige Um- und Durchbrüche zu verdanken, von denen wir bis heute wie selbstverständlich zehren. Aber in dieser symbolischen Hinrichtung der alttestamentlichen Könige verdichtet sich das, was später ein Theodor Adorno und ein Max Horkheimer „Dialektik der Aufklärung" nannten. Dass eine an sich richtige Idee – in diesem Fall die Idee der Gleichheit aller Menschen –, dass sich diese Idee in ihr Gegenteil verkehrt und schließlich in tödlichen Terror umschlägt.

— Umschlag der Stimmung —

Wer diese Zusammenhänge auch nur im Ansatz kennt, kann nur mit Verblüffung zur Kenntnis nehmen, dass exakt dieses Muster auch schon im Evangelium auftaucht. In den paar Versen, die wir soeben gehört haben. Es handelt sich um die Geschichte von Jesu erstem Auftritt in seiner Heimatstadt Nazaret. Er lehrt – wie jedem erwachsenen Juden erlaubt – am Sabbat in der Synagoge. Und die erste Reaktion ist durchaus positiv: Woher hat er das alles, fragt die Hörerschaft mit Staunen. Woher seine Weisheit? Und woher das Wunderwirken, das ihnen offenkundig zu Ohren gekommen war?

Aber schon wenige Augenblicke später kippt die Stimmung. Ist das nicht der Bauhandwerker, der Sohn der Maria? Und kennen wir nicht seine Brüder und Schwestern? Der ist doch auch nichts anderes als wir! Ein Gleicher unter Gleichen. Die Kenntnis der Herkunft Jesu wird zum unüberwindlichen Hindernis, den Anspruch anzuerkennen, der von ihm ausgeht. Mehr noch, der Anspruch, das Entscheidende über Gott und von Gott zu sagen, wird zum Ärgernis, selbst bei der eigenen Familie.

— *Der christliche Skandal* —

Und es ist genau das, was man bis heute den christlichen Skandal nennen könnte: dass sich in Dasein und Leben eines Menschen, um dessen irdische Herkunft man weiß, Gott selbst vollständig mitteilen soll – was natürlich bedeutet, dass dieser Mensch untrennbar und unmittelbar in die Wirklichkeit Gottes hineingehört, das heiße Thema aller Christologie und Trinitätslehre, die ihr Zentrum darin haben, dass einer wirklich Mensch und trotzdem nicht den anderen gleich, sondern lebendige Ikone Gottes ist. Anstößig auch in nachbiblischer Zeit, etwa für den neuplatonischen Akademiker Kelsos im dritten Jahrhundert, der das einfach geschmacklos fand, dass sich Gott in einem jüdischen Provinzpropheten und später Hingerichteten offenbaren soll. Anstößig auf ganz ähnliche Weise für einen Nietzsche, dem das Christentum als Erfindung der im Leben zu kurz Gekommenen galt, die sich mit ihrem Glauben ihre Schwächen in Stärke umzulügen versuchen. Und heute für einen Herbert Schnädelbach, der den christlichen Glauben vor einiger Zeit gerade auch im Blick auf die Christus-Gestalt zu einem auf der abendländischen Zivilisation lastenden Fluch erklärte.

— Von einem Gott, der sich klein macht —

Man kann dem Auftreten Jesu und dem christlichen Glauben aber auch einen ganz anderen Sinn abgewinnen. Bester Zeuge dafür ist Schnädelbachs philosophischer Fachkollege Gianni Vattimo. Vattimo, Aushängeschild der italienischen Postmoderne, hat aus biographischen Gründen mit seiner katholischen Herkunft gebrochen – und trotzdem vor einiger Zeit auf verblüffende Weise den innersten Sinn des Christentums für sich neu entdeckt auf eine Weise, in der sich der heiße Kern unseres Evangeliums spiegelt. Vattimo ist nämlich der Überzeugung, dass das Abnehmen starker Geltungsansprüche im Politischen, im Moralischen, im Philosophischen, im Religiösen, wie es unsere Lebenswelt schon lange prägt, ohne den Gedanken der Menschwerdung Gottes nicht möglich geworden wäre. Und damit auch nicht jener radikale Pluralismus, der Anderes als wirklich Anderes ertragen kann. Weil die Botschaft von einem Gott, der sich nicht als Triumphator präsentiert, sondern sich kleinmacht, überhaupt erst dem Kleinen, Verschiedenen, nicht Einzuordnenden – also Nicht-Gleichen Wert und Würde gibt.

Weil Gott sich in der Inkarnation jeglichen Gottseins begibt und sich buchstäblich klein macht, zwinge die Religion des menschgewordenen Gottes nachgerade dazu, ihre eigenen Verbindlichkeiten als schwache zu präsentieren. Doch gerade in dieser kompromisslosen Verpflichtung auf den eigenen Ursprung führt die christliche Gottrede für Vattimo zur verblüffenden Entdeckung einer nicht mehr zu hintergehenden Grenze, also eines Unbedingten.

Die Interpretation, die Jesus Christus von den Prophezeiungen des Alten Testaments gibt, ja: die Interpretation dieser Prophezeiungen, die er selbst ist, *enthüllt deren wahren Sinn, der am Ende nur einer ist: die Liebe Gottes zu seinen Geschöpfen. Und dieser ‚letzte‘ Sinn ist eben dadurch, daß er die* caritas *ist, niemals der wahrhaft ‚letzte‘, hat nicht die Letztgültigkeit des metaphysischen Prinzips, über das man nicht hinausgeht und vor dem jedes Fragen aufhört.[33]*

So wird die Liebe als ein „letztes" Prinzip entdeckt, das seinem Wesen gemäß „nicht-letzt" ist, weil es gerade darin besteht, das ihm je Angesonnene als es selbst gelten zu lassen. Augustinus hat für diesen Sachverhalt – sinngemäß – in seinem Kommentar zu den Johannesbriefen die schöne

Formel geprägt: Einem sagen „Ich liebe dich" heißt, ihm oder ihr zusagen: „Ich will, dass du bist". Dass du du bist, mit allem, was zu dir gehört, dem Schönen, aber genauso dem Fremden, Unbegreiflichen, dem gar, was mich ängstigt, weil es so unbegreiflich anders ist.

— *Fremdwort „Christusliebe"* —

Es ist genau dies, die Liebe, die ein Erkennen und Verstehen dieses Jesus von Nazaret überhaupt möglich macht. Denn nur kraft ihrer lässt sich annehmen, dass da einer, der menschlich in allem den anderen gleicht, in Wahrheit ein ganz anderer ist. Umso aufregender natürlich, dass er selbst von Gott so redete, dass wenig später einer seiner Jünger schreiben konnte: Gott ist die Liebe – so steht es bekanntlich im 1. Johannesbrief. Wo es an der Liebe fehlt, bleibt nur der Anstoß an jener Andersheit. Am größten ist diese Gefahr für diejenigen, die sich besonders nahe dünken, weil sie Bescheid zu wissen meinen. Es ist ja kein Zufall, dass das Wort „Christusliebe" im durchschnittlichen Sprachgebrauch der Gläubigen und selbst der amtlichen Instanzen kaum eine Rolle spielt. Anders bei den Heiligen und Mystikerinnen und Mystikern. Bei Franz von Assisi zum Beispiel, Antonius von Padova, bei einer Katharina von Siena und Teresa von Avila, um nur einige wenige zu nennen.

In ihrer Abhandlung „Das Buch meines Lebens" schrieb die letztgenannte Teresa unter anderem:

> *Wenn ein so guter Freund dabei ist, zusammen mit einem so guten Anführer, der sich als erster ins Leiden stürzte, kann man alles ertragen.*[34] *(22,6)*
> *Was wollen wir denn mehr von einem so guten Freund an der Seite, der uns in den Mühen und Bedrängnissen nicht im Stich läßt, wie es die von der Welt tun? Glückselig, wer ihn wirklich liebt und ihn immer neben sich hat.*[35] *(22,7)*
> *Immer wenn wir an Christus denken, sollen wir an die Liebe denken, mit der er uns so viele Gnaden erwiesen hat, und welch große Liebe uns Gott erzeigt hat, als er uns einen solchen Beweis von Liebe schenkte, die er zu uns hat, denn Liebe bringt Liebe hervor. Und auch wenn es noch ganz am Anfang ist und wir noch sehr erbärmlich sind, bemühen wir uns doch, immer darauf zu*

schauen und wach zu werden, um zu lieben. Denn wenn der Herr uns erst einmal die Gnade schenkt, daß sich diese Liebe in unser Herz einprägt, dann muß uns alles leicht fallen, und wir werden in sehr kurzer Zeit und ganz mühelos viel erreichen.[36] *(22,14)*

— *Die Liebe und das Denken* —

Die Liebe, die Jesus verkündet, wenn er davon spricht, dass es Gott regnen lässt über Gerechte und Ungerechte, und die er verkörpert etwa in der Begegnung mit Zachäus oder der Ehebrecherin, und die nichts anderes will, als die Gerechten wie die Sünderinnen und Sünder zu bestürzen in ihrem Ungeschuldetsein, also ihrer Freiheit – diese Liebe ist es auch, die es braucht, um von ihm selbst überhaupt etwas zu begreifen. Dabei geht es nicht um Romantik. Da will auch gedacht sein. Einer meiner Lieblingsdichter – Reiner Kunze – sagt es so:

Die liebe
ist eine wilde Rose in uns,
unerforschbar vom verstand
und ihm nicht Untertan
Aber der verstand
ist ein messer in uns

Der verstand ist ein messer in uns,
zu schneiden der rose
durch hundert zweige
einen himmel[37]

Der christliche Glaube ging von seinem Anfang an mit dem Anspruch einer, auch Erkenntnis, und die christliche Theologie mit dem Selbstverständnis, Philosophie zu sein – also Liebe zur Weisheit, deren innerstes Thema seit Platons Dialog „Symposion" die Liebe ist. Anders versteht man die Liebe nicht, und ohne sie versteht man die Mitte des Christlichen nicht. Da er die Seinen liebte, liebte er sie bis zur Vollendung. Das aber vermögen nur Liebende zu erkennen.

Fünfzehnter Sonntag im Jahreskreis: Mk 6,7–13

Dienst an der Freiheit

— Unvergessener Johannes XXIII. —

Schon mehr als ein halbes Jahrhundert ist es her, dass Papst Johannes XXIII. starb. Aber noch immer ist er unvergessen. An seinem Todestag am 3. Juni kommen Jahr für Jahr in seinem Geburtsort Zehntausende zusammen. Einfach so, von selbst. Keiner, der sie rufen würde. Keiner organisiert etwas. Was macht diesen Menschen so unvergesslich?

— Ohne Furcht und Ehrgeiz —

Es gibt in seinen Tagebüchern, Reden und Predigten immer wieder Passagen, die erhellen momenthaft etwas von diesem Geheimnis. Als er 1953 Patriarch von Venedig wurde, stellte er sich den Venezianerinnen und Venezianern in einer kurzen Ansprache vor. Dabei fiel der Satz: „Schwestern und Brüder, ich habe mich der Kirche zur Verfügung gestellt ohne Furcht und ohne Ehrgeiz." Ohne Furcht und ohne Ehrgeiz. – Das ist wie ein Widerhall dessen, was das heutige Evangelium über die Jünger als Mitarbeiter Jesu sagt. Diese Übereinstimmung mit dem Ursprung der frohen Botschaft war es wohl auch und gewiss nicht zuletzt, was Papst Johannes so glaubwürdig gemacht hat.

— Ursprung des Aposteldienstes —

Diesen Ursprung des Dienstes der Apostel und in gewissem Sinn damit auch der Kirche beschreibt das Evangelium sehr bemerkenswert. Unmittelbar vor dem Abschnitt von heute wird berichtet, wie Jesus bei einer Predigt in seiner Heimatstadt heftige Ablehnung erfährt. Aber diese Enttäuschung – „er staunte über ihren Unglauben", heißt es –, diese Enttäuschung hat ihn nicht die Flinte ins Korn werfen lassen. Im Gegenteil: Er verstärkt seine Bemühungen, indem er unmittelbar darauf seine Jünger aussendet, dass sie in seinem Namen ausrichten, was er zu sagen hat – dass er also einfach mehr Leute erreicht.

Das allererste, womit er sie dazu ausstattet, ist die Vollmacht, die unreinen Geister auszutreiben. Also: Das Wichtigste, was sie tun sollen, ist nicht, eine Lehre zu verkünden, sondern Menschen den Kräften zu entreißen, die sie nicht mehr Mensch und sie selber sein lassen, dem, das andere vor ihnen und am meisten sie selber vor sich ekeln lässt. Das ist gemeint, wenn die Bibel von unreinen Geistern spricht. Mit einem Wort: Der Auftrag Jesu an seine Jünger heißt: Befreit den geknebelten Menschen, dass er er selber und dass er so sein kann, wie er eigentlich gemeint ist. Das Evangelium hat, bevor überhaupt noch das erste Wort ausgesprochen wird, mit Befreiung und Freiheit zu tun.

Seltsamerweise fügt Jesus diesem Auftrag an die Jünger ein paar Anweisungen für die Durchführung an, die mit dem Dienst an der Freiheit überhaupt nichts zu tun haben scheinen: Er gebot ihnen, außer einem Wanderstab – vor allem gegen wilde Tiere – nichts auf den Weg mitzunehmen, kein Brot, keine Vorratstasche – die dazu diente, Almosen zu sammeln –, kein Geld im Gürtel, kein zweites Hemd und an den Füßen nur Sandalen, also nicht geschlossene Schuhe, die doch eigentlich viel bequemer gewesen wären.

Zwischen diesen Anweisungen und dem Auftrag zur Befreiung besteht aber nur scheinbar kein Zusammenhang. In Wirklichkeit ist es ein ganz enger, nämlich: Wirklich Freiheit zu schaffen vermag nur, wer selber wirklich frei ist. Frei darum auch vom Ballast einer Ausrüstung; – denn ehe sich's einer versieht, erwartet er von den äußeren Mitteln den Erfolg bei der Erfüllung seines Auftrags; frei auch von der Sorge um sich und sein Fortkommen; – denn die hat allemal die Macht, sich so in den Vordergrund zu schieben, dass sie auf einmal darauf Einfluss nimmt, wie einer seinem Auftrag nachkommt. Solche Beschränkung auf das Allernötigste macht zugleich sichtbar, dass sich der Beauftragte Jesu zuerst und zuletzt aufs Gottvertrauen stützt. Und sie macht ihn glaubwürdig, weil er nichts hat, um seinem Gegenüber etwas vorzumachen.

Genau auf der gleichen Linie liegt Jesu Anweisung für den Fall, dass ein Bote des Evangeliums eine Abfuhr erlebt: Er soll nicht locken und nicht überreden und nicht nachsetzen. Wenn man ihn nicht hören will, soll er gehen. Zur Freiheit gehört auch, dass einer oder eine die Botschaft, die ihr oder ihm gesagt wird, frei annimmt. Sonst würde der Bote der Freiheit sich selbst und seine Botschaft Lügen strafen.

— *Krisen-Seismograph* —

Es wird nicht weit hergeholt sein, wenn man von diesen Anweisungen Jesu her vermutet, dass überall dort, wo Christen und Kirchen zu wenig oder gar nichts von dieser jesuanischen Freiheit herüberbringen, – dass das damit zu tun hat, dass sie diesen Anweisungen zu wenig oder gar nicht trauen. Es gibt ein Ereignis in der Geschichte der Kirche, an dem das exemplarisch deutlich wird. Im 13. Jahrhundert, einer Blütezeit des Christlichen, kam es gerade dort, wo die Kirche besonders selbstbewusst auftrat, zu sogenannten Ketzer-Bewegungen, also Abspaltungen von Gruppen, die die Treue zum Ursprung und zum Evangelium durch die kirchlichen Amtsträger verraten sahen. Besonders scharf erhoben die Katharer und Albigenser diesen Vorwurf. Und die erste Reaktion der obersten kirchlichen Autorität: Sie schickte Boten los, die die Abgefallenen wieder bekehren sollten. Und diese zogen durchs Land und predigten den Kritikern vom Rücken ihrer Pferde herab, ein Schwert in der Hand. Unmissverständlich war, was das bedeuten sollte. Und entsprechend war auch die Wirkung auf die Adressaten: Verhärtung bis zu Mord und Totschlag. Sensible Zeitgenossen waren entsetzt darüber und brachten ein regelrechtes Gegenprogramm in Gang, allen voran Domingo Guzman, der spätere Heilige Dominikus, und Francesco di Asissi, bald Il Poverello, der kleine Arme, genannt. Beide gründeten eine radikale Reformbewegung, die sogenannten Bettelorden, die – ganz entgegengesetzt zu jenen päpstlichen Gesandten – zu Fuß zu den Leuten gingen, und bewaffnet (in Anführungszeichen) einzig mit dem Wort Gottes, den besseren Argumenten und einer von Herzen kommenden Sprache. Nicht zufällig ist der Predigtleitfaden, den Francesco seinen Brüdern an die Hand gab, ein Gedicht und zugleich die erste Poesie in Volgare, also der frühen italienischen Volkssprache: der berühmte Sonnengesang. „Pedester praedicare" nannte man diesen Stil der Bettelmönche: zu Fuß predigen. Oder in der Sprache von heute gesagt: nicht blenden und eine Show abziehen, sondern das Wort Gottes mit den immer armseligen Mitteln eines behutsamen, poetischen Sprechens zum Leuchten bringen. Einfach ist das nicht, heute genauso wenig wie zur Jesu Zeit oder des Poverello und des Dominikus.

— *Nichts für sich selbst wollen* —

Wer es trotzdem wagt, wird gut beraten sein, sich ähnlich auf Enttäuschungen einzustellen, wie Jesus seine Boten auf solche vorbereitet hat. Manche Hörerinnen und Hörer wollen einfach geblendet sein, und manches Ohr wird der Barfußpredigt verschlossen bleiben. Unumgänglich ist sie trotzdem. Darum ist es tröstlich, dass es nicht selten und bis heute die sind, die nichts hermachen um sich und nichts in die Waagschale werfen können außer sich selbst, auf deren Zeugnis hin Menschen umkehren, zu einem neuen Anfang und durch ihn zu Gott und in ihm zu sich selber finden. Im 19. Jahrhundert war es zum Beispiel ein Pfarrer von Ars, der nur mit Ach und Krach und den zugedrückten Augen seiner Lehrer das Studium hinter sich brachte, der sich für jede Predigt elend plagen musste – und trotzdem (oder gerade deshalb) zu einem Seelsorger wurde, den zu hören Leute mehrere Stunden Fußmarsch auf sich nahmen und vor dessen Beichtstuhl sie Schlange standen. Oder der Heilige Bruder Konrad von Parzham, ein Bauersknecht, der in Altötting Bruder an der Pforte des Kapuzinerklosters war und dort zahllose Menschen mit einem guten Wort getröstet und gestärkt hat, bis dahin, dass sich Verbrecher auf die Begegnung mit ihm hin dem weltlichen Richter stellten.

Vor gut vierzig Jahren war es Johannes XXIII., der die Herzen berührte, weil er sich vor niemandem fürchtete und nichts für sich selber wollte. Übrigens funktioniert dieser Zusammenhang auch umgekehrt wie ein Seismograph für das, was in einer Seele wirklich vorgeht: Wo immer jemand – auch wenn er anderes sagt – etwas für sich selber will und also ehrgeizig ist, gerade in geistlichen Dingen, in Fragen amtlicher Autorität etwa, verrät er sich an der Furcht, die ihn behext: Furcht um vermeintliche Privilegien, Furcht vor anderen Meinungen und Kritik, manchmal bis hin zu Zügen von Verfolgungsphantasie; dann redet einer in jedem fünften Satz, den er sagt, von sich selber und von der Vollmacht, kraft derer er handelt oder zu handeln meint.

Doch auch heute gibt es Frauen und Männer, Laien, Ordenschristen und -christinnen, Priester, Bischöfe genug, die Jesu Dienstanweisungen ernst nehmen. Wenn uns jemand von Gott, dem Glück und dem Leben redet, dann achten wir am besten darauf, wie einfach er oder sie es tut. Je weniger er dafür an Mitteln braucht und von sich selber redet, ohne unpersönlich zu sprechen, desto mehr dürfen wir ihm oder ihr trauen.

Von der Sympathie Gottes

— Schreckliches Experiment —

Salimbene von Parma berichtet in seiner Chronik, dass Kaiser Friedrich II. durch ein Experiment die allen Menschen gemeinsame Ursprache herausfinden wollte. Dann wollte er beobachten, in welcher Sprache Kinder zu reden anfingen, mit denen vorher noch nie jemand gesprochen hätte. So holte sich der Kaiser eine Schar von Buben und Mädchen zusammen und befahl den Ammen, sie sollten die Kinder gut nähren, sie waschen und baden, aber niemals liebkosen und nie ein Wort mit ihnen sprechen. Dann würde sich zeigen, ob sie Hebräisch sprächen, Griechisch, Lateinisch, Arabisch oder in der Sprache ihrer Eltern. Doch das Experiment nahm ein schreckliches Ende: Die Kinder starben – obwohl gut genährt und gepflegt – eines nach dem anderen, ohne ein Wort gesprochen zu haben.

— Lebensmittel „Zuwendung" —

Schon der Chronist zog daraus den Schluss, dass also die Kinder ohne zärtliche Zuwendung und ohne Angesprochenwerden durch ihre Ammen nicht zu leben vermochten. Die Wissenschaften von Menschen haben inzwischen vielfach bestätigt, dass unser eigenes Menschwerden auf Gedeih und Verderb davon abhängt, ob sich uns andere zuwenden, und das meint: nicht nur etwas geben und verabreichen, sondern sich selber schenken. Unser pures Überleben hängt daran genauso wie das Erwachenkönnen des Fühlens und Wollens. Alles verdankt sich der Erfahrung, dass da jemand ist, der mich mag, uneingeschränkt und unbedingt. Davon lebe ich.

— *Grundnenner der Botschaft Jesu* —

Wer das Evangelium auch nur halbwegs kennt und also verstanden hat, dass es darin um das Gelingen unseres Lebens auf Gottes Initiative hin geht, den wird es kaum überraschen, dass jene unbedingte Bedingung unseres Daseins – die persönliche Zuwendung –, dass die ihm auch hier wieder begegnet. Wieder begegnet nicht als irgendetwas neben vielem anderen auch, sondern als der Grundnenner dessen, was Jesus zur Sprache bringt: im Reden, im Handeln, im gelebten Leben. Und dies deshalb, weil er allen anderen ringsum unbedingt weitersagen musste, dass die liebende Zuwendung, die wir alle so sehr brauchen, dass die nicht nur zwischen Menschen geschieht.

Die große, überwältigende Entdeckung seines Lebens war es ja gewesen, dass kein anderer als Gott selber sich ihm und allen Menschen zuwendet, ihn und alle liebend umfängt in einer übermenschlichen, weil wirklich durch nichts und niemand mehr eingeschränkten Zuneigung und Sympathie. Die Gewissheit, immer schon so geliebt und angenommen zu sein, sie ist es, die sein Leben so anders, so fremd, aber gleichzeitig so frei und ausstrahlend macht. Und sie ist es auch, was ihn zu den Menschen regelrecht hintreibt, um ihnen die Augen zu öffnen für das, was Gott für jeden schon längst bereithält und entgegenbringt: die absolut unbedingte Zuneigung, die ein jeder vom ersten Atemzug an braucht und auf dem Grunde seines Herzens rastlos sucht. Und Jesus verkündet diese Entdeckung nicht anders als dadurch, dass er selbst in der Kraft seiner glaubenden Gewissheit den Menschen sich so zuwendet wie Gott. In den vielen Heilungen, von denen das Evangelium erzählt, kommt das vor allem zur Geltung.

Die paar Verse des heutigen Evangeliums dagegen lassen uns gleichsam teilnehmen an einer Atempause Jesu während seines leidenschaftlichen Engagements. Die von ihm ausgesandten Jünger kommen das erste Mal zurück und berichten von ihren Erfahrungen. Aber sie kommen nicht zur Ruhe. Der Andrang der Menschen, die zumindest dunkel geahnt haben, dass bei und durch Jesus etwas ungeheuer Wichtiges geschieht, – deren Andrang will nicht abreißen. Noch einmal sucht er sich und die Seinen zu entziehen, aber wieder kommen ihm die Menschen zuvor, die ihn suchen, weil sie spüren, dass sie ihn brauchen. Da gibt er sich bezwungen und wendet sich ihnen ganz zu: Und er lehrte sie lange. So schließt Markus. Wie beiläufig spricht der Evangelist dabei aus, was denn eigentlich diesen Jesus im Innersten bewegte und bestimmte und so unbedingt an die Seite der anderen treten lässt: Markus sagt es so: Er hatte Mitleid mit ihnen; denn sie waren wie Schafe, die keinen Hirten haben.

Er hatte Mitleid – vielleicht sind Sie im ersten Augenblick etwas enttäuscht, dass das Mitleid – der Grundnenner, der rote Faden in Botschaft und Geschick sein soll. Wenn das so wäre, dann rührt das wohl daher, dass für unsere Ohren Mitleid viel mit Bedauern zu tun hat und auch mit Beschwichtigen. Wirkliches Mitleiden freilich trägt nichts an sich von solcher Distanziertheit. Mitleiden – das meint vielmehr: Ich trete dem, dem etwas fehlt, an die Seite. Ich lasse mich persönlich betreffen von dem, was den anderen umtreibt oder fertigmacht. Ich halte aus mit ihm und ich teile sein Leid, mache zwei Hälften daraus, eine auch für mich. Und dabei geht es nicht einfach darum, dass ich etwas mache, sondern dass ich zunächst einmal da bin und den anderen mit meiner gesammelten Gegenwart einhülle und einberge, wie in einen schützenden Mantel. Mitleid kennt keinen Sicherheitsabstand mehr. Mitleid ist deshalb etwas Schweres, weil wir Menschen uns gewöhnlich so schnell wie möglich wegdrücken, wenn einer leidet. Ja mehr noch, im Evangelium schwingt zwischen den Zeilen eine dunkle Ahnung davon mit, dass die Menschen von sich aus zu wirklichem Mitleid wohl gar nicht fähig sind – dass wirkliches Mitleiden anderswoher kommt – wenn es wirklich so etwas gibt.

Seltsamerweise nämlich hat das ganz Neue Testament das Wort „mitleiden" für Jesus vorbehalten. Nur von ihm wird gesagt, dass er das tue – oder er selber spricht es in seinen Gleichnissen aus. Diese Ausschließlichkeit, die will uns hellhörig machen, dass in diesem Mitleiden Jesu sich etwas Einzigartiges, menschlich nicht mehr Einholbares ereignet – dass nämlich einer tatsächlich uneingeschränkt an die Stelle des anderen tritt, für ihn da ist. Das lässt sich nicht mehr ableiten aus allgemeinen Geboten der Menschlichkeit. Es lässt sich nur noch staunend wahrnehmen und annehmen. Denn so etwas rührt von jenseits unserer Verfügungen. Es kommt von Gott und gilt unserer innersten Sehnsucht, die oft genug unsere schlimmste Not ist: Der Sehnsucht, gemocht zu sein.

Jesus wendet sich mit der Unbedingtheit seines ungeteilten Herzens den Menschen zu um ihretwillen. Denn sie haben keinen Hirten, wissen nicht, wo es lang geht, ängstigen sich, sind Gefahren ausgesetzt. Nichts weniger als ihr eigenes Menschwerden und Menschsein ist ihre Not.

Und wer dürfte das weniger bestreiten als wir heute, da die Menschheit darangeht, sich zu vergiften, wenn nicht in die Luft zu sprengen – und dies als Folge der Angst um ebendieses ihr Menschsein. Genau dieser Not mit uns selber wendet der Herr in seinem Mitleid sich zu – gewappnet mit der unverbrüchlichen Gewissheit, dass dieses so komplizierte, gefährdete Menschsein gelingen kann, wenn Gott darin der gebührende Platz eingeräumt bleibt. So besteht also sein Mitleid wesentlich darin, dass er – geradezu zitternd um das Gelingen seiner Sendung – es auf sich nimmt, Gott von Neuem in die Herzen der Menschen hineinzutragen. Auch dann noch, wenn ihm dabei wehgetan wird, weil sie ihn ablehnen und schließlich am Kreuz hinauswerfen aus der Menschenwelt. Dass er dies überhaupt tun kann, das lässt ein wenig aufscheinen vom Geheimnis seines Lebens, dass nämlich Gott selber gegenwärtig ist in ihm. Und dass er es auch wirklich tut. Das beglaubigt den Ernst seines Mitleids. Und zugleich offenbart sich darin etwas von dem, wer und wie Gott selbst ist: vor lauter Liebe hingezogen, ja hingerissen zu seinen Geschöpfen, besorgt, dass deren Leben wirklich Leben, Leben in Fülle werde und nicht ungelebt verrinne.

— *Selbstgabe* —

Und eben dazu tut Jesus nicht irgendetwas. Er verabreicht nicht ein Mittel zur Schadensbegrenzung. Sondern: In seiner zärtlichen Zuneigung schenkt er sich selber. Und er tut dies, weil wir Menschen nicht nur menschliche Zuwendung nötig haben und an ihrem Fehlen sterben würden wie die Kinder im Experiment des Kaisers. Er tut dies, weil ein jeder auf dem Grund seines Herzens nach Zuwendung in einem nicht mehr vergehenden, radikal unbedingten, alle menschliche Zuwendung erst bewahrheitenden Sinn sucht. Zuwendung also in einer menschenunmöglichen Dichte. Dass es solche absolute Zuwendung gibt, solches Angenommensein samt allen Schwächen und Schatten und eben dadurch auch eine Heilung von all dem; und dass das gerade dadurch geschieht, dass Gott selbst sich uns schenkt, das ist die innerste Mitte des Evangeliums, der frohen Botschaft – anschaulich geworden im Geschick von Nazaret.

Wer von diesem Punkt aus das Evangelium zu lesen beginnt, der erst versteht, was ihm da gesagt ist. Denn: Die sich nicht zurückhaltende

Zuwendung Gottes an uns ist gewissermaßen das Vorzeichen, unter dem all die Knotenpunkte der Botschaft: Glaube, Gnade, Rettung, Heil, Gericht, – von wo aus sie alle erst einen zutiefst menschlichen und deshalb befreienden Sinn gewinnen.

— Selbstversuch —

Wenn Sie eben das selbst erfahren wollen, dann machen Sie folgenden Versuch: Nehmen Sie einen kleinen Zettel und schreiben Sie darauf: Gott, du hast mich angenommen. Bei dir bin ich geborgen. Legen Sie diesen Zettel in Ihre Bibel, jeweils dort hin, wo Sie gerade lesen. Und werfen Sie während des Lesens immer wieder einmal einen kurzen Blick darauf. So wird Ihnen allmählich jene tiefinnerste Botschaft von der grenzenlosen Liebe Gottes aufzuleuchten beginnen in den Schicksalen und Gestalten der biblischen Geschichten. Und an diesem Leitfaden werden Sie eine vielleicht überraschende Entdeckung machen: dass sich nämlich schon seit dem ersten Augenblick Ihres Lebens eine urpersönliche Lebens- und Liebesgeschichte auch zwischen Gott und Ihnen abspielt. Eine Geschichte, deren Ausgang sein möchte, dass Ihr Leben ein menschliches werde. Frei und ohne Angst.

Der gefährliche Hunger

— *Tücken der Sprache* —

Sprache hat so ihre Tücken. Die deutsche ist berüchtigt dafür: Zum Beispiel ist eine jüngere Dame nicht jünger als eine junge Dame, obwohl die Steigerung von „jung" „jünger" heißt. Vielmehr möchte der, der von „jüngerer Dame" spricht, beschönigen, dass es sich bei der von ihm Gemeinten unübersehbar um ein älteres Semester handelt. – Oder: Man spricht von gefallenen Mädchen und gefallenen Männern. Bei Ersteren hat das „gefallen" mit Bett und Moral zu tun; bei Letzteren mit Krieg und Tod.

— *Doppeldeutigkeit im Reden von Gott* —

Ein und dasselbe Wort – aber es meint zwei Dinge, wie sie verschiedener nicht sein könnten, wenn es nicht wie beim „jung-jünger"-Beispiel gleich das Gegenteil von dem meint, was es dem Wortlaut nach sagt. Diese Doppeldeutigkeit verschont auch die Wörter nicht, mit denen wir über Gott und den Glauben reden – gerade die nicht. Der große Meister im Aufdecken solcher Doppeldeutigkeiten und der Missverständnisse, die sie nach sich ziehen, ist der Evangelist Johannes. Ein nicht geringer Teil seiner Geschichten über Jesus dient der Kritik der großen Wörter, mit denen das Kommen und Tun Jesu schon zu seinen Lebzeiten zu fassen gesucht wurde – und man muss hinzufügen: heute auch noch zu fassen gesucht wird.

— *Mehr als Bedürfnisstillung* —

Besonders drastisch geschieht das im heutigen Evangelium, der Geschichte von der Brotvermehrung, mit der Johannes eines seiner ganz großen Jesus-Bilder eröffnet. Eine große Menschenmenge folgt Jesus.

Sie war beeindruckt davon, dass er Kranke geheilt hatte. Dass ihm darum Menschen nachgehen, hat einen einfachen Grund: Sie hoffen, dass auch für sie etwas von dem Guten abfällt, das offenkundig von ihm ausgeht. Sie empfinden sich als bedürftig, dass ihnen einer Gutes tut. Wer verstünde das nicht! Sind wir anders?

Jesus versteht sich tatsächlich dazu gesandt, den Menschen Gutes zu tun, ihr Bedürfen zu stillen und zu heilen. Aber ein im Grunde banaler Anlass deckt auf, dass das Heilsbedürfnis, das Menschen ihm entgegenbringen, viel zu kurz greift verglichen mit dem, was er unter Heil versteht. Da haben wir diese Doppelung wieder: ein Wort, aber zwei Bedeutungen, die so verschieden sind, dass sie einander regelrecht ausschließen.

Da ist eine Menschenmenge, und keiner hat an ihre Verpflegung gedacht. Hunger ist nicht etwas Nebensächliches. Hunger bringt umstandslos das Innerste von Menschen ans Licht, weil es kaum ein anderes Gefühl gibt, in dem es einem so sehr um sich selber ginge wie eben darin, dass einer genug zu essen bekommt. Die Bibel weiß darum und erzählt davon in ihren Geschichten.

Eine solche Situation nimmt Jesus, so erzählt Johannes, um aufzudecken, dass, was er von Gott zu bringen hat, sich eben nicht darin erschöpft, elementare Bedürfnisse zu stillen. Darum fragt er zum Schein seine Freunde, was sie denn nun mit den Hungernden zu tun gedenken. Was ihm Philippus und Andreas zu antworten wissen, ist nichts anderes als gesammelte Ratlosigkeit: Der eine bemerkt nur, dass selbst eine erklekliche Geldsumme, eine, über die der Jesuskreis mit Sicherheit nicht verfügte, nicht reichen würde, um genug Brot für alle zu kaufen. Und der andere überspielt seine Verlegenheit, indem er darauf hinweist, dass ein Kind da sei, das fünf Brote und zwei Fische besitze.

— *Aufdeckende Zeichenhandlung* —

Weil Jesus der Hunger der Menschen nicht gleichgültig ist, handelt er: Er lässt die Leute sich setzen, ist also Gastgeber, spricht das Dankgebet, teilt das Brot aus und heißt die Jünger nach dem Essen die übriggebliebenen Stücke einzusammeln. Man muss nicht lange erklären, was dahinter steht – die Feier der Eucharistie natürlich: Jesus nahm das Brot, brach es, gab es den Seinen, und was übrigbleibt, wird aufbewahrt – gerade so, wie jede Gemeinde Eucharistie feiert bis heute. Das Johannes-Evangelium will damit sagen: Wo Menschen sich von Jesus geführt, also im Geist der Eucharistie, im Geist der Liebe zusammenfinden und miteinander umgehen, reicht das, was wenig scheint, für viele. Liebe macht erfinderisch, nicht für sich, sondern füreinander, dass keiner darben muss. Solche spürbare Solidarität, ja Geschwisterlichkeit ist vielleicht die schönste Erfahrung, die es für gläubige Menschen in der Gemeinde geben kann – und ganz oft gibt; am häufigsten wohl in den sogenannten armen Kirchen der dritten Welt.

— Wie weit der Hunger wirklich reicht —

Genau mit diesem Wenigen aber macht Jesus die Menschenmenge satt, wie Johannes erzählt. Es bleibt sogar noch reichlich übrig. Und dann kommt das Wichtige an der Sache: Die Leute sind heilfroh über das, was er getan hat. Und sie denken praktisch: Sie nennen ihn Prophet, also Gottesboten, und möchten ihn zum König machen – anders gesagt: Sie wollen das Wunder der Brotvermehrung auf Dauer stellen. Was ja auch das Einfachste wäre: Der, der für Bedürfnisbefriedigung sorgt, wird zur Autorität gemacht. Aber genau dem entzieht sich Jesus.

Wie gesagt: Das Bedürfen der Menschen, auch ihr leibliches, lässt Jesus nicht unberührt: Denn er ist es, der die Jünger überhaupt auf das Problem hinweist. Und er ist es, der der Menge zu essen gibt. Aber die Art, wie er es tut, deckt auf, dass es damit nicht sein Bewenden haben kann. Genau besehen hat er damit, dass er zuerst Brot gibt und sich dann weigert, daraus eine Dauerversorgung zu machen, den Hunger erst recht verstärkt und überhaupt bis zum Grunde aufgedeckt. Genau das aber wollte er. Hunger reicht unvergleichlich weiter, als dass er sich mit Brot allein stillen ließe. Hunger richtet sich darauf, endlich satt zu sein im tiefsten Sinn des Wortes, also so, dass einem nichts mehr fehlt, dass man mit sich zufrieden und seiner selbst als Mensch genug sein kann. Aber den Hunger stillt kein Brot. Den stillt nur, was groß genug ist dafür: Gott. Dass der – Gott – so wichtig und nötig ist wie das tägliche Brot und dass man als Mensch das tägliche Leben nur bestehen kann in der Kraft, die von Gott kommt, das zu bringen, weiß sich Jesus gesandt. Darum hat er mit dem Wunder der Brotvermehrung nicht Bedürfnisse gestillt, sondern das eigentliche Bedürfen des Menschen geweckt und ineins damit aufgedeckt, worin seine falsche Beruhigung bestünde.

— Maßstab für die Kirche —

Genau daran hat sich auch zu halten, was die Kirche tut. Selbstverständlich kann ihr nicht gleichgültig sein, wenn einem das Nötigste fehlt. Und sie handelt diesbezüglich auch im Maß dessen, was ihr an Mitteln zur Verfügung steht. Aber auch das – obwohl so wichtig – bleibt ein Vorletztes und muss es bleiben. Der Hunger nach dem, was in Wahrheit das Wichtigste ist – jene Anerkennung und jenes Vertrauen, die von Gott kommen und ihm gelten und die allein ein Leben zu tragen vermögen –, der muss das Erste bleiben. Manchmal muss dieser Hunger erst geweckt werden, weil sich einer mit zu wenig zufrieden gibt.

Achtzehnter Sonntag im Jahreskreis: Joh 6,24–35
(und Ex 16,2–4.12–15)

Christus-Konzentration

— Verblüffende Entdeckung —

Weltberühmt ist die im Oberbayerischen stehende Wieskirch'. Sechs Jahre lang war dieses Wunderwerk der Baukunst aus der Zeit des Rokoko gesperrt gewesen, weil es vor dem Verfall gerettet werden musste. Längst steht es den Betenden, den Besucherinnen und Besuchern wieder offen. Während der Restaurierungsarbeiten hatten Fachleute die Kirche auch mit neuesten technischen Mitteln vermessen und dabei eine verblüffende Entdeckung gemacht: Oben im Deckengemälde des Hauptschiffes sitzt der auferstandene und verklärte Christus auf einem Regenbogen und deutet mit der Hand auf seine Seitenwunde. Und millimetergenau an dieser Stelle des geöffneten Herzens Christi hat das ganze Bauwerk mit seinem so komplizierten Grundriss seinen geometrischen Mittelpunkt. Die Künstler haben damit auf einzigartige Weise versinnbildet, wofür den Theologinnen und Theologen kaum ein dickes Lehrbuch reicht, um es in rechte Worte zu bringen: Sie haben sichtbar gemacht, dass sich der christliche Glaube, seine Sicht von Welt und Zeit und Leben auf geradezu atemberaubend radikale und einfache Weise in Jesus und auf Jesus konzentriert.

— Konzentrationspunkt auf das Wesentliche: Jesu „Ich bin"-Worte —

Nur wer von dieser Konzentration auf das Wesentliche etwas wahrnimmt, wer sie mitvollzieht, vermag etwas zu verstehen von der Wahrheit jener steilen „Ich bin"-Worte Jesu aus dem Johannes-Evangelium, in denen mehr als irgendwo sonst das Geheimnis des Herrn aufleuchtet. Am meisten gilt das – scheint mir – von dem Wort, in dem das heutige Evangelium gipfelt und in dem die Fäden einer bereits zur Zeit Jesu nahezu eineinhalbtausend Jahre sich erstreckenden Geschichte Gottes mit den Menschen zusammenlaufen – dem Wort: Ich bin das Brot des Lebens.

— Verständnis-Hintergrund —

Dieses Wort ist absolut unverständlich ohne den alttestamentlichen Hintergrund, aus dem es hervorwächst, nämlich dem Auszug aus Ägypten, wie Jesus selbst ausdrücklich macht. Der Auszug ist ein Freiheitsgeschehen und bildet das schlechthinnige Zentrum des Alten Bundes. Unter schier hoffnungslosen Bedingungen wagt der Sippenverband der Israelitinnen und Israeliten unter seinem charismatischen Führer Mose die Flucht aus dem hochzivilisierten Land Ägypten, in dem sie – die einfachen Nomaden – als Zwangsarbeiter und Sklaven verheizt wurden. Wider alles Erwarten gelingt die Flucht, begleitet von spektakulären Umständen, die das Volk nur noch als rettendes Eingreifen Gottes deuten und verstehen kann. Doch jetzt, da sie endlich die ersehnte Freiheit erreicht haben, entdecken sie etwas gänzlich Unerwartetes: dass die Freiheit, die erträumte, dass die etwas ganz Nüchternes und dass sie anstrengend ist, so wie wenn einer durch die Wüste zieht mit all den Beschwernissen, die sich dabei einstellen. Übrigens genau dies erleben derzeit die Bürgerinnen und Bürger der ehemaligen DDR und die Völker Osteuropas, die das Joch des Kommunismus abgeschüttelt haben. Und prompt geschieht, was damals auch mit Israel geschah und immer in einer solchen Situation zu geschehen pflegt: Die Leute fangen zu schimpfen an, mehr noch: Viele sehnen sich in die alten Verhältnisse zurück, die einst so verhassten. Ja, verklärt wird das Frühere geradezu: Wären wir doch in Ägypten geblieben, als wir an den Fleischtöpfen saßen – als ob sich Zwangsarbeiter und Sklaven je an Fleischtöpfen hätten laben können! Aber so ist die Menschenseele: Vor der Aufgabe der Freiheit wählt sie am liebsten die Unmündigkeit wieder.

Gott freilich kennt die Seinen. Darum ist er seinem Volk ob dieser Revolte nicht gram. Er lässt – so erzählt das Buch Exodus – Brot vom Himmel regnen, das Manna: übrigens eine ganz natürliche Sache. Noch heute sondern auf der Sinaihalbinsel Tamarisken nach dem Stich einer Blattlaus einen Saft ab, der schnell erstarrt, zu Boden fällt und knusprig schmeckt. Den aus dem Nildelta kommenden Israelitinnen und Israeliten war das unbekannt gewesen, so dass sie diese wunderbare Speisung in der Wüste nicht anders verstehen können als Ausdruck der Sorge Gottes um sie. Und wie auch anders sollten sie verstehen, dass sie in der Not und Bedrängnis immer wieder noch einmal auf absolut unerwartete Weise gerettet werden. Manna, wörtlich manhu. Was ist das?, fragten sie staunend in der Wüste damals. Manna – das ist Sinnbild der Fürsorge Gottes für den Menschen, der in der Freiheit zu leben anfängt, dass er nicht Angst bekomme vor ihr.

— *Gottes Fürsorge hat ein Gesicht* —

Eben damit ist uns auch schon das so rätselhaft dünkende heutige Evangelium aufgetan. Gott trägt Sorge, dass wir die Freiheit aushalten und ihrer froh werden sogar. Und diese Fürsorge Gottes hat für uns Christinnen und Christen Name und Gesicht: Jesus von Nazaret: Ich bin das Brot des Lebens. Mit dem, was er ist und sagt und tut, ist er für uns wie Brot – Brot, das nicht mehr verdirbt und nicht mehr bloß auf Zeit leiblichen Hunger stillt, sondern bleibend satt macht an dem, was wir mehr als alles suchen, mehr als Brot zum Essen sogar, nämlich: Leben. Ich bin das Brot des Lebens, sagt er von sich. Ich in Person – will das heißen – stehe für das, was das Manna beim Exodus versinnbildet hat. Ich in Person stehe dafür ein, dass du, Mensch, den Weg der Freiheit gehen darfst und gehen kannst – im Gottvertrauen.

Der, der von sich sagt, das Brot des Lebens sei er, – er in Person will für uns nichts anderes sein als ebendies: Ermutigung und Bürge, dass der Weg in die Freiheit, den jeder von uns aus seinem Ägypten, von seinem bequemen aber eben deshalb so versklavenden Fleischtöpfen weg hinüber in das gelobte Land eines wirklich eigenen Lebens zu gehen hat, – dass dieser Weg nicht in Trug und Täuschung endet. Dass jeder ohne Angst – und auch durch Zeiten der Dürre hindurch – er selber werde: im Wissen um seine Größe und seine Grenzen, um seine Unendlichkeit im Fühlen und seine Vergänglichkeit zugleich, dass er das aushält und zusammenbringt und seiner froh wird darum. Und all das vermag, wer so eng verbunden mit Jesus wie immer nur möglich – also so wie er – sein Leben lebt. So wie er – das meint: ermutigt zu einem Gottvertrauen, das sich durch nichts, ja nicht einmal das Sterben mehr in Frage gestellt weiß. Das Abenteuer der Freiheit hängt an der Christusverbundenheit so unabdingbar wie das irdische Überleben am täglichen Brot. Wie einst das vergängliche Manna den Israelitinnen und Israeliten auf dem Wüstenzug ins irdische gelobte Land hinüber Gottes sorgende Nähe bezeugte, so verbürgt Jesus mit seinem Leben und Leiden und Sterben, dass wir berufen sind, jenseits von Ägypten, jenseits von Angst und Zwang und Befehl getröstet und in Gott geborgen zu leben, jede und jeder auf die einmalige Weise, die ihm oder ihr zugedacht ist. Das ist der Grund, warum alles, was uns im Wesen berührt, in ihm seine Mitte hat – gerade so wie in der Wieskirchn'.

— *Vergegenwärtigung* —

Wenn eine Gemeinde am Sonntag das Gedächtnis des Herrn feiert, dann vergegenwärtigt sie genau dies. Sie teilt gleichsam Jesu Weise der Gottverbundenheit und der Geschwisterlichkeit, um dem Leben auf dem riskanten Weg der Freiheit Bestand zu geben. Dass der Herr bei diesem heiligen Geschehen das, was er uns sein will – Brot des Lebens –, dass er das seinerseits in ein für uns sichtbares Zeichen fasst, das Brot, das wir brechen, das ist selbst nichts anderes als ein Sinnbild dafür, wie ihm – und darum: wie Gott – am Herzen liegt, dass es uns gibt und dass wir bestehen. Was auch anderes könnte darum das sonntägliche Beten sein als Danksagung.

Gott aus Nazaret

— *Die Menschwerdung und der ganze Rest* —

Einer der großen Ausleger der Bibel im 20. Jahrhundert war der Münchener Neutestamentler Otto Kuss. Unerbittliches Fragen bis zum Grund der Dinge war sein Markenzeichen. Einer seiner Studenten erzählte mir, dass dieser kritische Geist, wenn er vor die größten Rätsel des Glaubens geriet, manchmal sagte: Wenn Gott wirklich Mensch geworden ist, – wenn das wahr ist, dann nehme ich den ganzen Rest auch noch in Kauf.

— *Im rechten Licht* —

Dieser Satz ist genial. Er rückt die Dinge ins rechte Licht. Das, was Kuss „den ganzen Rest" nannte, ist ja wahrlich nichts Geringeres: dass Gott eine Kirche gewollt habe, in dieser Kirche Strukturen, inmitten dieser Strukturen Zeichen seiner wirklichen Gegenwart – die Sakramente –, kraft dieser Zeichen Segen für alle, die sich von ihnen ansprechen lassen. – Das alles kann kein Problem mehr sein, wenn wahr ist, dass Gott Mensch wurde. Denn Größeres, Unausdenkbareres kann man von Gott nicht sagen.

— *Was man von Jesus glauben darf* —

Gänzlich neu erfunden hatte Kuss diese Antwort freilich nicht. Sie kommt dem ziemlich nahe, was im heutigen Evangelium geschieht. Da wird Streit geführt darüber, wer Jesus ist, und Streit geführt in einer Sprache, die sich wie ein Vorausblick auf Jahrhunderte weitere Streits in der Kirchengeschichte ausnimmt: Wird am Anfang darum gestritten, wie denn ein Mensch, dessen Herkunft man kennt, dazu komme, sich „Brot des Lebens" zu nennen, so später – freilich eng verbunden mit

Ersterem – darum, wie denn ein Stück Brot der Leib, also wirkliche Gegenwart dessen sein könne, der sich so nannte.

Die Antwort lautet in beiden Fällen gleich: Was man von Jesus und von dem Zeichen seiner Gegenwart glauben oder nicht glauben kann, hängt davon ab, wie man von Gott denkt – was man ihm zutraut oder eben nicht zutraut. In der Sprache des Johannes-Evangeliums sagt Jesus das so: Niemand kann zu mir kommen, wenn nicht der Vater, der mich gesandt hat, ihn zu mir führt. Wer Gott für mich ist, entscheidet darüber, was ich von Jesus denke und dass ich zu ihm als dem hinfinde, den der Vater gesandt hat, damit er sich uns Menschen menschlich, auf Du und Du, auftun kann. Wörtlich steht sogar da: Niemand kann zu mir kommen, wenn der Vater ihn nicht zieht. „Ziehen" – da klingt „anziehen" mit, Faszination, in Bann geschlagen sein. Nur wer die Frage nach Gott, nach dem Ersten und Letzten im Leben, nach dem Woher und Wie und Wohin nicht billig abtut, nicht zuschüttet und verdrängt, wer sich beruhigen lässt davon, dass im Essen, Schlafen, Lieben und Arbeiten nicht aufgeht, was er ist und will, – nur der wird nicht für undenkbar halten, dass Gott ihm etwas zu sagen hat, was hinausgeht über alles, worauf ein Mensch von selber kommen kann. Gerade so, wie Jesus selbst es mit einem Prophetenzitat sagt: Man muss Gottes Schüler werden, um überhaupt auch nur von Ferne für möglich zu halten, dass an einem Menschen aus Fleisch und Blut – an Jesus – einem etwas aufgehen kann von jenem Letzten und Innersten, das trägt.

— *Maßstab des Immer-schon-gewusst-Habens* —

Die Zuhörer Jesu freilich haben an ihn den Maßstab ihrer Kenntnisse angelegt: Ist das nicht Jesus, der Sohn Josefs, dessen Vater und Mutter wir kennen? Wie kommt der dazu, solches von sich zu behaupten, dass er für uns bedeutsam sein soll? Ein spektakulärer Wundertäter, der sie das Schaudern lehrte, ja das wäre akzeptabel gewesen. Aber einer, der Mensch ist wie sie, den gar nichts unterscheidet von ihnen außer einer seltsamen Fremdheit jedes Mal dann, wenn er von Gott spricht? – Der Widerstand entzündet sich genau hier, an seinem Menschsein, an dem, was ihn uns am nächsten verbindet. Dass Gott gerade diesen Weg, diesen Menschen Jesus gewählt haben könnte, um die Menschen zu erreichen, dagegen murren sie. Sie sperren sich gegen ein solches Ansinnen Gottes wie damals das Volk gegen Jahwe sich sperrte auf dem Zug durch die Wüste.

Mit diesem Einwand der Leute gegen Jesus hat Johannes mit absoluter Schärfe auf den Punkt gebracht, worin das unterscheidend Christliche unseres Glaubens wurzelt: dass nämlich in dem konkreten, besonderen Menschen Jesus von Nazaret die Frage nach dem Heil – nach dem endgültigen Gelingen des Lebens – für alle zum Austrag kommt. Und dies deshalb, weil in diesem Menschen Gott selber da ist und handelt auf unerhört menschliche Weise. Und weil die Gegenwart Gottes in diesem Menschen nicht mehr distanziert von außen be-griffen, sondern nur noch glaubend er-griffen werden kann von dem, der sich auf persönliche Erfahrungen mit Jesus einlässt. Die Provokation des Christlichen besteht darin, dass die Stellungnahme, die ein Mensch zu Jesus Christus bezieht, nichts anderes ist als seine Stellungnahme zu Gott in seiner Offenbarung. Diese Stellungnahme ist unumgehbar, solange jemand Christ oder Christin sein will.

— *Hintergrund der Provokation* —

In seiner Antwort auf das Murren der Leute spricht Jesus übrigens selber aus, warum wir überhaupt vor diese so bedeutsame Stellungnahme geraten. Die entstammt nämlich keineswegs einem Willkürakt Gottes. Er stellt uns mit Jesus nicht von außen auf die Probe, um durch ihn die Willfähigen herauszusortieren und die anderen fallenzulassen. Nein, alles andere als das: Mit Jesus unternimmt Gott vielmehr noch einmal den Versuch, die Liebe der Menschen wiederzugewinnen – so wie er es in der Geschichte des Alten Bundes nach dem Zeugnis immer und immer wieder getan hat. Mit menschlichen Banden zog ich sie an mich, mit den Ketten der Liebe – so besingt schon Hosea das Werben Gottes um der Menschen Zuneigung. Und genau das tut Gott nun noch einmal auf unglaubliche, niemals ausdenkbare Weise in Jesus. Mit ihm flicht Gott das menschlichste Band der Liebe, das es überhaupt gibt, indem er selber vor lauter Liebe gar nicht mehr Gott sein will und uns deshalb in Menschengestalt entgegenkommt. Das, eben das, ist das Vorzeichen, unter dem wir in jener Stellungnahme zu Jesus gerufen sind. Daher sagt Jesus auch: Niemand kann zu mir kommen, wenn nicht der Vater, der mich gesandt hat, ihn zieht. Das meint: Ihr könnt euch nicht von außen für mich entscheiden und glaubend zu mir finden.

Ihr könnt euch erst wirklich entscheiden, wenn ihr zu ahnen beginnt, dass mein Reden und Tun, mein ganzes Leben und Geschick nichts anderes ist, als das leidenschaftliche Werben der Liebe Gottes um euch…

— Hohelied der Liebe Gottes in der Sprache des Johannes —

Und diese Ahnung gewinnt, wer auf den Vater hört und bei ihm lernt, das heißt, wer sich vertieft in das Geheimnis der Geschichte Gottes mit den Menschen, wie sie das Alte Testament erzählt. Das Eintauchen in diese Geschichte macht hellhörig und empfindsam für Gottes Anliegen und für den Schatz, der darin für jeden Menschen beschlossen liegt. Und wer dann so feinfühlig geworden ist, der wird dann zu Jesus kommen, ja ihm geradezu entgegenlaufen – also an ihn glauben.

Wer aber glaubt – Amen, amen, ich sage euch: der hat das ewige Leben. Es heißt nicht: Er wird es haben, sondern: Er hat es jetzt bereits mitten in seinem irdisch gelebten Leben gewonnen. Wir müssen dessen erst einmal wieder behutsam innewerden, was das bedeutet: dass der, der ernsthaft glaubt – also nicht bloß ein paar Sätze und Gebote für wahr hält, sondern eine Bindung innigen Vertrauens zu Jesus Christus aufnimmt –, dass der also jetzt ewiges, also endgültiges Leben hat. Und dies ist zugleich aber gar nichts Mysteriöses. Es hat seinen Grund ganz einfach darin, dass der, der sich an Jesus hält, also den Lebensentwurf Jesu sich zu eigen macht und eben dadurch nur noch das tut, was Gott entspricht, ewiges Leben gewinnt – wie Brot uns am irdischen Leben hält. Ebendarum kann er auch sagen: Ich bin das Brot des Lebens – wenn jemand davon isst, wird er nicht sterben.

— Der Preis, den Gott zahlt —

Das alles ist das Hohelied der Liebe Gottes in der Sprache des Johannes. Wer zu glauben wagt, den wird dieses Wort beglücken und staunen lassen über Gott und darüber, wie sehr diesem Gott die Menschen am Herzen liegen, jede und jeder Einzelne. Das Evangelium lässt uns da geradezu einen Blick in die abgründige Tiefe der Wirklichkeit zwischen Gott und Welt tun. Und ganz am Rande kommt dabei noch etwas anderes zur Sprache. So behutsam, wie zwei Liebende miteinander reden, wenn dem einen für den anderen ein großes Opfer abverlangt wird, genauso behutsam und leise deutet Jesus selber im letzten Vers des Evangeliums an, dass der Gewinn des Lebens für uns durch ihn, – dass das einen hohen Preis fordert: Das Brot, das ich geben werde, ist mein Fleisch, ich gebe es hin für das Leben der Welt. – Dass wir wirklich leben, ganz leben, also Gott entsprechen können, das kostet den Preis seines Fleisches, das heißt: den Preis seiner irdisch-menschlichen Existenz, den Preis seines Schicksals. Wir erwerben also nicht einmal als Glaubende unser ewiges Leben geradlinig. Wir gewinnen es nur – wider alles Verneinen – durch jene Unbegreiflichkeit hindurch, die wir das Geheimnis des Kreuzes nennen. Jene dunkle Stunde, da Gottes Liebe sich in Jesus Christus vernichten lässt, in der aber Gott gerade durch diesen radikalen Verzicht auf sich selber jene Mächte entmachtet, die den Menschen hindern, Gottes Liebe zu erwidern. Das Mysterium der Sünde ist es, was diesen bedingungslosen Selbsteinsatz Gottes auslöst, der sich am Kreuz ereignet. Und eben weil Jesus so ganz sein Leben drangibt für unser Leben, deshalb entspricht ihm so sehr jener Name „Brot des Lebens" – Brot, das sich verbrauchen lässt von uns wie er.

Ob dieses Brot uns nährt, ob unser Leben gültig und verewigt wird, steht und fällt also damit, dass wir Jesus Christus glaubend in uns aufnehmen. Es steht und fällt damit, dass wir uns eine Leidenschaft für Gott und für das Leben zu eigen machen.

— Dreifache Spur —

Dieses Hereinnehmen Jesu in mein Leben geschieht dabei immer und immer nur in einer dreifachen Spur: Zuerst dem glaubenden Hören des Wortes Gottes, wie es uns aus dem Alten und Neuen Testament anspricht. Das Ohr ist das christliche Sinnesorgan, schrieb Luther einmal. Christsein ohne Hören auf Gottes Wort bleibt hölzernes Eisen. Diesem Hören entspricht als zweite Spur der Hereinnahme Jesu die Antwort des persönlichen Betens. Und die dritte Spur deutet der Herr selber uns im heutigen Evangelium an: Nicht mehr vom Brot des Lebens spricht er am Ende, sondern vom lebendigen Brot; nicht mehr von „glauben", sondern von „essen"; nicht mehr vom Brot, das er ist, sondern vom Brot, das er gibt. Das Geheimnis des Abendmahls also beginnt durchzuscheinen in den Zügen des Selbstporträts Jesu, das uns in diesen Zeilen des Johannes überliefert ist. Das Evangelium des nächsten Sonntags wird uns tiefer in dieses Geheimnis hineinführen.

In jeder Feier der Eucharistie münden diese drei Spuren zusammen und weiten sich für uns zum Strom des Lebens. Wer sich glaubend in ihn hineinbegibt, in ihn eintaucht, geht verwandelt hervor, weil er die Züge Jesu anzunehmen beginnt, also vermenschlicht wird. Dieses Geheimnis des Glaubens anzunehmen, einfach einmal anzunehmen, staunend wie ein Kind, weil dieses Geheimnis vom Herrn selber stammt, das wäre für uns Christinnen und Christen der Schritt zum Leben.

Vom Zeichen leben

— Die Rose und die Bettlerin —

Während seines ersten Aufenthaltes in Paris kam Rainer Maria Rilke zusammen mit einer Begleiterin häufig an einem Platz vorbei, wo eine Bettlerin saß. Ohne zu irgendeinem Geber je aufzuschauen, hockte die Frau immer am gleichen Platz in schwarze Tücher gehüllt.

Eines Tages, als Rilke wieder vorbei kam, hatte er eine soeben aufgeblühte Rose dabei. Er blieb bei der Bettlerin stehen und legte die Rose behutsam in die offene, abgezehrte Hand der Frau und wollte weitergehen. Doch da blickte die Bettlerin auf, erhob sich mühsam von der Erde, tastete nach der Hand des fremden Mannes, küsste sie und ging mit der Rose davon.

Als Rilke mit der Begleiterin am nächsten Tag den Platz wieder passierte, war die Bettlerin nicht da. Acht Tage lang blieb sie verschwunden. Dann saß sie wie früher an ihrem gewohnten Platz. Wovon hatte sie bloß all die Tage gelebt, fragte Rilkes Begleiterin den Dichter. Er darauf: Von der Rose…

— Berührendes Zeichen —

Gewiss kann keiner ohne sein tägliches Brot überleben. Aber genauso gewiss kann einer mehr als genug zum Leben haben – und dennoch zugrunde gehen. Weil er mehr braucht als dies, um zu überleben. Die Bettlerin hat acht Tage von Rilkes Rose gelebt. Der Dichter hatte die Frau damit nicht vertröstet und nicht abgespeist. Vielmehr hat er sie mit der Rose geachtet und ihr Zuneigung gezeigt. Das richtet die Frau auf – so sehr, dass sie tagelang nicht mehr ans Brot denkt. Mit Worten hätte Rilke das nie vermocht. Das Zeichen der Rose ging viel, viel tiefer. Es hat die Frau berührt. Deshalb kann sie davon leben.

— *Von der Über-Fülle* —

Alles Menschliche lebt – ob wir es wissen oder nicht – aus der Macht solcher Zeichen. Die Liebe, die Hoffnung, die Trauer, die Freude. Und auch der Glaube – er vielleicht mehr als alles andere an uns. Über die letzten drei Sonntage hin hat uns das Johannes-Evangelium an die Grundgestalt des christlichen Glaubens herangeführt: zuerst mit der Geschichte von der Brotvermehrung, um uns anzudeuten, dass der christliche Glaube mit der Erfüllung, besser: Über-Erfüllung, unserer tiefsten Sehnsucht zu tun hat: nämlich zu leben und ewig zu leben. Dann in den anschließenden Dialogen zwischen Jesus und den Leuten, die in aller Schärfe heraustreten lassen, dass das endgültige Gelingen des Lebens in einer persönlichen Beziehung zu Jesus Christus wurzelt – ich bin das Brot des Lebens, so sagt er das selber. Und schließlich offenbart uns das Evangelium, dass Jesus deshalb für uns so unbedingt lebensbedeutend ist, weil in ihm Gott selber nochmals und unüberbietbar um die Liebe der Menschen wirbt. Die Liebe, die als angenommene und beantwortete das Menschenleben zu seiner ganzen Fülle kommen lässt, einschließlich seiner Verewigung in Gott. Nichts Geringeres als dies ereignet sich, wenn einer in die Lebensgemeinschaft mit Jesus Christus eintritt.

So absolut Grundlegendes wie diese Gemeinschaft freilich läuft nicht einfach nur im Kopf ab. Es meint und betrifft ja unsere ganze menschliche Existenz: das Erkennen, Fühlen, Erfahren, Wollen, ja selbst das Unbewusste bis in die tiefsten Wurzeln hinab. Und eben deshalb übergibt Jesus selber uns das von ihm so leidenschaftlich gepredigte und gelebte Angebot der Liebe Gottes über das Wort und die Tat hinaus noch einmal – aufs äußerste verdichtet – in einem schlichten Zeichen. Als sie miteinander essen – kurz vor seinem Tod –, da nimmt er Brot und Wein, teilt es an die Seinen aus und sagt dabei: Das ist mein Fleisch, das ist mein Blut – das bin ich für euch. Tut dies immer wieder, damit ihr selber und auch die nach euch von der Liebe Gottes angerührt werden.

So wie zwei Menschen, die einander viel bedeuten, vor einer langen Zeit der Trennung einander etwas schenken – oft gerade etwas Kleines, Schlichtes aus dem gemeinsam gelebten Alltag –, um so tief wie irgend möglich im Herzen des anderen gegenwärtig zu bleiben, so schenkt Jesus, er, das Brot des Lebens, den Seinen ein kleines Stück Brot: Das bin ich, nehmt und esst!

Jede Frage, die daran von außen herangetragen wird: etwa, was denn da eigentlich mit dem Brot geschehe, oder wodurch bei der Eucharistiefeier das Brot zu Jesu Leib werde, um es gleichsam zu sezieren. Von diesem Liebeszeichen Jesu beginnen wir erst dann etwas zu erahnen, wenn wir das Geheimnis des Abendmahls als Ganzes und glaubend meditieren.

— *Tiefenlinien der sichtbaren Zeichen* —

Wir brauchen dazu im Grunde nur ein wenig den Linien in die Tiefe zu folgen, die uns sichtbare Zeichen von Brot und Wein vorzeichnen: Vom Brot nähren wir uns, wir brauchen es, ohne es vergehen wir. Wir leben von ihm, indem wir es verbrauchen. Es ist da für unser Leben. Dieses Brot bricht Jesus – in diesem Brechen wird für uns auf immer bewahrt, dass Jesus sein eigenes Leben in die Bresche wirft für uns. Er lässt seine menschliche Existenz brechen am Kreuz, weil nur durch diese Drangabe der Teufelskreis der Feindschaft gegen Gott unterbrochen werden kann. Dieses gebrochene Brot teilt er aus und die Seinen essen davon. Was in dieser urmenschlichen Geste des Essens alles beschlossen liegt, reicht abgrundtief hinab in die letzten Wurzeln unseres Menschseins. Kinder erfahren noch ganz unmittelbar, wie in dieser Tiefe in der Befriedigung des Hungers die Befriedigung des Herzens ihren erfahrbaren Vorschein findet – also die Erlösung von der Angst, von diesem Boden aller Unmenschlichkeit. Und zugleich vermag das Essen, die Hereinnahme des Brotes in mich, die dichteste Form des Zueinandergehörens und des Ineinanders zu versinnbilden: Wer mein Fleisch isst und mein Blut trinkt, der bleibt in mir und ich in ihm. Christus lebt in mir, wenn ich ihn im Zeichen des Brotes mir einverleibe. Ich übernehme sein Leben, also sein unverstelltes Verhältnis zu Gott, dem Vater, seine Leidenschaft für das Leben, seine Sympathie zu den Brüdern und Schwestern – und dies umso mehr, als uns das miteinander geteilte Brot zur Jesus- und das heißt: zur Liebesgemeinschaft zusammenfügt, und durch all das werde ich ein anderer, werde verwandelt. Deshalb steht ja auch der Mittelpunkt der Eucharistiefeier – die „Wandlung" – gleichsam als Hinweis dafür, worauf bei diesem Tun alles zuläuft: nämlich die Ver-Wandlung der Herzen derart, dass sie Jesus-förmig werden, also ganz Gott entsprechen. Hätte Jesus, der für uns da sein und der uns so nah wie irgend möglich bleiben will, hätte er sein Herzensanliegen dichter, menschlicher zusammenfassen können als in diesem Erinnerungszeichen der Eucharistie? Natürlich wird jeder, der ohne Glauben von außen dem zusieht, was wir Christinnen und Christen da tun, die Eucharistie als abstrusen Hokuspokus abtun – er kann wohl auch gar nicht anders. Berühren wird nämlich die Eucharistie nur den, der sich bewusst mit in die Atmosphäre stellt, in der allein Eucharistie geschieht: nämlich in die Atmosphäre des Heiligen Geistes, also der im Glauben ergriffenen Gottesgegenwart. Eben deshalb beten wir ja auch im Hochgebet jedes Mal: Sende deinen Geist auf diese Gaben herab und heilige sie... Mit anderen Worten: Berühren kann die Eucharistiefeier nur den, der sie glaubend mitfeiert in dem Bewusstsein, dass sich hier am dichtesten und unverbrüchlichsten Gemeinschaft mit dem Herrn ereignet – also das, was der Glaube einzig und allein sucht, weil einzig und allein es unser Leben verewigt. Daher sagt er selbst: Wer mein Fleisch isst und mein Blut trinkt, hat das ewige Leben.

— *Von der Notwendigkeit der Feier* —

Weil das so ist – weil dem, der Eucharistie feiert, in unüberbietbarer Dichte Gemeinschaft mit Christus geschenkt wird, deshalb bezieht das Evangelium unzweideutig Stellung in einer Frage, an der sich heute unheimlich viele Christinnen und Christen mit atemberaubender Leichtfertigkeit vorbeimogeln: die Frage, ob die Mitfeier der Eucharistie notwendig sei. Die absolut eindeutige Antwort des Evangeliums aus Jesu Mund: Wenn ihr das Fleisch des Menschensohns nicht esst und sein Blut nicht trinkt, habt ihr das Leben nicht in euch.

Es ist bekannt, dass die Mehrheit der Glieder christlicher Gemeinden schon lange nur selten oder gar nicht mehr die Eucharistie mitfeiert. Oft sind das 80% und mehr. Man kennt auch die Begründungen, die da herangezogen werden: Ich kann im Wald genauso beten und hab' ja auch nichts angestellt; oder: Das gibt mir nichts – wobei es wohl nottäte zu ergründen, warum das so sein soll; oder: Das dauert mir zu lange – seltsam genug, dass selbst noch eine einzige Stunde in der Woche zu viel ist für Gott. Wer der Eucharistiefeier regelmäßig oder grundsätzlich fernbleibt, ist nicht Christ, auch wenn er sich dafür hält. Er bewegt sich bestenfalls in einer Art Vorstufe zum Christwerden. Er kann ja auch gar nicht Christ sein, denn wenn Christsein wirklich heißt: vertraute Lebensgemeinschaft mit Christus aufzunehmen, ihn als lebensbestimmend in mein eigenes Lebensprojekt hineinnehmen, damit mein Leben gelingt und vor Gott bestehen kann, – wenn das Christsein heißt, dann kann ich nicht gleichzeitig systematisch ablehnen, was mir diese Lebensgemeinschaft am intensivsten und unverbrüchlichsten schenkt. Aus diesem Widerspruch heraus gibt es kein Hintertürchen.

— Christ werden – Christ sein —

Natürlich weiß ich, dass einer ein guter Mensch sein kann, auch wenn er am Sonntag nicht in die Kirche geht. Und ich weiß auch, dass einer oder eine, die jeden Sonntag oder öfter die Messe mitfeiert, dennoch ein Ausbund von Bosheit sein kann. Aber: Weder das eine noch das andere kann Maßstab dafür sein, wie wir mit der Eucharistiefeier umgehen. Weil eben Christsein mehr ist als ein guter Mensch sein. Wer sich von der Eucharistie dispensiert, ist noch nicht Christ, weil er sich ja um die volle Christusgemeinschaft bringt. Und wer die anderen trotz regelmäßiger Messe schikaniert und ausrichtet, der ist auch noch nicht Christ, weil er die im Sakrament empfangene Christusgemeinschaft durch sein gelebtes Leben widerruft und abwürgt.

Um die Christusgemeinschaft, um ihre Vertiefung und Verlebendigung allein geht es in der Eucharistiefeier – um das, was unseren Glauben vom ersten Augenblick an bewegt. Und deswegen kann ich als Christ nicht an der Eucharistiefeier vorbeigehen, wenn mir dieses mein Christsein auch nur halbwegs am Herzen liegt. Und eben deshalb lebt auch unser Glaube von der Eucharistie wie die Bettlerin von Rilkes Rose. Weil uns das Erinnerungszeichen Jesu seine – also Gottes – ganze Liebe zueignet. Wer sich uns derart unbedingt selbst schenkt, dem dürfen wir uns getrost anvertrauen. So richtet das Herrenmahl unseren Glauben auf. Und rührt uns im Tiefsten an, damit wir zu menschlichen Menschen werden. Jeder Sonntag lädt uns dazu ein.

Gott sehen lernen

— Weiser Rat —

In einem Kloster kam einmal zu einem der alten Mönche ein junger Bruder und klagte ihm, er könne nicht mehr glauben und beten. Er bat darum, vom Gottesdienst befreit zu werden, weil sein Herz starr und seine Gebote eine Lüge seien. Der alte Mönch entgegnete ihm: Wenn du nicht beten kannst, dann geh hin und schaue zu, wie deine Brüder beten.

— Kann Glaube zum Kreuz werden? —

Taugt diese Antwort des Mönches für den jungen Bruder? Nimmt der Alte dessen Not überhaupt ernst – die Last des Glaubens, die ihn niederdrückt? Ja, anders noch: Kann und darf es so etwas überhaupt geben, dass eben der Glaube selber zum Kreuz wird, – der Glaube, der die Befreiung und Erlösung derer verheißt, die schwere Lasten zu tragen haben?

— Glaubensnot kennen auch Insider —

Das heutige Evangelium nimmt ernst, dass es eine solche Not mit dem Glauben geben kann – nicht bloß für die, die das erste Mal von Jesus hören, sondern auch für die Insider. Gerade für sie. Jesus hatte den Menschen das Geheimnis seines Lebens und seiner Sendung angedeutet in der langen Unterweisung, die in dem Wort aufgipfelt: Ich bin das Brot des Lebens. Und er hatte sie hingeleitet dazu, dass er diese Urwahrheit über sich in den eucharistischen Zeichen verdichtet hinterlassen wird. Die Außenstehenden hatten sich dabei schon abgewandt, während er noch sprach. Die Seinen hatten ihm zugehört. Aber jetzt am Ende reagieren sie ähnlich wie die anderen: Was er sagt, ist hart, wenden sie ein.

Wer kann denn das noch anhören? Die Zumutung des Glaubens an ihn und die Zumutung, dass dieser Glaube konkretisiert in der Teilnahme an der Eucharistie, das ist ihnen zu viel. Daher gehen sie. Johannes bewahrt in diesen nüchternen Worten von der harten Rede die Erinnerung an einen eklatanten Misserfolg – dass nämlich Jesus in Galiläa faktisch mit seinem Anliegen gescheitert ist.

Wie wird das wohl für ihn gewesen sein – für ihn, den die innige Nähe zum Vater im Himmel so erfüllte, dass sie ihn an die Seite der Menschen treibt, um sie teilhaben zu lassen an dieser befreienden, erlösenden Gemeinschaft mit Gott? Und die, die ihm begegnen, die spüren auch, dass da in ihm etwas gegenwärtig ist, was mit der innersten Mitte ihres Lebens zu tun hat – und mit deren Heilsein. Und dennoch, und dennoch gehen sie. Er steht da, verlassen, als sei das Brot des Lebens, das er austeilen will, nichts anderes als kalte Steine. Die Geste seiner unbedingten Zuwendung zu allen, die doch die Liebe Gottes selber anschaulich macht, ist ins Vergebliche gelaufen. Das Einzige, was ihn hält in dieser bitteren Enttäuschung ist dies, dass Gott allein das Geheimnis von Glaube und Unglaube im Letzten kennt: Niemand kann zu mir kommen, wenn es ihm nicht vom Vater gegeben ist, sagt er. Das Ineinander von Freiheit und Gnade liegt verborgen in der Einsamkeit eines Herzens vor seinem Gott. Nur diesseits dieser Grenze können wir mit dem Evangelium ein wenig ertasten, was es mit Glaube und Unglaube auf sich hat:

Als Jesus merkt, wie seine Jünger murren über das, was er ihnen zumutet, da deutet er an, dass sich das Kreuz mit dem Glauben noch verschärfen wird, wenn er einmal nicht mehr unter ihnen weilt. Wenn sie allein sind mit seinem Wort, mit dem Erinnerungszeichen seiner Liebe, dem Zeugnis derer, die dem Auferstandenen begegnet sind, und den unberechenbaren Erfahrungen ihres neuen Daseins leben müssen. Was wird dann erst sein, wenn ihr jetzt schon Anstoß nehmt, da ich doch noch bei euch bin?

Glaube ist also zu keinem Zeitpunkt etwas Selbstverständliches – weder damals noch heute. Glaube trägt immer den Schatten seines Gegenbilds in sich: das Ärgernis. Wäre es anders, dann wäre der Glaube gar nicht mehr Glaube. Eben weil der Glaube in nichts anderem besteht als darin, dass wir uns Jesus – ausgerechnet diesem Jesus – unbedingt anvertrauen, eben deswegen haben wir ja auch die Freiheit zu fragen, warum wir denn ausgerechnet diesem da glauben sollen. Gerade immer dann, wenn ein persönliches Ja zu Jesus Christus gefragt ist, an den Knotenpunkten der Glaubensgeschichte eines Menschen, da steht einer immer ganz unmittelbar vor dieser Weggabelung, ob er sich ungesichert einlässt auf das Wagnis des Glaubens oder ob das Ärgernis die Oberhand gewinnt.

— *Ursprung von Ärgernis* —

Das Ärgernis wird jedes Mal dann die Oberhand gewinnen, wenn einer – trotz seines Interesses an Jesus – dennoch meint, sein Leben letztlich in Eigenregie bestehen zu müssen. Ein bisschen helfen lassen von Jesus, ja, das schon, vor allem, wenn ich mit dem eigenen Latein am Ende bin. Aber ganz von seiner Hilfe leben, nicht etwas, sondern ihn brauchen, damit mein Leben überhaupt etwas wird; zu entdecken, dass mein Selbststand, meine Freiheit genau dann am größten wird, wenn ich mich ihm übergebe in der Spurrinne seines Lebensentwurfs und seines Geschicks – da wurzelt das Ärgernis. Denn in der Situation der Fremdheit zu Gott, in die uns der Egoismus immer schon verfügt, in dieser Situation schmerzt es, anerkennen zu müssen, dass aus meinem eigenen Vermögen und Verfügen heraus die Gleichungen meines Lebens nicht aufgehen. Und aus diesem Schmerz eben kann zweierlei werden: Die Sehnsucht nach einer Heilung, die mehr ist als ein Trostpflaster. Eine Sehnsucht, die alles auf eine Karte setzt und in der Bewegung der Umkehr sich von Jesus wieder zu Gott führen lässt. Oder der Schmerz verhärtet sich zur trotzigen Selbstbehauptung, die sich nicht helfen lassen will und sich zynisch in die eigenen Widersprüche einspinnt.

— *Zwei Sehweisen* —

Woran aber entscheidet sich nun, wohin einer sich wendet, wenn er an die Weggabelung gerät? Jesus sagt es so: Der Geist ist es, der lebendig macht. Das Fleisch nützt nichts. Geist und Fleisch, das sind in der bildhaften Sprache der Bibel die Namen für die zwei grundlegenden Sehweisen, unter denen einer Welt, Wirklichkeit und Leben überhaupt nur betrachten kann. Fleisch meint die Sehweise, die sich auf das Handgreifliche, Feststellbare stützt, auf das, was vor Augen liegt und sich bewerkstelligen lässt. Einer, der sich dieser Sehweise verschrieben hat, deutet und beurteilt alles danach, ob es seinem momentanen Empfinden zuträglich ist oder nicht.

Die Sehweise des Geistes lässt sich nicht beruhigen mit dem Vordergründigen, dem vorderhand Nützlichen und Angenehmen... Die Sehweise des Geistes wittert noch ein ganz Anderes hinter und über und in allen Dingen. Diese Tiefe von Leben, Welt und Wirklichkeit sucht sie. Und sie ahnt, dass das, was sie da jenseits von allem spürt, in einer letzten – bald verborgenen, bald aufscheinenden – Verbindung mit Gott steht. Und wer sein Dasein so lebt, dass es mit dieser Innenseite der Dinge zusammengeht, der erst lebt wirklich und ganz, weil er sein Leben einstellt auf das, was wirklich ist und nicht auf das, was ihm scheint.

Sich auf diese Innenseite einzulassen, dazu lädt Jesus am Ende der großen Offenbarung seiner selbst noch einmal ein. Denn erst, wer von dieser Warte – gleichsam vom Standpunkt Gottes – her das Leben dieses Jesus von Nazaret wahrnimmt, erst dem wird aufgehen, dass Jesu Worte selber nichts anderes sind als Geist und Leben – und das heißt: dass in seinem Wort die letzte Wahrheit über Gott und die Welt zur Sprache kommt. Und – dass diese Wahrheit befreit, wenn einer sie zum Maßstab seines Lebens wählt. Christsein ist eben kein Institut, das uns eine halbwegs bürgerliche Moral beibringen will. Es ist vielmehr das Wagnis, sich der ganzen Wahrheit über das Leben zu vergewissern.

— *Die Rolle der Kirche* —

Ob ich nach Art des Fleisches oder des Geistes zu sehen wähle, das entscheidet also darüber, ob mir Jesus Christus auf ewig äußerlich bleibt oder ob das Band des Glaubens geflochten wird. Und so erhebt sich am Ende dieser gewaltigen Auseinandersetzung des Johannes-Evangeliums mit den Grundlagen des Christseins noch einmal und unabweislich die Frage: Wie gewinne ich hier und heute jene Sehweise des Geistes, den Zugang zur Innenseite aller Dinge, an dem mein Glaubenkönnen untrennbar hängt? Das Evangelium bleibt die Antwort darauf nicht schuldig. In einer letzten Wendung der Gespräche Jesu mit den Seinen wird sie unmissverständlich ausgesprochen. Als sich viele Jünger brüsk von Jesus abwenden, da fragt er die Zwölf: Und ihr, wollt auch ihr gehen? Antwort: Wir haben geglaubt und erkannt, du bist der Heilige Gottes. Wir haben die Sehweise des Geistes gewonnen. Und so haben wir erkannt: Du gehörst ganz zu Gott – immer schon und für immer. Deshalb vertrauen wir dir. Weil uns in dir die ureigenste Wahrheit über unser Leben entgegenkommt – das, was wir immer schon suchen.

Die Zwölf und Petrus als ihr Sprecher – sie sind für das ganze Neue Testament eines der Symbole für nichts anderes als die Kirche. Auf das Symbol verweist das Evangelium den, der nach dem Zugang zur Sehweise des Geistes fragt. Die Kirche ist dieser Zugang. Vielleicht erstaunt Sie das, weil Ihnen zum Stichwort „Kirche" in der Regel ganz anderes, vielleicht auch sehr Ungeistliches einfällt. Das soll und darf nicht unter den Tisch gekehrt werden. Und doch ist Kirche ganz wesentlich Zugang zur Sehweise des Geistes. Denn in ihr ist und bleibt lebendig, dass Jesus von Nazaret auf unglaubliche und unüberholbare Weise Gott den Menschen nahegebracht hat. Und jeder, der will, kann in der Kirche diese Sehweise lernen, also hinfinden zum Bekenntnis der Zwölf: Du hast Worte ewigen Lebens.

Mögen Priester und Bischöfe und der Vatikan noch so viel Unsinn machen, die Kirche hält dennoch den Zugang zum Geist offen: in den Mystikerinnen und Mystikern, die das Geheimnis Gottes meditieren, in den Theologinnen und Theologen, die ohne Ansehen nach der Wahrheit suchen, und vor allem in den Betenden – gerade die, die wortlos vor dem Kreuz oder dem Tabernakel stehen. Sie alle sind die Lesezeichen des Geistes im Buch des Lebens; sie führen uns ein in die Wahrheit einfach dadurch, dass es sie gibt.

Wer die Sehweise des Geistes zu gewinnen sucht, wird sich ihnen anschließen, jede und jeder auf die eigene Weise. Und wem das Glauben schwer fällt, wie dem jungen Bruder im Kloster, dem gilt der Rat des alten Mönches: Geh hin und schau zu, wie deine Brüder beten. Dieser Rat war weise. Denn der Junge wurde nicht gezwungen, wozu er nicht fähig war. Es wurde ihm keine Lüge diktiert. Aber er wurde auch nicht in seiner Unfähigkeit belassen. Er durfte sie nicht für die einzige Wahrheit eines Lebens halten: Geh hin und schau zu, wie deine Brüder beten. Die Geschwister können manchmal schon, was wir erst versuchen oder wozu wir noch gar nicht in der Lage sind. Deshalb verweist uns das Evangelium – trotz allem – auf die konkrete Kirche, wenn wir nach dem Glaubenkönnen, nach der Sehweise des Geistes suchen, gerade, wenn es uns schwer fällt. Denn dort können wir füreinander einstehen, selbst mit dem bisschen Glauben, den jede und jeder mitbringt. Das lässt unser kleines Herz größer werden. Wir sind in der Not des Glaubens nicht allein gelassen. Auch dazu braucht es die Kirche.

Zweiundzwanzigster Sonntag im Jahreskreis:
Mk 7,1–8.14–15.21–23

Außen und innen

— Der Buddha und seine Lehre —

Gautama Buddha erzählte seinen Mönchen einmal folgende Geschichte: Nehmen wir an, ein Mann kommt auf einer Reise an ein ungeheures Wasser, das diesseitige Ufer voller Gefahren und Schrecken, das jenseitige sicher und schön. Er möchte wohl an das jenseitige Ufer gelangen, aber es ist weder eine Fähre da noch eine Brücke. Da denkt er bei sich: Wie wäre es, wenn ich Stämme, Äste und Reisig sammelte und mir damit ein Floß baute, damit ich übersetzen kann? Und der Mann baute sein Floß und gelangte, mit Händen und Füßen rudernd, glücklich an das andere Ufer.

Was aber sollte dort nun mit dem Floß geschehen? Sollte er es auf seine Schultern nehmen und mitschleppen? Würde er damit dem Floß gerecht werden? Nein, ihr Mönche: Drüben angekommen, muss er sich sagen: Wertvoll war mir dieses Floß; es hat mich gerettet. Jetzt aber lege ich es ans Ufer und gehe meine Wege weiter. So würde der Mann das Floß richtig behandeln. Und Buddha schloss: Ebenso, ihr Mönche, ist es mit meiner Lehre: Sie taugt zum Vorankommen, nicht aber zum Festhalten.

— Christlicher Unterschied —

Buddha hat den Wert seiner Lehre sehr bescheiden eingeschätzt. Aus sich und für sich ist sie gar nichts. Wert hat sie nur, weil sie hilft, zum Ziel zu kommen. Wer sich darüber hinaus an ihr festhält, hat sie missverstanden. Er bürdet sich drückende Lasten auf. Könnte in Gautamas Worten auch ein Christ sich wiederfinden, was seinen Glauben, sein Verhältnis zu Christus, zur Kirche, zum Gottesdienst und zu den Geboten betrifft?

Wer auch nur in etwa um das innere Anliegen des Evangeliums weiß, dem wird ganz unmittelbar klar sein, dass die Antwort nicht „Ja" heißen kann. Wir können uns als Christinnen und Christen in Buddhas Worten nicht wiederfinden, weil Christsein nicht im Annehmen einer Lehre besteht, sondern in einem persönlichen Verhältnis zu Jesus Christus, in einer Freundschaft und Lebensgemeinschaft mit ihm. Und die ist niemals Mittel zum Zweck – wie Buddhas Floß – sondern: Wir suchen die Gemeinschaft mit dem Herrn um ihrer selbst willen, weil wir in ihr bereits das finden, was wir zuinnerst suchen: Gott selber. Welten trennen deshalb Buddha vom Christsein. Und dennoch gibt es zwischen unserer Geschichte und dem Evangelium einen Berührungspunkt. Vorhin war im Evangelium davon die Rede.

— *Und dennoch: Ein Berührungspunkt* —

Es ist die schärfste Auseinandersetzung, zu der es zwischen Jesus und den Pharisäern je kam. Die beobachteten, dass die Jünger Jesu zu essen begannen, ohne sich vorher die Hände gewaschen zu haben. Das hatte nichts mit Hygiene zu tun, sondern war eines der vielen Reinheitsgebote, die die jüdische Frömmigkeit bis heute kennt. Das Waschen der Hände, genauso wie das Abwaschen von Töpfen, Krügen und Kesseln, von dem das Evangelium auch spricht, das sollte zeichenhaft davor bewahren, die Speisen zu verunreinigen und durch deren Genuss selber unrein zu werden. Unrein heißt dabei: unfähig werden, am Gottesdienst teilnehmen und vor Gott bestehen zu können. Mögen die meisten dieser Reinheitsgebote für unsere Empfindungen unverständlich sein – sie waren keineswegs irgendein Unsinn. Vielmehr dienten sie im Zusammenhang des alttestamentlichen Glaubens als Hinweise auf das rechte Gottesverhältnis, ja sie vermittelten den Gläubigen so etwas wie eine anschauliche Ahnung von der Heiligkeit Gottes – und davon, dass er allein der Herr des Lebens ist. Eben deshalb, weil etwas daran war, hat sich ja auch erst die Auseinandersetzung darüber entzünden können.

Die vorwurfsvolle Frage der Pharisäer, warum die Jünger nicht – wie vorgeschrieben – die Reinigung vollzogen, meldet also Zweifel an ihrer Frömmigkeit an. Wie steht's denn überhaupt mit deren und deinem Glauben, wenn ihr euch nicht an die Tradition haltet, das wollen sie von Jesus wissen. Anlässlich dieses Vorwurfs bricht es aus Jesus geradezu hervor. Vieles hatte sich da wohl schon angestaut, was er – dem nichts mehr am Herzen lag als Gott –, was er an der öffentlichen Frömmigkeit beobachtet, was ihn beunruhigt und worunter er auch gelitten hatte.

Heuchler seid ihr, sagt er mit einem Wort des Propheten Jesaja, Heuchler seid ihr, weil ihr bloß so tut, als würdet ihr Gott ehren. In Wirklichkeit hängt ihr an menschlichen Geboten, an Machenschaften, die ihr selber erfunden habt und an denen ihr euch jetzt hochschaukelt. Und vor allem: Gottes Gebot selbst vergesst ihr darüber – das ist das Schlimmste daran. Eure selbstfabrizierten Überlieferungen dienen nicht nur nicht mehr dem rechten Verhältnis zu Gott. Sie treten stattdessen an seine Stelle und verdunkeln, was Gottes Wille ist. Die religiöse Betriebsamkeit wird zum Alibi für die Verweigerung, umzukehren zu Gott hin.

Gerade weil eine veräußerlichte Frömmigkeit für das Gottesverhältnis selbst so gefährlich ist, deshalb stellt Jesus ein für alle Mal unmissverständlich fest: Es gibt überhaupt keine äußere Einwirkung, keinen äußeren Anlass, der den Menschen unrein, also gottesunfähig machen könnte. Was Gott und Mensch allein entfremden kann, stammt einzig aus dem Innern, aus dem Herzen des Menschen, wo alles Unmenschliche, also Lieblose sich erhebt. Das war ein Schock für Jesu Zuhörer, denn das, was er da sagte, hieß: die Einhaltung und Pflege der Tradition als solcher bietet keinerlei Sicherheit im Angesicht Gottes. Aus sich nützt sie überhaupt nichts. Im Gegenteil: Für sich allein genommen zerstört sie das, dem sie eigentlich zu dienen hätte.

Wer das Markus-Evangelium gut kennt und der Stelle ein wenig nachlauscht, dem wird auffallen, dass in diesen Versen ein äußerst scharfer Unterton mitschwingt. Markus hat diese Stellungnahme Jesu nicht zufällig so zugespitzt überliefert. Das war vielmehr seine Reaktion auf Zustände in der Gemeinde, für die er sein Evangelium niederschrieb: Die Gefahr veräußerlichter Frömmigkeit war dort neu aufgeflammt und drohte, das Befreiende der frohen Botschaft wieder zu verdunkeln – also das, was die Mitte der Predigt Jesu ausmachte. Auch bei den Christinnen und Christen scheint eher von Anfang an der Hang unausrottbar, die selbstgemachten Hilfen und Stützen für den Weg zu Gott zu heiligen Kühen zu erheben. Und genau dagegen hatte Jesus schärfstens protestiert. Dass der Maßstab dieses Protests an ihr Handeln angelegt wird, das muss sich die Kirche bis heute gefallen lassen.

Damals hießen die heiligen Kühe „Hände waschen" und „Töpfe reinigen": Heute sind andere Traditionen an ihre Stelle getreten – menschliche Gewohnheiten, die der Kirche nicht nur nicht mehr helfen, ihre Aufgabe zu erfüllen, sondern bisweilen der frohen Botschaft ins Angesicht widersprechen.

Man denke etwa nur daran, wie sehr man heute gegen bestimmte Veränderungen des 2. Vatikanischen Konzils in der Gottesdienstpraxis zu Felde zieht. Bestimmte Kreise haben die Frage, ob Handkommunion oder Mundkommunion, zum Schlachtfeld um den wahren Glauben erklärt. Ihre Art wollen sie verbindlich machen für alle, weil sie allein die richtige sei. Sie vergessen dabei, dass die äußere Form für sich noch gar nichts ist, weil es einzig um die Ehrfurcht geht, die von innen kommt – und die wird sich bei dem einen im Knien, bei der anderen im Stehen und bei einem dritten in den ausgestreckten Händen ausdrücken. Wer freilich dies Äußere benutzte, um andere auszugrenzen und deren Glauben zu beurteilen, der hätte genau das getan, was Jesus den Pharisäern vorwirft.

Hohle Traditionen können aber auch viel schlimmere Gesichter zeigen. Das gilt zum Beispiel im Fall des Priestermangels in der katholischen Kirche. Jeder und jede weiß, dass diese Not nicht nur, aber ganz wesentlich auch damit zusammenhängt, dass man bisher nur den als Kandidaten akzeptiert, der zugleich auch unverheiratet bleiben will. Die Geistesgabe der Ehelosigkeit ist im Evangelium vorgesehen. Und deshalb muss es sie und wird es sie in der Kirche zu allen Zeiten geben. Aber nirgends steht geschrieben, dass jeder, der Priester sein will, gleichzeitig auch diese Geistesgabe haben muss. Eine menschliche Satzung, die zu einer gewissen Zeit durchaus einmal sinnvoll war, bedroht heute die Seelsorge bis ins Mark. Oder dient es vielleicht der Sache des Evangeliums, wenn heute selbst bei uns schon ein Priester mehrere Pfarreien gleichzeitig übernehmen muss – mit entsprechenden Folgen für die Qualität seiner Arbeit? Oder wenn – wie in Brasilien – die Gemeinde alle paar Monate einmal Eucharistie feiert mit einem fremden Priester, den sie nicht kennt, und sich ansonsten auf Andachten beschränken muss?

— *Was muss ich lassen?* —

Solcher Konflikt zwischen außen und innen kann überall im Leben aufbrechen. Im Kleinen wie im Großen. Das Evangelium legt uns eindringlich ans Herz, dass nichts Äußeres – auch kein Frommsein – aus sich das Gelingen unseres Lebens und sein Bestehen vor Gott garantiert. Äußeres kann Hilfe sein – wie Buddhas Floß. Aber zum Christsein gehört wesentlich auch dies: In der Verantwortung des Gewissens vor Gott erspüren, wenn es Zeit ist, das Floß liegenzulassen. Das Äußere bleibt für immer an zweiter Stelle. Nur das, was von innen kommt, entscheidet im Letzten, ob wir Gott entsprechen oder seiner unfähig sind – je nachdem, ob der Egoismus uns bestimmt oder sein Gegenteil: die Liebe… Sie allein ist und bleibt der Maßstab für alles Äußere, ob es taugt oder nicht. Jesus traut dem, der sein Wort ernst nimmt, zu, darüber zu befinden. Weil der, der ihm zuhört, die Liebe lernt.

Er hat alles gut gemacht

— Bitterer Humor —

Eine Anekdote erzählt, wie ein Betrunkener nachts durch die Straßen wankt. Er tastet sich von Alleebaum zu Alleebaum, von Laterne zu Laterne. Schließlich trifft er auf eine Wand. Wenn er sich an ihr entlang bewegt, denkt er, wird er ein schönes Stück vorankommen. So tappt er mit den Händen an ihr dahin. Was er nicht weiß: Seine Wand ist in Wirklichkeit eine Litfasssäule. Er wandert um sie herum. Ewig lang. Endlich merkt er, dass da etwas nicht stimmt. Und resignierend seufzt er: Jetzt haben sie mich eingemauert – auch das noch!

— Eingemauert —

Nicht alles, was zum Lachen reizt, ist wirklich lustig. Humor kann bitter sein. Nicht selten ist es die Erfahrung, sich ausweglos verrannt zu haben, die in dieses Gewand schlüpft. Der Betrunkene an der Litfasssäule ist wohl auch so ein Gewand. Ohne Lachen – eher mit Beklemmung – finden sich heute viele in ihm wieder, weil sie sich eingemauert fühlen: eingemauert, weil sie sich mit ihren Sorgen und Schwächen dauernd wie im Kreis bewegen und nicht weiterkommen; eingemauert in die Fesseln einer Umgebung, die immer noch – trotz allerlei alternativen Gefasels – nur die Maßstäbe von Fassade und Konkurrenz anlegt; eingemauert von der tagtäglichen Überforderung, aus eigenem Vermögen das Dasein bestehen zu sollen; eingemauert schließlich von der Angst, im Grunde nichts zu sein. Und die Folge: Menschen werden taub füreinander. Sie verstehen sich nicht mehr, die Gräben zwischen ihnen vertiefen sich. Unfriede und Misstrauen ziehen ein und verrichten ihr Werk der Zersetzung.

Neu sind alle diese Erfahrungen nicht. Sie haben die Menschen begleitet, seit sie ihr Leben bewusst gestalten und deuten. Und sie haben immer neu davon träumen lassen, dass es doch einmal besser, dass alles gut werden wird: dass die Menschen zueinander finden, einander ganz Ohr sind und ein verständnisvolles Herz schenken – weil sich so das Menschsein ja erst ganz verwirklicht. Nicht zufällig greifen deshalb die Propheten des Alten Bundes zum Bild vom Tauben, der wieder hört, und zu dem des Stummen, der wieder zu reden beginnt, wenn sie in ihren Sehnsuchtsliedern die von Gott erhoffte Zukunft besingen. In der Lesung haben wir aus dem Mund des Jesaja ein solches Lied gehört.

— Erfüllung prophetischer Hoffnung —

Auf ebendiese prophetischen Sehnsuchtslieder deutet das Evangelium hin, um uns nahezubringen, wer Jesus von Nazaret eigentlich war, was er für uns bedeutet. Nicht nur einmal geschieht das; am eindrücklichsten wohl in der Geschichte von der Heilung des Taubstummen aus dem heutigen Evangelium. Markus war sich von Anfang an klar darüber, dass Jesus da nicht einfach einen Schaden behob, auf den er zufällig gestoßen war. Bei dieser Heilung geht es vielmehr um ihn selber und sein Herzensanliegen. Deshalb erzählt der Evangelist bis in Einzelheiten hinein:

Ein Taubstummer wird zu Jesus gebracht – mit der Bitte, dass er geheilt werde. Ihm fehlt, dass er die anderen vernehmen und sich ihnen mitteilen kann. Das isoliert ihn, es hemmt ihn in seinen elementaren Lebensäußerungen. Vom menschlichen Miteinander, von dem, worauf doch mehr oder weniger alles in unserem Leben zuläuft, davon ist er abgeschnitten. Wie eingemauert in sich selber.

Jesus nimmt ihn beiseite. Abseits der Öffentlichkeit, auf Du und Du, im persönlichen Zueinander heilt er ihn. Er legt ihm die Finger in die Ohren, berührt seine Zunge, blickt zum Himmel auf, um Gottes Kraft einzuholen: In Zeichen also, vor allem in der Berührung, baut Jesus so eine Brücke zu den Taubstummen. Und er sagt zu ihm: Effata – öffne dich. Er macht nicht etwas an dem Behinderten. Er ruft ihn vielmehr auf, selber mitzutun bei seiner Heilung. Und sogleich öffneten sich seine Ohren – erzählt das Evangelium – und er konnte richtig reden. Indem der Herr den Taubstummen berührt und anruft, bricht er dessen Verschlossenheit auf. Er, der wie eingemauert war, kann wieder hören und reden, reden mit den anderen und hören auf sie. Und ach: hören auf das Wort schlechthin, das Wort, das von Gott kommt. Und darauf antworten im

Lobpreis. Jesus befreit ihn also dazu, ganz er, ganz Mensch zu sein. Dazu ist er gekommen. Tiefsinnig fasst Markus daher die Reaktion derer, die von der Heilung hören, zusammen in den Ruf: Er hat alles gut gemacht. Dieser Ruf klingt an den letzten Vers der ersten Schöpfungsgeschichte an: Gott sah alles, was er gemacht hatte. Und siehe, es war sehr gut. Jesus – das will Markus damit sagen – Jesus richtet die Schöpfung wieder auf, die gestört ist. Er befreit sie zu dem, was sie sein kann und sein darf vor Gott. Allem voran die Menschen selber: damit sie zueinander finden und so zu dem, der sie geschaffen hat. Und Markus fügt an: Er macht, dass die Tauben hören und die Stummen reden: In Jesus ereignet sich also, wovon die Propheten geträumt und gesungen haben. In ihm wird wirkliche Wirklichkeit, was bisher nur erhoffte Zukunft war. In der Heilung des Taubstummen hat er das anschaulich gemacht.

— *Brücken aus Zeichen* —

Die Tat der Heilung wird also selber zum Zeichen. So wie Jesus in den Zeichen der Berührung eine Brücke zu dem Taubstummen schlug und so die Heilung einleitete, genau so schlägt auch das Zeichen des Geheilten eine Brücke. Eine Brücke zu allen, die isoliert sind – wie eingemauert – und die Heilung suchen. Im Zeichen des geheilten Taubstummen protestiert Jesus gegen alle Isolation. Und er behauptet, dass durch den Kontakt mit ihm – und das heißt immer: mit Gott –, dass dadurch alle Isolationen aufgebrochen werden. Er protestiert dagegen, weil Isolation unmenschlich ist und unmenschlich macht. Dass Menschen einander nicht mehr verstehen, nicht mehr aufeinander hören und aneinander vorbeireden, also sich gar nicht mehr erreichen – nichts anderes steht doch hinter dem Scheitern vieler Menschenleben und auch hinter den Ausweglosigkeiten im Großen, zwischen gesellschaftlichen Gruppen und selbst zwischen Völkern. Der Abbruch des Miteinanders, der Kommunikation, erzeugt jedes Mal und überall Angst, er schlägt Wunden, lässt Lebensentwürfe zusammenbrechen und endet in Verzweiflung oder in Gewalt.

Das ist schon in der Familie so: zwischen Ehepartnern, wenn sie es aufgegeben haben, miteinander zu reden – auch trotz aller Versagen, die ihnen unterlaufen sind. Das ist so zwischen Eltern und Kindern, wenn sie aufgehört haben, einander wenigstens ein Minimum an Verständnis entgegenzubringen, manchmal einander auch nur zu ertragen, wenn die Lebenserfahrungen zu weit auseinanderklaffen. Isolation wirkt genauso Unheil, wenn Gruppen an den Rand der Gesellschaft oder ganz hinausgedrängt werden, wenn ihnen sogar das Recht abgesprochen wird, überhaupt ein offenes Ohr für ihre Nöte zu suchen: Homosexuellen geht das nicht selten so, und auch Strafgefangenen, besonders denen, welchen man terroristische Absichten anlasten muss. Gewiss gibt es in beiden Fällen hunderterlei zu erwägen. Aber nichts ist schlimmer, als solche Menschen über ihre äußere Isolation zu sperren. Und genau das geschieht heute wieder unter dem Beifall einer bestimmten Öffentlichkeit. Auch dagegen richtet sich Jesu Protest gegen alle Isolation.

Und wie viele, die nach außen hin ein glückliches Leben führen, wie viele sind isoliert vom wirklichen Leben, von der Freude, von der Liebe, vom Gespür für die und den anderen. Isoliert durch ihre Vorurteile, ihre engen Interessen, ihre Sorge, ja nicht irgendwo zu kurz zu kommen. Kafkas düsteres Wort vom „gefrorenen Meer in uns" ist unendlich vielen zum Inbild ihrer Lebenserfahrung geworden.

Allen, die daran wenigstens noch leiden und deshalb Heilung suchen, all denen gilt Jesu Zeichen der Heilung des Taubstummen. Er geht von sich aus auf sie zu, um die Verkarstungen aufzubrechen und die Barrieren niederzulegen. Das geschieht immer dort, wo einer sich beiseite nehmen lässt von ihm, in ein persönliches Du auf Du, und wo einer sich dann berühren lässt. Berühren lassen, das heißt, ich wende mich diesem Jesus zu, ich tue mich mit ihm zusammen. Die Züge seines Lebensentwurfs – nämlich sich ganz von Gott angenommen glauben und deshalb sich selber und alle anderen annehmen können –, diese Züge nehme ich auf in mein Lebensprojekt. Er, der ganz da ist für Gott und deshalb auch für die Menschen, also immer schon draußen ist beim anderen seiner selbst, er gibt mir so Teil an seiner Offenheit, wenn er mich berührt. So sprengt er die Mauern, die mich einsam und unmenschlich machen. Die persönliche Nähe zu Christus, das ist es, was mich wieder anschließt und einfügt in das hundertfältige Netz des Lebens. Die Angst war es ja im Letzten hinter allem Nichtverstehen-Können und Nichtverstehen-Wollen, was mich davon abgeschnitten hatte. Der Glaube an Jesus, der mich wieder in Gott festmacht, tritt an die Stelle der Angst und befreit mich so zum Miteinander, zur Kommunikation – also zum Füreinander-da-Sein.

—Auftrag an die Gemeinden —

Wie von selbst wird deshalb gerade auch für eine christliche Gemeinde die lebendige Kommunikation untereinander und mit denen, die nicht zur Gemeinde gehören, Maßstab sein dafür, ob sie christlich bloß heißen oder auch sind. In der Bereitschaft zum Gespräch über alle Barrieren hinweg, auch über die von Schuld aufgeworfenen hinweg, beglaubigen Christinnen und Christen ihre Christusnähe. Dass sie im Namen Christi alle Türen offenhalten kann für alle, das wird eine Gemeinde auch anziehend machen für die, die noch nicht oder nicht mehr zu ihr gehören. In diesem offenen Antlitz der Gemeinde spiegelt sich dabei gar nichts anderes als jener uralte Name Gottes, wie ihn Mose als erster vernommen hat: Ich-bin-der-ich-bin-da-für-euch. Menschen, die solches einmal in einer Gemeinde erfahren haben, werden wie von selber mit Markus in den Ruf der Schöpfungsgeschichte einstimmen: Siehe, er hat alles gut gemacht. Sie würden entdecken, dass die Gemeinschaft der Christinnen und Christen und ihr gelebtes Leben angefangen haben, befreit und erlöst zu sein – lebendiges Zeichen für das, was Gott für alle bereit hält.

Der andere Messias

— *Vom Schicksal* —

Eine chinesische Geschichte weiß von einem Bauern, dessen Felder nicht sehr fruchtbar waren und der nur einen Sohn hatte, der ihm half, und ein Pferd zum Pflügen. Eines Tages lief ihm das Pferd davon. Die Nachbarn kamen und bedauerten den Mann wegen seines Unglücks. Der Bauer aber blieb ruhig und sagte: Woher wisst ihr, dass es Unglück ist?

In der nächsten Woche kam das Pferd zurück und brachte zehn Wildpferde mit. Die Nachbarn kamen wieder und gratulierten dem Bauern zu seinem Glück. Wieder blieb er ruhig und sagte: Woher wisst ihr, dass es Glück ist?

Eine Woche später ritt sein Sohn auf einem der wilden Pferde und brach sich ein Bein. Jetzt hatte der Mann keinen mehr, der ihm bei der Feldarbeit half. Wieder kamen die Nachbarn und bedauerten sein Unglück. Wiederum blieb der Mann ruhig und sagte: Woher wisst ihr, dass es Unglück ist?

Die Woche darauf brach ein Krieg aus, Soldaten kamen ins Tal, um junge Männer mitzunehmen. Den Bauerssohn verschonten sie. Er musste nicht mit, weil er ein gebrochenes Bein hatte.

— *Glück und Unglück* —

Was ist Glück, was Unglück? Was Not, was Leid? Nichts scheint einfacher, als darauf eine Antwort zu geben: Glück ist, wenn es mir gut geht und ich Erfolg habe. Unglück ist, wenn mein Vorhaben scheitert, ich mir Nachteile einhandle, Verluste mache, in Not gerate und unter all dem leide. Schon die kleine Geschichte eben stellt das gründlich in Frage. Und gar nicht so wenige erleben am eigenen Leib, dass das, was vorderhand Not und Leid verursacht, zum Segen wird. Wenn etwas wehtut, ist es nicht deshalb schon von vornherein sinnlos und zerstörerisch. Zu dieser Einsicht kommt, wer sein Leben wach genug lebt.

— Jesuanische Korrektur —

Für Christinnen und Christen reicht diese seltsame andere Seite des Leidens noch viel weiter. Man muss sich langsam an sie herantasten. Damit hat zu tun, was das heutige Evangelium erzählt. Jesus fragt seine Jünger unterwegs, was denn die Leute so über ihn sagen. Was dabei herauskommt, zeigt, dass man ihm einiges zutraut. Denn es heißt schon etwas, so viel zu gelten wie ein wiedergekommener Elija, einer der größten Propheten, oder ein Johannes der Täufer. Aber selbst darüber noch weit hinaus geht das, was Petrus als Sprecher der Jünger sagt, als sie von Jesus gefragt werden, für wen denn sie ihn hielten. Du bist der Messias! Das war damals ein elektrisierendes Stichwort. Es hieß soviel wie: Du nimmst die Sache in die Hand! Du wirst die verfluchten römischen Besatzer vertreiben! Du wirst für Recht und Gerechtigkeit im Land sorgen! Und du wirst machtvoll die Verbindung zwischen Gott und seinem auserwählten Volk wiederherstellen!

Jesus antwortet auf dieses kühne Bekenntnis weder mit „ja" noch mit „nein". Er lässt es also stehen. Aber er korrigiert es. Und korrigiert es so, dass die Jünger im Grunde überhaupt nichts verstehen. Er spricht davon, dass er werde leiden müssen, sogar getötet werden, dass das aber nicht das Ende sei – und dass er eben auf diese absolut unerwartete Weise und ganz anders als gedacht Messias sein werde. So versucht Jesus, den Jüngern nahezubringen, dass das Leiden, das er auf sich zukommen ahnt, seine Aufgabe nicht nur nicht widerlegt, sondern überhaupt erst erfüllbar macht. Er vertraut darauf: Der Gott, dem ich traue, dass er der Treue ist, wird auch noch und gerade aus dem, was menschlich wie ein Scheitern und Zerbrechen aussieht, etwas machen.

— Petrus – Verführer zum Augenfälligen —

Petrus, der gerade noch so kühn das Messias-Bekenntnis abgelegt hatte, will eben davon absolut nichts wissen. Darum sucht er Jesus von dieser Sicht der Dinge abzubringen – und handelt sich dafür die schroffste Zurechtweisung ein, die aus dem Mund Jesu bekannt ist: Weg mit dir,

Satan! Satan ist der, der zum Augenfälligen verführt. Glück ist gut, Leid ist schlecht. Glück muss man suchen, Leid vermeiden. Petrus kann sich breitester Zustimmung zu seiner Sicht der Dinge sicher sein. Bis heute.

Aber was ist mit denen, die kein Glück haben? Was mit denen, die Leid nicht vermeiden können, weil es sie einholt? Sind sie Pechvögel, vielleicht auch zu dumm nur, zu vermeiden, was man vermeiden sollte – oder sind sie halt die Nachhut, die Letzten, die bekanntlich die Hunde beißen, die man allenfalls bemitleiden kann?

— Die halbe und die ganze Wahrheit —

Indem Jesus den Petrus zurechtweist und dem Leiden nicht aus dem Weg geht, macht er, der Gott und das Leben bis zum Grunde kennt, deutlich: Die Geschichte der Sieger und Siegerinnen ist nur die halbe Wahrheit. Die mag in Menschenaugen glänzend sein. Vor Gott gelten die Verliererinnen und Verlierer, die Unterlegenen auch. Das ist weit mehr als was die Geschichte von vorhin aufbewahrt: dass aus Unglück und Leid ein Gutes werden kann. Das ist gewiss viel. Das unvergleichlich Größere des Evangeliums heißt: Leiden und selbst Tod widerlegen das Leben nicht. Weil Leben mehr ist als auf Erden da sein und es sich gut gehen lassen. Für dieses Mehr steht Gott ein. In diesem Vertrauen dürfen Glaubende, solange sie auf Erden leben, Leid annehmen und müssen nicht verzweifeln. Und statt einen, den sie leiden sehen, zu bemitleiden, werden sie mitleiden mit ihm. Das ist dann Nachfolge.

Wodurch Christinnen und Christen anders sind

— Demütige Entschuldigung —

Mit Johannes Maria Vianney, dem späteren Heiligen Pfarrer von Ars, war es in der Schule ein schlimmes Kreuz. Zwar hatte er den entschiedenen Willen, Priester zu werden, aber der schulische Lehrstoff war ihm in jeder Hinsicht einfach zu schwer. Er begriff nichts. Das war so extrem, dass er – man stelle sich das vor! –, dass er mit 21 Jahren von seinem 12-jährigen Klassenkameraden Nachhilfe bekam. Als ihm der Junge zum x-ten Mal etwas erklärte und Vianney noch immer nicht verstand, ohrfeigte ihn der Zwölfjährige vor den anderen Schülern. Und Vianney – er schlug nicht zurück, sondern kniete vor dem Zwölfjährigen hin und sagte: Verzeih mir! Entschuldige, dass ich so dumm bin! Der Zwölfjährige brachte kein Wort mehr hervor und die Tränen stiegen ihm in die Augen.

— Absolute Wahrhaftigkeit —

Entschuldige, dass ich so dumm bin! – Wer auch nur ein wenig nachfühlen kann, was in einem erwachsenen Menschen vorgeht, der so etwas vor einem Kind eingesteht, der weiß, was Demut ist. Demut kommt aus einer absoluten Wahrhaftigkeit sich selbst gegenüber. Einer Wahrhaftigkeit, die die Dinge sieht, wie sie sind, und sagt, wie sie sind. Demut wurzelt in der Einsicht, dass es nichts, absolut nichts gibt, worauf wir uns etwas einbilden könnten. Aber Demut ist schwer. Schwer ebendarum, weil wir Menschen den lieben langen Tag nach Dingen Ausschau halten, auf die wir pochen und stolz sein, die wir uns zugute halten können und die uns abheben von anderen.

— *Von der Hackordnung der Jünger* —

Nicht einmal im Kreis der Jünger war das anders. Da sind sie schon unterwegs hinauf nach Jerusalem, also dorthin, wo Jesus sterben wird, weil er seiner Botschaft vom unbedingt treuen Gott treu bleiben und sie darum durch sein eigenes Geschick beglaubigen will. Jesus redet darum seinen Jüngern vom gewaltsamen Ende, um sie vorzubereiten auf das Kommende. Aber sie verstehen nicht. Markus ist schonungslos: Er erzählt, dass sie sich trotz ihres Nichtverstehens scheuten, ihn zu fragen. Und warum scheuten sie sich? Weil sie gar nichts Genaueres über dieses sein Ende wissen wollten. Sie nämlich hatten ganz andere Gedanken im Kopf:

Ausgerechnet als sich der tödliche Ernst des Evangeliums Jesu abzuzeichnen beginnt, da streiten sie darum, wer unter ihnen der Größte sei. Das muss Jesus wehgetan haben, denn: dass sie haargenau das Gleiche tun wie Menschen sonst auch zu tun pflegen. Nämlich Hackordnungen aufzustellen, das eitle, aufgeblasene Treten und Getretenwerden zwischen Oben und Unten, wie es selbstverständlich ist in Parteien etwa, in Familien sogar und nicht anders zwischen Kolleginnen und/oder Kollegen – dass die Jünger das auch tun, das muss Jesus tief getroffen haben, weil es verrät, dass sie noch immer nichts vom Evangelium begriffen haben, weil Evangelium doch nichts anders heißt als: Mensch, du hast nicht nötig, dich aufzuplustern und andere herunterzumachen, damit du gut dastehst: Du bist – wie du bist – von Gott bejaht und angenommen und darum auch frei vom Zwang zum Treten und Kuschen. Und nichts begriffen von ihm – weil er doch nichts tat, als mit allen Fasern seines Daseins das Gegenteil schlechthin zu allem Herrschen von Menschen über Menschen zu leben: Nicht über anderen stehen, sondern für sie da zu sein – ihnen zu dienen, das macht wahre Größe aus: Wer der Erste sein will, der soll der Letzte von allen und der Diener aller sein, hält er darum dem Rangstreit der Jünger entgegen. Und wahre Größe kommt aus dem Dienen deshalb, weil der Einzige, der wirklich Erster ist, weil Gott selbst nichts anderes tut, als für uns da zu sein, also uns zu dienen. Genau so hat er selbst sich am brennenden Dornbusch vor Mose definiert. Und genauso hat später Jesus als das Gleichnis Gottes in der Geste der Fußwaschung gehandelt. Ein kleines Kind, das absolut nichts hat, worauf es sich etwas einbilden könnte, das einzig das hat, gemocht werden zu wollen, das lässt ahnen, was Menschsein bedeutet und was menschlich macht. Darum stellt Jesus in die Mitte der Jünger ein solches Kind, auf dass sie an ihm erkennen, wie weit sie noch entfernt sind von ihm und also von der Wahrheit.

— Demut macht stark —

Übrigens bin ich überzeugt, dass dieses Evangelium von heute eine Herausforderung ersten Ranges für viele Institutionen darstellt: Unternehmen, Universitäten und Politische Parteien sowieso. Nicht anders in Vereinen und Verbänden. Aber nirgends herrschen brutalere Hackordnungen als in Gefängnissen. Allein schon die Hierarchie der Taten: Gewaltverbrecher, Mörder aus Leidenschaft und Rache, Betrüger ganz oben, Missbrauchstäter an Kindern ganz unten, die das auch körperlich – bis hin zur Vergewaltigung – zu spüren bekommen. Und wie viele Sprüche werden gemacht, welch große Worte, um ein bisschen über einem anderen zu stehen. Kübel beißenden Spotts werden übereinander her gegossen, der eine oder andere einfach verachtet, für das, was er getan hat. Jeder in einer solchen Situation, der sich als Christ versteht – und das sind gar nicht so wenige –, kann überall da anders, ganz anders handeln. Die Demut, die das Evangelium meint, wird für ihn darum bedeuten: dass er dem ein gutes Wort sagt, dem es dreckig geht – und ihn nicht noch tiefer hinabdrückt. Er wird schweigen über eine Schwäche des anderen, die ihm bekannt geworden ist – und ihn nicht bloßstellen. Und er wird den menschlichen Respekt nicht einmal dem verweigern, der etwas zu verantworten hat, was ihn selbst empört. Wer diese Herausforderung des Evangeliums annimmt, dem oder der wächst eine Größe zu, vor der sich jeder Kraftspruch, jeder Rang und jede Stellung lächerlich macht. Demut ist oft schwer. Aber sie macht stark.

Sprachmacht

— Schwierige Herrenworte —

Wahrscheinlich gibt es kein Stück im Evangelium, das schwieriger zu verstehen ist als das heutige. Markus hat da einzelne Worte Jesu nur lose zusammengefügt, damit keines von ihnen verloren geht. Und doch hat die kleine Sammlung von Herrenworten eine ganze Kette von Missverständnissen nach sich gezogen – von Missverständnissen, die für viele Menschen keineswegs folgenlos blieben und darum nach Aufklärung verlangen. Am genauesten wohl gewinnen wir solche Aufklärung durch eine Begebenheit, durch die das Missverstehen des heutigen Evangeliums geradezu auf die Spitze getrieben wurde.

— Der große Origenes —

Gerade in der Frühzeit der Kirche gab es geniale Denker, die die Botschaft von Jesus dem Christus, die doch anfangs von ungebildeten Fischern in Galiläa verkündet wurde, in Beziehung setzten zu den größten denkerischen Leistungen ihrer Zeit: Ein Justinus, ein Irenäus von Lyon, ein Augustinus wussten einsichtig zu machen, dass alles, was Jesus sagte und tat und litt, auf innerste und doch zugleich unausdenkbare Weise erfüllt, worauf das Suchen und Sehnen der Menschenseele seit Anbeginn geht. Aber einer stellte selbst diese Großen noch alle ausnahmslos in den Schatten: Origenes aus Alexandrien in Ägypten, der vom Ende des zweiten bis zur Mitte des dritten Jahrhunderts lebte. Origenes hat den christlichen Glauben nicht nur gegen heidnische Bestreitungen verteidigt mit Argumenten, die noch heute ihresgleichen suchen. Weit mehr war ihm daran gelegen, die Heilige Schrift aufzuschließen. Ebendarum hat er Predigten und Kommentare über biblische Bücher niedergeschrieben in einer Sprache, die das meiste weit hinter sich lässt, was es heute an Predigten geben mag. Dabei war dieser Origenes keineswegs nur ein Meister der Worte. Mit größtem Ernst suchte er auch zu leben, was er predigte. Darum traf ihn das Evangelium, das auch wir heute hörten, zutiefst in der Seele. Und weil er sich – wie viele andere vor ihm und nach ihm auch – plagen musste damit, dass er klar kam mit seinem Mannsein und den geschlechtlichen Kräften, die dazu gehören, darum hat er sich – um ja das Evangelium nicht zu verfehlen – selbst entmannt. Und genau das ist der Grund gewesen, warum die Kirche diesen Origenes nie als einen Heiligen verehrte, obwohl er nicht nur der größte Denker, sondern zugleich auch der sensibelste geistliche Mensch in der Zeit ihres Anfangs gewesen ist.

— Emotionale Sprache —

Dieses Auseinanderklaffen zwischen einer Person und ihrer Sache verrät – jenseits der persönlichen Tragik des Origenes – zumindest dies: Die Gemeinschaft der Christinnen und Christen hat die Worte vom Mühlstein und vom Abhauen dieses oder jenes Körpergliedes nie wörtlich verstanden, sondern ganz und gar gemäß der Logik unseres menschlichen Redens. Wenn wir sagen: „Mich zerreißt es vor Wut", dann zerreißt es uns eben nicht, sondern wir möchten zum Ausdruck bringen, dass unsere Wut so groß ist, dass sie jedes normale Maß übersteigt. – „Mir zerspringt das Herz", sagen wir, wenn wir eine Überraschung, eine Freude einfach nicht fassen können. „Ich könnte mich ohrfeigen, dass ich das und das getan habe", zieht genau nicht nach sich, dass einer sich ins Gesicht schlägt, sondern drückt aus, wie tief er es bereut, was geschehen ist. Zu solch drastischen Bildern greifen wir, um auszusprechen, was uns durch und durch geht und zuinnerst aufrührt. Kann es uns da noch überraschen, dass der, der den Menschen kennt wie kein anderer, – dass Jesus eben in solcher drastischen Sprache spricht, wo es um Sein- oder Nichtsein des Menschen, sein Bestehen vor Gott geht?

— Wider die Verharmlosung des Bösen —

Jesus will uns klar machen: Wir haben keinen Grund, das Böse zu verharmlosen. Es greift immer wieder in uns buchstäblich durch Mark und Bein. Und wir verlieren unsere Menschlichkeit dabei. Jeder Widerstand gegen das Böse ist darum seinen Preis wert, auch dann, wenn er uns äußerlich gesehen Nachteile einzutragen scheint. Jedes Unrecht – jeder Betrug, jeder Raub, jede Gemeinheit – geschieht ja nicht einfach um seiner selbst willen, sondern weil wir uns ein Gutes, einen Vorteil daraus versprechen. Das in Wahrheit Gute erscheint im Vergleich damit als Nachteil. Darum fällt uns oft so schwer, das Gute zu wählen.

— *Sinnbilder recht verstehen* —

Der große Origenes hat irrtümlich für wörtlich genommen, was Jesus als Sinnbild gemeint hatte. Ich meine, wir stehen in der genau umgekehrten Gefahr, die Sinnbilder der Worte Jesu als sogenannte bloß übertragene Rede abzutun. Das ist ein genauso großer Irrtum. Eine gefährliche Verharmlosung. Sie ist heute sogar Mode. Zumal gewisse Massenmedien sich am Bösen delektieren. Machen ihr Geschäft damit, kokettieren damit. Kaum eine Talk-Show verzichtet darauf. Wer sich das Hirn nicht zudröhnen lässt und mit offenen Augen durchs Leben geht, weiß, dass es das Böse gibt und was es anrichtet: die Lust zu täuschen, auszunutzen, zu quälen, niederzumachen – bis zur finalen Zerstörung des anderen.

Man kann nicht eindringlicher vor dem Bösen warnen als das Jesus im heutigen Evangelium tut. Und er warnt so eindringlich, weil es um unser Wohl und Wehe, um unser Bestehen vor Gott geht, an dem ihm alles gelegen ist. Jesu Ruf zum Entschiedensein für das Reich Gottes, also für das Gute, schränkt unsere Freiheit nicht ein. Im Gegenteil kennzeichnet das Evangelium eine Großzügigkeit, wie sie Menschen einander nur selten gewähren: Wer nicht gegen uns ist, der ist für uns. Das sagt Jesus auch. Ebendiese Weite aber braucht ihr Maß. Es besteht darin, gut und böse nicht für einerlei zu halten. Wer den Unterschied zu erkennen sucht, wird gut daran tun, auf diesen Jesus zu blicken – und in ihm den Eingang zu jenem Leben finden, das er zusagt.

Siebenundzwanzigster Sonntag im Jahreskreis:
Mk 10,2–10 (und Gen 2,18–24)

Gabe der Zweisamkeit

— Schmerzlicher Stachel —

Umstandslos sei es allem Weiteren vorweg eingestanden: Das heutige Evangelium und seine Fortschreibung der Genesis-Lesung bringen
einen im Handumdrehen an die Grenze beim Verstehen. Selbst dann,
wenn man etwa als Predigender gar nicht selbst betroffen ist. Nach vielen
Jahren in der Seelsorge habe ich zu viele Ehen scheitern sehen, als dass
es einfach mit einem Erinnern an Jesu Gebot oder mit einem Mahnen
sein Bewenden haben könnte. Es waren zu viele dabei bei diesen Ehen,
die besten Gewissens und guten Willens geschlossen waren – und deren
Jawort doch nicht zu halten vermochte. Und es waren in den allermeisten
Fällen nicht die ungezähmte Lust am Verbotenen oder die Oberflächlichkeit, die sie zerbrechen ließen. Was aber dann?

— Zwei Geschichten —

Diese Frage lässt mich an eine ganz seltsame Episode in dem Roman
„Schiffbruch mit Tiger" von Yann Martel denken: Da ist ein kleiner Fa-
milienzoo mit Kind und Kegel und ein paar Tieren unterwegs auf dem
Meer von Indien nach Kanada, um eine neue Heimat zu finden. Das
Schiff gerät in einen Sturm, kentert. Nur der sechzehnjährige Sohn
kann sich in einem Boot retten, und mit ihm ein paar Tiere: ein Zebra,
eine Tüpfelhyäne, ein Orang-Utan-Weibchen und Richard Parker, der
bengalische Tiger, der seekrank wird. Tage später finden zwei Männer
den Jungen, angespült an einer Küste, allein. Und er erzählt, wie gekommen war, was kommen musste: dass die Hyäne das Zebra und den
Orang-Utan gerissen habe und der Tiger die Hyäne. Und den Tiger
– die seekranke Wildkatze – habe er durch Füttern mit gefangenen
Fischen und durch das Schaukeln des Bootes in Schach gehalten. Das

habe ihn vor der tödlichen Lethargie bewahrt, und nach dem Stranden sei der Tiger flugs im Dschungel verschwunden. Die beiden Männer sind sprachlos, können nicht glauben, was sie da zu hören bekommen. Daraufhin erzählt ihnen der Schiffbrüchige eine andere Geschichte: Statt der vier Tiere finden sich vier Menschen in dem Boot, nach und nach bringt einer den andern um – um selber zu überleben. Jetzt nicken die Männer. Das leuchtet ihnen ein. Mehr als die erste Geschichte. Dann sagt der Junge zu ihnen: Welche Geschichte wahr ist und welche nicht, dafür haben Sie keinen Beweis. Sie müssen mir vertrauen. In beiden geht das Schiff unter, in beiden kommt meine Familie um und in beiden habe ich viel zu leiden. Da das aber jetzt keinen Unterschied macht, dann sagen Sie mir doch, welche von den Geschichten Ihnen besser gefällt. – Die mit den Tieren, sagt nach einigem Zögern der eine von den Männern.

— *Schimmer des Wunders* —

Der Roman lässt offen, was wirklich geschehen war. Weil es darum gar nicht geht. Entscheidend ist, dass es die erste, die bessere Geschichte auch geben kann und die zweite nicht die einzige ist, die sich denken lässt. Im Gegenüber von Geschichte und Gegengeschichte tut sich ein Spalt auf, durch den das Wunder schimmert. Wo immer es in unserem Menschenleben an die Substanz geht, im Erwachsenwerden, im Leiden, im Sterben, da brauchen wir diesen Schimmer des Wunders, einen kleinen wenigstens, um nicht vor Angst zu vergehen. Diesen Schimmer des Wunders, den brauchen wir auch, ja, auch im Lieben. Denn Liebe ist nicht nur überwältigend manchmal. Sie ist oft auch nicht leicht, bisweilen fühlt sie sich wie harte Arbeit an, und manchmal ist sie bitter und tut sie weh, und manchmal ist sie verwundet und braucht das Heilen. Und wenn es da keine Wundergeschichte gäbe – wir würden verzweifeln an der Liebe. Und von dort, scheint mir, kommen oft die Trennungen.

— *Biblische Wundergeschichte von der Liebe* —

Es ist ja kein Zufall, dass die Bibel von Anfang bis Ende so viele Liebesgeschichten erzählt, alle Höhen, alle Abgründe. Und dass gleich am

Anfang *die* biblische Wundergeschichte von der Liebe steht, gleichsam noch eingesäumt vom Morgenglanz der Schöpfung: Wie Gott aus
Fürsorge um sein Geschöpf nicht will, dass es allein sei. Weil ihm die
Einsamkeit nicht gut tut. Dass es jemanden hat, die oder der ihm leben hilft. Wie Gott gleichsam übt für seine Absicht, indem er die Tiere
schafft und sie vom Menschen benennen lässt, Ausdruck der inneren
Verbundenheit und des Zueinandergehörens. Wie das aber noch nicht
reicht und der Schöpfer darum im Tiefschlaf aus der Seite des Menschen ihm das rechte Gegenüber formt – nicht aus dem Kopf, nicht aus
dem Bauch, aus Intellekt und Trieb, sondern aus der Seite auf Herzens-
höhe, dort wo sich das Sinnliche und das Fühlen und das Denken zur
einenden Mitte verweben. Von dort wird ihm geschenkt, wonach er sich
gesehnt und was zuvor so sehr gefehlt. Und dann der Jubel, nicht mehr
allein, sondern Auge in Auge mit seinesgleichen, mit dem Traum des
Lebens zu sein, der mehr zählt als die eigene Herkunft aus Vaterhaus
und Mutterschoß.

— *Gegengeschichten* —

Das ist die biblische Geschichte vom Anfang der Liebe. Seit je aber haben Menschen auch um eine andere Geschichte gewusst. Eine Gegengeschichte, die davon erzählt, wie der eine Mensch den anderen gebraucht,
niederdrückt, ihm oder ihr zur Plage, zum heillosen Fluch gar werden
kann. Schon im ersten Kapitel nach unserer Lesung ist davon die Rede.
Und die Bibel ist überzeugt, dass diese Geschichte dann passiert, passieren muss, wenn der Mensch sich lossagt von seinem Ursprung, wenn er
vergisst, sich Gott zu verdanken und selber Herrgott spielt, indem er alles
in seiner Verfügung glaubt.

Ungeschminkter als viele andere hat Franz Kafka beschrieben, wie
der Mensch sich fühlt, wenn er aus dem Zauber des Anfangs gefallen ist.
Mit der Vertreibung aus dem Paradies, so der Dichter, verlor der Mensch
seinen Namen – darum tragen Kafkas Romangestalten immer nur Initialen, „K." zum Beispiel; er verlor seine Sprache – darum gibt es in Kafkas
Büchern nirgends ein Miteinander und Verstehen; und er verlor seine
Liebe – nur das Geschlechtliche bleibt ihm, das ihn quält und ihm Angst
macht. In seinem Roman „Das Schloss" hat Kafka das beklemmend auseinandergefaltet. Heute wird von all dem unendlich trivialer geredet: dass

es ganz nett ist, so lange die Chemie stimmt – und das ist dann wörtlich gemeint. Und dass es passt, solange man Spaß hat aneinander, aber dass das halt eben auch nachlässt und aufhört und man gut beraten ist, etwas, jemand anderen sich zu suchen, wenn die Natur es einem signalisiert, denn ewig tut sie das auch nicht und so fort.

— *Biblischer Ariadne-Faden* —

Kafkas Zeitgenosse Franz Rosenzweig, der große jüdische Denker, war überzeugt, dass der Mensch mit seiner Sehnsucht nach Liebe ins Heillose fällt, wenn er nicht immer wieder den Faden jener anderen Geschichte, den vom Zauber der Liebe, aufnimmt und von ihm sich weiterleiten lässt durch die Labyrinthe des Lebens und des Schicksals: den Faden jener Geschichte, die vom Schöpfungsmorgen über das alttestamentliche Hohelied und das Evangelium der Liebe aus der Feder des Apostels Johannes bis zu der geduldigen, gütigen, vergebenden Liebe des Werktags in den Briefen des Paulus und seiner Schüler führt. Denn so bleibt das Wenige, das oft so Unfertige und Gebrochene, das Menschen in eine Beziehung mitbringen, mitbringen können, eingeborgen in eine große Geschichte, deren Anfang seinen Zauber daher hat, dass Gott selbst ihr Dichter ist. Eine Geschichte, zart wie aus Spinnwebfäden und dennoch so fest, dass sie auch einem Sturm widerstehen kann.

— *Dem großen Poeten des Lebens trauen* —

Menschen, die einander in Gottes Namen heiraten, tun das, weil sie ihm, dem großen Poeten des Lebens, trauen und darum sich auch einander antrauen. Denn sie können auch ihren eigenen Anfang, so klein und unscheinbar und zufällig er von außen gesehen gewesen sein mag, in den Gottesanfang eingeschrieben wissen. Und umgekehrt, wenn zwei Menschen die Geschichte ihres Anfangs und ihrer Liebe in das große Gottesgedicht von der Liebe einweben, dann fangen – um im Bild zu bleiben – die Webmuster der gemeinsam gelebten Geschichte an, Gleichnis des Wunderbaren zu werden, aus dem alles herkommt, was man – wie auch die Liebe – nicht machen kann. Sakrament nennen katholische Christinnen und Christen darum die Ehe: dass in dem, wie Menschen aus Güte zueinander sind, der Geber des Guten selbst begegnet.

— *Vertrauen ins größere Ganze* —

Wo das tatsächlich geschieht, bleibt für den Gedanken der Trennung in der Tat kein Platz, weil selbst menschliches Versagen noch von der Liebe getragen sein wird. Da haben doch gleichsam zwei Staubkörner im All ihre Bahnen gekreuzt und daraus ist etwas Wunderbares Wirklichkeit geworden, für das es sich lohnt, gesucht, gezittert, manchmal auch gelitten zu haben. Und im Schutz der Gottesgeschichte vermag das, was da entstand, tief zu werden bis dahin, dass es für die zwei am schönsten ist, einfach da zu sein beieinander.

So miteinander zu leben, bedarf der Geduld und des Vertrauens. Des Vertrauens nicht nur in den, die andere. Sondern Vertrauen mehr noch ins größere Ganze des Daseins. Sonst kann eines Tages die Angst einbrechen, zu kurz zu kommen in diesem Leben mit der einen, dem einen, die, den man doch schon so gut kennt – und ob denn da nicht noch mehr, vielleicht Hinreißenderes wäre. Und da, wenn dem einer, eine aus freien Stücken nachgäbe trotz seines, ihres Wissens um jene Gottesgeschichte, da geschähe Bruch, Ehebruch, der nichts anderes als eine Misstrauenserklärung gegen den Geber aller Liebe wäre.

Manchmal frage ich mich, wie oft denn dies wirklich dahinter steht, wenn sich zwei trennen. Mit Sicherheit gibt es das. Aber der Normalfall? Ich denke, man darf das nicht vermischen mit dem, was Menschen anrichten und sich antun, weil sie irren oder unreif mit dem Leben umgegangen sind. Und ich vertraue die, denen das widerfährt, Gottes Barmherzigkeit an. Dürften wir das nicht wagen, so könnte nicht sein, dass manchmal durch schmerzhafte Trennung hindurch und im bleibenden Bewusstsein dessen, was war, etwas Neues entsteht, dem offenkundig der Segen des Seelenfriedens nicht entzogen ist – Widerschein der Treue Gottes selbst dort noch, wo wir etwas schuldig geblieben sind, was wir hätten sein können. Wo das Evangelium im Blick auf die Liebe als Gebot spricht, erinnert es uns daran, von der Liebe nicht zu klein und zu alltäglich zu denken.

Chrisam statt Sirup

— Gedanken, dann und wann —

Aus der Zeit, in der der große russische Dichter Andrej Sinjawskij noch unter dem Pseudonym Abram Terz schreiben musste, stammen auch etliche seiner Aphorismen, die er mit „Gedanken, dann und wann" betitelte. Etliche davon kreisen um Gott und Glaube. An eine dieser Passagen musste ich spontan denken, als ich das Evangelium des heutigen Sonntags aufschlug:

Das heutige Christentum versündigt sich durch Wohlerzogenheit. Es hat kaum etwas anderes im Kopf als die Angst, sich die Finger schmutzig zu machen oder aufdringlich zu erscheinen. Es scheut sich vor Dreck, Derbheit, Direktheit und zieht den peinlich genauen Durchschnitt vor. Der heilige Chrisam hat sich in Sirup verwandelt [...]. Es macht ein Schmollmündchen und wartet, daß Gott der Herr ihm eine Eins in Betragen gibt [...]. Die Kirche Christi wird mit einem Mädchenpensionat für höhere Töchter verwechselt. Am Ende ist alles Lebendige und Farbige dem Laster in die Hände gefallen. [...] Die Kirche hat die feurigen Kraftausdrücke der Bibel vergessen.
Das Christentum aber soll mutig sein und die Dinge beim Namen nennen. [...]
Auf diesem Wege kann man leicht der Versuchung der Häresie erliegen. Heute aber ist Häresie weniger gefährlich als das Verdorren im Halm.[38]

— Wider den falschen Beifall —

Was ich jetzt nicht tue, ist, dass ich mit Sinjawskij im Rücken wohlfeile Kritik an der Kirche von heute übe – allein schon deshalb nicht, weil ich mich vor falschem Beifall seitens mancher Parteigänger der notorischen Schwarzmaler hüten möchte. Gleichwohl machen deren Klischees nicht falsch, was Sinjawskij schrieb, und das kann man vielleicht ziemlich direkt in der Begegnung mit dem Evangelium von heute spüren.

— *Klare Situation* —

Diese Szene der Begegnung zwischen Jesus und dem jungen Mann, der ihm die Frage nach dem Weg zum Heil stellt, hat die, die sie lasen oder auslegten, seit je umgetrieben, obwohl es an ihr eigentlich gar nichts zu enträtseln gibt: Die Frage des Mannes ist genauso verständlich, wie Jesu Antwort, die schlicht in einem Verweis auf die Gebote, die Tora als das Grundgesetz Israels besteht und dabei die mitmenschliche Dimension in den Vordergrund rückt, weil diejenige des Gottesverhältnisses durch die Frage des Mannes ohnehin schon präsent war. Und selbst, dass Jesus die Bezeichnung „gut" für sich selbst aus dem Munde des Fragers zurückweist, weil doch Gott allein der Gute sei, muss nicht irritieren, sondern rührt daher, dass der Wille Gottes als Dreh- und Angelpunkt seiner Antwort unüberhörbar zur Geltung kommen soll.

Die Antwort des Mannes, dass er all diese Gebote von Jugend an befolgt habe, vergewissert Jesus einer Nähe zwischen ihm und sich, aus der folgt, was nun kommt: Er schaut ihn an, und weil er ihn liebte – man muss genauer übersetzen: Er schaute ihn an, umarmte oder küsste ihn und sagte zu ihm: Eins fehlt dir noch: Geh, verkauf alles, was du hast, gib es den Armen, und du wirst einen Schatz im Himmel haben. Und dann folge mir nach! Die liebevolle Geste Jesu und was er dazu sagt, sind nicht Anerkennung des schon gelebten Gebotsgehorsams oder dessen Ergänzung, sondern Einladung zu einem ganz Anderen, einem Mehr, zu einem Über-Maß, wie es nur die Liebe kennt. Vielleicht muss man – von außen gesehen – einfach von Verrücktheit sprechen.

— *Platz für Gott* —

Es geht dabei nicht einfach um asketischen Besitzverzicht, den kennen Teile des damaligen Judentums und manche Strömungen der griechischen philosophischen Ethik auch. Die Drangabe des Vermögens, zu der Jesus sein Gegenüber einlädt, ist eine durch und durch geistlich-existenzielle: Sie zielt darauf, dass Platz werde dafür, dass Gott das Ein und Alles für diesen Menschen werde, wie er es für Jesus selbst ist. Irgendwie atmet unsere Geschichte ja die Atmosphäre der von Matthäus überlieferten Gleichnisse vom Mann, der in einem Acker einen Schatz findet, heimläuft, all sein Hab und Gut verkauft, um jenen Acker zu erwerben, der den kostbaren Schatz birgt. Und dem Gleichnis vom Kaufmann, der schöne Perlen sucht und eine so herrliche findet, dass er hingeht, alles, was sein eigen ist, drangibt, um die eine Perle zu gewinnen. Genau so wie jemand, der einen unendlich beglückenden Fund gemacht hat, spricht Jesus vom Gottesreich. Und in seiner Einladung an den jungen Mann möchte er diesem an seinem Fund, seinem Gottesglück teilgeben. Der Mann freilich kann und will die Einladung nicht annehmen, die sich in einem Mitgehen mit Jesus auf dessen Weg ausgedrückt hatte. Die Hürde dieses Darüberhinaus war ihm zu hoch, weil sein Vermögen groß war. Er konnte, was im Vergleich zu Gott klein ist, nicht klein sein lassen.

— *Bestürzendes Fazit* —

Aus dem Weggang des Mannes in Betrübnis und Trauer zieht Jesus vor den Jüngern ein Fazit, das sie bestürzt, weil er, was sie soeben erlebten, auf alle Besitzenden ausdehnt – und ob dabei wirklich vom sprichwörtlich gewordenen Kamel die Rede war, das eher durch ein Nadelöhr geht, oder sich das gute Tier dem Hörfehler von Abschreibern verdankt, die kamelon statt kamilos – zu deutsch Schiffstau – verstanden, tut dem Sinn des Jesuswortes keinen Abbruch. Die Aporie, also Weglosigkeit bleibt so und so, solange einen Menschen das, was er sein Eigen nennt, so bestimmt, dass es Teil seines Selbstseins ist. Nicht obwohl, sondern weil Menschen Wesen aus Fleisch und Blut sind, rückt ihnen das Geistliche buchstäblich auf den Leib. Und wen es trifft, kann sich dem nicht mehr entziehen. Jüngerexistenz ist etwas Prekäres und kann nur von der unverfüglichen Gnade getragen gelingen, für die alles möglich ist.

— *Auslegungen – entschärfend oder ernst* —

Es ist kein Zufall, dass die Auslegung unseres Evangeliums von Anfang an zumeist eine Geschichte der Entschärfung war in dem Sinn, dass es auf den rechten Gebrauch des Besitzes ankomme und dass es genauso Besitzende geben könne, die lieben, wie Nicht-Besitzende, die nicht lieben. Und so weiter. Aber ebenso wenig ist Zufall, dass es sozusagen immer zu knistern begann in der Kirche, wenn mit dem Besitzverzicht ernst gemacht wurde im Sinn der jesuanischen Einladung an den jungen Mann – exemplarisch natürlich zu studieren an Francesco und kurz darauf an Clara von Assisi.

Der Sohn einer reichen Kaufmannsfamilie und die Tochter aus adligem Hause wählen die Armut nicht aus Protest gegen den einsetzenden Frühkapitalismus und nicht aus Gründen größerer Verfügbarkeit für Anderes, sondern Armut ist ihre liebende Antwort auf die Liebe Gottes, die sich in seinem Herabsteigen in Jesus und in dessen menschlicher Armut und Liebe mitteilt. Man kann das unmittelbar an der Weise nachempfinden, wie Franceso und Clara über ihr geistliches Suchen sprechen: Da begegnet die Armut als Frau, als Geliebte des Gottessohnes, die er – Francesco – aus Treue zu seinem Herrn auch verehrt im buchstäblich amourösen Sinn des Wortes und der er gefallen will in seinen Liedern und Taten. Die Spiritualität der Armut ist für ihn Minnedienst als Antwort auf erfahrene Liebe.

Wohl schon in der franziskanischen Urregel von 1209 findet sich jenes Herrenwort aus unserem Evangelium, das denen, die alles verlassen, hundertfachen Empfang verheißt – aber eben nicht in einem wie immer funktionalen Sinn oder gar in der Absicht eines „do ut des", sondern in der Gewissheit, dass vor Gott aus einer Armut an Dingen ein Reichtum an Leben hervorgeht, der in der Freiheit gründet. Wunderschön kommt das in einem Mysterienspiel mit dem Titel „Sacrum Commercium" (Heiliger Tausch) aus der Mitte des 13. Jahrhunderts zum Ausdruck, das von Francesco und der edlen Frau Armut handelt und in einer Mahlszene gipfelt:

Die Brüder führen die Herrin Armut zu ihrem Kloster. Sie möchte alles besichtigen, Oratorium, Kapitelsaal, Kreuzgang – was eben ein Kloster zu haben pflegt. Doch die Brüder erwidern ihr, sie seien jetzt müde vom langen Wege und auch sie, die Herrin Armut, habe sich angestrengt. Sie würden jetzt gern zuerst essen und ihr dann alles zeigen. Nach einem kargen Mahl singen sie gemeinsam das Gotteslob und Frau Armut hält Siesta: Sie führten sie zu einem Ruheplatz. Da streckte sie sich nackt auf der nackten Erde aus. Sie erbat sich ein Kopfkissen, und da die Brüder keines hatten, brachten sie ihr einen geeigneten Stein unter den Kopf. Als sie sich erhob, bat sie wieder, dass ihr das Kloster gezeigt werde. Die Brüder führten sie auf einen kleinen Berg. Von da zeigten sie ihr die ganze Welt, soweit ihr Blick reichte, und sagten: „Das ist unser Kloster, edle Frau!"[39]

— *Tabuwort „Gottesliebe"* —

Nur aus dem intimen Innenraum eines Wortes, das heute selbst Theologinnen und Theologen kaum mehr in den Mund nehmen mögen, lässt sich unser Evangelium und seine Wirkungsgeschichte in einem Francesco, einer Clara und später anderen wie einem Charles de Foucauld, einer Madeleine Debrêl, einer Simone Weil verstehen. Das Wort heißt: Gottesliebe. Und vielleicht ist es ganz gut, dass wir uns schwer tun, es in den Mund zu nehmen. Wo auch nur das, wofür es steht, ins Spiel kommt, ergreift nach dem Zeugnis des Evangeliums selbst die Jünger ein Erschrecken, das wir getrost ein heiliges nennen dürfen. Ohne es wird es die Nachfolge in Gestalt der Armut nicht geben können. Heute erst recht und nicht weniger als damals. Wohl nicht einmal die Sache einer Wahl ist sie, weil sich Liebe mit dieser Kategorie gar nicht fassen lässt. Auch das hat schon Sinjawskij messerscharf beobachtet. In seinen eingangs erwähnten „Gedanken, dann und wann" schrieb er:

— *„Die Liebe ist eine Monarchie"* —

Ich weiß immer noch nicht, was eigentlich „Freiheit der Wahl" bedeutet, [...]. Haben wir etwa die Wahl, wenn wir jemand lieben? Wenn wir glauben? [...] Die Liebe (wie jedes starke Gefühl) ist eine Monarchie, eine Despotie, die im Inneren regiert und ohne Rücksicht und ohne Pardon Gefangene macht. Von welcher Freiheit kann noch die Rede sein, wenn wir ausgeliefert sind, wenn wir an nichts mehr denken, nichts vor uns sehen außer dem GEGENSTAND, der uns erkor, um uns anschließend zu peinigen und zu beglücken? [...] Die Freiheit ist stets eine negative Größe und setzt eine Abwesenheit voraus, eine Leere, die nach Auffüllung dürstet. Freiheit – das ist ein Hunger, eine Sehnsucht nach Macht, und wenn man heute so viel von Freiheit schwatzt, bedeutet das nichts anderes, als daß wir uns in einer Art Interregnum befinden.[40]

Vielleicht bestünde ein wichtiger Weltdienst gläubiger Christinnen und Christen darin, sich selber auf ein Abenteuer mit der Herrin Armut einzulassen und so zu bezeugen, dass es gegenüber den zahllosen Mächten der Welt, die um unsere Seelen kämpfen, auch eine ganz andere Macht gibt, in der Liebe und Freiheit nicht gegeneinander stehen, sondern eins sind.

Vom christlichen Rang

— *Schlüssige Antwort* —

Der Pfarrer eines kleinen Ortes in der Nähe von Graz hielt Firmunterricht. Er hatte mit den Schülern die Leidensgeschichte durchgenommen. Zu Beginn der nächsten Religionsstunde wollte er das Wichtigste nochmals wiederholen. Darum fragte er die Klasse: Was waren die letzten Worte Jesu am Kreuz? Meldete sich ein Schüler und antwortete: Die letzten Worte Jesu waren: Jetzt ist mir alles egal. In drei Tagen bin ich sowieso auferstanden.

— *Der Ernst von Jesu Geschick* —

Auch wenn es einen reizt – besser, man lacht nicht über diese Schülerantwort. Und zwar deswegen nicht, weil sich der Glaube vieler Erwachsener, was Jesu Leiden und Sterben betrifft, von ihr nicht recht viel unterscheiden wird. Und noch mehr sollten wir deshalb nicht lachen, weil eine solche Sicht von Jesu Schicksal nicht von einem Missverständnis her rührt oder aus einfachem Unwissen kommt. Sie kommt ja im Letzten daher, dass Jesu Leiden und Sterben gar nicht ernst genommen werden. So, als hätte er bloß so getan als ob. Und wenn er das Leiden und den Tod so einfach weggesteckt hätte, weil hernach sowieso wieder alles in Ordnung kommt, dann wäre alles, was er gesagt, getan und gelitten hat, für uns ohne Bedeutung und völlig folgenlos. Dann müssten wir selber zusehen, wie wir zurechtkommen mit dem Leben, müssten unsere eigenen Regeln und Ordnungen aufstellen, weil sich für Menschen das Leid und das Sterben eben nicht wegstecken lassen.

— *Unverstand der Jünger* —

Genau diesen Zusammenhang, dass das mangelnde Ernstnehmen des Leidens Jesu sein Kommen für das praktische Leben folgenlos macht, – den deckt das heutige Evangelium auf. Jesus ist mit den Jüngern Richtung Jerusalem unterwegs, dorthin, wo es ernst wird und sich sein Leben, seine Aufgabe vollenden wird. Schon länger – und je länger, je mehr – hat er zu ahnen begonnen, dass man ihm ein gewaltsames Ende machen wird. Er flieht davor nicht, weil er sich und seiner Botschaft und damit Gott unbedingt treu bleiben will. Darum geht er diesem dunklen Ende entgegen in der Hoffnung, dass der Gott, dem er treu ist, auch sich als treu erweisen und ihn nicht untergehen lassen wird – auch wenn er nicht weiß, wie das geschehen wird, und darum nur in der Sprache seines Glaubens von der Auferweckung sprechen kann, die die Jüdinnen und Juden für das Ende der Zeit erwarteten.

Die Jünger haben gleichzeitig ganz anderes im Sinn. Zwei von ihnen bitten ihn, modern gesprochen, im kommenden Reich mit ihm Karriere machen zu dürfen. Den Hinweis auf den Leidenskelch und die Leidenstaufe, die ihm bevorstehen und die auch sie auf sich nehmen müssten, wenn sie wirklich zu ihm gehören wollen, nehmen sie auf die leichte Schulter: Wir können es, sagen sie, ohne zu zögern. Und als die anderen Jünger von dem Ansinnen der Zebedäus-Söhne hören, steigt ihnen der Groll hoch – aus Konkurrenzneid.

Zu dem Rangstreit der Jünger konnte es nur dadurch kommen, weil sie sich Jesu Ankündigung seines Leidens vom Leib gehalten hatten. Jesus tadelt seine Jünger deswegen nicht einmal. Er sagt nur ausdrücklich hinzu, wie sich die verhalten, die ernstnehmen, was er von sich selber sagt: Wer der Erste sein will, soll der Letzte von allen und der Diener aller sein – also genau das, was er selbst bald mit der Fußwaschung ins Zeichen setzen wird.

— *Umwertung* —

Unzweideutig ist das eine gänzliche Umwertung dessen, was sonst gilt unter Menschen: Groß ist, wer sich groß und die anderen heruntermacht. Jesus sagt: Groß ist, wer nichts um sich her macht und gerade den, der nichts gilt, erhebt. Die frühen Christinnen und Christen wussten von Anfang an, dass, was Jesus da sagt, zu allererst ihnen selbst als

Gemeinde galt – wie sie miteinander umzugehen und zueinander zu sein haben. Und das heutige Evangelium schloss ihnen auf, dass diese Umwertung nicht einem Willkürakt entsprang, der sich trotzig gegen das stellt, was sonst üblich ist in der Welt. Sondern: Diese Umwertung des menschlichen Miteinanders spiegelt etwas von einer noch ganz anderen Umwertung: der zwischen Gott und Mensch, die in Jesus sichtbar geworden ist: Menschen denken: Gott oben – wir unten; er stark – wir schwach; er ewig – wir vergänglich. In Jesus kehrt sich das alles um: In ihm geht Gott ganz nahe hinunter, bis in den Abgrund des Todes, um die Niedergedrückten aufzurichten und zum Leben zu erheben. So macht er sich als erster zum Diener aller mit allem, was er hat – mit sich selbst.

— *Inbild Gottes* —

Wenn Christinnen und Christen so miteinander umgehen, wie Jesus es gewollt hat, sind sie also ein Bildnis dafür, wie Gott selber ist. Sein können sie das freilich nur, wenn sie für wahr, also wenn sie ernst nehmen, was von Gottes Gottsein durch Jesus und besonders durch sein Leiden und Sterben offenbar geworden ist. Freilich kann man den Zusammenhang auch andersherum lesen: Wo überall in einer Gemeinde, in der Kirche Menschen anders miteinander umgehen als Jesu Umwertung es erfordert, verrät sich daran, wie fern sie noch immer dem Gott Jesu Christi stehen. Gewissenserforschung tut not. Der Kirche im Großen und denen in ihr, die als groß gelten, gewiss zuerst. Aber im Kleinen nicht weniger.

Notruf für Gläubige

— Nummer 5015 —

Ein evangelischer Theologe pflegte seine Predigten von Zeit zu Zeit mit dem Satz abzuschließen: Und übrigens, nicht vergessen: 50 15. Einige der Zuhörerinnen und Zuhörer wussten schon, was gemeint war. Neu Dazugekommene oder Gäste stutzten. 50 15? Wofür steht das? Wenn man einen von denen fragte, die Bescheid wussten, bekam man zur Antwort: Ach, Sie kennen sie nicht? 50 15 ist Gottes Rufnummer! Die Fragesteller schauten natürlich noch ratloser. Gottes Rufnummer? – Ja, Gottes Rufnummer, Psalm 50 Vers 15.

— Verwegenes Wort —

Wer sich die Mühe macht, dort nachzuschlagen, liest, wie Gott einem Beter sagt: „Rufe mich an am Tag der Not; dann rette ich dich, und du wirst mich ehren." Ein verwegenes Wort. Man überliest es wohl leicht als etwas Selbstverständliches, wenn es einem so mitten im Psalm begegnet. Aber so für sich genommen – da steckt Sprengstoff dahinter:

> *Rufe mich an am Tag der Not;*
> *dann rette ich dich, und du wirst mich ehren.*

Das ist eine Zusage größten Gewichts; ohne Wenn und Aber. Israel, ein Volk, dem ja wahrlich Leid und Not nicht fremd geblieben sind, – Israel hat diesen Vers betend in allen Situationen seiner Geschichte wiederholt, oft genug sich an ihn regelrecht geklammert. Und es betet ihn heute noch, und Christinnen und Christen mit ihm.

— Wenn man diesem Wort vertraut —

Aber was bedeutet es, diesen Worten zu trauen: Rufe mich an am Tag der Not; dann rette ich dich…? In vielfältigen Lebenssituationen ließe sich ja so etwas wie die Probe aufs Exempel wagen und jemand könnte sagen: Also, lieber Gott, du sollst das mit dem Retten gesagt haben; wenn's wahr ist, dann hilf mir doch jetzt, wo's mir schlecht geht. Ich schließe nicht aus, dass, wenn jemand so betete, Erstaunliches geschieht. Weil Gott die Zweiflerinnen und Zweifler hundertmal lieber sind als die, die ohnehin immer schon alles wissen.

Aber wenn eine oder einer, die oder der so gebetet hat, Hilfe erfährt, dann deswegen, weil er hinter der Fassade des Zweifels und des Misstrauens aufrichtig gehofft und gebetet hat. Was das heißt – aufrichtig hoffen und beten –, das verdeutlicht uns das heutige Evangelium.

— Aufrichtig hoffen und beten —

Jesus kommt aus Jericho. Seine Jünger und eine Menschenmenge begleiten ihn. Am Straßenrand sitzt ein Blinder und hofft auf Almosen. Als er den Lärm der Vorüberziehenden hört, fragt er, was los sei. Jesus aus Nazaret komme gerade vorbei, erfährt er. Von ihm hat er schon erzählen hören, von dem, was der sagt und tut. Da nimmt er seinen Mut zusammen und schreit um Hilfe. Jesus, hab Erbarmen mit mir. Einigen Umstehenden ist das anscheinend lästig. Sie wollen ihn zum Schweigen bringen. Aber er lässt sich nicht beirren und schreit erst recht um Hilfe. Tatsächlich bleibt Jesus stehen, lässt ihn zu sich rufen, fragt ihn, was er möchte. Der Blinde bittet, dass er wieder sein Augenlicht erhalte. Und Jesus antwortet ihm: Geh! Dein Glaube hat dir geholfen. Und im gleichen Moment konnte der Mann wieder sehen und – so das Evangelium – er folgte Jesus auf seinem Weg.

— Worauf es ankommt —

Jesus tat nichts außer zu sagen: Geh! Dein Glaube hat dir geholfen. Kein Wort darüber, wie das Wunder geschah. Also kommt es auf das, wovon nicht die Rede war, offensichtlich gar nicht an. Dann aber kann es nur auf das andere ankommen, von dem ausführlich erzählt wird. Drei Dinge sind es:

Das Erste: Die Unbeirrbarkeit des Blinden in seiner Hoffnung und seinem Glauben an Jesus. Er lässt sich nicht abbringen, nicht einmal von einer Mehrheit, die ihn zum Schweigen bringen wollte. Ohne diese Beharrlichkeit wäre Jesus gar nicht stehen geblieben. Dazu dass mir geholfen wird, gehört die Überzeugung, dass mir geholfen werden wird.

Das Zweite: Der Mut zum Unwahrscheinlichen. Als Jesus den Blinden zu sich rufen lässt, wirft der seinen Mantel weg, heißt es. Diese Geste ist in der ganzen Bibel ein Zeichen für höchste Aufregung. Kein Wunder, wenn man bedenkt, worum der Mann zu bitten wagt: Um nichts Geringeres als um sein Augenlicht. Das heißt freilich auch: Er traut Jesus zu, so etwas Ungeheuerliches zu vollbringen. Dieses Vertrauen drückt sich darin aus, dass der Blinde auf Jesus zuläuft. Selbst dann, wenn ich nicht mehr durchblicke, geschweige denn Überblick habe, kann ich Jesus finden. Weil er so nah ist. Alles hängt daran, dass ich diese Nähe suche.

Und das Dritte: Als Bartimäus wieder sehen konnte, folgte er Jesus nach auf seinem Weg. Ich denke, man muss das, was da der Begreiflichkeit wegen in mehrere Worte und Sätze auseinandergefaltet steht, der Wirklichkeit nach als ein einziges Ereignis verstehen. Das Wieder-Sehen-Können des Mannes besteht in nichts anderem als darin, dass er Jesus nachfolgt. Und beides zusammen ist wiederum nichts anderes als sein Glaube, der ihm geholfen hat. Indem er sich an dem orientiert, was Jesus sagt und tut, sieht er wieder klar, und ist ebendarum ein gläubiger Mensch. Das kann man jetzt aber auch umdrehen und sagen: Weil er glaubt, sieht er, wie alles in Wahrheit ist, und deswegen folgt er Jesus nach.

— *Zugänge zum Wunder* —

Anders gesagt: Das Wunder von Jericho hat mehrere Zugänge: Welchen man für sich wählt, ist eigentlich gleich. Hauptsache ich wähle überhaupt einen. Wer keine wählt, bringt sich selbst um das, was das Evangelium zu geben hat.

Prinzip Liebe

— Gläubiger Ernst —

Nicht weniger als 248 Tu-das-Sätze und 365 Tu-das-nicht-Sätze stehen im Alten Testament, 613 Ge- und Verbote also insgesamt. Das ist nicht Ausgeburt kleinlicher Erbsenzählerei und eines ängstlichen Umgangs mit der Welt, sondern Ausdruck gläubigen Ernstes, der weiß, wie ungeheuer viel für die Einzelnen und für die Gemeinschaft daran hängt, richtig zu leben. Um dies leicht zu machen, sind die Gebote des Alten Testaments so konkret wie irgend möglich formuliert. Im Buch Exodus etwa heißt es nicht: Du sollst nicht egoistisch sein, sondern: Beute keinen Fremden aus, und nicht die Witwen und Waisen, also die, die schwach sind und sich wenig zu helfen wissen. Verlange keinen Wucherzins, wenn du jemandem geborgt hast, und bereichere dich nicht an der Notlage anderer.

— Einende Mitte —

Wie von selbst drängt diese vielgestaltige Konkretheit freilich auf die Frage hin, ob es so etwas wie eine einende Mitte für sie gebe. Nach eben ihr fragt der Schriftgelehrte des heutigen Evangeliums, wenn er wissen will, welches denn das wichtigste der Gebote sei. Und Jesus beantwortet diese Frage, indem er das Schema Jisrael, also das Urglaubensbekenntnis des Gottesvolkes, mit einem Vers über die Nächstenliebe aus dem Buch Leviticus verknüpft:

Höre, Israel, der Herr, unser Gott, ist der einzige Herr. Du sollst den Herrn, deinen Gott lieben mit ganzem Herzen und ganzer Seele, mit all deinen Gedanken und all deiner Kraft. Als zweites kommt hinzu: Du sollst deinen Nächsten lieben wie dich selbst. Kein anderes Gebot ist größer als diese beiden.

— Vom Nerv der Sache —

Natürlich bliebe schon an dieser Stelle viel zu fragen: Wie denn zwei Gebote zugleich das Größte zu sein vermögen. Und ob da nicht gegen den ersten Augenschein noch ein drittes Moment – dieses „wie dich selbst" – ins Spiel komme. Fragen, die durchaus ihr gutes Recht haben, aber doch noch nicht an den Nerv der Sache rühren.

Diesem Nerv kommt man einen wichtigen Schritt näher, wenn man das deutsche „Du sollst" der Gebote auf eine dem Urlaut nähere Weise übersetzt. In ihrer Sprache muss man eigentlich statt „Du sollst" sagen: „Du wirst doch nicht!". Du wirst doch nicht töten, wenn Dir „Gott" kein leeres Wort ist. Du wirst doch nicht lügen, wirst doch nicht Hab und Gut anderer veruntreuen, in seinen/ihren innersten Lebensbereich einbrechen – wirst doch nicht Gottes Namen missbrauchen, wenn du dich an all das erinnerst, was Gott für dich längst schon getan hat.

Einer oder einem sagen: „Du wirst doch nicht…", heißt an sie oder ihn appellieren. Heißt genauerhin: Erinnerung wachrufen und die Sprache des Fühlens sprechen. Nur vor diesem Hintergrund verliert das christliche Liebesgebot seine vermeintliche Selbstverständlichkeit. Schon einen Menschen zu lieben ist Abenteuer pur – um von Gottesliebe zu schweigen. Vielleicht ist deswegen ja auch von ihr, der Gottesliebe, bis ins Innerste von Kirche und Theologie so wenig die Rede, weil es zu wenig Abenteurerinnen und Haudegen des Herzens gibt.

— Risiko „Liebe" —

Zu wirklicher Liebe gehört immer das Riskante, Ungesicherte, im Grunde Verrückte. Das müssen wir erst wieder in das christliche Doppelgebot der Liebe des heutigen Evangeliums buchstäblich zurücklesen, um an das Aufregende dieser Zeilen zu rühren. Worum es dabei geht, hat Conrad Ferdinand Meyer in einem Gedicht auf den Punkt gebracht, das den Titel „Mit zwei Worten" trägt. Das Poem handelt von einer arabischen Frau, die sich wohl in der Zeit der Kreuzzüge in einen christlichen Ritter verliebt hat, ihn aus den Augen verliert, die Erinnerung an ihn einfach nicht mehr aus dem Herzen löschen kann und sich darum auf die Suche nach ihm macht:

Am Gestade Palästinas, auf und nieder, Tag um Tag,
„London?" frug die Sarazenin, wo ein Schiff vor Anker lag.
„London!" bat sie lang vergebens, nimmer müde, nimmer zag,
Bis zuletzt an Bord sie brachte eines Bootes Ruderschlag.

Sie betrat das Deck des Seglers, und ihr wurde nicht gewehrt.
Meer und Himmel. „London"? frug sie, von der Heimat abgekehrt,
Suchte, blickte, durch des Schiffers ausgestreckte Hand belehrt,
Nach den Küsten, wo die Sonne sich in Abendglut verzehrt...

„Gilbert"? fragt die Sarazenin im Gedräng der großen Stadt,
Und die Menge lacht und spottet, bis sie dann Erbarmen hat.
„Tausend Gilbert gibt's in London!" Doch sie sucht und wird
nicht matt.
„Labe dich mit Trank und Speise!" Doch sie wird von Tränen satt.

„Gilbert!" „Nichts als Gilbert? Weißt du keine anderen Worte?
Nein?"
„Gilbert!"... „Hört, das wird der weiland Pilger Gilbert Becket
sein –
Den gebräunt in Sklavenketten glüher Wüste Sonnenschein –
Dem die Bande löste heimlich eines Emirs Töchterlein!"

„Pilgrim Gilbert Becket!" dröhnt es, braust es längs der Themse
Strand.
Sieh, da kommt er ihr entgegen, von des Volkes Mund genannt,
Über seine Schwelle führt er, die das Ziel der Reise fand.
Liebe wandert mit zwei Worten gläubig über Meer und Land.[41]

— *Unbeirrbarkeit* —

Nur zwei Worte, zwei Namen hat die Frau: den der Stadt – London –
und den dessen, den sie liebt – Gilbert –, ein Allerweltsname und doch
der desjenigen, der ihr ein und alles und darum einmalig ist. Aussichtslos,
ihn mit diesem Namen mitten in der großen Stadt zu finden. Und doch
macht sich die Liebende auf den Weg, verlässt die vertraute Heimat, geht
auf die beschwerliche Reise, begibt sich in die Fremde, gar nicht un-

gefährlich, hält den Spott aus, mehr von Tränen der Sehnsucht als von Brot genährt. Bis endlich, endlich – gleichsam durch ihr hartnäckiges Nicht-beirrt-werden-Können – sich die Stadt erweichen lässt und mit der Liebenden zu suchen anfängt, bis es ringsum dröhnt, alles nach dem Gesuchten ruft, bis er gefunden ist.

— *Gott lieben…* —

Genauso ist es mit der Gottesliebe. „Gott" – ein Allerweltswort, das fast alle kennen. Und zugleich nichtssagend für die meisten in der Welt, die die unsere ist. Gegenstand von Ignoranz und – ja, auch das schon längst – Anlass zu Spott. Wer den Namen dennoch nicht aus seinem Wortschatz streicht, weil er oder sie hofft, dass alles, was da ist und geschieht, von einem letzten Sinn umfangen ist und sich – unbeschadet aller Rätsel – einer Güte verdankt, in der alles auch einmal vollendet werden wird, der oder die wird sich wie die liebende Sarazenin auf die Suche machen, wird seine oder ihre Welt befragen, manchmal bestürmen, bis die sich eines Tages erweicht, durchsichtig und zur Spur wird, aus der sich etwas von Gottes Geheimnis erahnen lässt. Das meint das biblische Gott-Lieben mit ganzem Herzen und ganzer Seele, mit allen Gedanken und aller Kraft. Liebe geht nicht nebenher. Liebe braucht Energie und fordert immer ganz. Sonst ist es nicht Liebe, sondern ein laues Baden in eigenen Gefühlen. Sowenig es Kinder gibt, die gedankenlos spielen, weil man nur ganz ins Spiel versunken wirklich spielen kann, genauso gibt es keine wirklich Liebenden, die das nicht mit allem täten, was ihnen zur Verfügung steht. Du wirst doch nicht vergessen, so nach Gott zu suchen, wenn du glaubst, dass er so für dich da ist, wie das die Väter und Mütter im Glauben bis Abraham zurück bezeugen. Das meint das Gebot, das im heutigen Evangelium als das erste bezeichnet wird. Du kannst ihn doch gar nicht vergessen. Hat er sich doch, als er wollte, dass es dich gibt, dir in die Seele geschrieben. Deine Würde, deine Freiheit sind seine Signatur. Gottebenbildlichkeit, sagten die Alten dafür.

— *… und den Nächsten* —

Dass Jesus die Gottesliebe so eng mit der Liebe zum Nächsten verbindet, dass aus beiden auf paradoxe Weise ein einziges erstes Gebot wird,

weil es logischerweise ja nur ein erstes gibt, kann nur heißen, dass wir
auf jene Gottesspuren, denen eine suchende Seele nachspürt, am unmit-
telbarsten dort stoßen, wo wir einer oder einem anderen zum Nächsten,
zur Nächsten werden. Anders gewendet: Nicht „Wer ist mein Nächster /
meine Nächste?" heißt die entscheidende Frage. Da gebe noch immer
ich den Maßstab vor. Die entscheidende Frage lautet: „Wem bin ich der/
die Nächste?" Der Dativ – zu deutsch: der Geber-Fall – markiert im
Raum der Liebe den Ort des Liebenden. Wer sich darauf einlässt, findet
sich so beschenkt wieder, dass er wie von selbst nach dem Grund von
all dem fragt und sich diesem Grund voller Dank und Hingabe – also
Liebe – zuwendet. Die Nächstenliebe ist die Grammatik für die Poesie
der Gottesliebe. Und die, die Gottesliebe, weckt in uns das Gespür dafür,
dass einem das Jenseitige in irdischer Augenhöhe begegnen kann.

— *Das Finden kommt* —

Wie die Muslimin aus Conrad Ferdinand Meyers Gedicht haben wir
nur zwei Worte, um uns in unserer Welt und mit unserer Sehnsucht zu-
rechtzufinden. Bei ihr hießen sie: „London" und „Gilbert". Ein Ort und
ein Name. Unsere zwei Worte heißen „Gott" und der „Nächste". Auch
ein Name und ein Ort. Jetzt – zu unseren Lebzeiten – ist der Nächste
der Ort, da die Sehnsucht fündig wird, die wir mit dem Namen „Gott"
verbinden. Jetzt ist Suchen. Immer suchen. Immer suchen. Das Finden
kommt später. Es kommt. Nach den Lebzeiten. Es kommt.

Was mehr ist

— Märchenhaft —

Ein indisches Märchen erzählt, wie ein König seinen obersten Verwalter der Untreue verdächtigte und deshalb einsperren ließ. Das Gefängnis war ein hoher Turm. Ganz oben bei den Zinnen hielt der Verwalter sich auf. Er konnte weit über das Land schauen, und wenn er sich über die Mauerbrüstung zwischen den Zinnen beugte, sah er tief unten die Wege und Straßen. Als er eines Tages wieder hinabschaute, sah er unten jemanden winken. Zuerst starrte er weiter vor sich hin, aber dann glaubte er, in der kleinen Gestalt seine Frau zu erkennen – und tatsächlich, sie war es. Da bemerkte er auch, dass seine Frau immer wieder auf die Turmmauer deutete, aber er kam nicht dahinter, was sie meinte. Dann verschwand die Gestalt wieder aus seinem Blickfeld. Noch mutloser als zuvor setzte er sich auf den Boden und vergrub sich in seinem Schmerz.

Die Frau hatte unterdessen am Fuß des Turmes einen kleinen, grünen Käfer gefangen. Sie band ihm vorsichtig einen hauchdünnen Faden um den Bauch. Der Käfer frisst gern Honig. Deshalb bestreicht die Frau seine Fühler mit einem Tropfen Honig und setzt den Käfer an die Turmmauer. Und der Käfer beginnt, eilig nach oben zu laufen, weil er vor sich den Honig riecht, den er an den Fühlern hat.

Lange Zeit vergeht. Der Verwalter sitzt noch immer auf dem Boden. Dann sieht er den kleinen grünen Käfer über die Brüstung klettern. Zuerst beachtet er ihn gar nicht. Doch dann sieht er den hauchdünnen Faden. Er weiß nicht recht, was der bedeutet, aber er bindet den Faden los und zieht daran. Der Seidenfaden will kein Ende nehmen. Aber dann merkt der Mann, wie der Faden immer schwerer wird – und auf einmal hört der Faden auf und an seinem Ende hängt eine dünne Schnur. Der Verwalter zieht weiter. Die Schnur wird schwerer und schwerer, an ihrem Ende hängt ein Strick. Er zieht auch den herauf – und an seinem Ende hängt ein dickes Seil. Der Verwalter atmet tief durch, befestigt das Seil an den Zinnen, schwingt sich über die Brüstung und lässt sich in die Tiefe gleiten. Auf dem Boden angekommen ist er wie benommen. Neben ihm am Fuß des Turmes steht seine Frau. Er schaut sie schweigend an, legt ihr den Arm um die Schulter und geht mit ihr weg in ein anderes Land.

— *Das Kleine rettet* —

Ausweglos eingesperrt war der Verwalter. Ohnmächtig ist er geworden, er, der Mächtige. Nicht einmal mehr revoltieren konnte er, nur noch verzweifeln – oder sich verlieren im Traum von einem großen Wunder, das ihn befreit. Was ihn aber rettet, wider alles Erwarten, war etwas ganz anderes: dass er den kleinen Käfer nicht übersah. Er hat das Unscheinbare wahrgenommen und den schwachen Faden beachtet. Das war das Einzige, was er wirklich noch tun konnte in seiner Ohnmacht. Und genau dieses Unscheinbare hat ihm den rettenden Weg in die Freiheit geschenkt. Was uns dieses Märchen erzählt – die Wahrheit von der Macht des Ohnmächtigen –, diese Wahrheit hat es schwer, gehört zu werden. Weil es so lärmend, so blendend und spektakulär zugeht um uns. Deshalb auch bleiben wir so oft gefangen in unserem Leben. Hat vielleicht auch unsere Not mit Gott und dem Glauben damit zu tun, dass Menschen das einzig Mögliche übersehen, weil es so gering scheint?

— *Letzte Erzählung vor der Passion* —

Genau das behauptet das heutige Evangelium. Markus erzählt uns da von der flüchtigen, anonym bleibenden Begegnung Jesu mit der armen Witwe im Tempelbezirk – eine Episode im wahrsten Sinn des Wortes, wie es scheinen möchte. Seltsamerweise erzählt Markus sie an herausragender Stelle in seinem Evangelium, nämlich genau am Ende des ganzen öffentlichen Auftretens Jesu, kurz bevor die Passion in Jerusalem beginnt.

Dort im Tempel waren Opferkästen aufgestellt für allerlei Zwecke. Reiche Leute gehen vorbei und werfen viel ein. Und dann sieht Jesus die arme Witwe, wie sie zwei kleine Münzen hergibt. Diese unscheinbare, armselige, ja ohnmächtige Geste muss Jesus regelrecht getroffen haben. Würde er sonst die Jünger herbeirufen? Amen, ich sage euch, hebt er zu reden an. Er hat ihnen also etwas ganz Wichtiges zu sagen. Die Jünger hatten wohl die Witwe – und was sie tat – gar nicht bemerkt. Jesus erklärt ihnen, was da eben Besonderes geschehen ist. Die arme Frau hat mit ihren zwei kleinen Münzen mehr gegeben als all die Reichen. Weil die zwei Münzen alles waren. Sie hätte ja eine davon auch noch behalten können. Sie hat das Ganze gegeben. Die Reichen haben viel mehr in den Opferstock geworfen als die Witwe. Aber das Viele ist wenig geblieben. Es war nur ein Stück von ihrem Überfluss. Deshalb haben die Gaben, obwohl sie groß waren, die Geberinnen und Geber gar nicht berührt. Im Gegenteil: Sie haben sie eher noch fühlloser gemacht für die Wahrheit über Gott und über sich selber. Denn leicht, allzu leicht, schaffen große Gaben ein gutes Gewissen. Das schottet ab gegen den, dem die Gaben als Zeichen der Hingabe hätten gelten sollen.

Anders bei der Witwe. Sie hat das Ganze gegeben. Sie hat es riskiert, nur noch auf Gott angewiesen zu sein. Sie hat darauf verzichtet, wenigstens mit der Hälfte der Gabe – gleichsam an Gott vorbei – auch noch sich selber zu sichern. So hat sie die Armut ihres Leben zu einem Zeichen gemacht – zum Zeichen, das bekennt: Gott, ich vertraue dir, du bist mir alles. Die Frau hat mit ihrer kleinen Gabe nicht etwas gegeben. Sie hat sich selber geschenkt. Das ist gewiss sinnlos nach den Kalkülen des Menschenverstandes. Zählt Gott vielleicht anders?

Ja, er zählt anders. Wissen Sie, warum Jesus der Anblick dieser Frau, die alles gab, so sehr angerührt hat? Weil ihm da einen Moment lang leibhaftig vor Augen stand, was er verborgen von Anfang an schon als die große Wahrheit über Gott und über sich selber im Herzen trug. Alles, was er je in seinem Leben sagte und tat, hatte seinen Anfang genommen in der Freude darüber, dass Gott ihn liebte, sich ihm schenkte ohne Grenzen. Er hat diese Liebe – anders als alle anderen seit Adam, um in den Bildern des Alten Bundes zu reden –, er hat diese Liebe nicht stolz auf Distanz gehalten und so zurückgewiesen aus Angst um seine Freiheit. Er hat sie sich schenken lassen – und er hat sie erwidert. So erfüllt war er davon, dass er nicht anders konnte als seinerseits andere in diese unbedingte Gottesnähe einzuladen, ja sie geradezu anzustecken mit seiner Begeisterung für Gott. Immer ist ihm deshalb unbegreiflich gewesen, dass Menschen diese Einladung, dieses Geschenk der Liebe Gottes ablehnen, ja brüsk manchmal voller Hohn zurückwiesen. Dennoch ist er nicht irre geworden. Er hat sich mit seinem Gott auch in die dunkelsten Stunden hineingebetet. In ihnen hat er zu ahnen begonnen,

dass dieser Widerstand gegen Gott eines Tages ihn selber treffen wird.
Was aber würde dann all das noch wert sein, wofür er sich jetzt gänzlich
verzehrte? Auf diese bedrängende Frage, ob Gottes Herzensanliegen sich
erfüllen wird durch ihn, – darauf hat ihm die flüchtige Szene mit der armen Witwe am Opferstock endgültig Antwort geschenkt, nämlich: dass
selbst und gerade noch das Armseligste der Menschen vor Gott zählt,
wenn es das Ganze ist, sie selber. Ihm wächst die ungeheure Ahnung zu,
dass auch noch seine Ohnmacht und sein Untergang – da ihm alles genommen wird, sogar das nackte Leben –, dass auch das noch für Gottes
Liebe ein Weg sein kann, die Herzen zu erreichen. Worauf es immer und
einzig ankommt, ist dies: dass es das Ganze ist, was er tut. Alles andere
darf er Gott überlassen. Darin scheint von fern das unergründliche Geheimnis des Lebens Gottes auf: dass gerade das Schwache stark, dass
das Ohnmächtige mächtig ist – so mächtig, dass es rettet und die Welt
verwandelt.

— *Sichtbar gewordener Leitstern* —

Markus hat die Begegnung zwischen Jesus und der armen Witwe am
Ende des öffentlichen Lebens Jesu erzählt, weil sie seine Lebensmitte,
den Leitstern seines Daseins zeichenhaft anschaulich macht und zugleich vordeutet auf das Geheimnis des Kreuzes – jenen Ort der absoluten Ohnmacht Jesu, der zur Offenbarung der Lebensmacht Gottes
geworden ist. Sich geborgen wissend in Gottes Liebe ganz hingegeben
an ihn und sein Anliegen in der Welt – davon zehrt Jesus. Wie könnte
diese Mitte seiner Existenz nicht gleicherweise die betreffen, die zu ihm
gehören wollen. Deshalb führt das Bild der armen Witwe auch uns selber ein in den Grundzug gelebten Christseins. Es sagt uns: Christsein
heißt: sich ganz hingeben – ein Wort, das uns erschreckt und das wir
uns vom Leib halten mit dem Argument, es sei doch ganz unmöglich,
in unserer Lebenssituation alles dranzugeben und die Sparbücher und
Wertpapiere dort hinten in den Opferstock zu stopfen. Richtig, das ist
ganz unmöglich, aber gleichzeitig ganz falsch, weil schon wieder in der
Logik der reichen Geberinnen und Geber gedacht. Die Geschichte von
der armen Witwe sagt uns deshalb, dass christliche Hingabe ganz anders
geschieht: Wir brauchen dazu keine großen Leistungen – im Gegenteil,
wir hüten uns besser davor, weil sie uns zu Ansprüchen Gott gegenüber

verleiten. Wir brauchen keinen schönen Schein wie die Pharisäer, von dem der Herr im heutigen Evangelium auch redet. Wir brauchen vor Gott zunächst einmal nur uns selber – wie wir sind. Denn die einzige Antwort auf seine Liebe, die wirklich Antwort zu heißen verdient, sie besteht darin, nicht dass wir ihm etwas schenken, sondern uns selber. Uns ganz. Gerade das – und nur das – macht den Menschen zur Christin / zum Christen. Dass er sich hingibt an Gott – im abgründigen Vertrauen, gerade im Hergeben seiner selbst überreich das Leben geschenkt zu bekommen.

— *Umsetzung ins Tun* —

Wie aber geht das nun eigentlich, dieses Mich-Hingeben, das die Christin, den Christen ausmacht? Es besteht im Grunde darin, dass ich ganz hingegeben lebe an jeden Augenblick meines Alltags, gerade auch an die unscheinbaren, gewöhnlichen, banalen Augenblicke. Hingegeben lebt nicht der, der sich in frommem Tun einkapselt, auch nicht, wer sich in Aktivitäten aufreibt, nicht, wer sich moralische Hochleistungen abzwingt. Hingegeben vielmehr, wer das jeweilige Hier und Jetzt seines Lebens – wie er eben ist – als persönlichen Ruf Gottes an ihn begreift und mitten darin deshalb ganz sich selber gegenwärtigt. Für die Verkäuferin bedeutet das, dass sie freundlich bleibt, obwohl sie dem Kunden zum vierten Mal erklären muss, dass sein Sonderwunsch sich nicht erfüllen lässt. Für den Vater heißt das, dass er nicht die Fassung verliert, obwohl der Sohn durch seinen Leichtsinn die Lehrstelle zu verlieren droht. Für den Dozenten an der Hochschule bedeutet es, dass er seine Vorlesung wieder gewissenhaft vorbereitet, obwohl er das Thema schon zum zehnten Mal behandelt. Und für den Pfarrer heißt das, dass er beim Blick auf das nächste Sonntags-Evangelium nicht sagt: Ach ja, kennen wir schon, und eine alte Predigt aus der Schublade zieht, sondern dass er sich von neuem Zeit nimmt, vom Evangelium betreffen lässt und dann Zeugnis gibt, was ihm Gottes Wort jetzt zu sagen hat. So geht Hingeben. Es geschieht, wenn ich bewusst dort bin, wo ich mich hingestellt finde. Wo immer einer ganz da ist, gibt er Gott die Ehre. Denn das, was ich jetzt bin, will Gott von mir. Nur das, auch wenn es noch so wenig wäre. Aber das will er ganz. Wenn wir es Gott schenken, geben wir daran uns selber. Und Gott kann es brauchen – ganz brauchen und daraus sein Reich erbauen.

Ganze geistliche Schatzgruben liegen noch in unserem Alltag unentdeckt. Wir lassen sie verkommen, weil wir immer meinen, groß tun und groß sein zu müssen. Uns selber machen wir arm dadurch. Und Gott enthalten wir vor, die Welt zu erneuern durch unser eigenes Geistlichwerden.

Was Stand gibt

— Weiser Denkspruch —

Auf einem Grabstein in Norddeutschland aus dem Jahr 1498 stehen folgende Zeilen eingemeißelt:

> *Ich leb und waisz nit, wie lang,*
> *Ich stirb und waisz nit wan,*
> *Ich far und waisz nit, wohin,*
> *Mich wundert dasz ich froelich bin.*

— Erfahrener Seelenfrieden —

Was wird das für ein Mensch gewesen sein, dem man diese Worte zum Gedenken gesetzt hat? Sein Grabspruch lässt uns zumindest ahnen, dass er eine Ruhe, eine Freundlichkeit ausgestrahlt haben muss, die sich anderen unvergesslich einprägte. Solcher Seelenfrieden, der keine Angst vor dem Sterben, kein bekümmertes Sorgen um den Gang der Lebensjahre mehr zu kennen scheint, – solcher Seelenfrieden fällt keinem in den Schoß. Er muss er-fahren werden im buchstäbliche Sinn des Wortes: gesucht auf Wegen, Umwegen, Sackgassen wohl manchmal auch; erhofft muss er werden, erbetet, auch erlitten in Zeiten, da einem die eigenen Hände gebunden sind und einer trotzdem inmitten seiner Ohnmacht erleben darf, dass es dennoch ein Weiter gibt. So aus Vertrauen einverstanden zu sein mit sich selbst, das ist das Ziel des Abenteuers, das wir „Leben" nennen und das darin besteht, dass ein jeder er selbst, eine jede sie selbst werde.

— Flugblatt —

Genau davon redet uns auch das scheinbar so schwierige Evangelium
von heute. Seine Worte hatten schon zur Zeit ihrer Niederschrift eine
Geschichte hinter sich. Um das Jahr 40 n. Chr. waren Abschnitte daraus
als eine Art Flugblatt unter gläubigen Juden kursiert, als diese in Jerusalem die Schikanen des Kaisers Caligula ertragen mussten. Sie suchten
zu verstehen, warum es so kommen musste und dass sie doch nicht zu
verzweifeln brauchten. Ein paar Jahrzehnte später, gerade zu der Zeit,
als Markus sein Evangelium niederschrieb, war noch Schlimmeres über
Jerusalem hereingebrochen: Die Römer unter Titus hatten die Heilige
Stadt mitsamt dem Tempel in Schutt und Asche gelegt – alles verloren,
alles zerstört, als ob Gott gar nicht mehr da wäre. Für die gläubigen Jüdinnen und Juden und auch für die frühen Christinnen und Christen, die
ihrer jüdischen Herkunft noch engstens verbunden waren, konnte dieses
erschütternde Ereignis nichts anderes sein als das Signal dafür, dass das
Ende der Welt gekommen sei. Und hatte nicht Jesus auch Dinge gesagt,
die in ähnliche Richtung wiesen? Aber Markus wusste zugleich, dass Jesu
Wort über das Ende vor allem zu tun gehabt hatte mit seinem Schicksal
am Karfreitag, auf das der Ostermorgen gefolgt war. Und weil er gewiss
ist, dass durch diesen Jesus und sein Geschick die Wahrheit schlechthin
über Gott und die Welt offenbar geworden ist, darum versteht er jetzt
das äußere Geschehen der Geschichte im Licht der Christusgeschich-
ten. Ja mehr noch: Das Ereignis der Zerstörung des irdischen Jerusalem
wird ihm zusammen mit den Worten Jesu zum Sinnbild dafür, wie der
Mensch nicht einmal in den erschütterndsten Krisen des Lebens untergeht, da ihm alles geraubt zu werden scheint, sondern bestehen bleibt.

— Krisen-Szenarien —

Und Krisen gibt es wahrlich im Leben: Krankheit, das Zerbrechen einer Ehe oder Partnerschaft, Zerwürfnisse zwischen Eltern und Kindern,
den Verlust eines lieben Menschen, berufliches Versagen, Unrecht, das
nicht mehr gutzumachen ist, üble Nachrede, die eine ganze Existenz zerstört – und mehr noch dergleichen, was einem den Boden unter den
Füßen wegzieht. Immer wenn unser Heiligstes, unser inneres Jerusalem
in Trümmer geht, da ist es, wie wenn über uns das Chaos hereinbräche
und die Schöpfungsordnung widerrufen sei – wie wenn die Sonne nicht

mehr leuchtet und die Sterne verschwinden: Da stürzt der Himmel unserer Ideale ein, nichts mehr ist da, an das wir uns halten, nichts, woran wir uns orientieren könnten.

Das irdische Jerusalem im Jahre 70 war genau daran zugrunde gegangen, wovor Jesus sein Volk eindringlichst gewarnt hatte, und woran jeder Mensch bis heute und auch die Staatengebilde von heute zugrunde gehen, wenn sie sich nicht warnen lassen: Eine Welt, in der es einzig um das Machbare und also um Macht geht, und in der untrennbar damit verbunden die Angst regiert, eine solche Welt lässt sich nicht halten. Sie muss zerfallen: sei es die politische Welt menschlichen Miteinanders – sei es die der konkreten Kirche. Wer glaubt, Krisen des Lebens mithilfe der Macht beherrschen zu können, der wird im Chaos versinken.

Immer dort aber, wo es zur Krise kommt, da zeigt sich inmitten der beginnenden Erschütterung gleichsam wie von selbst, wodurch es Rettung geben kann. Auf den Wolken des Himmels, also von Gott her, kommt der Menschensohn, sagt die Bibel in bildhafter Sprache. Das meint: Wo nichts mehr in meiner Macht steht, bleibt mir, Mensch zu sein, wie Gott es meint: die Menschlichkeit. Was Menschlichkeit ist, das wissen wir Christinnen und Christen von dem Menschen aus Fleisch und Blut, den die Evangelien Menschensohn nennen: Sein Gottvertrauen und seine Güte waren es, was Menschen in Bann schlug, wie sie ihm folgen, mit sich neu anfangen, was sie frei werden ließ. Sein Gottvertrauen und seine Güte waren es auch, was ihn in Konflikt brachte mit den religiös und politisch Mächtigen, weil er ihr Machtgebaren als Grund und als Folge ihres Unglaubens und ihrer Herzenshärte entlarvte. Und noch einmal waren es sein Gottvertrauen und seine Güte, die sich durch das Kreuz hindurch stärker erwiesen als die Angst und die Macht und darum beides aufzubrechen vermochten – darin besteht das Ostergeheimnis.

— *Zuversicht* —

Von daher versteht sich auch, warum Jesus ausgerechnet im Zusammenhang tiefster Krisen das so zuversichtliche Gleichnis vom Feigenbaum spricht: Wie der Sommer naht, die Zeit der Wärme und des Wachsens, wenn der Feigenbaum saftig wird und Blätter treibt, also auflebt, so sind wir dem Geheimnis unserer Rettung ganz nah, wenn die Not einer Krise uns schüttelt und wir die Not nicht verdrängen mit Mitteln der Macht, sondern durchleben im Vertrauen, auch noch gehalten zu sein, wenn uns der Boden unter den Füßen wankt.

Die Zeitansage, dass diese Generation nicht vergehen wird, bis das alles geschieht, legt kein äußeres Datum fest, sondern erinnert daran, dass die Krise und die Rettung aus ihr immer vor der Tür stehen, für jeden und jede – und dass sie umso näher stehen, je empfindsamer ein Mensch dafür wird, dass sich mit der Macht und dem, was zu ihr gehört, das Leben nicht – nie – bestehen lässt. Aber wer das spürt, von der rettenden Menschlichkeit des Vertrauens und der Güte zumindest etwas ahnt, für den steht das Zerbrechen alles Gewohnten gar nicht mehr im Vordergrund: Mögen Himmel und Erde vergehen, mag das ganze Gewölbe meiner Ideale, meiner selbst gewählten Pflichten, meiner Überzeugungen einbrechen, – immer noch habe ich Jesus, seine Worte, die nichts anderes tun, als zum Gottvertrauen einzuladen und uns zur Güte zu ermutigen. Wer sich an ihn hält, braucht auch nicht auf Tag und Stunde zu schauen, wann denn wieder etwas und einmal das letzte Ende kommen wird: Nicht die Engel und nicht einmal der Sohn kennen sie, sondern nur der Vater. Das reicht. Ihm traue ich doch, darum werden auch jener Tag und jene Stunde nicht mein Untergang sein. Hält er auch sie doch in seiner Hand.

— *Wo soll die Welt hin?* —

Als der Liedermacher Wolf Biermann die höchste literarische Auszeichnung Deutschlands, den Büchner-Preis, erhielt, erinnerte er am Ende seiner Dankesrede an seine Großmutter in Hamburg, einst eine einfache Frau, die die Tiefen des Lebens durchschritten hatte, aber geistreich genug geblieben war, manchmal in der Not ihrer Sorge um das tägliche Brot ihrer Kinder zu beten mit den Worten: Oh Gott, lass doch den Kommunismus siegen! – Wenige Tage vor ihrem Tod sagte sie zu ihrem Enkel: Mein Jung', ich hab' diese Nacht jetreimt, de Welt jeht unta. Aber dann hab' ich drüba nachjedacht. De kann jarnicht unterjehn! Und als Biermann sie fragte: Warum kann die Welt nicht untergehn, Oma?, da antwortete die Frau: Mei, Wolf, wo soll se denn hin, de Welt? – Die Antwort ist gut. In ihr steckt unser ganzes Evangelium.

Vierunddreißigster Sonntag im Jahreskreis – Fest Christkönig:
Joh 18,33b–37

Macht und Macht

— Angst vor der Bibel —

Schon immer wusste man, dass die sogenannte „Stasi" – der Staatsicherheitsdienst der ehemaligen DDR – zu fürchten war. Aber was nach dem Zusammenbruch der ostdeutschen Diktatur an Überwachungsmethoden, Spitzeltaktiken und Bevormundungsversuchen zutage kam, machte selbst die abgebrühtesten Geheimdienstspezialisten der Welt fassungslos. Und trotzdem zeigte dieses gigantische Überwachungssystem manchmal ganz seltsame Ängste: So war kirchlichen Zeitschriften strikt verboten, bestimmte Sätze aus der Bibel zu zitieren, zum Beispiel den Vers aus dem Buch Genesis, wo Gott den Abraham auffordert: Geh aus deinem Vaterland weg in ein Land, das ich dir zeigen werde! Das galt als verkappte Aufforderung zur Republikflucht. Besonders verpönt war eine Zeile aus dem 18. Psalm, in der der Beter mit gläubiger Zuversicht bekennt und ruft: Du, Herr, machst meine Finsternis hell. Mit dir erstürme ich Wälle, mit meinem Gott überspringe ich Mauern. – Lächerlich, vor solchen Bibelworten Angst zu haben, sie könnten Widerstand gegen die allmächtige Staatsgewalt anzetteln. Lächerlich – und doch verrät sich in dieser Ängstlichkeit der Stasileute eine Art Gespür dafür, dass es Dinge geben kann, die sich mit den Mitteln der Macht nicht kontrollieren, ja nicht einmal erreichen lassen.

— Rückfrage —

Gern spricht man da von der Macht des Geistes. Aber das erklärt nicht viel. Weitaus genauer sagt uns das heutige Evangelium, worum es da geht: Jesus steht vor Pilatus. Ihm wird der Prozess gemacht. Leute aus seinem eigenen Volk sind die Kläger: Du hast dich selber zum König gemacht, werfen sie ihm vor. Das war ein äußerst gefährlicher Vorwurf. Standen doch die Römer im Land. Und die erledigten jeden standrechtlich, der sich König nannte, weil er damit ihre – der Römer – Herrschaftsansprüche bestritt. Daher die juristische Routinefrage des Pilatus: Bist du der König der Juden? Aber statt mit „ja" oder „nein" zu antworten, fragt Jesus zurück, was denn Pilatus mit „König" meine. Dem ist die ganze Sache sowieso zuwider und darum gibt er muffig zurück: Was weiß ich denn – bin ich vielleicht ein Jude – ich kenn mich mit eurem Kram doch nicht aus! Deine eigenen Leute haben dich verklagt – also, was hast du überhaupt getan?

— Jesu Königtum —

Und dann spricht Jesus tatsächlich von seinem Königtum. Einem Königtum, das nicht von dieser Welt ist – also nicht vergleichbar mit dem, was Menschen sich unter diesem Namen vorstellen. Und das wesentliche Kennzeichen dieses Königtums Jesu – so er selbst – besteht darin, dass in diesem Reich und um dieses Reich nicht gekämpft wird. Sein Königtum ist gewaltlos, hat mit Macht nichts zu schaffen. Nach menschlichem Ermessen ist das gar nicht auszudenken, denn: Mein Königtum ist nicht von hier, es ist nicht zu beschreiben mit den Mitteln, die sonst königliche Herrschaft ausmachen. Was aber dann, wenn denn Jesu Worte kein weltfremder Traum, kein leeres Gerede gar sein sollen?

König im eigentlichen Sinn des Wortes meint den Souverän, den, der wirklich frei und unabhängig ist. Niemandem verpflichtet, niemandem etwas schuldig, letztverantwortlich für das, was er will und tut. Der Souverän, der König ist darum auch der, der sich keinem beugen muss und keine Angst hat – vor nichts und niemandem; Angst nicht vor den Mächtigen, Angst auch nicht davor, sich an etwas oder jemandem schmutzig zu machen. So frei ist der König, und darum ist er ganz er selbst.

Und genau das war es, was Menschen an Jesus so ungeheuer faszinierte: dass er ein ganz und gar königlicher Mensch war, liebenswürdig, ohne sich anzubiedern, gütig, ohne abhängig zu machen, entschieden, ohne absonderliche Kompromisse zu schließen, kompromisslos überall dort, wo einem Menschen Macht und Gewalt angetan wurden – und wäre sie noch so vergeistigt, getarnt etwa als angebliches Gottesgebot. Und er, der absolut Freie und Souveräne hatte im Grunde ein einziges Anliegen nur: dass auch die andern, dass jede und jeder ein königlicher

Mensch werde, souverän, unabhängig, um seine Würde wissend – eben so, wie Gott den Menschen gewollt hat. Und das hat Jesus nicht nur als Programm verkündet, sondern durch eigenes Reden und Leben den anderen mitgeteilt: Traut Gott so unbedingt wie ich, und ihr werdet wie ich, königlich, aufrechten Ganges, keinem etwas schuldig außer dem, dass ein jeder er selbst, eine jede sie selbst ist – das schuldet ihr Gott. Und Gott selbst schenkt es euch.

Dieses Königtum Jesu jenseits von Macht und Tricks und Kontrolle – ihr pures Gegenteil –, das ist der Anstoß gewesen, der ihn vor Gericht und ans Kreuz brachte. So steht wirklich ein König vor Pilatus, aber ein anderer als der, zu dem ihn seine Widersacher raffiniert gemacht hatten. Der souveräne Mensch war ihnen lästig in ihren Macht- und Ränkespielen. Sie haben Jesus auch tatsächlich erledigt, aber was er an Freiheit lebte und lehrte, das hat er nicht einmal am Kreuz widerrufen in der Gewissheit, dass – wenn wirklich das Gottvertrauen ganz frei macht – auch die stärkste Macht von Menschenhand diese Freiheit wird nicht zerstören können. Darin besteht das Ostergeheimnis. Und Jesu Königsein hat sich bis heute unauslöschlich in Menschenherzen eingebrannt, wo immer einer Gott so zu trauen begann, wie Jesus ihm traute.

— Königliche Macht des Glaubens —

Heute am Christkönigfest bekunden wir, wie ernst es uns mit dieser königlichen Macht des Glaubens ist. Christkönig bedeutet: Jeder Mensch besitzt eine Würde, die absolut unverfügbar, unzerstörbar ist und jede Gewalt, auch die staatliche, erst recht etwa kirchliche, als vorläufig entlarvt. Mag noch so viel Gewalt geschehen, so viel, dass man bisweilen gar nicht mehr an das Gute glauben möchte, – die Mitte, das Wesentliche des Menschen erreicht sie nie. Jeden, der durch Gewalt gegen andere Schuld auf sich geladen hat, lässt diese Wahrheit erkennen, wie unsinnig er gehandelt hat. Aber jedem, der wegen seiner Schuld jetzt an sich die Macht von Recht und Gesetz verspürt, sagt diese selbe Wahrheit auch, dass Recht und Gesetz seine Würde als Mensch und Gotteskind trotz seiner Schuld nicht aufheben können. Das ist das eigentliche Fundament der besonderen Hoffnung, zu der wir Grund haben.

Ausgewählte Feste

Warum wir über Petrus froh sein können

— Alte Anekdote —

Ein frommer Jude trägt sich schon lange mit dem Gedanken, katholisch zu werden. Kurz bevor er getauft werden soll, reist er noch nach Rom, um dort die Kirche ganz aus der Nähe zu erleben. Bitter enttäuscht kehrt er zurück, schockiert von dem ungeistlichen, lärmenden Treiben in der ewigen Stadt. Dennoch wird er ein paar Wochen später katholisch. Seine Freunde machen ihm heftige Vorwürfe deswegen. Als sie damit fertig sind, entgegnet er: Glaubt mir, eine Religion, die das aushält, die muss wahr sein!

— Unbehagen am Papsttum —

In guten Anekdoten geht es bekanntlich immer um ernste Dinge. Unsere da vom jüdischen Konvertiten taucht häufig dort auf, wo Christinnen und Christen ihr Unbehagen ausdrücken möchten an dem, was ihnen einfällt, wenn sie von Rom und vom Vatikan hören, vom Papst und von der Kurie. Dennoch lässt sich oft genug nicht der Eindruck vermeiden, dass vieles am Papsttum und um es herum ja doch von vorgestern ist. Die gestelzte Sprache der offiziellen Botschaften, die schwülstige Attitüde des Immer-schon-recht-gehabt-Habens, die triumphalen Aufmärsche auf dem Petersplatz, die seltsamen Audienzen, wo doch nur einer redet und keiner wirklich hinhört, das Gebaren katzbuckelnder Höflinge, die sich um den Papst drängen – bis Papst Franziskus dem ein Ende gesetzt hat. Das alles mochte in gar nicht wenigen – auch Katholikinnen und Katholiken – die Frage aufkommen lassen: Was hat denn das noch mit Christus, mit dem Evangelium zu tun? Ist das ganze Papsttum mit seinem Glanz und seinem Glimmer nicht bloß der letzte Nachzügler vergangener Epochen? Etwas, was nie und nimmer wesentlich zur Kirche gehört?

— Zwischen den Zeilen —

Ich denke, es ist wichtig, solche Einwände ernst zu nehmen. Dennoch muss ich Sie enttäuschen, wenn Sie erwarten, ich würde jetzt ansetzen, jene kritischen Vorwürfe zu bestätigen. Wie ich Sie auch enttäuschen muss, wenn Sie meinten, ich würde sie widerlegen. Denn beides ist belanglos in Anbetracht dessen, was das Evangelium selbst uns darüber zu sagen hat. Vor allem zwischen den Zeilen möchte uns Matthäus heute Wichtiges ans Herz legen.

Das Erste: Sein ganzes Evangelium hindurch wird Matthäus nicht müde zu betonen, dass der Kreis der Jünger um Jesus nicht ein einmaliger Sonderzirkel, sondern das Urbild ist, das richtungsweisende Modell für jede Gemeinschaft von Glaubenden, also die Gemeinden. Was den Jüngern mit Jesus widerfährt, das wird auch den Gemeinden verheißen. Genauso wie sie sich auch die Schwächen und Nöte der Jünger teilen. Man denke etwa nur an die Geschichte vom Seewandel, wo der Herr der verängstigten Schar im Schiff – also auch im Schiff der Kirche – zu Hilfe kommt. Aber derselbe Matthäus, der so sehr das Jüngersein aller Getauften – unser Jüngersein – betont, der übrigens auch Herrschaftsausübung und den Gebrauch von Machtmitteln innerhalb der Gemeinde schärfstens ablehnt, – ausgerechnet dieser Matthäus spricht so ausführlich wie kein anderer davon, dass es in der Kirche auch den besonderen Dienst des Petrus gibt. Petrus gilt ihm nicht nur als der erste der Apostel, ihr Wortführer. Petrus wird von Jesus selbst auch mit einem Dienst betraut, den die anderen Apostel so nicht übernehmen. Das Evangelium kennt also unbestreitbar eine Gliederung innerhalb der Kirche, die einen besonderen Dienst des Petrus vorsieht. Das ist das Erste, was uns Matthäus sagen will.

Das Zweite hat zu tun mit der Wesensart dieses Petrus. Der nämlich, dem der Herr jenen speziellen Dienst auferlegt, ist in keiner Hinsicht besonders vorbildlich: keine Intelligenzbestie, kein glänzender Redner, auch nicht überdurchschnittlich fromm – ja, nicht einmal in seinem Verhältnis zu Jesus sticht er besonders hervor. Genauso, vielleicht mehr noch, als die anderen befällt ihn Kleinglaube. Genauso wie die anderen begegnet er den Hinweisen Jesu auf sein kommendes Leiden voller Unverstand – so sehr, dass Jesus ihn anherrscht: Weg von mir, Satan! Und auch verleugnen wird dieser Petrus seinen Herrn, als es ernst wird. All das verschweigt Matthäus nicht, obwohl ihm so sehr an der Gestalt des Petrus liegt. Einen ganz normalen, durchschnittlichen Menschen mit

Schwächen und Fehlern beauftragt Jesus mit einem besonderen Dienst. Und auch durch diese Beauftragung wird Petrus kein Supermann. Er bleibt der Alte. Dennoch: Gerade diesen begrenzten Menschen aus Fleisch und Blut nennt Jesus „Fels". Gerade ihn braucht er.

Doch, wozu braucht er ihn überhaupt? Den besonderen Ruf an Petrus spricht Jesus in unmittelbarem Zusammenhang einer Frage, der sich die ersten Christinnen und Christen genauso stellen mussten wie wir heute und alle Christinnen und Christen nach uns: Für wen haltet ihr mich? Wer bin ich euch? Und Petrus antwortet: Du bist der Messias, der Sohn des lebendigen Gottes. Du bist der von uns ersehnte letzte Bote Gottes, der in Gottes Vollmacht spricht und handelt; der uns Gottes Heil bringt, wenn wir ihm vertrauen. Das sagt Petrus. Und Jesus preist ihn selig dafür – wie keinen anderen der Apostel. Selig, weil er durch dieses Bekenntnis bereits Gottes Heil empfangen hat. Jesus fügt aber gleich hinzu: Nicht Fleisch und Blut haben dir das geoffenbart, sondern mein Vater im Himmel, also: Dieses Glaubensbekenntnis ist keine Eigen- und Sonderleistung des Petrus. Dieses Bekenntnis selbst ist stattdessen ein Geschenk der Gnade Gottes – dessen, dem es um das Heil der Menschen geht, allein jedes und jeder Einzelnen. Und das heißt: Petrus hat dieses Geschenk nicht für sich bekommen, sondern er hat es bekommen für die anderen.

Alles, was das Besondere des Petrus ausmacht – dass er „Fels" heißt, dass er die Schlüssel des Himmelreiches erhält, dass er bindet und löst –, das alles ist streng bezogen auf dieses von Gott geschenkte Christuszeugnis des Petrus. Mit allem, was er ist und tut, soll Petrus diesem Zeugnis dienen. Und deshalb ist Petrus für sich gar nichts, obwohl – nein, weil er Fels ist, das heißt Fundament und ausschlaggebende Norm jedes anderen Zeugnisses für Christus. Darin besteht der Petrusdienst. Dass Jesus der Sohn ist, der Mensch, der untrennbar in die innerste Mitte des Geheimnisses Gottes hineingehört, und dass er uns Heil bringt – dieses Bekenntnis soll Petrus mit seinem Dienst lebendig halten und schützen. Die Schlüssel des Himmelreichs verwaltet er; das meint: Sein Bekenntnis soll Maßstab sein nach außen, wer zu Christus gehört und wer nicht – jedenfalls solange Menschen unterwegs sind zum Ziel der Geschichte. Was dann am Ende einmal sein wird, liegt ohnehin allein in Gottes Hand. – Und binden und lösen soll er, das bedeutet: Er soll das Zeugnis für Christus auch im Innern der Gemeinschaft des Glaubens, in der Kirche, zur Geltung bringen, es schützen vor aller Verzerrung.

— Dienst im Zeichen der Demut —

Dieser Dienst ist gewiss groß – mit Gebärden der Macht aber wird er nie zu tun haben können, weil er immer Dienst bleibt. Mehr noch: ein Dienst im Zeichen der Demut wird er sein müssen – das ist Petrus seiner Vergangenheit schuldig. Und auch ein Dienst beseelt vom Lebensatem Christi, von der Liebe, denn nur so kann dieser Dienst dem Heil der Menschen dienen, das heißt dem Evangelium entsprechen – und das muss er.

Der Petrusdienst besteht also darin, das Bekenntnis zu Christus unverrückbar hochzuhalten und alle die zusammenzuhalten, die miteinander diesen Christus bezeugen. Solange in der Kirche der Petrusdienst so ausgeübt wird, und so, wie Jesus ihn gemeint hat, solange wird die Kirche deshalb auch dem Christuszeugnis mit Sicherheit treu bleiben. Und deshalb – nur deshalb – hängt am Petrusdienst diese große Verheißung Jesu an seine Kirche: Die Mächte der Unterwelt werden sie nicht überwältigen. Er will damit sagen: Solange in der Kirche mit Hilfe des Petrusdienstes das Bekenntnis zu mir gesprochen wird, solange wird diese Kirche nie total ins Leere laufen. Die Mächte der Unterwelt, des Todes also, des ärgsten Feindes des Lebens, dieses Totsein wird die Gemeinden nie erledigen – diese vielen Tode der Anpassung und der Bequemlichkeit, die Tode der Egoismen und der Herzenshärte werden die Gemeinden nicht in die Knie zwingen. Gott hat vor, durch seine Kirche die Welt wieder so zu machen, wie er sie ursprünglich gemeint hat. Und dieser Plan wird – trotz allen Versagens – ins Ziel kommen, solange sich die Kirche zu ihrem gekreuzigten und auferstandenen Herrn bekennt.

… Die Mächte der Unterwelt werden sie nicht überwältigen. Dieser Satz gibt uns beileibe keinen Anlass aufzutrumpfen und die Kirche selber für die bestmögliche oder gar das Reich Gottes zu halten – obwohl das oft genug geschah und geschieht. Nein, diese Verheißung Jesu schenkt uns vielmehr ein tröstliches Wort der Hoffnung: dass wir als Glaubende nicht scheitern, auch wenn wir noch so viel falsch machen, solange wir uns zu Christus bekennen, demütig und um Vergebung bittend für unser Versagen. So wie er den schwachen, schwankenden Petrus immer wieder gerettet hat, weil der sich doch immer wieder an seinen Herrn klammert, wie damals auf dem See. Dazu also – zur Hoffnung – hat Gott uns in der Kirche den Dienst des Petrus geschenkt.

— *Im schwachen Petrus: Gottes Machterweis* —

Vielleicht fragen Sie mich jetzt: Angenommen, das alles stimmt – wie steht es aber dann mit dem Papsttum, wie es uns in der Geschichte der Kirche und auch heute begegnet? Dass das konkrete Papsttum oft so wenig dem Dienst des Petrus ähnelt, wie ihn das Evangelium sieht, das ist wohl selbst Folge davon, dass dieser Petrus von Anfang an und in allen, die ihm nachfolgten, ein schwacher, begrenzter Mensch ist. Solches Versagen hat nicht selten der Kirche und ihrer Glaubwürdigkeit schweren Schaden zugefügt – wie es etwa die bösen Entgleisungen in Handel und Urteil zu Zeiten Bonifaz VIII. oder Pius IX. taten. Und selbst in jüngerer Vergangenheit hat Rom manchmal Menschen behandelt in einer Art und Weise, die nichts mehr mit Dienst und Liebe zu tun hat, sondern mit Machtrausch und Herzenshärte.

Aber gerade auch in dieser jüngeren Vergangenheit leuchtete in mancher Papstgestalt der Petrusdienst auch so auf, wie ihn der Herr uns zugedacht hat. Die Liebenswürdigkeit und Güte eines Johannes XXIII. gehören wohl zu diesen lichten Zeichen der Kirchengeschichte. Und wohl auch die Weise, wie Papst Paul VI. in den späten Jahren seines Pontifikates den Petrusdienst wahrgenommen hat. Dieser Papst hat radikale Demut geübt – weil er um die Nöte der Kirche und um seine Schwächen gleichzeitig wusste. Selbst das Äußere dieses Mannes war davon geprägt.

Als 1977 Kardinal Bayenda in Uganda erschossen wurde, feierte eine große Zahl von Kardinälen das Requiem im Petersdom. Paul VI. nahm auch daran teil. Er, der damals schon schwer krank war und kaum gehen konnte, bestand darauf, bei diesem Gottesdienst nicht – wie üblich – hereingetragen zu werden. Stattdessen schleppte er sich mit kleinen Schritten auf den Kreuzesstab gestützt zum Altar. Dieser kleine zitternde Mann mit dem gebeugten Haupt, dem nur noch das Kreuz Halt gab – das war das eindringlichste der wenigen Christuszeugnisse, die ich in Rom erlebt habe. Es hat mir mehr von der Nähe Gottes gesagt als der ganze Petersdom, wo oben ringsum in erschlagend großen Goldlettern prangt: … Du bist Petrus der Fels…

Gerade im schwachen Petrus hat Gott seine Kraft erwiesen, die uns retten will. So wird es auch mit der Kirche sein, bis der Herr wiederkommt. Gerade dort, wo sie menschlich gesehen schwach ist und machtlos bleibt, gerade dort wird sie die Gegenwart Gottes besonders deutlich spüren, sofern sie am Zeugnis für Christus festhält. Der Dienst des Petrus hilft uns dabei. Deshalb dürfen wir sogar froh sein um ihn.

Von der Inwendigkeit

— Das bislang letzte Dogma —

Zur Mitte des letzten Jahrhunderts wurde in der katholischen Kirche die uralte Überzeugung der Christinnen und Christen von der Aufnahme Mariens in den Himmel zum festen Bestandteil des Glaubens der Kirche erklärt. Es war kein Zufall, dass das genau zu jenem Zeitpunkt geschah: 1950 lag der Zweite Weltkrieg gerade ein paar Jahre zurück. Ein Gemetzel, das alles in allem wohl 60 Millionen Menschen das Leben gekostet hat. Und kaum war das vorbei, zählte schon wieder nur der materielle Wiederaufbau und fing man auch schon wieder an, neue Waffen zu schmieden und aufzurüsten. Gegen diesen Wahnsinn rief die Kirche im Sinnbild der in den Himmel aufgenommenen Gottesmutter in Erinnerung, dass der Mensch eine Würde besitzt, die mehr ist als was einer hat, und die nicht einmal von der Gewalt außer Kraft gesetzt werden kann. Mariä Himmelfahrt ist im buchstäblichen Sinn doxologische Anthropologie, die besagt: Der Mensch ist vom Wesen bei Gott daheim. Darum macht auch die schiere Vernichtung auf Erden den Menschen zu keinem Nichts. Vor Gott bleibt er. Und darum bleibt auch sein Anspruch gegen den, der ihm Gewalt antat. Gott selbst ist so der Anwalt aller Opfer. Er garantiert, dass keines vergessen wird. So wie es aussieht, brauchen wir die Erinnerung daran heute mindestens so dringlich wie damals. Diejenigen, die heute das Fest der Himmelfahrt Mariens feiern, halten diese Erinnerung lebendig. Indem sie das tun, geben sie Gott die Ehre dafür, dass er uns so nah bei sich gewollt hat, und tun sie den Menschen einen Dienst, der unverzichtbar ist. Das ist sozusagen die Außenseite des heutigen Festes. Es besitzt aber auch eine Innenseite. Und vielleicht ist es gar nicht so schwer, an sie heranzukommen.

— Ein Instrument singen —

Vor einiger Zeit besuchte ich ein Konzert des Klezmer Giora Feidman. Ein Klezmer ist ein jüdischer Hochzeitsmusikant, der zum Beispiel auf der Klarinette spielt. Jüdinnen und Juden sagen bis heute zu ihnen nicht: Klezmer, spiel die Klarinette, sondern: Klezmer, sing die Klarinette. Das Instrument wird zur Stimme, die Freude, Hoffnung, Liebe, Trauer in Töne fasst und ohne Worte erzählt. Wer Feidman eine kleine Weile zuhört, merkt, dass es das wirklich gibt. Und manchmal scheint es, dass die Töne aus der Klarinette genauer treffen als Worte das vermögen. Feidman erzählte auch einmal in einem Interview, wie er das Klezmer-Spiel gelernt hat: Sein polnischer Lehrer ließ ihn stundenlang mit der Klarinette Zeitungsnachrichten kommentieren. Seine Kunst besteht darin, das Inwendige der Worte hörbar zu machen, das, was sie in sich tragen, ohne es sagen zu können. Wie klingt Freude, wie Wehmut, wie Trauer, wie Glück? Gelingt dem Klezmer diese Übersetzung, rührt er seine Hörerinnen und Hörer in der Seele an.

— Innere Töne und Melodien —

Ganz ähnlich muss man sich das bei vielen Dingen unseres Glaubens vorstellen: Es gibt Worte für Gott und Glaube, für Gnade, Sünde, Barmherzigkeit. Aber ihr Inwendiges! Vielleicht muss man sie auch vorsichtig in Töne, wenigstens innere Töne und Melodien übersetzen, um zu verstehen, wovon sie eigentlich sprechen. In besonderer Weise gilt das wohl gerade von dem, was wir heute feiern: Die Aufnahme Mariens in den Himmel oder „Mariä Himmelfahrt", wie der Tag im Volksmund heißt. Bliebe einer bei diesen Worten stehen, bei dem, was sie mit ihren Buchstaben sagen, hat er sich im Grunde schon verlaufen, versteht vom Geheimnis dieses Festes nichts und fängt eines Tages vielleicht sogar zu spötteln an, was denn die Katholikinnen und Katholiken für einen Unsinn zusammenglauben. Auf das Inwendige der Worte aber kommt es an! Maria ist mit Leib und Seele in den Himmel aufgenommen. Das Besondere an Maria war: Sie hat sich und ihr Leben ganz Gott zur Verfügung gestellt, hat der Stimme des Engels, also dem, was Gott mit ihr vorhatte, geglaubt, hat sich führen lassen von dem, was ihr Lebensgeschick ausmachte – alles im Glauben, in all dem von Gott gehalten zu sein. Ein Leben aber, das so ganz Gott zur Verfügung steht, wird von ihm ganz durchflutet, wird mit ihm so eins, dass nichts mehr Trennendes zwischen diesem Menschen und Gott besteht. Wenn ein Menschenleben so sehr Gott entspricht und zu ihm gehört, ändert daran auch das irdische Ende, das Sterben dieses Menschen nichts mehr. Er bleibt mit seiner ganzen Lebensgeschichte, mit dem, was er durch seinen Leib auf Erden gewirkt und getan hat, bei Gott bestehen. Nach biblischem Verständnis ist der Leib nicht einfach ein Ding neben anderen, sondern eher so etwas wie ein Schwamm, der vieles von dem, was ringsum geschieht, in sich aufnimmt, davon geprägt wird und selber wieder in sein Umfeld zurückwirkt. So zieht jeder Mensch in der Welt und der Geschichte gleichsam eine Spur, die unauslöschlich ist und unwiderruflich, auch wenn alles, worin sie sich sichtbar und greifbar zeigt, vergeht und zerfällt. Alles, was ein Mensch jetzt tut und ist, wird einmal gewesen sein und bleibt als solches für immer und unverlierbar. Darum sagen wir aus der Sicht unseres Glaubens zu Recht, dass wir mit Leib und Seele, also ganz, vor Gott treten werden und dann bei ihm bleiben dürfen, auch wenn der irdische Körper zerfällt. Ein Leben, das ganz – mit Leib und Seele – im Angesicht Gottes gelebt ist, findet auch ganz, mit allem, was dazu gehört, für immer Platz bei diesem Gott.

— *Sinnreiche Legende* —

Man erzählt: Als fromme Christen eines Tages den Sarg Mariens öffneten, hätten sie darin nicht den Leichnam, sondern frische blühende und duftende Blumen gefunden. Eine Legende selbstverständlich, Worte, die mit Bildern auszudrücken suchen, was eigentlich gemeint ist, so ähnlich wie bei Feidmans Klezmer-Spiel die Töne das tun. Die Legende will andeuten: Wer auf Gott hin und für ihn gelebt hat, erlebt selbst noch sein irdisches Ende nicht als Vernichtung, sondern als ein blühendes Neuwerden. Er lebt sogar in dem noch, wo man – von außen gesehen – nur toten Staub erwarten würde.

— *Maria und wir* —

Das feiern wir heute, weil dieses Lebendigbleiben in Gott nicht auf Maria beschränkt ist. Von ihr dürfen wir es schon mit Gewissheit glauben. Zugesagt aber ist es allen, die sich Gott verbinden. Also uns auch. Vielleicht sind andere – zum Beispiel solche, die wir Heilige nennen – auch schon ganz bei Gott. Oder auch noch andere, von denen das keiner bis heute weiß. Das ist auch zweitrangig. Um das Dabeisein geht es. Und das steht uns genauso offen. Je mehr wir uns an Gott hängen und offen halten für das, was er uns zudenkt, desto näher rücken auch für uns der Himmel und die Erde zusammen. Indem wir glauben, sind wir schon unterwegs dorthin, wo Maria lebt. Als Maria einmal selbst davon sprach, was Gott tut und für sie bedeutet, hat sie das nicht mit normalen Worten getan, sondern ein Lobgebet gesprochen, eine Art Gedicht. Es ist das „Magnificat", das bis heute zur Vesper, dem offiziellen Abendgebet der ganzen Kirche gehört. Wenn Christinnen und Christen es nachbeten, singen sie es zumeist. Die Töne lassen uns dabei das Inwendige ahnen – welches Glück es ist, mit Gott so eng auf Du und Du zu sein wie Maria. Es wird gut sein, dass wir manchmal das Magnificat einfach auch so beten oder singen, damit wir nicht vergessen, was auf uns wartet.

Trügerische Selbstverständlichkeit

— Ungewöhnlicher Neujahrsgruß —

Es ist schon eine Weile her, da bekam ich von einem Kollegen einen Neujahrsgruß, der ungewöhnlich war. Vorne drauf stand nicht: „Alles Gute", „Gottes Segen" oder – auf neudeutsch – „Happy new year", sondern da stand: „Weltstatistik". Ich blätterte auf und las:

Für Tage, an denen man denkt, es gehe einem so schlecht wie sonst niemandem:

1. Falls Du heute Morgen nicht krank, sondern gesund aufgewacht bist, bist Du glücklicher als 1 Million Menschen, welche die nächste Woche nicht erleben werden.
2. Falls Du nie einen Tag Krieg erfahren hast, niemals die Einsamkeit einer Gefangenschaft oder Hungersnot, dann bist Du glücklicher als 500 Millionen Menschen dieser Welt.
3. Falls sich in deinem Kühlschrank Essen befindet, du Kleider hast, ein Dach über dem Kopf und ein Bett zum Schlafen, bist du reicher als 75% aller Erdenbewohner.
4. Falls du ein Bankkonto hast, Geld im Portemonnaie und auf Kleingeld nicht achten musst, gehörst Du zu den 8% der wohlhabenden Menschen auf dieser Welt.
5. Falls Du diese Statistik liest, bist du besonders privilegiert, denn Du gehörst nicht zu den Milliarden Menschen, die nicht lesen können.

— Undank der Selbstverständlichkeit —

Selten hat mich eine Grußkarte nachdenklicher gemacht. Ich fühlte mich ertappt. Beim Undankbar-Sein. Nicht undankbar für dies oder jenes. Sondern beim Undank der Selbstverständlichkeit, mit der ich voraussetze und erwarte, über all das zu verfügen, was da aufgelistet ist – und trotzdem auch noch zugleich manchmal das Gefühl zu haben, doch eigentlich Anderes, Besseres zu verdienen als das, was mir gegeben ist. Es war nicht schön, aber bei diesem Nachdenken, musste ich mir eingestehen: Das Gleichnis vom reichen Bauern aus dem Lukas-Evangelium hält dir einen Spiegel vor.

— *Falsch kalkuliert* —

Der Mann erwartet eine gute Ernte. Vergnügt reibt er sich die Hände und überlegt im stillen Kämmerlein, wie er sich diesen Segen zunutze machen kann. Die ganze Ernte wird er horten – und sein Leben wird ein anders werden: Essen, Trinken, Fröhlichsein – er wird seine Tage genießen. Für lange Jahre wird es reichen. Die Zeit der Sorgen ist vorbei. Was kann mir noch passieren?

Da hatte er sich eine recht eingängige Lebensphilosophie zurechtgezimmert: Ich habe mein Leben selber in der Hand; mein Besitz, mein Status garantieren mir das. Ich bin meiner Sache sicher und je mehr ich davon habe, desto sicherer darf ich mich fühlen. Alles, was um diesen Mann herum passiert, das sieht er mit der Brille von Kosten und Nutzen, Mittel und Zweck, Haben und Horten. Aber – nur einen kurzen Moment lang scheint diese Logik der Sicherheit plausibel, denn: Schon die allernatürlichste Sache von der Welt – dass der Mensch einmal sterben muss – schon diese Selbstverständlichkeit entlarvt die Lebensphilosophie dieses Mannes als buchstäblich bodenlos naiv. Denn der Tod konfrontiert ihn mit der Frage: Wem wird all der Besitz einmal gehören? Wozu das alles? Und schon auf diese banale Frage weiß der Reiche keine Antwort mehr zu geben.

Das aber ist noch nicht alles. Es kommt noch viel dicker. Jenes Lebensprinzip der Selbstsicherheit hat der reiche Bauer mit sich allein ausgemacht, im Selbstgespräch. Er braucht keinen anderen dazu, er kann gar keinen anderen brauchen, denn in seinem Lebensentwurf ist kein Platz mehr für ein Du, für keinen Menschen und keinen Gott. Dass Gott selber ihm dazwischenreden könnte – darauf kommt dieser Mann gar nicht mehr. Das ist tragisch, weil er damit verrät, dass in seinem Menschsein schon etwas ganz Entscheidendes durchschnitten ist. Denn Gott ruft ja

den Mensch in sein Dasein. Und solches Dasein kann folglich nur gelingen als Antwort auf diesen ursprünglichen Ruf. Menschliche Existenz
glückt wesentlich im Dialog mit dem Du Gottes. Dass stattdessen der
Besitz – Habe, Ansehen, Status – das Gelingen des Lebens garantieren
soll, – auf diese Idee kann nur kommen, wer den Dialog mit Gott bereits
unterbrochen hat.

Genau deshalb legt Jesus im Gleichnis Gott selber die alarmierende
Anrede „Du Narr" in den Mund. „Narr" – das ist in der Sprache der Bibel derjenige, der Gott praktisch verleugnet. Die Lebensphilosophie der
Selbstsicherheit auf der Basis des Habens ist der praktische Atheismus –
eine Gottvergessenheit, die viel gefährlicher ist als irgendein lautstarker
Protest gegen Gott, denn: Diese praktische Leugnung schleicht sich
heimlich, ohne viel Aufhebens zu machen, in die Seelen ein. Viele sind
heute auf diese Weise gottlos geworden, die empört wären, so bezeichnet zu werden. Und dennoch ist es so. Denn ein Mensch, der mit Gott
nicht mehr rechnet und sein Leben an der Habe festmacht, der hat den
Schöpfer und die Schöpfung als Partner verloren: Seinen Gott vergisst
er, die Dinge um ihn herum werden ihm zum Zeug und die anderen zum
Feind. Wer auf diese Lebensphilosophie der Selbstsicherheit baut, wird
deshalb auch zwei urmenschliche Dinge nicht mehr können: nicht mehr
danken und nicht mehr teilen.

— *Kontrastspuren* —

Heute feiern wir das Erntedankfest. Wer das tut, der bekennt, dass er
aus Gottes Hand lebt. Die Früchte aus den Gärten und von den Feldern
liegen wohlgeordnet vor den Altären unserer Kirchen. Prächtig sind die
Erntekronen gebunden. Wird so nicht augenfällig, dass wir noch fähig
sind zu danken und also Gott in unser Leben einlassen? Eines freilich
will zu diesem Fest nicht passen: Die Spuren, die wir Menschen in unserer Welt hinterlassen. Ganze Landstriche werden durch Ausbeutung
zerstört, Flüsse, selbst Teile von Weltmeeren verwandeln sich in Kloa-
ken, die Luft macht uns krank vor lauter Dreck, der Wald vor unseren
Augen ringsum wird in absehbarer Zeit nicht mehr sein. Wie kann das
geschehen? Die Antwort darauf ist gewiss vielschichtig und zugleich im
Letzten erschreckend einfach. Denn: Was da passiert, das sind die Spuren einer Menschheit, die Gott ausgeschlossen hat aus ihrer Welt. So

drückt sich ein Leben aus, das nur noch auf sich selber setzt und dabei allmählich Angst bekommt. Die heimliche Gottlosigkeit reißt uns in einen bodenlosen Abgrund hinein und noch im Sturz raffen wir die Dinge zusammen – als könnten sie uns Halt geben. Das ist es, was Gottes Werk zuschanden macht. Das Antlitz der Erde heute ist der Spiegel dieser Gottlosigkeit. Denn ein Herz voll aufrichtigen Dankes geht anders um mit den Dingen der Welt, als viele das heute zu tun gewohnt sind. Mit Achtung und Zärtlichkeit nämlich würde es den Geschöpfen begegnen, die nicht in der Gebärde der Habgier sind. Solche Freiheit im Angesicht der Schätze unserer Erde werden wir freilich nur dann gewinnen, wenn wir selber uns immer schon getragen glauben von Gottes Achtung für uns und umsorgt von seinem Wohlwollen, das viel und mehr als genug für uns übrig hat. Aufrichtiger Dank für die Gaben der Erde kommt allein aus wahrhaftem Glauben an die Nähe Gottes. Die inständige Bitte um ein glaubendes Herz muss deshalb an diesem Fest all unseren Liedern vorausgehen, damit ihr Dank wahr sein kann.

Und auch teilen wird können, wer aus Glauben dankbar ist. Er oder sie muss ja nicht mehr alles aus Sorge um sich selber zusammenkrallen. Das Herz wird nicht mehr ersticken an dem, was den Notleidenden vorenthalten bleibt. So jemand wird auch nicht mehr heimlicher Atheist, Atheistin sein, denn das ist auch, wenn jemand meint, Gott und der Mensch neben ihm hätten miteinander nichts zu tun.

— *Wider das Ausgeschlossenwerden* —

Solchermaßen geübte Solidarität anzumahnen, steht heute schnell unter dem Verdacht, einem naiven Moralismus zu entspringen, den man gern höhnisch Gutmenschentum nennt. Aber das täuscht. Aus Egoismus verweigertes Teilen ist brandgefährlich. Selbst Niklas Luhmann, der ansonsten staubtrockene, allem Pathos abholde Begründer der Systemtheorie, ist darüber zutiefst erschrocken, als er während einer Reise durch Südamerika mit eigenen Augen sah, was verweigerte Solidarität anrichtet. In einem seiner letzten Texte schrieb er:

Zur Überraschung aller Wohlgesinnten muß man feststellen, daß es doch Exklusionen gibt, und zwar massenhaft und in einer Art von Elend, die sich der Beschreibung entzieht. Jeder, der einen Besuch in den Favelas südame-

rikanischer Großstädte wagt und lebend wieder herauskommt, kann davon berichten. Aber schon ein Besuch in den Siedlungen, die die Stilllegung des Kohlebergbaus in Wales hinterlassen hat, kann davon überzeugen, [...] es ist von Ausbeutung die Rede oder von sozialer Unterdrückung [...]. Wenn man jedoch genau hinsieht, findet man nichts, was auszubeuten oder zu unterdrücken wäre. Man findet eine in der Selbst- und Fremdwahrnehmung aufs Körperliche reduzierte Existenz, die den nächsten Tag zu erreichen sucht.[42]

Vermutlich müssten wir nicht einmal nach Wales reisen, sondern nur in ein paar Randlagen Berlins oder Duisburgs gehen, um das Gleiche wie Luhmann zu empfinden. Aber wenn das so ist: Wie könnten wir heute aufrichtig für alle guten Gaben danken, wenn wir nicht zugleich anerkennen würden, dass wir jenen Ausgeschlossenen die oder der Nächste sind. Und wenn wir nicht mehr für selbstverständlich nehmen, dass es uns in ganz vielem gut geht, wird solcher Anerkenntnis auch unschwer das Tun folgen.

Salomo lehrt unterscheiden

— *Erschütternde Erinnerung* —

Einer der großen Moraltheologen des 20. Jahrhunderts, Pater Bernhard Häring, erzählt in seinen Lebenserinnerungen folgende Begebenheit aus seiner Jugend: Als er 14 Jahre alt war – 1926 – entband seine älteste Schwester in einer Frühgeburt Zwillinge. Das erste der beiden Kinder kam gerade noch lebend zur Welt, konnte notgetauft werden und starb. Das zweite wurde tot geboren. Der Ortspfarrer in dem bayerischen Dorf bestand darauf, dass nur das getaufte Kind auf dem geweihten Friedhof beerdigt wurde, das ungetaufte außerhalb der Friedhofsmauer.

— *Fühllos aus Anmaßung* —

Solch erschütternde Fühllosigkeit entstammte nicht bloß dem bornierten Starrkopf eines überdurchschnittlich tumben Dorfpfarrers. Es ist schier unglaublich, aber wahr: Noch in der Vorbereitungsphase des II. Vatikanischen Konzils, waren römische Kurienbehörden fest entschlossen, durch das Konzil der Welt verkünden zu lassen, dass alle ungeborenen und geborenen, aber ohne Taufe verstorbenen Kinder vom ewigen Heil ausgeschlossen seien, wenn sie auch keine Folterstrafen zu erwarten hätten. Ein paar wachsame Theologinnen und Theologen haben diesen Irrsinn verhindern können. Solche Absurditäten gehen aber nicht einfach nur zu Lasten menschlicher Dummheit. Sie entstammen – und das macht sie so gefährlich –, sie entstammen der Anmaßung, über das Innerste Gottes begreifend zu verfügen. Oder anders: Sie entstammen der Verwechslung zwischen Gott selbst und den aus verschiedenen Gründen verzerrten Bildern, die wir uns von ihm machen.

Das hat es halt früher manchmal gegeben, meinen Sie? Weit gefehlt: Als vor ein paar Jahren bei einem mittlerweile berüchtigten Theologenkongress in Rom von allerhöchster Seite glattweg behauptet wurde, die Nichtbefolgung der von der Enzyklika „Humanae Vitae" verlangten Weise der Familienplanung stelle – so wörtlich – einen Anschlag auf die Heiligkeit Gottes dar, da war es schon wieder einmal soweit.

— Gott – und unsere Gedanken über ihn —

Dabei hätten wir es gar nicht so schwer, den nötigen Unterschied zu wahren zwischen Gott und dem, was wir über ihn zu denken versuchen. Kein Geringerer als der für seine gottgeschenkte Weisheit sprichwörtlich bekannte König Salomo hilft uns nämlich dabei. Und noch dazu tut er das auf eine Weise, die dem Gewicht der Sache wahrhaft angemessen ist.

Salomos Vater David hatte den Plan gefasst, in der Königsstadt des Volkes Israel dem rettenden und befreienden Gott ein Haus zu bauen. Auf Gottes Geheiß durch den Mund des Propheten Nathan darf David aber nur die Vorbereitungen treffen. Er hat zu viel Blut an den Händen, als dass er dem dreimal Heiligen, gelobt sei er, ein würdiges Haus errichten könnte. Erst sein Sohn Salomo wird das Werk ausführen. Wunderbarer und großartiger als je sonst wo wird das Heiligtum errichtet. Seitenweise schwelgt das Alte Testament in der Beschreibung dieses Bauwerks aus Zedernholz, Marmor und gleißendem Gold. Nach 46 Jahren Bauzeit ist es endlich so weit. Der Tempel wird eingeweiht – die heutige erste Lesung erzählt davon. Sie ist unserer ganzen Aufmerksamkeit wert, denn schon die Art und Weise, in der die Tempelweihe geschieht, ist bedeutsam:

Die Weihe erfolgt nämlich nicht durch die Unterzeichnung einer Urkunde, nicht durch eine feierliche Deklaration, auch nicht durch majestätische Riten, ein leviertes Hochamt sozusagen mit Monsignori, Kapitularen, Prälaten, Protonotaren und sonstiger Klerusfolklore, sondern ganz einfach: durch ein Gebet. Aber was für eines! Salomo betet: Herr, Gott Israels, im Himmel oben und auf der Erde unten gibt es keinen Gott, der so wie du Bund und Huld seinen Knechten bewahrt, die mit ungeteiltem Herzen vor ihm leben. Das Allererste in des Menschen Umgang mit seinem Gott ist also – Erinnerung: Erinnerung an das, was Gott von sich aus seinen Geschöpfen an Zuwendung und Treue erweist. Gottes Initiative ist das Erste; alles, was Menschen auf Gott hin tun, alle Religion also, bezieht ihren Sinn und ihre Wahrheit daraus, dass sie

Antwort ist auf Gottes aus Liebe zuvorkommende Anrede an uns. Wo das nicht ins Vergessen fällt, wird man kaum die menschliche Frage nach der Reichweite der Gnade auf dem Rücken gestorbener Säuglinge austragen und die Größe der Majestät Gottes ausgerechnet am Maß seiner Unerbittlichkeit versinnbilden wollen. Das ist das Erste.

Das Zweite, was uns Salomos Gebet über Gott und unseren Glauben lehrt, ist: das Staunen. Wohnt denn Gott wirklich auf der Erde? Siehe, selbst der Himmel und die Himmel der Himmel fassen dich nicht, wieviel weniger dieses Haus, das ich gebaut habe. – Wer sich der Wundertaten Gottes erinnert, der wird bald zu ahnen beginnen, dass die menschlichen Gedanken, Worte und Werke, in denen der Glaube sich Ausdruck schafft, hinter dem, was Gott tut und wie er ist, unendlich zurückbleiben. Keine menschliche Antwort, die je auf Gottes Ruf an uns erging, entspricht dem, worauf sie antworten möchte. Ist der Jubelton der Lieder noch so festlich, mögen die Gotteshäuser im Prunk überborden – Gott ist unendlich größer. Jede Ähnlichkeit zwischen ihm und seinen irdischen Sinnbildern bleibt von einer umso größeren Unähnlichkeit umgriffen, hat das IV. Laterankonzil im 13. Jahrhundert gelehrt. Wo die Gläubigen dessen eingedenk bleiben, werden sie nicht in Versuchung kommen, Gott und die Kirche zu verwechseln. Was immer sie über ihn sagen, was immer sie gläubig tun: Er bleibt in allem und über allem der Deus semper maior – der immer wieder noch einmal Größere.

Darum mündet auch Salomons Staunen wieder zurück ins Bittgebet: Wende dich, Herr, dem Beten und Flehen deines Knechtes zu! Halte deine Augen offen über diesem Haus, über der Stätte, von der du gesagt hast, dass dein Name hier wohnen soll. – Salomo hat glaubend erkannt: Gott ist wirklich zugegen im Tempel, sein Name, also sein Wesentliches, sein Geheimnis wohnt da; aber er weiß auch, dass Gott zugleich über dem Tempel wohnt, ihn unendlich überragend: Höre unser Gebet im Himmel, dem Ort, wo du wohnst. Obwohl das Heiligtum der Ort ist, wo die Menschen mit Gott in Gemeinschaft treten durch Gebet und heilige Feier, lässt sich Gott nicht beschränken auf den Tempel. Der ist auch nicht die Burg, in der er sich gleichsam verschanzt, erst recht nicht der Ort, da Menschen ihren Gott be-greifen im buchstäblichen Sinn und darum von ihm Besitz ergreifen könnten. Obwohl da in Gestalt seines frei geschenkten, unverfügbaren Namens, thront er unendlich über diesem Ort. Immer und immer wieder taucht dieses Motiv des Darüberhinaus, der Transzendenz Gottes über alles Sichtbare und Sinnliche hinaus in der biblischen Tradition auf, um uns diese Unverfüglichkeit Gottes unauslöschlich in die Seele zu graben: So etwa besonders eindrücklich auch in der Gottesvision des Propheten Jesaja, an die uns bei jeder Eucharistie das „Heilig, heilig, heilig" erinnert, das zum ersten Mal in ihrer Mitte erklingt, jenem Moment, da der Prophet Gottes Herrlichkeit schauen darf und dabei sieht, wie allein schon die Schleppe des Königsmantels den Tempel erfüllte, die Schleppe allein! Oder ganz anders, wie Gott dem Propheten Elija nicht im Erdbeben, nicht im Sturm, nicht im Feuer, sondern im leisen, sanften Säuseln begegnet. Das alles steht dahinter, wenn Jüdinnen und Juden bis heute den Namen Gottes, geschrieben als Tetragramm in vier Konsonanten, nicht aussprechen, sondern dort, wo es in der Bibel steht, immer Adonai – Herr – sagen: Salomonische Frömmigkeit der Transzendenz ist das!

Und seltsamerweise schließt Salomo sein Gebet mit der Bitte: Höre, Herr, unsere Gebete! Höre sie, und verzeih! Das ist nichts anderes als das nüchterne, aber ebendarum aus tiefster Weisheit kommende Eingeständnis, dass jedes Wort an und über Gott und jede Tat für diesen Gott unzulänglich und armselig ist, ja etwas schuldig bleibt vor diesem Gott und seinem Geheimnis. Das macht Salomos Tempelweihe so ergreifend, das hält sie frei vom Prahlen und der Anmaßung und lässt auch das gleißende Wunderwerk des Heiligtums durchsichtig bleiben auf den hin, für den es gedacht ist und auf den es von Ferne verweisen darf.

— Dank für das Kirche-Sein —

Heute, am Weihfest unserer Kirche hier sagen wir Dank dafür, dass wir Kirche Gottes sind, und dafür, dass wir unser Suchen nach Gott und unsere leisen Ahnungen von seinem unbegreiflichen Geheimnis in menschlichen Worten vernehmen und ausdrücken können, die uns gut tun. Salomo hat uns heute gelehrt, wie das auf rechte Weise geschieht: Die Erinnerung an Gottes Liebestun, das Staunen über ihn und seine Größe, die Demut der Einsicht in das Ungenügen aller menschlichen Antwort darauf – diese drei sind's, die uns auf gottgewollte Weise gläubige Kirche sein und in Wahrhaftigkeit von der Kirche denken und über sie reden lassen. So bleiben wir auch vor liebloser Kritik an ihr bewahrt, und genauso vor dem heute wieder so modisch gewordenen arroganten

Triumphalismus derer, die gern von sich behaupten, sie seien Gläubige „strikter Observanz". Wie viel gewänne die Kirche an Glaubwürdigkeit, würde sie sich nicht mehr scheuen, zusammen mit ihren Lehren und Geboten immer wieder auch selbst das Bekenntnis des Königs Salomo nachzusprechen: Höre, Herr, unsere Worte, höre und verzeih!

Das täte umso mehr Not, als einer auf Erden jene drei Räte Salomos – das Erinnern, das Staunen, die Demut –, weil einer die vollkommen gelebt und erfüllt hat: Jesus von Nazaret, der Christus – unser aller Herr und Haupt der Kirche. Darum ja auch ist er für die Christinnen und Christen an die Stelle des Salomonischen Tempels getreten. Er in Person ist für uns Ort der Begegnung mit dem lebendigen Gott und zugleich Sinnbild dafür, wie dieser Gott alles sprengt, was Menschen je über ihn zu wissen beansprucht haben. Oder hat sich je einer einen Gott ausgedacht, der sich derart vermenschlicht, bis zum leiblichen Sterben hinab, um sich seinen Geschöpfen gerade dadurch als der wahre Gott zu erweisen? Was aber könnte es für die Kirche Wichtigeres geben als ihrem Herrn genau in dem ähnlich zu werden, was sein tiefstes Geheimnis ausmacht: im Menschlich-Werden Gott gegenwärtig zu machen? Wenn sie Salomos Räten folgt, vermag sie das – und wäre so der wahre Tempel Gottes. Das Kirchweihfest heute ist eine Art Jawort zu diesem Auftrag.

Christliche Charakterkunde

— Was die Schrift verrät —

Graphologie ist die Wissenschaft von der Handschrift eines Menschen. Wie einer schreibt – die Größe der Buchstaben, auf welche Seite sie sich neigen, die Unter- und Oberlängen, die Abstände zwischen den Wörtern –, das verrät Einiges über das Wesen, den Charakter des Schreibers. Vor Jahren gab es in Südtirol einen Kapuzinerpater, der ein überragender Fachmann in diesen Dingen war. Eines Tages brachte ihm ein Ordensbruder die Kopien zweier handschriftlicher Briefe mit und bat ihn, er solle doch etwas darüber sagen, was die beiden Schreiber für Menschen seien; nur dass der erste Brief von einem Mann, der zweite von einer Frau stammte, verriet er.

Nach einigen Tagen berichtete der Kapuziner seinem Mitbruder, was er herausgefunden hatte: Der Verfasser des ersten Briefes sei ein ausgesprochen nervöser, wohl auch unsicherer Mensch, er habe die Neigung zum Jähzorn, sogar zur Ausfälligkeit, er könne verletzend sein, aber zugleich einfühlsam und gütig; Hintertriebenheit steckte auch in ihm. Und was den Brief der Frau betreffe, meinte er, die Schreiberin müsse äußerst selbstbewusst und auch erfinderisch sein, gewiss klug, aber mit einem Hang zur Herrschsucht, überdies auch eifersüchtig und hysterisch, wenn die Dinge nicht so liefen, wie sie wolle. Als der Pater seine Ergebnisse berichtet hatte, verriet ihm der andere, von wem die Briefe waren: Den ersten hatte der Heilige Franz von Assisi geschrieben, der zweite stammte von der Heiligen Teresa von Avila.

— Auch die Heiligen haben Stärken und Schwächen —

Treffender als in diesem kleinen Experiment kann kaum zum Ausdruck kommen, was Heilige sind: nicht Wunderkinder, nicht Sakristeiwanzen mit angeborener Himmelsverzückung und auch nicht blutleere Lappen, die grundsätzlich einen halben Meter über dem Boden schweben, um sich nur ja nicht einmal den Gewandsaum schmutzig zu machen. Stattdessen gehört zu den Heiligen – wie dem Heiligen Franz oder der Heiligen Teresa oder wem sonst immer – ein unentwirrbares Durcheinander von Stärken und Schwächen, von hellen und dunklen Seiten – wie bei jedem anderen Menschen auch. Die Heiligen sind, was ihr Wesen betrifft, nicht einen Deut anders als Sie und ich. Was die Heiligen zu Heiligen macht, ist, dass sie ihre Stärken leben und ihre Schwächen ertragen. Das ist der Unterschied. Jeder und jede andere könnte das auch. Wenn ein Mensch nicht Heiliger oder Heilige wird, dann immer deswegen, weil er oder sie – statt die Stärken zu leben und die Schwächen zu ertragen – die Stärken brach liegen lässt und mit den Schwächen kokettiert, ja sie als seine Stärken ausgibt.

— Beispiel Francesco – Beispiel Teresa —

Schauen wir nur noch einmal auf den Franziskus: Als er mit seinem Vater aneinander geriet, weil der sich mit dem Plan seines Sohnes, Bettelmönch zu werden, nicht einverstanden erklärte, da kam es auf dem Marktplatz von Assisi zu einer lautstarken Auseinandersetzung, in deren Verlauf Franz seinem Vater die eigenen Kleider vor die Füße warf und so auf nicht mehr zu übertreffend aggressive Weise – zur Schande der Familie splitternackt dastehend – seinen Willen durchsetzte. Und gleichzeitig ist es dieser selbe Franz, dem die unbeschreiblich behutsamen, zärtlichen Worte des Sonnengesangs über die Lippen kommen: Gelobt seist du, Herr, mit der edlen Schwester Sonne, mit dem Bruder Mond und Wind und der Schwester Quelle…; derselbe Franz, der sein langes schweres Hinsiechen zum Sterben mit Engelsgeduld trägt und auch noch den Tod als Bruder und Sinnbild der Gottesnähe begreifen kann.

Und die Heilige Teresa: Sie erklärt in einem ihrer Bücher – offenbar aus Eifersucht –, sie sei die einzige Frau, der Christus nach der Auferstehung erschienen sei – was aber schlicht und einfach gelogen ist, weil ja die Evangelien erzählen, dass Maria von Magdala, Maria, die Mutter des

Jakobus, und Salome den Auferstandenen gesehen haben. Und gleichzeitig ist dieselbe Teresa nicht zu stolz, ein ganzes Leben lang Gottsucherin zu bleiben, die sich auch von Jüngeren und Untergebenen belehren lässt.

— *Die Stärken leben, die Wunden tragen* —

Stundenlang könnte man erzählen von Heiligen, die heilig – also ganz und vollkommen – geworden sind als Menschen und darum auch vor Gott, weil sie es wagten, ihre wahre Begabung zu leben und ihre Fehler, ja einfach auch die Gemeinheit, die in ihnen steckte, demütig anzuerkennen und die unverschließbaren Wunden zu tragen, die sie ihrem eigenen Leben geschlagen hatten. Ganz viele Heilige haben ja eine Vergangenheit. Ich meine das genau in dem Sinn, in dem man bis heute von einem Menschen sagt, er habe eine Vergangenheit, wenn man zum Ausdruck bringen will, dass es im früheren Leben dieses Menschen Dinge gab, die – vorsichtig gesagt – nicht ganz koscher waren. Ein paar willkürliche Beispiele:

— *Beispiel Ignatius von Loyola – Beispiel Charles de Foucauld* —

Ignatius von Loyola, ein Spanier adeliger Herkunft: Als Junge war er von brennendem Ehrgeiz besessen, hatte nichts anderes als militärische Abenteuer im Kopf, um angeben zu können und mit seinen Husarenstücken irgendein gräfliches Fräulein aufs Kreuz zu legen. Bis ihm bei einem solchen Kommando ein Bein zerschossen wurde. Auf dem monatelangen Krankenlager entdeckte er, dass er zu etwas ganz anderem bestimmt war: Nämlich, die Geister zu unterscheiden, wie er das selbst nennt und damit meint: anderen zu helfen, sich vor Gott selber zu finden in erster Person. So wurde er zu einem der wichtigsten geistlichen Lehrer der Welt, einem Theologen der modernen Welt und zum Gründer des Jesuitenordens.

Oder nehmen wir Charles de Foucauld; er lebte im neunzehnten Jahrhundert: nicht ganz unähnlich dem Ignatius von Loyola ein Haudegen, Säufer, Spieler und Schürzenjäger sondergleichen. Bis er eines Tages – obwohl Ungläubiger – einfach so eine Kirche betritt, dort, weil gerade der Pfarrer da war, zur Beichte geht, sein ganzes Leben ausbreitet, und kurz darauf zum Beter und Einsiedler wird, um Gott allein zu suchen, weil er ihn als den wirklichen Schatz des Lebens erkannt hat.

— *Zwei heilige Mörder* —

Man kann die Sache auch vom Extrem her angehen und fragen: Wenn denn Heilige nicht sozusagen von Geburt an heilig sein müssen, sondern geradewegs durch das Gegenteil hindurch erst zu Heiligen werden können – gibt's dann auch heilige Mörder? Ja, die gibt es. Einen kennen Sie sehr gut beim Namen: Davor hieß er Saulus, danach Paulus. Saulus stand dabei, als ein paar Fanatiker den Stephanus mit Steinen tot warfen. Er passte dabei nicht nur auf die Kleider der Gewalttäter auf. Er war der Hauptverantwortliche für den Mord, weil ihn damals nur noch das eine Ziel umtrieb, diese Christinnen und Christen, diese vom alten Glauben der Juden Abgefallenen aus der Welt zu schaffen. Aber nicht viel später, als er Richtung Damaskus unterwegs war, da fiel es ihm wie Schuppen von den Augen, dass er das bekämpft und zu vernichten gesucht hatte, was er selbst am allermeisten suchte: Einen Gott, vor dem man als Mensch mit seinen Fehlern und Grenzen bestehen kann, weil dieser Gott nicht zuerst fordert, sondern vor allem anderen barmherzig ist.

Jetzt könnte man natürlich sagen: Gut, das war halt ein Sonderfall, dass der Mörder Saulus zum Heiligen Paulus wird. Es war kein Sonderfall. Nur ein paar Jahrzehnte ist es her, dass in Paris ein Mann bei einem Raubüberfall einen Polizisten erschoss. Jacques Fesch hieß er. Er wurde zum Tod verurteilt. Während der Wartezeit auf die Hinrichtung fand dieser Mann zum Glauben. Bis zu seinem Tod stand er Mitgefangenen bei, tröstete sie, half ihnen verstehen und bereuen, was sie getan hatten. In seinen Tagebüchern entdeckte man später, dass er eine Bekehrung erlebt hatte, wie sie tiefer nicht hätte sein können. 1957 starb er auf der Guillotine. Vor ein paar Jahren hat der damalige Bischof von Paris, Kardinal Lustiger, den Seligsprechungsprozess für diesen Mann eingeleitet.

— *Gottes „Darüberhinaus"* —

Als das bekannt wurde, gab es Protest. Man kann doch einen Mörder nicht als Vorbild hinstellen!, entrüsteten sich manche. Damit haben sie natürlich völlig Recht. Aber in einem irrten sie: Heilige sind keine Vorbilder – auch wenn das noch immer behauptet wird. Sie sind keine Vorbilder, weder mit ihrer dunklen Vorgeschichte noch mit ihrer Heiligkeit. Denn heilig werden kann eine oder einer ausschließlich und nur auf ihre oder seine urpersönliche, einmalige Weise. Dass einer, der das Leben eines anderen auf dem Gewissen hat, trotzdem durch das Feuer einer durch und durch gehenden Bekehrung hindurch ein Heiliger werden kann, sagt trotzdem etwas, was uns zutiefst angeht. Es sagt etwas über Gott. Gott ist so, dass er selbst den nicht abschreibt, der in den Augen der Menschen nach Recht und Gesetz Strafe auf sich zieht. Selbst der schlimmste Übeltäter, die schlimmste Übeltäterin wird vor Gott nicht in sein Verbrechen eingesperrt. Es gibt bei Gott ein Darüberhinaus, wann immer der oder die Betroffene es wahrhaftig sucht. Darum kann auch im Leben derer etwas von Gott sichtbar werden, die etwas getan haben, was sich nicht mehr gutmachen lässt. Auch das gehört zu Allerheiligen.

— *Unbedingtes Vertrauen in Gottes „Ja" zu mir* —

Die Stärke zu leben und die Schwäche zu tragen, setzt freilich eines voraus: das Vertrauen, dass Gott von Anfang an zu mir Ja gesagt hat. Dieses große, unbedingte Ja Gottes, das ist das Fundament dafür, dass ich meine Stärken überhaupt an mir entdecke und auch dafür, dass ich meine dunklen Seiten erkenne und aushalte. Das Gottvertrauen ist das ganze Geheimnis der Heiligkeit. Heute denken wir an alle, die dieses Gottvertrauen gewagt haben – die großen Bekannten, aber genauso die vielen, die kaum einer mit Namen kennt und die dennoch jenes Geheimnis ihrem Leben eingeschrieben hatten. Ich bin mir sicher, darunter werden auch Menschen sein, denen Sie und ich schon persönlich begegnet sind. Sie alle zusammen ermutigen uns, es ihnen gleich zu tun. Denn an ihnen wird sichtbar: Jeder und jede Heilige hat eine Geschichte. Aber zugleich ahnen wir an den Heiligen auch: Jeder Sünder, jede Sünderin hat eine Zukunft. Darum feiern wir heute.

Nicht denken, sondern schauen

— Gottesgeborgenheit —

Weltberühmt ist der Sonnengesang des Heiligen Franz von Assisi, eine der ersten Dichtungen in italienischer Volkssprache und zugleich ein Leitfaden für den Dienst der Verkündigung:

> *Gelobt seist du, Herr,*
> *mit allen Wesen, die du erschaffen,*
> *der edlen Herrin vor allem,*
> *Schwester Sonne,*
> *die uns den Tag herauführt und Licht*
> *mit ihren Strahlen, die Schöne, spendet;*
> *gar prächtig in mächtigem Glanze:*
> *Dein Gleichnis ist sie, Erhabener.*

Aus Glauben und Gnade ganz eins geworden mit seinem Gott, erfühlte der Poverello – übrigens gerade in einer Zeit schweren Leidens – die abgründige Geborgenheit seines ganzen Daseins; aus allen Geschöpfen leuchtete ihm Gottes Güte entgegen. So singt er aus befriedetem Herzen von der Mutter Erde, von Bruder Wind und Schwester Quelle. Naturromantik, argwöhnen Sie? Die letzte Strophe des Sonnengesangs belehrt uns eines Besseren:

> *Gelobt seist du, Herr,*
> *durch unsern Bruder, den leiblichen Tod;*
> *ihm kann kein lebender Mensch entrinnen…*
> *Lobet und preiset den Herrn,*
> *Danket und dient ihm in großer Demut.*[43]

— Für den Tod danken? —

Kann man Gott auch preisen für den Tod? Was muss mit einem Menschen geschehen sein, der diesseits aller Todesangst und jenseits krankhafter Todessehnsucht so gelöst vom Sterben redet, dass er sogar für den Tod noch Gott danken kann – diesen Augenblick, der ein Leben beendet und darin verendgültigt?

Der Sonnengesang wird heute gern zitiert. Die Verse vom Tod unterschlägt man oft dabei. Kein Wunder auch – wie könnte der Gedanke ans Ende zusammengehen mit dem Lebensgefühl des Immer-mehr, Immer-höher, Immer-besser endlosen Fortschritts, das uns rings umgibt? Gewiss ist das Sterben schon längst zum Medienspektakel mit Unterhaltungswert geworden – freilich das Sterben der Fremden, der anderen. Wenn der Tod uns naht im Sterben derer, deren Leben wir teilen, dann wird er nicht selten versteckt in Heimen und Hospitälern. Und ans eigene Sterben zu denken, da hat so mancher keine Zeit dazu. Doch so im Verschwiegenwerden bleibt er erst recht zugegen und stellt fraglos in Frage – der Tod; undurchsichtiger Nebel, in den hinein sich die Konturen all dessen verlieren, was einer ist und hat und kann. Fern sind wir dem Lobgebet des Heiligen Franz. Bleibt für uns zuletzt doch nur beirrendes, drückendes Schweigen das letzte Wort vor dem Ende des Lebens?

— Wort wider die Anfechtung —

Das Evangelium ist viel zu menschlich, als dass es nicht wüsste um die Unruhe, die der Tod uns einflößt. Manchmal greift sie sogar noch unter der Maske kalter Gleichgültigkeit nach einem Menschen, manchmal als quälende Frage, die einen mit Gott hadern lässt wie Ijob. Warum hat gerade der sterben müssen, den ich liebe? Warum hat das ausgerechnet mich getroffen? Diese Erschütterung des Herzens, die Anfechtung durch den Zerfall von Leben und Glück verharmlost das Evangelium nicht, es anerkennt das vielmehr. Aber es bleibt dabei nicht stehen. Aus dem Mund Jesu hören wir vielmehr ein Wort, das sich der Erschütterung des Herzens entgegenstellt: Es gibt solche Anfechtung, sagt er, aber: Euer Herz lasse sich nicht verwirren. Glaubt an Gott und glaubt an mich. Also: Hängt euch an Gott mitsamt eurer Not und Unruhe! Und wie? Indem ihr euch auf mich verlasst. Traut dem, sagt er uns, was ihr an mir seht und hört, weil ihr da seht und hört, wer Gott ist und wie Gott ist! Das ist es ja gerade, worin dieser Jesus aufgeht und wofür er sich verzehrt: dass er die Menschen auf menschliche Weise – also durch alle Sinne hindurch – spüren lässt und kundtut, wer Gott für sie sein will: einer, der nicht einverstanden ist, dass Menschen Menschen runtermachen und ausgrenzen – deshalb geht Jesus zu den Sündern und Dirnen und Armen; einer, der nicht ertragen kann, dass Zwänge Leben ersticken – deshalb geht Jesus zu den Besessenen, die ihrer selbst entfremdet sind; einer, der nicht zusehen mag, wie Menschen gefesselt sind durch Krankheit und Leiden – deshalb geht Jesus zu den Lahmen und Blinden und Stummen und heilt sie; einer, der gerade dem Sünder zugewandt bleibt, um ihn mit seiner bedingungslosen Zuneigung zu bestürzen, damit der wieder umkehrt – darum läuft Jesus den Sündern nach. So wie es Jesus um das Menschsein der Menschen geht – dass sie wirklich leben –, so geht es Gott selbst um uns, dass wir leben und in Fülle leben, wie er es von Anfang an gedacht hat.

Wenn das wirklich so ist – wie steht es aber dann mit diesem Interesse Gottes für uns und unser Leben im Augenblick des Todes, diesem absoluten Gegensatz des Lebens, der dennoch untrennbar unserem Wesen zugehört? Jesus zögert nicht mit der Antwort: Wenn Gott wirklich der Ich-bin-da-für-euch ist, wie ich es mit Leib und Leben bezeuge, dann ist er das auch bei unserem Sterben. Da kann der Tod der Zuneigung Gottes nicht einfach eine Grenze setzen, sonst wäre Gott nicht mehr der bedingungslos für den Menschen Daseiende und ihm Zugewandte, wie sich Jesus für ihn verbürgt. Der Herr selbst spricht diese Antwort in der Bildsprache urmenschlicher Sehnsucht, indem er sagt: „Im Haus meines Vaters gibt es viele Wohnungen." Irgendwo daheim sein, sich ganz geborgen wissen, zur Ruhe kommen mit allem, was mich umtreibt – das ist es doch, worauf unser ganzes Tun und Lassen zielt – ob wir es wissen oder nicht. Im Sterben stürzt du nicht ab, sagt uns der Herr, sondern da triffst du ein in das, was die Suche deines Lebenshungers erfüllt: in die Gemeinschaft mit Gott, die allein groß genug ist, die Unendlichkeit deines sehnsüchtigen Herzens zu befrieden. Das Haus des Vaters – das ist Gott, der Vater selbst. In ihm gibt es viele Wohnungen, sagt Jesus. Da wird also keine und keiner gleichgeschaltet und nichts gleichgemacht. Das Glück des Herzensfriedens ist nie allgemein, sondern immer konkret. Jeder findet in Gott das, was ihm ganz entspricht, das, worauf er in seinem irdischen Leben durch Geschick und Geschichte gerichtet war. Ganz er selbst darf endlich jeder sein in Gott – und so sich selber finden in ihm.

Sollen wir dieser Verheißung trauen? Wer in diesem Leben auf den Gott des Lebens vertraut, antwortet uns das Evangelium, der darf auch im Sterben noch dieses Vertrauen durchhalten. Durch das, was er sagt und tut, hat Jesus den Weg für das Wagnis dieses Zutrauens in eine Beständigkeit der Zuneigung Gottes aufgetan, die auch noch den Tod umgreift. Mit dieser Botschaft aber taucht die uralte beunruhigende Frage nach dem Sterben und dem Jenseits in ein völlig neues Licht. Denn: Wer Gott traut, wie er ihm in Jesus begegnet, braucht über das Jenseits nicht mehr zu spekulieren. Wer auf Gottvertrauen sein Leben lebt, der darf darauf auch sterben. Das ist, wie wenn uns der Herr zuriefe: Denkt nicht, sondern schaut – schaut, was ihr an mir seht, da wird für euch offenbar, was es – wenn denn Gott da ist – um das Jenseits eures gelebten Lebens sein muss.

— *Theologie der Erfahrung* —

So antwortet uns das Evangelium auf die ewige Frage, was denn nachher sein wird. Freilich: Diese Antwort ergeht nicht als theoretische Information, auf die ich zurückgreifen kann, wenn mir einmal der Tod aus der Nähe mit Angst und Trauer nach dem Herzen greift. Jesu Antwort will stattdessen zuinnerst er-fahren werden im eigentlichsten Sinn des Wortes, also: erkundet werden in einem Vorgang persönlicher Suche nach dem Gott, von dem her Jesus seine erstaunliche und vor allem so unzweideutige Antwort zu geben wagt. Deshalb auch ist in unserem Evangelium am Ende so eindringlich vom „Weg dorthin" die Rede, also davon, was geschehen müsse, dass auch dich und mich Jesu Verheißung eines ewigen Lebens in Gott ins Herz trifft und wir ihre Wahrheit erspüren. Ganz unwillkürlich aber werden wir an dieser Stelle sogleich mit Thomas fragen: Wie verläuft denn der Weg zu Gott, der uns die gläubige Gewissheit ewigen Lebens schenkt? Wir kennen ihn doch nicht! Doch, ihr kennt ihn bereits, antwortet der Herr dem Thomas und uns. Denn: Ich selbst bin der Weg und die Wahrheit und das Leben. Ihr müsst euch die Zusage ewigen Lebens von Gott nicht durch äußeres Tun und Leisten verdienen. Stattdessen ist – paradox zu sagen – der Weg selbst zu euch gekommen, hat euch gesucht und sich euch geschenkt auf menschliche Weise, in mir. Zu Gott findet, wer sich mit mir zusammentut und den Spuren meines Daseins nachgeht, wie ich es lebe. Wer mit mir lebt, der kommt, ja der ist beim Vater – deshalb bin ich der Weg für euch. Und wenn einer so zum Vater gekommen ist, wenn er durch mich entdeckt hat, wie Gott wirklich ist, dann wird er zugleich gewiss geworden sein, dass dieser Gott ihn niemals fallenlassen wird, am wenigsten da, wo einer am meisten sich selbst genommen wird: im Tode. Weil ihr Gott so kennenlernt durch mich, deshalb bin ich die Wahrheit für euch. Und wer dann begonnen hat, das Leben so ganz in Gott gegründet zu verstehen, dass sogar noch das Sterben darin seinen Platz findet, dem wird der Tod nicht mehr Angst machen als Menetekel des Widersinns. Dessen Herz wird – auch in der Trauer noch – nicht in Verwirrung stürzen. Versöhnt mit der Endlichkeit menschlichen Daseins wird der – jetzt schon im Vorschein und später einmal ganz – erfahren, dass das Leben von seiner Wurzel her gut ist, weil es von Anfang an in Gott den Tod übersteigt und so im Glauben dessen Zwielicht entnommen ist. Weil das erspürt, wer ganz dem Herrn traut und sich ihm überlässt, deshalb ist er das Leben für uns. Gelobt seist du, Herr, durch unseren Bruder, den leiblichen Tod ... – Da wurzelt das Gebet des Heiligen Franz.

Unser Jenseits finden wir also durch den Herrn, in der Gemeinschaft mit ihm. Betend und in der Feier der Sakramente pflegen wir sie, damit sie wirkliche Wirklichkeit werden – wie jetzt in dieser Stunde. Deshalb auch nehmen wir dabei immer – und heute am Allerseelentag besonders – unsere Toten hinein in unser Gebet. Dadurch nehmen sie ja teil an unserer Christusgemeinschaft und werden so in der Verbundenheit der Herzen über den Tod hinaus zu Gottsucherinnen und Gottsuchern. Nur wer ihn sucht, dem kann er sich schenken, dem kann er in seiner Liebe ausrichten, dass sein Leben ganz, heil, ewig sei. Keiner von uns hat Gott in seinem Leben genug gesucht, dass er des erlösenden Gerichts der Liebe nicht bedürfte. Wer freilich unter dieses Gericht als Gottsucher, als Gottsucherin tritt, wird selbst das Gericht noch als Gnade der Vollendung erleben. Das schenken wir unseren Toten durch die Christusgemeinschaft, in die wir sie betend hineinnehmen. Wie gut, dass Christinnen und Christen über den Tod hinaus füreinander da sein können in solchem Dienst der Liebe, der unseren Lieben ewiges Leben erbittet. Das tun wir jetzt miteinander.

Anmerkungen

1 Vgl. Bichsel, Peter: Kindergeschichten. 9. Aufl. Darmstadt; Neuwied 1973. 9.

2 Huchel, Peter: Dezember 1942. In: Ders.: Gesammelte Werke in zwei Bänden. Bd. 1: Die Gedichte. Hg. v. Axel Vieregg. Frankfurt a. M. 1984. 144–145.

3 Nietzsche, Friedrich: Jenseits von Gut und Böse. In: Ders.: Sämtliche Werke. Kritische Studienausgabe. Hg. v. Giorgio Colli u. Mazzino Montinari. Bd. 5. 2. Aufl. München; Berlin; New York 1988. 9–243. Hier 81–82. § 62.

4 Nietzsche, Friedrich: Der Antichrist. In: Ders.: Sämtliche Werke. Kritische Studienausgabe. Hg. v. Giorgio Colli u. Mazzino Montinari. Bd. 6. 2. Aufl. München; Berlin; New York 1988. 165–253. Hier 185.

5 Augustinus: Confessiones, 10, 8, 15. Im Bericht des Petrarca zitiert: Petrarca, Francesco: An Francesco Dionigi von Borgo San Sepolcro in Paris. In: Ders.: Dichtungen, Briefe, Schriften. Auswahl und Einleitung von Hanns W. Eppelsheimer. Frankfurt a. M. 1980. 96.

6 Petrarca: An Francesco (Anm. 5). 96.

7 Tauler, Johannes, zit. nach: Zink, Jörg: Dornen können Rosen tragen. Mystik – die Zukunft des Christentums. Stuttgart; Zürich 1997. 108.

8 Zit. nach: „Bis ins letzte Negerdorf. Bürgerproteste und Politikersprüche schüren die Stimmung gegen Asylanten." In: Der Spiegel 15 (1992) (48. Jahrgang). 37. Online einzusehen: http://www.spiegel.de/spiegel/print/d-13687826.html [zuletzt eingesehen: 16.06.2014].

9 Kafka, Franz: Der Prozess. In: Ders.: Gesammelte Werke. Hg. von Max Brod. Berlin 1965. 252–253.

10 Heißenbüttel, Helmut: Politische Grammatik. In: Ders.: Textbücher 1–6. Stuttgart 1980. 87–88.

11 Klepper, Jochen: Weihnachts-Kyrie. In: Ders.: Kyrie. Geistliche Lieder. 20. Aufl. Bielefeld 1998. 32–33.

12 Klepper, Jochen: Unter dem Schatten deiner Flügel. Aus den Tagebüchern der Jahre 1932–1942. Hg. v. Hildegard Klepper. Stuttgart 1956. 1131.

13 Klepper: Unter dem Schatten (Anm. 12). 1133.

14 Rilke, Rainer Maria: Ein Prophet. In: Ders.: Neue Gedichte. ‚Neue Gedichte' und ‚Der neuen Gedichte anderer Teil'. Wiesbaden 1955. 138.

15 Bach, Johann Sebastian: Matthäus-Passion. Frühfassung. BWV 244b. Hg. v. Andreas Glöckner. In: Ders.: Neue Ausgabe sämtlicher Werke. Hg. v. Johann-Sebastian-Bach-Institut Göttingen u. v. Bach-Archiv Leipzig. Serie II: Messen, Passionen, Oratorische Werke. Band 5b. Kassel u.a. 2004. 165–172.

16 Zit. nach: Mauthner, Fritz: Wörterbuch der Philosophie. Neue Beiträge zu einer Kritik der Sprache. 3. Bd. Nachdr. Wien; Köln; Weimar 1997. 383. [Übers. K. M.].

17 Moltke, Helmuth James von: Briefe an Freya 1939–1945. München 2007. 614.

18 Moltke: Briefe (Anm. 17). 619.

19 Otto, Rudolf: Vom Wege. In: Die christliche Welt 25 (1911). Sp. 705–710. Hier 709. Zit. nach: colpe, Carsten: Über das Heilige. Versuch, seiner Verkennung kritisch vorzubeugen. Frankfurt a. M. 1990. 20–21. 42.

20 Vgl. Blumenberg, Hans: Paradigmen zu einer Metaphorologie. In: Archiv für Begriffsgeschichte 6 (1960). 7–142. Hier 132–133.

21 Handke, Peter: Wie ein Gewecktwerden für einen anderen Tag. In: Christ in der Gegenwart 6 (2003). 45.

22 Vgl. Buber, Martin: Der Weg des Menschen nach der chassidischen Lehre. Heidelberg 1977. 9.

23 Weil, Simone: Schwerkraft und Gnade. Aus d. Französischen übers. u. mit e. Nachwort vers. v. Friedhelm Kemp. München 1989. 126.

24 Anselm von Canterbury: Monologion, 44. Lat./Dt. Ausg. v. Franciscus Salesius Schmitt. Stuttgart; Bad Cannstatt 1964. 157.

25 Vasari, Giorgio: Das Leben des Raffael. Neu übers. v. Hana Gründler u. Victoria Lorini, komm. u. hg. v. Hana Gründler. Berlin 2004. 39–40.

26 Vasari: Leben des Raffael (Anm. 25). 38.

27 Vasari: Leben des Raffael (Anm. 25). 39.

28 Walter, Silja: Gesamtausgabe. Band 10: Spiritualität II. Freiburg (Schweiz) 2005. 379.

29 Debrêl, Madeleine: Gebet in einem weltlichen Leben (Beten heute; 4). 4. Aufl. Paris 1986. 115f.

30 Das Meissner Tedeum. Eine deutsch-deutsche Dialog-Komposition zum 1000jährigen Bestehen des Meissner Doms (1968). In: Herrmann, Matthias (Hg.): Die Dresdner Kirchenmusik im 19. und 20. Jahrhundert (Musik in Dresden; 3). Laaber 1998. 517–521.

31 Zit. nach: Ausstellung der Arno Schmidt Stiftung im Schiller Nationalmuseum 30.03.–27.08.2006, Raum 6: „15000 Volt bin ich". Online einzusehen: http://www.arno-schmidt-allerdings.de/ausstellungen/raum6.html [zuletzt eingesehen: 16.06.2014].

32 Rumi, Dschelaluddin: Das Mathnawi. Ausgewählte Geschichten. Aus d. Persischen v. Annemarie Schimmel. Mit Illustrationen v. Ingrid Schaar. Basel 1994. 108–110.

33 Vattimo, Gianni: Glauben – Philosophieren. Aus d. Italienischen übers. v. Christiane Schultz. Stuttgart 1997. 69.

34 Teresa von Avila: Das Buch meines Lebens. Vollst. Neuübertragung. Gesammelte Werke. Bd. 1. Hg., übers. u. eingel. v. Ulrich Dobhan OCD u. Elisabet Peeters OCD. 4. Aufl. Freiburg i. Br. u. a. 2001. 325.

35 Teresa von Avila: Buch meines Lebens (Anm. 34). 326.

36 Teresa von Avila: Buch meines Lebens (Anm. 34). 331–332.

37 Kunze, Reiner: Die Liebe. In: Ders.: Gedichte. Frankfurt a. M. 2001. 9–10.

38 Sinjawskij, Andrej: Das Verfahren läuft. Die Werke des Abram Terz bis 1965. Hg. u. aus d. Russischen übers. v. Swetlana Geier. Frankfurt a. M. 2002. 465–466.

39 Vgl. Der Bund des heiligen Franziskus mit der Herrin Armut (Franziskanische Quellenschriften Bd. 9). Eingel., übers. u. mit Anm. vers. v. Kajetan Esser OFM u. Engelbert Grau OFM. Werl 1966. 154–159.

40 Sinjawskij: Das Verfahren läuft (Anm. 38). 453–454.

41 Meyer, Conrad Ferdinand: Mit zwei Worten. In: Ders.: Sämtliche Werke in zwei Bänden. Bd. 2: Gedichte. München 1968. 152–153.

42 Luhmann, Niklas: Jenseits von Barbarei. In: Miller, Max – Soeffner, Hans-Georg (Hgg.): Modernität und Barbarei. Soziologische Zeitdiagnose am Ende des 20. Jahrhunderts. Frankfurt a. M. 1996. 219–230. Hier 227–228.

43 Zit. nach: Gebet für junge Christen. Hg. v. Informationszentrum Berufe der Kirche (o. J.).